"一带一路"国家
知识产权法律译丛

（第五辑）

重庆知识产权保护协同创新中心
西南政法大学知识产权研究中心 / 组织翻译

"YIDAIYILU" GUOJIA
ZHISHI CHANQUAN FALÜ YICONG

知识产权出版社
全国百佳图书出版单位
—北京—

图书在版编目（**CIP**）数据

"一带一路"国家知识产权法律译丛. 第五辑/重庆知识产权保护协同创新中心，西南政法大学知识产权研究中心组织翻译. —北京：知识产权出版社，2023.7
ISBN 978 – 7 – 5130 – 8627 – 1

Ⅰ.①一… Ⅱ.①重… ②西… Ⅲ.①知识产权法—汇编—世界 Ⅳ.①D913

中国国家版本馆 CIP 数据核字（2023）第 002792 号

内容提要

本书收录了"一带一路"沿线地处欧洲的罗马尼亚、捷克和地处大洋洲的澳大利亚共三个国家相关著作权法中文翻译文本，可以为研究以上国家知识产权法律的知识产权从业人员提供参考。

责任编辑：王玉茂 章鹿野	责任校对：潘凤越
封面设计：棋 锋	责任印制：孙婷婷

"一带一路"国家知识产权法律译丛（第五辑）

重庆知识产权保护协同创新中心
西南政法大学知识产权研究中心　组织翻译

出版发行	知识产权出版社有限责任公司	网　址	http://www.ipph.cn
社　址	北京市海淀区气象路50号院	邮　编	100081
责编电话	010 – 82000860 转 8541	责编邮箱	wangyumao@cnipr.com
发行电话	010 – 82000860 转 8101/8102	发行传真	010 – 82000893/82005070/82000270
印　刷	北京九州迅驰传媒文化有限公司	经　销	新华书店、各大网上书店及相关专业书店
开　本	720mm×1000mm 1/16	印　张	34.75
版　次	2023 年 7 月第 1 版	印　次	2023 年 7 月第 1 次印刷
字　数	610 千字	定　价	180.00 元

ISBN 978 – 7 – 5130 – 8627 – 1

出版权专有　侵权必究
如有印装质量问题，本社负责调换。

翻译团队

译者（以章节为序）

郑　重　陈嘉良　张惠彬　刘诗蕾　曹　伟

审校　牛奔林　易健雄

序　　言

  自国家于2013年提出"一带一路"倡议以来，截至2023年1月，我国已与180多个国家和国际组织签署了200多份共建"一带一路"合作文件。"一带一路"的核心理念已被纳入联合国、二十国集团、亚太经合组织、上合组织等诸多重要国际机制成果文件，成为凝聚国际合作共识、持续共同发展的重要思想。国际社会业已形成共建"一带一路"的良好氛围，我国也在基础设施互联互通、经贸领域投资合作、金融服务、人文交流等各项"一带一路"建设方面取得显著成效。国家也号召社会各界对"一带一路"各国的基本状况、风土人情、法律制度等多加介绍，以便更好地了解"一带一路"各国，也为投资、合作等提供参考。

  基于此背景，重庆知识产权保护协同创新中心与西南政法大学知识产权研究中心响应国家号召，结合自身的专业特长，于2017年7月启动了"一带一路"国家知识产权法律制度的翻译计划。该计划拟分期分批译介"一带一路"国家的专利法、商标法、著作权法等各项知识产权法律制度，且不做"锦上添花"之举，只行"雪中送炭"之事，即参考与中国的经贸往来、人文交流的密切程度，优先译介尚未翻译成中文出版的"一带一路"国家的知识产权法律制度，以填补国内此类翻译的空白。确定翻译方向后，中心即选取了巴基斯坦、斯里兰卡、马来西亚、哈萨克斯坦、澳大利亚、以色列、希腊、匈牙利、罗马尼亚、捷克等十国的专利法、商标法、著作权法作为翻译对象。第一期的专利法、第二期的商标法翻译工作完成，并各分为两辑先后于2018年10月、2021年7月出版。这四辑出版后得到了良好的社会评价，《中国知识产权报》2022年1月14日第11版还对该译丛作了专题报道。中心随后按计划启动了第三期著作权法的翻译工作。著作权法的内容相对复杂，翻译难度也更高。根据各国法律、文化传统等差别，分别使用了"版权法""著作权法"的译法。经历初译、校对、审稿、最终统校等多道程序后，第三期的翻译工作终于完成，译稿仍分两辑（即第五辑、第六辑）出版。

众所周知，法条翻译并非易事。尽管译校者沥尽心血，力求在准确把握原意基础之上，以符合汉语表达习惯的方式表述出来，但囿于能力、时间等各方面因素，最终的译文恐仍难完全令人满意，错漏之处在所难免。在此恳请读者、方家批评指正。无论如何，必须向参与此次译丛工作的师生表示衷心的感谢。按照章节国别顺序对译者记录如下：郑重、陈嘉良（罗马尼亚），张惠彬、刘诗蕾（捷克），曹伟（澳大利亚），王广震（斯里兰卡），田晓玲、陈岚（哈萨克斯坦），康添雄、吴奕雯、王娇（以色列），马海生（巴基斯坦），牟萍、郭泰（马来西亚），廖志刚（希腊），秦洁、刘天松（匈牙利）。尤其感谢牛奔林老师为此次译稿统校所付出的辛勤努力！此外，易健雄老师承担了此次翻译的主要组织工作，并为译稿作了最后的审校。最后，感谢知识产权出版社的大力支持，使译稿得以出版。

至此，中心已完成对"一带一路"上列十国专利法、商标法、著作权法的译介。后续中心仍将按步骤推进"一带一路"国家知识产权法律制度的译介工作。唯愿中心的译介能为"一带一路"的建设稍尽绵薄之力，也好在中国式现代化建设中实现中心的专业价值。

重庆知识产权保护协同创新中心
西南政法大学知识产权研究中心
2023 年 5 月 25 日

目　录

欧　洲

罗马尼亚著作权与邻接权法 ……………………………………… 3

捷克著作权法 …………………………………………………… 91

大洋洲

澳大利亚版权法 ………………………………………………… 181

欧 洲

·2020 年 1 月 9 日第 8 号法律·

罗马尼亚著作权与邻接权法❶❷

郑　重* 　陈嘉良** 　译

第 1 编　著作权

第 1 部分　总　则

第 1 章　一般规定

第 1 条

（1）文学、艺术和科学作品以及其他类似智力创作作品的著作权受本法认可和保护。该权利属于作者，包含人身权和财产权。

（2）智力创作作品，无论是否发表，是否完成，都基于创作受到认可和保护。

（3）本法应当在符合国家关于个人信息处理的法律规定的情况下适用。❸

第 2 条

本法规定的权利并不妨碍和排除其他法律规定提供的保护。

---

*　译者简介：西南政法大学知识产权学院副教授，硕士生导师，日本九州大学法学博士。

**　译者简介：西南政法大学知识产权法学硕士研究生。

❶　本法根据公布于 2018 年 3 月 27 日第 268 号罗马尼亚官方公报第 1 部分的第 74/2018 号法律第 3 条修改和增补关于著作权与邻接权的第 8/1996 号法律重新公布，并重新编号。

❷　本法根据世界知识产权组织官网公布的罗马尼亚著作权与邻接权法英语版本翻译。——译者注

❸　2019 年 1 月 14 日，根据 2019 年 1 月 8 日第 15 号单行法第 1 条的规定，新增罗马尼亚著作权与邻接权法第 1 编第 1 部分第 1 章第 1 条第（3）款，并于 2019 年 1 月 11 日由第 33 号罗马尼亚官方公报发布。

第 2 章　著作权的归属

第 3 条

（1）创作作品的自然人是作者。

（2）在法律明文规定的情形下，作者以外的法人和自然人可以从授予作者的保护中受益。

（3）著作权可以依法转让。

（4）依法通过继承或者转让获得著作权的自然人和法人，以及音乐作品与文字作品的出版者，就根据单独协议向其转让的权利而言，作为著作权人受到认可和保护，享有至少获得部分权利收益的权利。

（5）使用人，是指经作者或者权利人许可，向其支付报酬或者赔偿，且并非作为消费者使用作品的自然人和法人。

第 4 条

（1）如无相反证明，首次发表作品时署名的人为作者。

（2）以匿名或者不能确定作者身份的假名发表作品的，在作者身份披露以前，著作权应当由经作者同意发表作品的自然人或者法人行使。

第 5 条

（1）合作作品，是指由多个合作作者共同创作的作品。

（2）合作作品的著作权由合作作者共同享有，根据本法规定，其中一名合作作者可以是主要作者。

（3）除另有约定以外，合作作者使用作品须经全体作者一致同意。任何一方拒不同意的，要有充分理由。

（4）合作作者各自的贡献清楚分明的，合作作品可以分割使用，但不得妨碍合作作品的整体使用或者损害其他合作作者的权利。

（5）利用合作作品获得的收益，合作作者可以按照约定比例获得报酬。没有约定的，按照合作作者的贡献大小进行分配，无法确定时，按照人数平均分配。

第 6 条

（1）集体作品，是指由合作作者个人贡献构成一个整体的作品，该作品的性质使得作品的著作权无法分割单独赋予任何一方。

（2）除另有约定以外，集体作品的著作权属于发起创作、承担责任并以其名义进行创作的自然人或者法人。

第 3 章 著作权的客体

第 7 条

著作权的客体是文学、艺术和科学领域内具有独创性的智力成果，不考虑其创作方式、具体形式或者表达方式，不取决于其价值和目的，例如：

a）文学和新闻作品、授课、布道、诉状、致辞及其他书面或者口述作品，以及计算机程序；

b）书面或者口头形式的科学作品，例如演讲、研究、大学教科书、中小学教科书以及科学项目和文献；

c）带歌词或者不带歌词的音乐作品；

d）戏剧和戏剧音乐作品、舞蹈和哑剧作品；

e）电影作品和其他视听作品；

f）摄影作品和其他以类似摄影的方法表现的作品；

g）立体艺术作品，例如雕塑、绘画、素描、雕刻、平版印刷、纪念性艺术、舞台设计、挂毯、陶瓷、玻璃和金属造型的作品，以及实用艺术作品；

h）建筑作品，包括构成建筑项目的草图、比例模型和图形作品；

i）地形学、地理学和一般科学领域的立体作品、地图和绘图。

第 8 条

基于一个或者多个已有作品创作的演绎作品也受著作权保护，但不得损害原作品作者的权利，即：

a）翻译、改编、注释、纪实作品，音乐编排以及对文学、艺术和科学作品进行的其他任何包含创造性智力劳动的转换；

b）文学、艺术和科学作品的汇编，例如百科全书、选集，汇编若干受保护或者不受保护的材料或者数据（包括数据库），因对内容进行选择或者编排而构成智力成果。

第 9 条

下列对象不受著作权法律保护：

a）作品中的思想、理论、概念、科学发现、程序、运行方法、数学概念本身和发明，不考虑其想法的采用、撰写、解释或者表达方式；

b）政策、立法、行政或者司法性质的正式文本及其正式译文；

c）国家、公共机构和组织的官方标志，例如纹章、印章、旗帜、标志、盾牌、徽章和奖章；

d）付款方式；

e）新闻和新闻信息；

f）单纯的事实和数据。

第 4 章　著作权的内容

第 10 条

作者享有下列人身权：

a）决定是否发表作品、以何种方式发表作品以及何时发表作品的权利；

b）要求承认作者身份的权利；

c）决定以何种名义发表作品的权利；

d）要求尊重作品的完整性，保护作品不受任何有损其荣誉或者名誉的修改或者歪曲的权利；

e）收回作品的权利，但行使收回权应当对作品享有使用权利的主体可能受到的损害进行补偿。

第 11 条

（1）人身权不得放弃或者处分。

（2）作者死亡后，本法第 10 条 a）项、b）项和 d）项规定的权利应当依据民事法律的规定由继承人行使，且无期限限制。没有继承人的，由管理作者权利的集体管理组织或者由相关创作领域成员最多的组织行使（视属何情况而定）。

第 12 条

作者享有决定是否、以何种方式以及何时使用或者利用其作品的专有财产权，包括授权他人使用作品的权利。

第 13 条

作者享有明确、专有的财产权，即有权授予或者禁止对作品进行下列使用：

a）复制作品；
b）发行作品；
c）为在国内市场上交易而进口经作者同意制作的作品复制件；
d）出租作品；
e）出借作品；
f）以任何方式直接或者间接地向公众传播作品，包括向公众提供作品，使公众可以在其个人选定的地点和时间获得作品；
g）通过广播的方式传播作品；
h）通过有线电视的方式转播作品；
i）创作演绎作品。

第14条

本法所称的复制，是指直接或者间接、临时或者永久地以任何手段和任何形式全部或者部分制作作品的一个或者多个复制件，包括对作品进行录音录像，以及通过电子手段永久或者临时储存作品。

第15条

（1）本法所称的发行，是指以有偿或者无偿的方式出售或者以其他任何方式将作品的原件或者复制件进行传播，以及向公众提供。

（2）权利人或者经其同意在国内市场上首次出售或者首次转让作品原件或者复制件的所有权时，发行权不再适用。

第16条

本法所称的进口，是指为在国内市场上交易而引入固定在任何有形载体上的作品原件或者合法制作的复制件。

第17条

本法所称的出租，是指为了直接或者间接经济或者商业利益，将作品在有限时间内提供给他人使用。

第18条

（1）本法所称的出借，是指并非为了直接或者间接经济或者商业利益，通过机构代理将作品在有限时间内提供给公众使用。

（2）通过图书馆代理出借无须经作者授权，但作者有权获得合理报酬，且该权利不得放弃。

（3）通过教育机构的图书馆以及免费利用的公共图书馆进行出借的，作者不享有第（2）款规定的合理报酬请求权。

（4）录音或者录像等特殊作品的出借，只能在作品首次发行后6个月后进行。

（5）权利人或者经其同意在市场上首次出售或者首次转让作品原件或者复制件的所有权的，出借权仍然适用。

第19条

本法关于出租和出借的规定不适用于下列情形：

a) 建筑项目产生的建筑；

b) 适用于供实际使用的产品的设计作品或者艺术作品原件或者复制件；

c) 为实现向公众传播的目的或者合同使用目的的作品原件或者复制件；

d) 指定用于即时查阅或者机构间出借的参考书；

e) 雇主在业务范围内使用作者依据个人劳务合同创作的作品。

第20条

（1）向公众传播，是指以直接或者通过技术手段，在向公众开放的地方，或者在其他超过一般家庭成员和朋友聚集人数的地方对作品进行传播，包括舞台表演、朗诵或者任何其他对作品进行表演或者直接展示的公开方式，对造型艺术作品、实用艺术作品、摄影艺术作品和建筑作品公开展示，对电影和其他视听作品，包括数字艺术作品公开放映，在公共场所以录音或者录像及其他方式播放广播作品。以有线或者无线方式传播作品，包括通过互联网或者其他计算机网络向公众提供作品，使任何公众能够从个人选择的地点或者时间获得作品，也应当视为向公众传播。

（2）授权或者禁止向公众传播或者向公众提供作品的权利，不因任何向公众传播或者向公众提供作品的行为而用尽。

第21条

本法所称的广播，是指：

a）广播电台或者电视台以服务于信号、声音或者图像的无线传输或者其数字化呈现的任何方式（包括通过卫星向公众传播）广播作品，以供公众接收；

b）以电线、电缆、光纤或者其他类似程序（计算机网络除外）传输作品及其表现形式，以供公众接收。

第 22 条

本法所称的有线转播，是指运营商通过第 21 条 b）项规定的方式，或者通过超声波广播系统，将通过有线或者无线（包括卫星）进行初始传输的广播或者电视节目完整不变地进行同步转播，以供公众接收。

第 23 条

本法所称的创作演绎作品，是指翻译、出版作品集、改编以及对已有作品的任何其他转换且其构成智力创作。

第 24 条

（1）图形作品、造型艺术作品或者摄影作品的作者对于原件享有转售权，即在作者首次转让后，有权从该作品的每次转售获得的净售价中收取一定份额，并有权获知该作品的下落。

（2）第（1）款规定的权利适用于图形作品、造型艺术作品或者摄影作品原件的所有转售行为，该等行为涉及作为卖方、买方或者代理人的艺术展览、艺术画廊以及任何艺术品交易者。

（3）本法中，由作者本人或者经其同意制作的数量有限的艺术作品或者摄影作品的复制件或者原件，视为艺术作品的原件。

（4）根据第（1）款应当支付的款项按下列份额计算，但不超过 12500 欧元或者等值的列伊：

a）300—3000 欧元——5%；

b）3000.01—50000 欧元——4%；

c）50000.01—200000 欧元——3%；

d）200000.01—350000 欧元——1%；

e）350000.01—500000 欧元——0.5%；

f）500000 欧元以上——0.25%。

（5）卖方应当在出售之日起2个月内告知作者第（1）款所述信息，从净售价中预扣份额，不得另行增加其他费用，并向作者支付根据第（4）款规定应支付的价款。

（6）转售权的受益人或者其代理人可以在转售之日起3年内向第（2）款规定的人要求提供必要信息，以确保根据第（4）款规定支付价款。

（7）转售权不得被放弃或者转让。

第 25 条

作品的所有人或者占有人负有允许作者接触作品的义务，并在作者行使著作权的必要情形下将作品交由作者处置，但不得由此损害所有人或者占有人的合法利益。在这种情况下，所有人或者占有人可以要求作者为作品的安全提供充分保证，也可以要求作者提供相当于作品原件市场价值的保险和合理报酬。

第 26 条

（1）作品原件的所有人在将作品以成本价要约出售给作者前，无权将其销毁。

（2）无法归还作品原件的，所有人应当允许作者以适当方式复制作品。

（3）作品涉及建筑结构的，作者仅有权对作品进行拍照，并要求返还项目的复制品。

第 5 章　著作权的保护期

第 27 条

（1）文学、艺术和科学作品的著作权自作品创作之时产生，不考虑其具体表现形式或者方式。

（2）作品在一段时间内以分期、分集、分册或者任何其他顺序形式创作的，每部分的保护期限应当按照第（1）款规定分别计算。

第 28 条

（1）本法第13条和第24条规定的财产权，无论作品何时合法发表，均为作者终生享有，作者死后，根据民事法律由继承人享有70年的财产权保护期。无继承人的，财产权由作者生前授权的集体管理组织行使；无授权的，由相关创作领域成员最多的集体管理组织行使。

（2）著作权保护期届满后，将先前未发表的作品首次合法发表的人享有与作者同等的财产权。财产权的保护期限为25年，自首次合法发表之日起算。

第29条

（1）以匿名或者假名方式合法发表作品的，财产权保护期为自发表之日起70年。

（2）在第（1）款所述期限届满前向公众透露作者身份，或者作者使用的假名能够确定作者身份的，适用本法第28条第（1）款的规定。

第30条

（1）合作作品财产权的保护期为自最后死亡的合作作者死亡之日起70年。

（2）合作作者的贡献可以分割的，各部分财产权的保护期为自该部分的作者死亡之日起70年。

（3）带歌词的音乐作品，其保护期为自最后死亡的作者（作词人和作曲人）死亡之日起70年，无论其是否被称为合作作者，但前提是对带歌词的音乐作品的贡献是专门针对该作品的。

第31条

集体作品的财产权保护期为自作品发表之日起70年。自创作之日起70年内未发表的，财产权保护期为自创作之日起70年。

第32条

计算机程序的财产权保护期为作者终生；作者死后，根据民事法律由继承人享有70年期间。

第33条

为了选择或者编排而对作品进行非必要修改、增补、删减或者改编的，以及为了续写作品而以作者希望的方式对作品或者作品集进行修正的，不应延长作品或者作品集的保护期。

第 34 条

本章规定的保护期应当自作者死亡后次年的 1 月 1 日或者自作品发表之日起算（视属何情况而定）。

第 6 章 著作权的限制

第 35 条

（1）在下列情形下使用已经发表的作品，无需经过作者许可，也无需支付报酬，但该使用应当符合合理使用的条件，不得违反作品正常利用，并且不得损害作者或者使用权人的利益：

a）针对司法或者行政诉讼程序复制作品，但应在目的确定的合理范围内；

b）为分析、评论、批评或者举例的目的简短地引用作品，但应在使用确定的合理范围内；

c）在出版物、电视或者广播节目、录音录像中专门为教学目的而使用单独文章或者作品的简短摘录，以及公共教育或者社会福利机构为教学目的而复制单独文章或者作品的简短摘录，但应在拟定目的确定的合理范围内；

d）图书馆、博物馆、电影档案馆、音频档案馆、非营利性的文化档案馆或者科学公共机构，为提供信息或者研究而复制作品的简短摘录；档案馆或者图书馆永久收藏的唯一复制件发生毁损、严重变质或者丢失时，完整地复制一份作品的复制件作为替代；

e）公共图书馆、教育机构、博物馆或者档案馆进行的并非为了直接或者间接经济或者商业利益的特定复制行为；

f）不以任何直接接触作品的方式复制、向公众发行或者传播永久位于公共场所的建筑作品、造型艺术作品、摄影作品或者应用艺术作品的图像，但是作品的图像是复制、发行或者传播的主要内容，以及用于商业目的的情形除外；

g）在教育机构的活动中为特定目的展示和表演作品，并且该展示或者表演及使用均不向公众收取费用；

h）在宗教庆祝活动或者公共机构组织的正式庆祝活动中使用作品；

i）用于广告目的，在有公众参观或者销售的展览会、博览会、艺术作品公开拍卖会中展示作品的图片，但不得超出推介活动的必要范围且不得用于其他商业用途。

（2）在符合第（1）款规定的条件下，允许对下列内容进行复制、发行、广播或者向公众传播，但不得为了直接或者间接经济或者商业利益：

a）为了解时事对报刊文章和广播或者电视报道进行的简短摘录，但明确保留该使用的除外；

b）对在公开场合口头表达的演讲、致辞、诉状和其他类似作品进行的简短摘录，但该等使用应仅为了解情况；

c）在有关时事的报道中对作品进行的简短摘录，但应在报道目的确定的合理范围内；

d）仅为在教学或者科学研究中提供例证而使用的作品；

e）为使残障人士获益的作品，该作品与该残疾直接相关并在所需范围内。

（3）暂时或者偶然的临时复制行为，如果其是技术过程中不可分割的重要部分，唯一目的是在网络中通过中间人在第三方之间传播或者合法使用另一受保护客体，且其本身不具有独立经济价值，则不属于复制权的范畴。

（4）对于第（1）款b）项、c）项、e）项、f）项、i）项和第（2）款规定的所有情形，必须注明来源，包括作者姓名，但无法注明的除外；对于造型艺术作品、摄影作品或者建筑作品，必须注明原件所在地。

第35-1条

（1）出于下列目的之一，可以不经著作权人以及与邻接权的权利人许可，不向其支付报酬，而对作品或者其他客体进行复制、发行、向公众传播、向公众提供、广播、出租和出借，但不得影响该作品的正常利用，也不得损害作者或者权利人：

a）受益人或者代表其行事的人对受益人可以合法获取的受著作权或者邻接权保护的作品或者其他客体制作无障碍格式版，供接受者专用；

b）获授权实体对接受者可以合法获取的受著作权或者邻接权保护的作品或者其他客体制作无障碍格式版，或者出于非营利目的向公众传播、提供、分发或者出借无障碍格式版，供接受者或其他获授权实体专用。

（2）第（1）款所述"受益人"是指具有下列情况的自然人，不考虑任何其他残疾状况：

a）盲人；

b）患有视力障碍，无法通过矫正达到与无此障碍的人基本相同的视力功能，因此无法在与无此障碍的人基本相同的程度上阅读印刷作品；

c）患有认知障碍或者阅读困难，因此无法在与无此残疾的人基本相同的程度上阅读印刷作品；

d）患有身体残疾，无法手持或者翻阅书本，或者眼睛无法集中或者移动达到阅读通常可接受的程度。

（3）在本法中，第（1）款所述用语和表述含义如下：

a）作品或者其他受保护客体，是指通过图书、期刊、报纸、杂志或者其他类型的文章、注释（包括乐谱）和插图的形式，以音频（例如有声书）和数字格式等媒介合法发表或者以其他方式向公众提供的受著作权或者邻接权保护的作品。

b）无障碍格式版，是指采用替代方式或者形式，让接受者能够使用作品或者其他客体，包括让接受者能够与无第（2）款所述障碍或者残疾的人一样切实可行、舒适地使用作品或者其他客体的版本。

c）被授权实体，是指经成员国授权或者承认，以非营利方式向受益人提供教育、培训、适应性阅读或者信息渠道服务的实体，包括公共机构或者非营利组织，其向受益人提供该等服务是其核心活动或者机构职责之一，或者作为其公益使命的一部分。要登记成为被授权实体，须通知罗马尼亚版权局，由其向欧盟集中受理点和由世界知识产权组织国际局设立的信息受理点传达有关信息。

（4）根据第（1）款规定以制作无障碍格式版为目的的，下列行为不受复制权约束：

a）对受著作权或者邻接权保护的作品或者其他客体进行修改、转换、改编所必要的行为；

b）为在无障碍格式版中浏览信息提供所必要手段；

c）如果某一作品或者其他客体的格式对特定受益人而言已经是无障碍的，而对其他受益人而言可能因不同的障碍或者残疾，或者不同程度的障碍或者残疾而无法使用，则可能需要进行的修改。

（5）第（1）款所述使用，必须确保并尊重受著作权或者邻接权保护的作品或者客体的完整性，并适当考虑为使作品或者其他客体能以无障碍格式使用而进行的必要修改。

(6) 合同规定旨在取消或者以任何方式限制第（1）款所允许的用途的，均属无效。❶

第 35 -2 条

(1) 开展第 35 -1 条第（1）款 b) 项所述活动的被授权实体在履行下列义务时，有义务制定并遵守明确透明的程序：

a) 仅向受益人或者其他被授权实体发行、传播和提供无障碍格式版；

b) 采取适当措施，阻止未经授权复制、发行、向公众传播或者向公众提供无障碍格式版；

c) 在处理作品或者其他受保护客体及其无障碍版时，表现出应有的注意，并保存该类操作记录；

d) 在其网站上（如属适当）或者通过其他线上或线下渠道，公布和更新关于其如何履行 a) 项至 c) 项规定义务的信息；

e) 遵守有关受益人个人信息处理的法律规定。

(2) 来自罗马尼亚或者欧盟另一成员国境内的受益人或者被授权实体，有权开展第 35 -1 条第 1 款 b) 项所述活动且从在罗马尼亚境内成立的被授权实体获得作品或者其他受保护客体的无障碍格式版（如可获得）。

(3) 罗马尼亚境内的被授权实体，可以向欧盟另一成员国境内的授权实体请求并获得受著作权或邻接权保护的作品或者其他客体的无障碍格式版，或者根据该国法律规定的条件获得该版本。

(4) 应受益人、其他被授权实体或者权利人的要求，开展第 35 -1 条第（1）款（b）项所述活动的被授权实体应当以无障碍格式提供下列信息：

a) 拥有无障碍格式版的受著作权或者邻接权保护的作品或者其他客体的清单，并说明可用的格式；

b) 与其交换了无障碍格式版的被授权实体名称及联系方式。

(5) 一个成员国境内成立的被授权实体向《马拉喀什条约》第三方缔约国出口无障碍格式版，以及由一个成员国境内的受益人或者被授权实体从《马拉喀什条约》第三方缔约国进口该等版本，应当根据由欧洲议会和理事会于 2017 年 9 月 13 日发布的 2017/1.563 号条例进行，该条例关于欧盟和第三

---

❶ 2019 年 1 月 14 日，根据 2019 年 1 月 8 日第 15 号单行法第 2 条的规定，新增罗马尼亚著作权与邻接权法第 1 编第 1 部分第 4 章第（6）款，并于 2019 年 1 月 11 日由第 33 号罗马尼亚官方公报发布。

方缔约国之间为盲人、弱视者或者阅读障碍者的利益跨境交换特定作品和其他著作权与邻接权客体的无障碍格式版。❶

第 36 条

（1）就本法而言，未经作者许可，为个人使用或者一般家庭范围内使用而复制作品的，不构成著作权侵权，但前提是该作品已经发表，且复制不违反作品的正常使用，也不损害作者或者使用权人的合法利益。

（2）在第（1）款规定的情形下，对于可以制作录音录像或者复制图形作品的媒体设备，以及用于复制的装置，应当按照本法规定，支付经协商确定的补偿性报酬。

第 37 条

在下列情形中，修改作品无需经作者许可，也无需向作者支付报酬：

a）修改私下进行且既不打算公开也不向公众提供；

b）修改的结果是滑稽模仿或者讽刺，只要上述结果不会造成与原作品和作者的混淆；

c）修改对作者允许的使用目的而言属于必要；

d）修改是以教学为目的对作品做的简评并提及作者。

第 38 条

（1）为了测试产品在制造或者销售时的运行情况，生产或者销售录音录像制品、复制或者向公众传播的设备以及接收广播和电视设备的贸易公司，可以复制和展示作品摘录，但该等操作必须减至测试所需的程度。

（2）为了监督第三方使用自己的作品库，集体管理组织可以通过任何方式监督使用者的活动，无需使用者授权，也无需支付任何费用，允许为此目的和公共利益要求获得主管公共机构依法掌握的信息。

第 39 条

（1）将作品的广播权转给广播电台或者电视台，应使其有权为自己的广

---

❶ 根据 2019 年 1 月 8 日第 15 号单行法第 2 条的规定，新增罗马尼亚著作权与邻接权法第 1 编第 1 部分第 4 章第（5）款，并于 2019 年 1 月 11 日由第 33 号罗马尼亚官方公报重新公布。

播需要录制作品，以便向公众进行一次授权广播。如果要对录制作品进行新的广播，必须得到作者新的授权，并向作者支付报酬，且作者不得放弃报酬。首次广播后 6 个月内没有请求获得该授权的，必须销毁该录制品。

（2）广播电台或者电视广播组织利用自有设施为其广播而对特定作品进行暂时录制的，可基于其特殊的文献性质，允许将该等录制品保存在官方档案馆。

第 7 章 作者财产权的转让

第 1 节 一般条款

第 40 条

（1）作者或者著作权人仅可通过合同向他人转让其财产权。

（2）作者转让财产权，可以限定具体权利、具体地域范围和具体期限。

（3）作者或者著作权人可以对财产权进行排他性或者非排他性转让。

（4）排他性转让的，著作权人不得以与受让人约定的方式在约定的地域和期限内使用作品，也不得向他人转让相关权利。合同应当明确约定转让的排他性。

（5）非排他性转让的，著作权人可以自己使用作品，也可以向他人转让非排他性使用的权利。

（6）未经转让人明示同意，非排他性转让的受让人不得向他人转让权利。

（7）除另有约定外，转让财产权中的某一项权利，不影响著作权人的其他权利。

（8）受让人是法人，且依法定程序进行变更的，无需第（6）款规定的同意。

第 41 条

除合同另有规定外，转让作品的复制权的，应当推定一并转让作品复制件的发行权，但进口权除外。

第 42 条

（1）财产权转让合同应当说明所转让的财产权，并提及各项权利的利用形式、转让期限和地域范围以及应当支付给著作权人的报酬。缺少其中任何一项内容，当事人有权申请解除合同。

（2）对作者未来所有作品的财产权的任何转让，无论是否标明，均属无效。

第 43 条

财产权转让合同的存在和内容仅可通过其书面形式予以证明，但与报刊使用的作品有关的合同除外。

第 44 条

（1）根据财产权转让合同应支付的报酬，应由双方当事人协商确定。报酬的数额应当按照利用作品所收取款项的一定比例计算，或者一次性付款，或者以任何其他方式计算。

（2）合同没有约定报酬的，作者可以请求主管司法机构依法确定。报酬应根据同一类作品通常支付的金额、利用的目的和期限以及与案件有关的其他情况确定。

（3）作者的报酬与获得财产权转让的人的利润明显不相称的，作者可以请求主管司法机构变更合同或者相应增加报酬。

（4）作者不得事先放弃行使第（3）款规定的权利。

第 45 条

（1）除合同另有约定外，为履行个人雇佣合同中规定的工作职责而创作的作品，其财产权由创作作品的作者享有。在该情况下，作者可以授权第三方使用该作品，但必须征得雇主同意，并对其贡献部分的创作成本支付报酬。雇主在业务范围内使用作品的，无需获得作为雇员的作者的授权。

（2）如果确实存在该类存款，应当明确规定作者财产权的转让期限。没有明确规定转让期限的，应为自交付作品之日起 3 年。

（3）第（2）款规定的期限届满后，除另有规定外，雇主有权要求作者从因使用作品而获得的收入中支付合理份额，以补偿雇主为雇员在其工作职责范围内创作作品而承担的费用。

（4）第（2）款规定的期限届满后，财产权应归还作者。

（5）根据个人雇佣合同创作的作品，作者应当保留对该作品作为其整个创作的一部分的专有使用权。

第 46 条

（1）除另有约定外，对于在期刊上发表的作品，著作权人保留以任何方式使用该作品的权利，但不得因此损害作品发表其上的期刊的合法权益。

（2）除另有约定外，日报自收到作品后 1 个月内没有刊登的，其他出版物的出版社在收到作品后 6 个月内没有出版的，著作权人可以自由处分该作品。

第 47 条

（1）未来作品的委托创作合同，除另有规定外，财产权属于作者。

（2）未来作品的委托创作合同应当明确约定作品的交付期限和验收期限。

（3）作品不符合约定条件的，委托人有权终止合同。合同终止后，不得要求作者退还已收取款项。为了创作委托创作作品已完成准备工作的，作者有权要求偿还所发生的任何费用。

第 48 条

（1）受让人未能行使或者未能充分行使财产权，严重影响作者合法权益的，作者可以要求解除转让财产权的合同。

（2）受让人未能行使或者未能充分行使财产权是因作者本人、第三人、事故或者不可抗力造成的，作者不得要求解除合同。

（3）财产权转让 2 年期满前，不得要求根据第（1）款规定解除合同。转让给日刊的作品，该期限为 3 个月，转让给期刊的作品，该期限为 1 年。

（4）立体作品或者摄影作品的原件所有人有权公开展览作品，即使该作品未发表，但作者在处分原件的文书中明确排除该权利的除外。

（5）作者不得事先放弃行使第（1）款所述的合同解除权。

（6）获得作品载体的所有权，本身并不赋予利用该作品的权利。

第 2 节　出版合同

第 49 条

（1）出版合同是著作权人向出版者转让作品复制权和发行权并获得报酬的文书。

（2）著作权人出资并授权出版者复制以及可能发行作品的合同不构成出

版合同。

（3）在第（2）款所述情形中，应当适用关于公司合同的一般法律规定。

第 50 条

著作权人亦可将授权翻译和改编作品的权利转让给出版者。

第 51 条

将授权他人改编作品或者以任何其他方式使用作品的权利转让给出版者的，应在合同中明确约定。

第 52 条

（1）出版合同应当明确约定下列内容：

a）转让期限；

b）转让的排他或者非排他的性质、地域范围；

c）复制件的最少数量和最多数量；

d）作者依本法享有的报酬；

e）为作者免费保留的复制件数量；

f）出版和发行每一版本或者每次印刷的复制件的期限（视属何情况而定）；

g）作者交付作品原件的期限；

h）出版者制作的复制件数量的检验程序。

（2）合同没有约定第（1）款 a）项、b）项以及 d）项内容的，当事人有权解除合同。

第 53 条

（1）获得图书形式作品著作权的出版者，相对其他类似投标者在同等价格下享有出版电子作品的优先权。出版者应当在收到作者的书面要约后 30 日内以书面形式提交报价。

（2）第（1）款规定的权利有效期为作品发表之日起 3 年。

第 54 条

除合同另有约定外，出版者应当允许作者在新版本中对作品进行改进或者其他修改，但该改进或者修改不得大幅增加出版者的成本或者改变作品的性质。

第 55 条

出版者只有在获得作者同意后方可转让出版合同。

第 56 条

除另有约定外,出版者应当将作品原件、艺术作品和插图的原件以及为出版而收到的任何其他材料归还作者。

第 57 条

(1)除另有约定外,出版合同应在其约定期限届满或者最后商定的版本售完时终止。

(2)未售出的版本或者印本少于总数的5%或者少于100本的,该版本或者印本视为已售完。

(3)出版者未能在约定期限内出版作品的,作者有权根据一般法律规定请求解除合同,并要求支付违约损害赔偿。在该情况下,作者有权保留收到的任何报酬或者要求支付合同中约定的全部报酬(视属何情况而定)。

(4)合同中未约定作品出版期限的,出版者应当自接受作品后不超过1年的时间内出版。

(5)出版者意图在自出版之日起2年后销毁库存复制件,且合同中没有约定其他期限的,出版者应当先将其提供给作者。

第 58 条

(1)作品因不可抗力的原因毁损的,只有在作品出版的情况下,作者才有权获得报酬。

(2)已准备好的版本在发行前因不可抗力的原因全部毁损的,出版者有权准备新的版本,而作者仅有权就其中一个版本获得报酬。

(3)已准备好的版本在发行前因不可抗力的原因部分毁损的,出版者有权制作与毁损等量的复制件,且无需向作者支付报酬。

第 3 节 戏剧或者音乐表演合同

第 59 条

(1)著作权人通过戏剧或者音乐表演合同,向自然人或者法人转让已有的或者将来的文学、戏剧、音乐、曲艺、舞蹈或者哑剧作品公开表演或者展现的权利，以换取报酬的，受让人有义务按照约定的条件表演或者展现。

（2）著作权人可以通过集体管理组织订立戏剧或者音乐表演通用合同，但必须符合本法第 162 条第（1）款 c）项规定的条件。

第 60 条

（1）戏剧或者音乐表演合同应当以书面形式签订，并明确约定合同期限或者向公众表演的具体次数。

（2）合同应当明确约定作品首次表演或者独家播放的期限（视属何情况而定）、转让的排他或者非排他性、覆盖地区或者地域以及应当向作者支付的报酬。

（3）合同没有约定其他期限，连续 2 年中止表演的，作者有权根据一般法律规定要求解除合同并获得违约损害赔偿。

（4）未经作者或者其代理人（如适用）的书面同意，戏剧或者音乐表演合同的受益人不得将合同权利转让给作为娱乐组织者的第三方，但将其活动全部或者部分一并转让的除外。

第 61 条

（1）受让人应当允许作者监督作品的表演，并提供足够的支持，以确保表演所需技术条件得到满足。除合同另有规定外，受让人同样应当将节目单、海报和其他印刷材料以及就表演发表的评论提交作者。

（2）受让人应当确保在适当的技术条件下公开表演作品，并且尊重作者的权利。

第 62 条

（1）受让人应当定期告知著作权人戏剧或者音乐表演的次数以及收入情况。为此，戏剧或者音乐表演合同还应当明确约定告知的间隔时间，但 1 年不得少于 1 次。

（2）受让人应当在合同约定的期限内向作者支付约定数额的报酬。

第 63 条

受让人未能在规定期限内表演作品的，作者有权根据一般法律规定解除合同并请求违约损害赔偿。在该情况下，作者有权保留收到的报酬或者要求支付合同中规定的全部报酬（视属何情况而定）。

第 4 节　租赁合同

第 64 条

（1）在作品租赁合同中，作者承诺在规定期间内允许使用其作品原件或者复制件中的至少一件，特别是计算机程序或者以录音录像为载体的作品。租赁权受让人承诺在作品使用期间内向作者支付报酬。

（2）作品租赁合同应当受有关租赁合同的一般法律规定调整。

（3）除另有约定外，作者仍然享有租赁作品除发行权以外的其他著作权。

第 2 部分　特别条款

第 8 章　电影作品和其他视听作品

第 65 条

视听作品，是指电影作品、以类似摄制电影的方法创作的作品、其他以有伴音或者无伴音的动态画面创作的作品。

第 66 条

（1）视听作品的导演或者制作者，是指依据与制片人订立的合同，以主要作者的身份监督视听作品的创作和制作的自然人。

（2）视听作品的制片人，是指对作品制作负责并以此身份组织作品的制作和提供必要技术和资金的自然人或者法人。

（3）制作视听作品的，制片人和主要作者必须通过书面形式订立合同。

第 67 条

根据本法第 5 条的规定，视听作品的作者，是指导演或者制作者，改编作品、剧本、台词和为视听作品专门创作的乐曲的作者，以及创作动画作品或者动画片的图形材料的作者，只要其构成作品的实质组成部分。制片人与视听作品的导演或者制作者可以在合同中协商一致，将对作品创作作出实质贡献的其他创作者列为作者。

第 68 条

（1）前条所指的作者之一拒绝完成其对视听作品的参与部分，或者受阻无法完成的，该作者不得反对将其用于完成上述作品，但有权就其参与的完成部分获得报酬。

（2）视听作品的最终版本经主要作者和制片人一致同意后，应视为已经完成。

（3）禁止销毁体现视听作品最终版本并构成标准拷贝的原始介质。

（4）除主要作者外，其他视听作品的作者无权反对发表或者以任何方式利用视听作品最终版本。

第 69 条

（1）视听作品改编权，是指已有作品的著作权人将其改编为视听作品或者将其纳入视听作品的专有权利。

（2）著作权人与视听作品的制片人只有通过订立出版合同以外的书面合同，才能转让第（1）款规定的权利。

（3）已有作品的著作权人依据改编合同向制片人转让将作品改编为视听作品或者将其纳入视听作品的专有权利。

（4）已有作品的著作权人在授权时，应当明确说明视听作品制作、发行和放映的条件。

第 70 条

只有本法第 67 条规定的作者才享有已完成作品的人身权。

第 71 条

（1）除另有规定外，视听作品的作者与制作者签订合同的，应推定他们将第 13 条规定的作品整体使用的专有权利以及授权配音和制作字幕的权利转让给制作者，并获得合理报酬，但特别创作音乐的作者除外。

（2）除另有规定外，视听作品的作者以及参加创作的其他作者应保留单独使用自己创作部分的所有权利，有权在符合本法规定条件的情况下，授权和/或禁止使用该特定部分以外的全部或者部分内容，如将电影作品片段用于广告，而非用于作品宣传。

第 72 条

（1）除另有约定外，视听作品每种利用方式的报酬应当与该利用方式的总收入成正比。

（2）制作者应当定期向作者提交按每一种利用方式获得的收益情况。作者有权通过制作者或者直接从使用者处获得应有的报酬，也可以根据著作权集体管理组织与使用者签订的一般合同，并通过该组织获得报酬。

（3）除另有约定外，制作者在合同订立后 5 年内未能完成视听作品，或者在完成后 1 年内未能发行上述作品的，合作作者可要求解除合同。

第 9 章 计算机程序

第 73 条

（1）本法对计算机程序的保护，包括对以任何一种语言表达的程序、应用程序和操作系统的任何表达（无论是源代码还是目标代码）、预备设计材料和手册。

（2）计算机程序中任何要素所依据的程序、操作方法、数学概念和原理，包括其界面所依据的程序、操作方法、数学概念和原理，不受保护。

第 74 条

（1）计算机程序的作者以类推方式享有本法本编第 1 部分规定的权利，特别是实施和许可下列事项的专有权利：

a）通过任何方式和形式，临时或者永久复制程序的全部或者部分，包括因加载、显示、传输或者储存程序而必须进行的复制；

b）对计算机程序进行翻译、改编、安排和任何其他改动，包括对这些操作结果进行复制，但不得损害程序改动者的合法权益；

c）以任何形式发行和出租计算机程序的原件或者复制件。

（2）权利人或者经权利人同意，在国内市场上首次销售计算机程序复制件后，则授权在国内市场发行该复制件的专有权利穷竭。

第 75 条

除另有约定外，一个或者多个雇员在其职责范围内或者根据其雇主的指示创作的计算机程序，雇主享有财产权。

第 76 条

（1）除另有约定外，计算机程序使用合同应当含有下列规定：

a）使用者享有该程序的非排他性使用权；

b）使用者不得向他人转让该程序的使用权。

（2）转让计算机程序的使用权并不意味着同时转让该程序的著作权。

第 77 条

除另有约定外，第 74 条第（1）款 a）项和 b）项规定的行为，如果是为了让获取者以符合其目的的方式使用计算机程序，包括纠正错误，可以不经著作权人许可。

第 78 条

（1）计算机程序的授权使用者在使用该程序的必要情况下，可以不经作者许可制作一份存档或者保留副本。

（2）计算机程序副本的授权使用者可以不经著作权人许可，观察、研究或者测试程序的运行情况，以确定在将程序载入存储器或者显示、转换、传输或者存储程序时其任何要素所依据的原理和思想，授权使用者有权进行该等操作。

（3）本法第 10 条 e）项的规定不适用于计算机程序。

第 79 条

复制代码或者转换代码形式对于获取计算机程序与其他计算机程序的互操作性所需的信息是必不可少的，可以不经著作权人许可，但应当满足下列条件：

a）转换和复制行为是由拥有程序复制件使用权的人进行的，或者由一个人以该人的名义进行的，并为此得到了适当的许可；

b）本条 a）项所述人员不能随时和迅速获取互操作性所需的信息；

c）本条 a）项所述行为只限于互操作性所需的程序部分。

第 80 条

根据第 79 条所获得的信息不得用于下列情形：

a）为实现独立创作的计算机程序的互操作性以外的目的；

b）向他人传播，但该传播被证明对独立创作的计算机程序的互操作性是必要的除外；

c）开发、生产或者销售表达方式基本相似的计算机程序，或者用于任何其他可能损害作者权利的行为。

第 81 条

第 79 条和第 80 条规定的适用，不得损害著作权人的合法权益，妨碍计算机程序的正常使用。

第 82 条

本编第 6 章的规定不适用于计算机程序。

第 10 章 立体艺术作品、建筑作品和摄影作品

第 83 条

组织艺术展览的自然人或者法人，应当对展出作品的完整性负责，并采取必要措施以消除任何风险。

第 84 条

（1）艺术作品复制合同应当包含识别作品的信息，例如简要说明、草图、图纸、照片以及作者签名参考。

（2）复制件应当提交著作权人审查，未经著作权人同意的复制件不得出售。

（3）作品所有复制件都应当附有作者的姓名、假名或者其他可识别作品的标志。

（4）除另有约定外，复制件制作者应当将用于制作复制件的原件和其他材料归还其所有人。

（5）除另有约定外，专为复制作品而制作的工具不属于著作权人的，必须将其销毁或者使其无法使用。

第 85 条

（1）除合同另有约定外，在建筑作品现场附近展示的建筑和城市规划研

究报告和项目，以及所进行的相应建筑工程，必须在明显的地方通过书面告示写明作者的姓名。

（2）全部或者部分基于另一个项目的建筑作品，只有经过该项目著作权人的同意后方可施工。

第86条

（1）电影胶片的静态照片视为摄影作品。

（2）信件、契据、任何类型的文件、技术图纸和其他类似材料的照片，不受著作权保护。

第87条

（1）摄影作品的作者有权利用自己作品，但不得损害摄影作品中被拍摄的艺术作品作者的权利。

（2）除合同另有约定外，根据个人雇佣合同或者委托合同创作的摄影作品，推定财产权由雇主或者委托人享有，有效期为3年。

（3）除合同另有约定外，处分摄影作品的底片应当产生转让该作品著作财产权的效力。

第88条

（1）除另有约定外，按要求拍摄的人物照片，被拍摄者或者其继承人可不经作者同意，将照片进行发表和复制。

（2）照片原件上出现作者姓名的，复制件上也应当注明作者姓名。

第11章 保护肖像、信件收件人和信息来源的秘密性

第89条

（1）使用含有肖像的作品，需要在罗马尼亚民法典第73条、第74条和第79条规定的条件下，征得该肖像权人的同意。根据罗马尼亚民法典第79条的规定，肖像权人死后20年内，未经肖像权人的继承人同意，作者、所有权人或者占有人不得复制或者使用该作品。

（2）如无相反条款，肖像中的人物是专业模特或者为肖像摆姿势而获得报酬的，使用作品不需要获得肖像权人的同意。根据罗马尼亚民法典第76条

的规定，推定肖像权人同意。

第 90 条

使用写给他人的信件，需要征得收件人的同意，收件人死后 20 年内应当取得继承人的同意，但收件人有其他意愿的除外。在所有情况下，罗马尼亚民法典第 71 条第（1）款和第（2）款、第 72 条、第 74 条和第 79 条同样适用。❶

第 91 条

肖像权人和收件人可以行使本法第 10 条 d）项规定的发行载有肖像或者信件的作品的权利（视属何情况而定）。

第 92 条

（1）应作者的要求，出版者或者制作者应当对作品中使用的信息来源进行保密，不得对外公开涉及上述信息的文件。

（2）解除保密应当征得保密请求人的同意或者根据终审判决。

第 2 编 邻接权和特别权利

第 1 章 一般条款

第 93 条

（1）邻接权不得损害作者的权利。本编项下的规定均不得被解释为限制著作权的行使。

（2）本编规定的财产权可以类推适用本法第 40 条至第 44 条的规定进行全部或者部分转让。该等权利可以进行排他性或者非排他性转让。

第 94 条

表演者对自己的表演，录音制品制作者对自己的录音制品，以及广播电

---

❶ 参见第 287/2009 号罗马尼亚民法典，于 2011 年 7 月 15 日由第 505 号罗马尼亚官方公报第 1 部分重新公布。

台、电视台对自己播放的广播、电视节目享有邻接权，并受到法律保护。

第 2 章　表演者权

第 95 条

本法所称的表演者，是指演员、歌唱家、音乐家、舞蹈家和其他展现、演唱、舞蹈、朗诵、宣读、表演、解读、指导、指挥或者以任何其他方式表演文学或者艺术作品的自然人，包括民俗表演、综艺、马戏表演或者木偶戏等。

第 96 条

表演者享有下列人身权：

a）表明表演者身份的权利；

b）在每次演出、每次使用或者录制表演时表明其姓名或者艺名的权利；

c）要求尊重其表演的质量，反对任何对其表演的歪曲、伪造或者其他实质性修改，或任何可能严重损害其荣誉或者声誉的侵权行为的权利。

第 97 条

（1）本法第 96 条规定的权利，表演者不得放弃或者转让。

（2）第 96 条规定的权利不受保护期限制，在表演者死亡后，应当根据民事法律的规定通过继承的方式发生转移。没有继承人的，应当由管理表演者权的集体管理组织或者由在该领域成员人数最多的组织行使上述权利。

第 98 条

（1）表演者享有独占性财产权，有权许可或者禁止下列行为：

a）固定解读或者表演；

b）复制已固定的表演；

c）发行已固定的表演；

d）出租已固定的表演；

e）出借已固定的解读或者表演；

f）为在国内市场销售而进口已固定的表演；

g）广播和公共传播表演，但表演已经被固定或者广播的除外；

h）在 g）项规定的情况下，表演者仅有权获得合理报酬；

i）向公众提供表演或者表演解读，使其可在公众单独选择的任何时间和地点获得；

j）通过有线转播已固定的表演。

（2）本法所称的固定，是指将声音、图像或者声音和图像的数字化呈现纳入任何类型的物理媒介，使其能够通过设备的辅助被感知、复制或向公众传播。

（3）第（1）款 g）项规定的合理报酬，应当根据第 163 条至第 165 条、第 168 条规定的程序确定和收取。

（4）第 14 条至第 18 条、第 20 条第（1）款、第 21 条和第 22 条规定的定义，类推适用于本条第（1）款规定的权利。

第 99 条

（1）就本法而言，数项单独表演构成一个整体，鉴于表演的性质，无法将单独的权利归于任何参与表演的人，作品的表演是集体表演。

（2）为了行使第 98 条规定授权的专有权利，集体参与表演的表演者，如音乐团体、合唱团、管弦乐队、芭蕾舞团或者剧团的成员，应当以书面形式从其成员中授权一名作为代表，但须经多数成员同意。

（3）导演、指挥和独奏者不受第（2）款规定的限制。

第 100 条

在表演者根据个人雇佣合同进行表演的情况下，第 98 条规定的财产权可以转让给雇主，条件是在个人雇佣合同中明确提及该转让。

第 101 条

除另有规定外，应当推定参与制作视听作品、录音录像制品的表演者，以合理报酬将复制、发行、进口、出租和出借已固定表演的专有权利转让给制作者。

第 102 条

（1）表演者的财产权保护期，为自首次表演之日起 50 年，但下列情况除外：

a）在该期限内，在录音制品以外的载体上固定表演，并合法出版或者向公众传播的，权利保护期为自首次出版或者首次向公众传播之日起 50 年，以较早者为准；

b）在该期限内，在录音制品上固定表演，并合法出版或者向公众传播的，权利保护期为自首次出版或者首次向公众传播之日起 70 年，以较早者为准。

（2）第（1）款规定的期限自权利产生之日起次年 1 月 1 日起算。

第 103 条

（1）在录音制品合法出版 50 年后，或者在没有出版的情况下向公众合法传播 50 年后，录音制品的制作者没有为销售提供足够数量的录音制品，或者没有通过电线或者电缆向公众提供录音制品，使公众可以在其自行选择的地点和时间单独获取的，表演者可以终止向录音制品制作者转让固定表演权利的合同（以下简称"转让合同"）。

（2）表演者根据第（1）款的规定通知终止转让合同的意向 1 年内，制片人可以行使终止转让合同的权利，通知表演者终止转让合同的意向，并不进行第（1）款规定的两项利用活动。

（3）表演者不得放弃终止合同的权利。

（4）录音制品上有多个表演者的表演的，其有权依照相关国内法终止转让合同。转让合同根据本条规定终止的，录音制品制作者对该录音制品的权利即告终止。

（5）转让合同约定表演者有权获得单一报酬的，表演者有权自录音制品合法出版后的第 50 年，或者在没有出版的情况下，向公众合法传播后的第 50 年，随后的每一年从录音制品制作者处获得额外年度报酬。

（6）表演者不得放弃获得额外年度报酬的权利。

（7）录音制品制作者用于支付第（5）款所述额外年度报酬的总额，应相当于该录音制品制作者前一年收入的 20%。自录音制品合法出版后的第 50 年后，或者在没有出版的情况下，向公众合法传播后的第 50 年后，从复制、发行和提供录音制品的收入中支付报酬。

（8）录音制品制作者必须要求向有权获得额外年度报酬的表演者提供任何必要的信息，以确保该报酬的支付。

（9）第（1）款规定的获得额外年度报酬的权利，应当符合第（5）款的规定并由集体管理组织管理。

（10）表演者有权按照分期支付的方式获得报酬的，自录音制品合法出版后的第50年后，或者在没有出版的情况下，向公众传播后的第50年后，不得从支付给表演者的报酬中扣除预付款或者合同中规定的扣减额。

第 3 章　录音制品制作者的权利

第 104 条

（1）本法所称的录音或者录音制品，是指任何对完全来自解释或者表演作品的声音或者其他声音进行固定或者数字化呈现，但不包括纳入电影作品或者其他视听作品的声音固定形式。

（2）无论录音制品是否构成本法规定的作品，录音制品的制作者是指对首次固定声音主动承担组织和资助责任的自然人或者法人。

第 105 条

复制、发行录音制品，制作者有权在封面、包装盒和其他实体包装材料等物理媒介上，除提及作者和表演者外，还可以注明作品的名称、首次出版的年份、商标以及制作者的姓名和名称。

第 106 条

（1）在符合第93条第（1）款规定的条件下，录音制品制作者享有独占性财产权，有权许可或者禁止下列行为：

a）以任何方式和形式复制录音制品；

b）发行录音制品；

c）出租录音制品；

d）出借录音制品；

e）为国内市场销售目的，进口合法制作的录音制品的复制件；

f）广播和公开传播其录音制品，但为商业目的出版的录音制品除外，在该情况下，录音制品制作者仅有权获得合理报酬；

g）向公众提供录音制品，使其可以在公众单独选择的任何地点和时间获得录音制品；

h）有线转播录音制品。

（2）第 14 条至第 18 条、第 20 条第（1）款、第 21 条和第 22 条规定的定义类推适用于本条第（1）款规定的权利。

（3）录音制品制作者享有独占性财产权，可以禁止他人进口未经许可制作的录音制品复制件。

（4）第（1）款 e）项的规定不适用于自然人基于非商业目的在法律允许的个人行李中进行的进口。

第 107 条

（1）录音制品制作者的权利保护期为自首次固定之日起 50 年。但是，在该期限内合法出版或者向公众传播录音制品的，权利保护期为自首次出版或者首次向公众传播之日起 70 年。

（2）第（1）款规定的期限自权利产生之日起次年 1 月 1 日起算。

第 4 章　录像制品制作者的权利

第 108 条

（1）本法所称的录像制品，是指对视听作品或者一系列有伴音或者无伴音的动态画面以任何方法和媒介进行的固定。

（2）录像制品制作者，是指主动承担责任组织和实现首次固定视听作品或者一系列有伴音或者无伴音的动态画面，并以此身份提供必要的技术和资金的自然人或者法人。

第 109 条

复制和发行录像制品，制作者有权在封面、包装盒和其他实体包装材料等物理媒介上，除标明作者和表演者外，还可以注明作品的名称、首次出版的年份、商标以及制作者的姓名和名称。

第 110 条

（1）录像制品制作者享有独占性财产权，有权许可或者禁止下列行为：

a）以任何方式和形式复制录像制品；

b）发行录像制品；

c）出租录像制品；

d）出借录像制品；

e）为国内市场销售目的，进口合法制作的录像制品；

f）广播和公开传播录像制品；

g）向公众提供录像制品，使其可以在公众单独选择的任何地点和时间获得录像制品；

h）有线转播录像制品。

（2）第14条至第18条、第20条第（1）款、第21条和第22条规定的定义类推适用于本条第（1）款规定的权利。

第111条

（1）录像制品制作者的财产权保护期为自首次固定之日起50年。但是，在该期限内合法出版或者向公众传播录像制品的，财产权保护期为自首次出版或者首次向公众传播之日起50年。

（2）第（1）款规定的期限自权利产生之日起次年1月1日起算。

第5章 关于作者、表演者和录音录像制品制作者权利的一般条款

第112条

（1）直接或者间接使用为商业目的出版的录音制品或者通过广播等方式向公众传播录音制品复制件的，录音制品的表演者和制作者有权获得一次性合理报酬。

（2）报酬数额应当根据第163条至第165条规定的方法确定。

（3）一次性报酬的收取应当符合第168条规定的条件。

（4）受益人的集体管理组织通过向罗马尼亚版权局提交协议，确定两类受益人之间的报酬分配比例。受益人未能在相关方法生效之日起30日内向罗马尼亚版权局提交协议的，报酬应当在两类受益人之间平均分配。

（5）就本法而言，通过销售或者通过有线或者无线方式向公众提供录音制品，使公众可以在其选定的地点和时间获得录音制品的，应当被视为为商业目的而出版。

第113条

权利人或者经权利人同意，在国内市场首次销售或者首次转让录音录像

制品的原件或者复制件的所有权时，发行权用尽。

第 114 条

（1）在第 36 条第（1）款规定的条件下，对于能够通过录音或者录像在任何类型的媒介上复制的作品，以及能够直接或者间接在纸上复制的作品，其作者有权与出版者、制作者和表演者一起，根据第 36 条第（2）款的规定，获得私人复制的补偿性报酬。受益人不得放弃获得私人复制的补偿性报酬的权利。

（2）无论复制过程是模拟的还是数字化的，第 36 条第（2）款规定的物理媒介和设备的制造商和进口商都应当支付私人复制的补偿性报酬。

（3）第 36 条第（2）款规定的物理媒介和设备的进口商和制造商，应当在罗马尼亚版权局和国家私人复制登记处进行登记，并且只有在事先从罗马尼亚版权局获得登记证书的情况下，才能进行上述进口和生产活动。该证书由罗马尼亚版权局根据合法说明的活动目标和贸易登记处的唯一登记证书等证据，在提交后 5 日内颁发。

（4）每 3 年在一个由下列人员组成的委员会内，对需要支付私人复制补偿性报酬的物理媒介和设备的清单以及补偿金数额进行协商：

a）由各主要集体管理组织派出一名代表，负责主张各自的权利；

b）由物理媒介和设备的制造商和进口商的行业协会各派一名代表，由营业额和市场份额排名前三位的物理媒介和设备的制造商和进口商再各派一名代表，但必须由罗马尼亚版权局向其说明职责。

（5）为了按照第 163 条第（2）款至第（5）款规定的程序启动协商，集体管理组织、物理媒介和设备的制造商及进口商的行业协会应当向罗马尼亚版权局提交申请，其中应当包括物理媒介和设备的清单，根据罗马尼亚版权局局长的决定，该申请以及协商的报酬数额将在罗马尼亚官方公报第 1 部分予以公布。该清单分为两个部分，一是用于录音和录像领域的设备和物理媒介，二是用于图形领域的设备和物理媒介，并由两个委员会分别进行协商。

（6）报酬按照百分比计算，对于进口商而言，当生产商将产品投入流通时，是按海关价值，即不含增值税的发票价值来计算，应当在进口后的下一个月或者发票日期支付。

（7）当事人协商的报酬应当按百分比计算，根据第 36 条第（2）款规定，对提供的设备、物理媒介以及用于复印机的 A4 纸页和数字化支持支付报酬。

（8）私人复制的报酬应当按照第（6）款规定价值的百分比计算，具体如下：

a）复印机用 A4 纸：0.1%；

b）其他物理媒介：3%；

c）设备：0.5%。

（9）为确定应当支付补偿性报酬的物理媒介和设备清单，罗马尼亚版权局在罗马尼亚官方公报第 1 部分协商请求公布之日起 15 日内召开协商。

第 115 条

私人复制的补偿性报酬，由针对录音录像制品复制的作品的集体管理组织和由针对纸质复制的作品的集体管理组织，根据第 168 条第（6）款至第（8）款规定的条件，作为唯一收取人收取。履行唯一收取人职责的两个集体管理组织，由受益的集体管理组织在第一次召集时的多数票，或者第二次召集时出席者的多数票指定。通过投票指定的集体管理组织将向罗马尼亚版权局提交其据以被指定的程序记录。自提交之日起 5 个工作日内，根据罗马尼亚版权局局长的决定任命作为唯一收取人的集体管理组织，该决定应在罗马尼亚官方公报第 1 部分公布。

第 116 条

（1）由作为唯一收取人的集体管理组织收取的私人复制的补偿性报酬，按照下列方式向受益人分配：

a）如果是类似录制录音制品的物理媒介和设备，报酬的 40% 应当以可转让份额的方式支付给录音作品的作者和出版者，30% 支付给表演者，剩余的 30% 支付给录音制作者；

b）如果是类似录制录像制品的物理媒介和设备，报酬应当在作者、表演者和制作者之间平均分配；

c）如果是通过其他类似方式录制复制件的任何类型的物理媒介，报酬应当在 a）项、b）项和 c）项规定的三类受益人之间平均分配，并在每一类受益人中根据上述各项规定进行分配。

（2）如果是类似纸质复制件，报酬应当在作者和出版者之间平均分配。出版者应得的款项只能通过出版者协会之间的协议进行分配，协议包括分配的标准以及每个协会应得的份额。出版者协会必须符合罗马尼亚版权局局长决定的条件才能参与分配协议的协商。

第 117 条
将国内制作或者进口的未进行录制的视频、音频或者数字物理媒介成批出售给视听制品、录音制品制作者或者用于自己广播的电视广播组织，不应支付私人复制的补偿性报酬。

第 118 条
第 114 条的规定不适用于在法律允许的个人行李中携带非商业目的的物理媒介和复制设备的进口行为。

第 119 条
（1）作者或者表演者将录音制品或者录像制品的出租权或者出借权转让给录音制品或者录像制品的制作者的，作者或者表演者应当保留获得公平报酬的权利。

（2）作为受益人的作者或者表演者不得放弃获得公平的出租报酬的权利。

（3）作者和表演者有权根据与制作者签订的合同，直接从制作者处获得应得报酬，或者根据报酬受益人与制作者之间的合同，仅通过集体管理组织从使用者处获得报酬。

第 120 条
第 35 条至第 39 条中有关权利行使的限制规定，应当同样适用于与著作权有关的权利人。

第 121 条
权利人依照法律的规定因他人利用而获得强制性报酬的，权利人不得反对该利用。

第 122 条
（1）第 7 条、第 8 条和第 104 条第（1）款所述作品或者录音制品，经勤勉检索并查询著作权人登记，仍然难以确认著作权人身份，或者确认一个或者多个著作权人身份但无法联系的，应被认定为孤儿作品。

（2）孤儿作品的法律地位应适用于下列在成员国内首次发表，或者在未发表的情况下，在成员国内首次广播的受著作权保护的作品和录音制品：

a）可供公众使用的图书馆、教育机构或者博物馆收藏的，以及档案馆、电影或者声音遗产机构收藏的，以图书、期刊、报纸或者其他著作形式存在的作品；

b）可供公众使用的图书馆、档案馆、教育机构或者博物馆收藏的，以及档案馆、电影或者声音遗产机构收藏的，以电影、视听作品和录音制品形式存在的作品；

c）公共电视广播组织在 2002 年 12 月 31 日前（包括该日）制作并存档的电影、视听作品和录音制品；

d）本款 a）项至 c）项所述作品和录音制品，如果从未发表或者广播，经权利人同意，可以由第 123 条第（1）款所述机构向公众提供，但必须有理由推定权利人不会反对第 123 条所述使用；

e）集成或者纳入本款 a）项至 d）项所述作品或者录音制品的作品和其他客体，或者构成其不可分割的一部分。

（3）著作权人身份随后被确认或者取得联系的，该作品或者录音制品不再是孤儿作品。

（4）作品或者录音制品存在一个以上的权利人，但无法确认所有权利人的身份，或者即使确认身份，经过勤勉检索未能取得联系，并且也没有按照第 125 条的规定进行登记，则该作品或录音制品可以按照第 14 条和第 20 条的规定进行使用，条件是身份被确认和取得联系的权利人已经将其所持有的权利授权第 123 条第（1）款所述机构进行复制并且向公众提供。

（5）第（1）款的规定不应损害身份已经被确认或者已经取得联系的作品或者录音制品权利人的权利。

（6）以匿名或者假名方式发表的作品，不适用孤儿作品的规定。

第 123 条

（1）图书馆、教育机构和向公众开放的博物馆，以及档案馆、电影或者声音遗产机构和公共广播电视组织，使用孤儿作品或者录音制品的，可以通过下列方式以实现与其公共利益使命有关的目标：

a）通过第 20 条的方式向公众传播；

b）通过第 14 条的方式为实现数字化、向公众传播、编制索引、编目、保存或者修复的目的进行复制。

（2）第（1）款所述机构只能为实现公共利益使命有关的目标而使用孤儿作品，特别是保护其收藏的作品和录音制品、对其进行修复，以及为实现文化和教育目的向公众提供。该等机构可以从使用孤儿作品中获得收入，其唯一目的是支付数字化费用和向公众提供该等作品。

（3）第（1）款所述机构使用孤儿作品时，均应当指明已知作者和权利人的姓名。

（4）本法的规定不得损害第（1）款所述机构在履行公共利益使命时享有的合同自由，尤其是对于公私合作协议。

（5）结束其作品或者录音制品孤儿作品地位的著作权人，有权请求第（1）款所述机构对作品或者录音制品的使用支付合理补偿。

（6）第（5）款所述合理补偿数额应当根据作品或者录音制品制作的复制件的数量来确定。

第 124 条

（1）为确认孤儿作品的状态，第 123 条第（1）款所述机构应当确保对每件作品或者录音制品进行勤勉和善意的检索，对每类有关作品或者录音制品查阅适当信息。

（2）在使用作品或者录音制品前，必须进行勤勉检索。

（3）有迹象表明可能在其他国家找到著作权人的相关信息的，也应当查询该等国家可以找到的信息来源。

（4）第（1）款所述信息来源，应当根据罗马尼亚版权局局长的决定，在与著作权人和使用者协商后，针对每一类作品或者录音制品，在罗马尼亚官方公报第 1 部分进行公布。

（5）对于已发表的图书，来源应当包含下列内容：

a）图书馆和其他机构馆藏的法定送存、图书馆目录和权威性档案；

b）相关国家的出版者协会和作者协会；

c）现有的数据库和登记簿，例如作者、艺术家和其著作权人（Writers Artists and their Copyright Holders, WATCH），国际标准书号（International Standard Book Number, ISBN）和印刷书籍的数据库；

d）相关集体管理组织的数据库，尤其是复制权的代表组织；

e）整合多个数据库和登记簿的来源，包括虚拟国际机构档案（Virtual

International Authority Files，VIAF)、著作权信息与孤儿作品登记系统（Accessible Registries of Rights Information and Orphan Works，ARROW）。

（6）对于报纸、学报和期刊，来源应当包含下列内容：

a）用于系列出版物的国际标准连续出版物号（International Standard Serial Number，ISSN）；

b）图书馆馆藏的索引和目录；

c）法定送存；

d）相关国家的出版者协会、作者协会和记者协会；

e）相关集体管理组织的数据库，包括复制权的代表组织。

（7）对于视觉作品，即美术、摄影、插图、设计和建筑类别的作品，以及此类作品的草图和其他出现在图书、期刊、报纸或者其他作品中的此类作品，来源应当包含下列内容：

a）第（5）款和第（6）款所述来源；

b）集体管理组织的数据库，尤其是视觉作品，包括复制权的代表组织；

c）图像机构的数据库（如适用）。

（8）对于视听作品和录音制品，来源应当包含下列内容：

a）法定送存；

b）相关国家的制作者协会；

c）电影、声音遗产机构（如适用）以及国家图书馆的数据库；

d）相关标准和标识的数据库，例如视听材料的国际标准视听作品编码（International Standard Audiovisual Number，ISAN）、音乐作品的国际标准音乐作品编码（International Standard Music Work Code，ISWC）和录音制品的国际标准录音编码（International Standard Recording Code，ISRC）；

e）相关集体管理组织的数据库，尤其是针对作者、表演者、录音制品制作者和视听作品制作者的；

f）作品外包装上的名称和其他信息；

g）代表特定类别权利人的相关协会的数据库。

（9）勤勉检索应当在作品首次出版的成员国中进行，没有出版的，应当在作品首次广播的成员国中进行，但是电影或者视听作品的制作者在某一成员国有住所或者惯常居所的除外，在此情况下，勤勉检索应当在制作者有住所或者惯常居所的成员国中进行。在此情况下，经权利人同意，应在向公众提供该作品或者录音制品的机构所在的成员国进行勤勉检索。

（10）第 123 条第（1）款所述机构应当保存其进行勤勉检索的记录，并向国家主管部门即罗马尼亚版权局提供下列信息：

a）勤勉检索的结果，据此得出某一作品或者录音制品被认定为孤儿作品的结论；

b）孤儿作品的使用；

c）孤儿作品状态的任何变化；

d）联系方式。

第 125 条

罗马尼亚版权局应当采取必要措施，确保第 123 条第（1）款所述机构将第 124 条第（10）款所述检索记录提交给内部市场协调局，以便在内部市场协调局建立和维护的单一、可公开访问的在线数据库中登记。欧洲议会和欧盟理事会根据欧盟第 386/2012 号条例的规定于 2012 年 4 月 19 日授权内部市场协调局（商标和外观设计）承担与知识产权执法有关的特定任务，包括在欧洲知识产权侵权观察站汇集公共和私营部门的代表。

第 126 条

（1）一部作品或者录音制品依据第 122 条的规定在其他欧盟成员国内被认定为孤儿作品的，在罗马尼亚境内也应被认定为孤儿作品，可以依据本法进行使用和获取。

（2）第 122 条第（4）款所述作品和录音制品，涉及身份或者位置未确定的著作权人的权利的，适用本条规定。

第 127 条

本法关于孤儿作品的任何规定不得影响有关专利、商标、外观设计、实用新型和集成电路布图设计、字体、附条件使用、使用广播服务或者有线电视、保护国宝、法定送存要求、限制性做法和不正当竞争、商业秘密、安全、保密、数据保护和隐私、获取公共文件、合同法、新闻自由和媒体言论自由的规定。

第 128 条

被视为孤儿作品的作品或者录音制品的著作权人，可以在任何时候终止孤儿作品的状态。

第 6 章　电视台和广播电台

第 1 节　电视台和广播电台的权利

第 129 条

电视和广播组织享有许可或者禁止下列行为的独占性财产权利，被许可人应当标明该组织的名称：

a）将其自身播出和提供的广播或者电视节目进行固定；

b）以任何方式和形式，全部或者部分、直接或者间接、暂时或者永久地复制其固定在任何种类的物理媒介上的广播或者电视节目，无论是通过有线或者无线，包括通过电缆或者卫星传输；

c）将其自身播出和提供的广播或者电视节目固定在任何种类的物理媒介进行发行；

d）为了国内市场交易而进口固定在任何种类的物理媒介上的其自身播出和提供的广播或者电视节目；

e）通过无线方式、电报、电缆、卫星或者任何其他类似程序，以及通过其他任何向公众传播的方式，包括通过互联网转播，转播其自身播出和提供的广播或者电视节目；

f）在公众可以进入的场所播放广播或者电视节目，并收取入场费；

g）出租固定在任何种类的物理媒介上的广播或者电视节目；

h）出借固定在任何种类的物理媒介上的广播或者电视节目；

i）通过电缆或者卫星等有线或者无线的方式向公众提供固定在任何种类的物理媒介上的广播或者电视节目，使得公众可以在自己选择的地点和时间获得节目。

第 130 条

（1）本法所称的转播，是指由一个广播组织同时播放另一个广播组织正在播出的节目。

（2）第 14 条至第 18 条、第 20 条第（1）款、第 21 条、第 22 条和第 98 条第（2）款的定义类推适用于第 129 条规定的权利。

第 131 条

（1）广播和电视组织享有独占权，可禁止他人进口未经其许可制作的、固定在任何种类的物理媒介上的广播或者电视节目复制件。

（2）第 129 条 d）项的规定不适用于自然人基于非商业目的，在法律允许的个人行李中的进口。

第 132 条

本章规定的权利保护期为 50 年，自电视或者广播组织首次播出节目后次年的 1 月 1 日起算。

第 133 条

对于已固定在任何种类的物理媒介上的广播或者电视节目的发行权，自权利人或者经其同意在国内市场上首次出售或者首次合法转让原件或者复制件时，即告用尽。

第 134 条

第 35 条、第 36 条和第 38 条的规定类推适用于广播和电视组织。

第 2 节 通过卫星向公众传播

第 135 条

（1）电视和广播组织通过卫星向公众传播节目的，应当以尊重受本法保护的著作权与邻接权的方式开展其活动。

（2）本法所称的通过卫星向公众传播，是指在罗马尼亚境内的电视或者广播组织的指导和负责下，制作载有节目的信号，以不间断的通信链方式抵达卫星并返回地球以便让公众接收。

（3）本法所称的卫星，是指根据电信立法为公众接收或者私人单独通信提供广播信号，在保留的频段上运行的任何卫星。但是，在后一种情况下，私人通信条件应当与公众通信条件类似。

第 136 条

（1）以编码形式发送节目信号的，如果有关组织向公众提供或者经其同意提供用于解码广播的设备,则其纳入通信链应当视为向公众传播。

(2)由位于罗马尼亚境外或者非欧盟成员国的组织传输信号,且该组织未能提供本法规定的保护水平的,应当根据下列情形确定向公众传播的责任:

a)通过上行站向卫星传输信号的,由罗马尼亚境内或者欧盟成员国使用该上行站的人承担责任;

b)没有使用上行站,但总部位于罗马尼亚或者欧盟成员国境内的组织,许可他人向公众传播的,由该组织承担责任。

第137条

(1)著作权人或者邻接权人只有以自行或者通过集体管理组织订立合同的方式,才能将通过卫星向公众传播的权利转让给电视台或者广播电台。

(2)集体管理组织与电视台或者广播电台之间就通过卫星向公众传输属于特定领域的某类作品签订标准合同,如果通过卫星向公众传播是与同一传播者的地面传播同时进行的,则该合同对未被集体管理组织代表的权利人也具有约束力。未被集体管理组织代表的权利人可以在任何时候通过个人或者集体合同取消标准合同的延伸效力。

(3)第(2)款的规定不适用于视听作品。

第3节 有线电视转播

第138条

(1)著作权人或者邻接权人只能通过集体管理组织代理的方式,行使其许可或者禁止有线电视转播的权利。

(2)有线电视转播的著作权与邻接权的报酬数额,应当根据第163条、第164条规定的程序,由著作权与邻接权的集体管理组织与有线电视经销商行业协会协商确定,但依法进行有线电视转播的节目除外。❶

(3)未能通过协商确定的,在启动第165条第(3)款规定的仲裁程序之前,各方可以协商确定一个可供选择的调解程序。为保证独立性和公正性不受质疑,由各方选定的一名或者多名调解员进行调解,调解员负责协助协商,

---

❶ 根据2010年6月28日罗马尼亚官方公报第1部分第430号公布的第571/2010号决定,罗马尼亚宪法法院承认原第121条第(2)款,现为第138条第(2)款的规定是违宪的例外情形。

并向各方通报方案。

（4）在调解员提交方案后的 3 个月内，各方应当通过签署议定书的方式，通知调解员和罗马尼亚版权局拒绝或者接受方案。方案的通知以及接受或者拒绝，应当适用关于法律行为的通知规则。任何一方在此期限内未通知拒绝该方案的，则推定各方都同意。

（5）部分权利人未将权利委托集体管理组织进行管理的，管理同一类别权利的组织在法律上应当被视为该部分权利人的管理者。相关领域存在多个集体管理组织的，权利人可以在其中进行选择。该部分权利人在收到通知之日起 3 年内有权主张权利。

第 139 条

第 138 条第（1）款的规定不适用于广播组织对自己的广播和节目服务所行使的权利，无论有关权利是他们自己的还是由其他著作权人或者邻接权人转让给他们的。在该情况下，广播电台或者电视台行使有线电视转播权，是通过与有线电视经销商签订合同来实现的，但法律规定必须通过有线电视转播的情况除外。

第 7 章 数据库制作者的特别权利

第 140 条

（1）本章规定为各种形式的数据库提供法律保护。

（2）本法所称的数据库，是指对受著作权或者邻接权保护或者不受保护的作品、数据或者其他独立要素进行系统编排形成的集合，使其可以通过电子方式或者其他任何方式单独访问。

（3）本章规定的保护不适用于制作或者运行可通过电子方式访问的数据库的计算机程序。

（4）本法所称的数据库制作者，是指为获取、验证或者呈现数据库内容，在质量和数量上进行大量投资的自然人或者法人。

第 141 条

（1）数据库制作者享有许可或者禁止他人提取和/或者重新利用全部或者（经定性或者定量评估）实质部分数据库的独占性财产权。

（2）在本法中：

a）提取，是指以任何方式或者任何形式将数据库的全部或者（经定性或者定量评估的）实质部分内容永久或者临时转移到另一媒介。

b）重新利用，是指通过发行、出租或者其他方式向公众提供数据库的全部或者（经定性或者定量评估的）实质部分内容，包括向公众提供数据库的内容，使其可以在自行选择的地点和时间访问数据库。自权利人或者经权利人同意在国内市场上首次销售数据库复制件时，转售复制件的权利即告用尽。

（3）公开出售数据库并非本法所称的提取或者重新利用行为。

（4）无论数据库的内容是否受著作权或者其他权利的保护，第（1）款规定的权利均应适用。根据第（1）款规定的权利对数据库进行保护，不得损害数据库内容的现有权利。

（5）对数据库内容的非实质部分进行重复和系统的提取或者重新利用，不得与数据库的正常使用相冲突，或者不合理地损害数据库制作者的合法权益。

第 142 条

（1）以任何方式向公众提供的数据库，其制作者不得阻止数据库的合法使用者基于任何使用目的提取或者重新利用数据库内容的非实质部分。只许可使用者提取或者重新利用数据库的部分内容的，本款的规定应当适用于该部分。

（2）以任何方式向公众提供的数据库，其合法使用者不得影响该数据库的正常使用或者不合理地损害数据库制作者的合法权益。

（3）以任何方式向公众提供的数据库，其合法使用者不得损害该数据库所含作品或者表演的著作权人或者邻接权人的合法权益。

（4）以任何方式向公众提供的数据库，其合法使用者在下列情况提取或者重新利用数据库的实质部分内容，可以不经制作者许可：

a）为了私人使用的目的，提取非电子数据库的内容；

b）为了教育或者科学研究的说明目的进行提取，但需标明来源，并且在所要达到的非商业目的的合理范围内；

c）为了维护公共秩序和国家安全的目的，以行政或者司法程序为目的，进行提取或者重新利用；

d）为了第 35－1 条规定的目的，进行任何复制、发行、转换、提取或者

重新使用的行为。❶

（5）数据库或者部分数据库的合法使用者可以不经作者的同意，进行正常使用和访问数据库全部或者部分所必需的任何复制、发行、向公众传播或者转换的行为。

第 143 条

（1）数据库制作者自完成制作数据库之日起享有权利。权利保护期为 15 年，自数据库制作完成之日的次年 1 月 1 日起算。

（2）第（1）款规定的期限届满前以任何方式向公众提供数据库的，保护期应当自首次向公众提供数据库之日的次年 1 月 1 日起算。

（3）对数据库内容进行任何（经定性或者定量评估的）实质变动，包括因连续添加、删除或者更改累积产生的任何重大变动，导致数据库被视为一项（经定性或者定量评估的）实质新的数据库的，新的数据库单独享有其保护期。

第 3 编 著作权与邻接权的管理与保护

第 1 章 著作权与邻接权中财产权的管理

第 1 节 一般规定

第 144 条

（1）著作权人与邻接权人可以根据本法自行或者通过集体管理组织行使本法规定的权利。

（2）著作权集体管理只适用于已经发表的作品，邻接权集体管理只适用于已经固定或者广播的表演以及已经发表的录音录像制品。

（3）著作权人与邻接权人不得向集体管理组织转让本法规定的财产权。

（4）作者、著作权人以及邻接权人享有下列权利，集体管理组织应在章程中予以规定：

---

❶ 2019 年 1 月 14 日，第 2 编第 7 章第 142 条第（4）款由 2019 年 1 月 8 日第 15 号单行法第 3 点完成，并于 2019 年 1 月 11 日由第 33 号官方公告公布。

a）选择针对何种权利、权利类别或者作品类型、其他受保护客体或者许可地域，书面授权集体管理组织进行管理，不考虑集体管理组织或者权利人的国籍、居所或者设立地点；

b）对任何权利、权利类别或者作品类型和其他受保护客体授予非商业性使用的许可；

c）在不超过 6 个月的合理通知的情况下，酌情撤销管理授权或者撤销集体管理组织对任何权利、权利类别、作品类型或者其他受保护客体的管理；

d）收取在撤销或者限制管理授权的事项生效前，对作品的利用行为应得的报酬。

（5）集体管理组织不得通过施加条件将被撤销或者撤回的权利、权利类别或者受保护作品类型或者其他客体的管理委托给另一集体管理组织，而限制第（4）款所述权利的行使。

（6）授权集体管理组织管理的，作者或者权利人应采取书面方式对每项权利、权利类别或者作品类型以及其他受保护客体给予同意。

（7）不属于集体管理授权的会员，但通过法律、转让、许可或者委托以外的合同与之有直接法律关系的作者或者权利人，享有下列权利：

a）为行使其据以获得报酬的权利，与集体管理组织沟通（包括通过电子方式）；

b）获知作品、作品类型或者其他受保护客体，以及其直接管理或者通过代表协议管理的权利和所涵盖的地域；

c）根据集体管理组织层面规定的程序，针对权利管理授权及其撤销和撤回，报酬的收取、分配和支付以及许可费扣除提出的申诉，包括对于音乐作品的在线权利，尽快收到书面合理答复。

（8）在作者或者权利人同意管理其任何权利、权利类别或者作品类型和其他受保护客体之前，集体管理组织应当告知作者或者权利人第（4）款和第（7）款所述权利，以及第（4）款 b）项所述权利的附加条件。

第 145 条

（1）集体管理组织行使下列权利是强制性的：

a）因私人复制而获得补偿性报酬的权利；

b）第 18 条第（2）款规定的因向公众出借而获得合理报酬的权利；

c）转售权；

d）音乐作品广播权；

e）已废除；❶

f）表演者和录音制品制作者因向公众传播和广播为商业目的出版的录音制品或者其复制件而获得合理报酬的权利；

g）有线电视转播权；

h）针对孤儿作品获得公平补偿的权利；

i）已废除。❷

（2）对于第（1）款规定的权利类别，集体管理组织亦代表未授权管理的权利人。

（3）向公众传播音乐作品的权利适用延伸性集体管理。在该情况下，代表性集体管理组织亦应代表未授权管理的作者和权利人。作者或者权利人可以提前30日通知集体管理组织，自行消除延伸性集体管理的效力。❸

第146条

（1）下列权利可以进行集体管理：

a）以录音或录像形式复制音乐作品的权利；

b）向公众传播作品的权利，但音乐作品和视听领域的艺术表演除外；

c）出借权，但第145条第（1）款b）项规定的情形除外；

d）视听领域作品和艺术表演的广播权；

d-1）第173条规定的音乐作品在线权利；❹

e）因转让第119条第（1）款规定的出租权而获得合理报酬的权利；

（2）对于第（1）款规定的权利类别，符合第162条第（1）款a）项规定条件的，集体管理组织应只代表授权管理的权利人，并在所管理的作品库的范围内制定管理办法或者直接与使用者协商签订许可合同。集体管理组织应根据使用者的要求向其提供管理作品清单，包括申请人以第153条第（2）

---

❶ 2019年1月14日，第3编第1章第1节第145条第（1）款e）项由2019年1月8日第15号法律第1条第4点废除，并于2019年1月11日由第33号官方公告公布。

❷ 2019年1月14日，第3编第1章第1节第145条第（1）款i）项由2019年1月8日第15号法律第1条第4点废除，并于2019年1月11日由第33号官方公告公布。

❸ 2019年1月14日，第3编第1章第1节第145条由2019年1月8日第15号法律第1条第5点补充，并于2019年1月11日由第33号官方公告公布。

❹ 2019年1月14日，第3编第1章第1节第146条由2019年1月8日第15号法律第1条第6点补充完整，并于2019年1月11日由第33号官方公告公布。

款规定的形式使用的作品清单，以及由其代表的罗马尼亚境内和外国著作权人及邻接权人的名单。为保障法律实施，上述活动受罗马尼亚版权局的监督管理。

（3）集体管理组织根据要求授权使用智力创造作品，必须根据著作权人或者邻接权人的授权文件，但强制集体管理的情形除外。

第147条

除第145条和第146条规定的权利外，本章承认的权利可由集体管理组织管理，但不得超出权利人的特别授权范围。

第148条

集体管理组织的存在，不得妨碍著作权人与邻接权人求助于专门的代理人（其可以是自然人或者法人），代表他们就本法承认的权利进行单独谈判。

第149条

（1）作者或者权利人有权通过合同委托独立管理组织管理其权利。

（2）独立管理组织是营利性法律实体，依照有关公司的法律规定运营，唯一或主要活动目的或者主要活动目的之一是管理著作权以及邻接权。

（3）作者或者权利人不得直接或者间接、全部或者部分拥有或者控制独立管理组织，也不得将著作权以及邻接权或者使用权转让给独立管理组织。

（4）独立管理组织应当自成立之日起15日内向罗马尼亚版权局登记备案。

（5）视听作品制作者、录音录像制品制作者、广播组织、出版者、经纪人或者表演者不得作为独立管理组织运作或者行事。

（6）独立管理组织可以与作者、著作权人或者相关权人签订代理合同，但应符合本法的规定。

（7）独立管理组织有权基于第（6）款规定的合同并在本法规定的范围内，代表作者或者权利人处理与集体管理组织的关系。

（8）独立管理组织负有下列义务：

a）向使用者收取应得款项，并根据合同约定支付给作者或者权利人；

b）向作者或者权利人提供有关其权利管理的信息；

c）应集体管理组织和其他集体管理组织的要求，向其提供所管理的作品库的信息；

d）在所管理的作品库的范围内，授予音乐作品在线权利的使用许可；

e）向罗马尼亚版权局提交年度报表，其格式由罗马尼亚版权局局长决定；

f）针对解决的投诉数量、方法和期限制定年度报告并在其网站上公布；

g）向作者或者权利人以及监管部门提供访问权限，以便获取向使用者收取应得款项并向作者或者权利人支付的任何活动信息；

h）在其活动范围内，应作者或者权利人的要求，向其提供专业协助，并代表他们参与诉讼。

（9）罗马尼亚版权局应当核查第（8）款规定义务的履行情况。

第 2 节 著作权及邻接权的集体管理组织

第 150 条

（1）本法所称的集体管理组织，是指经自由联合成立的法律实体，其唯一或主要的活动目的是根据作者或者著作权人的授权，为实现集体利益，管理著作权或者与著作权有关的权利、权利类别、作品类型以及其他受保护客体。

（2）集体管理组织依法行使管理职能时，不得将其根据本法规定接受集体管理授权的受保护作品库的使用作为活动对象；集体管理组织不得转让著作权、邻接权或者其使用。

（3）就第（1）款而言，对权利、权利类别、作品类型或者其他受保护客体的集体管理，应包括许可，监督所管理的权利或者作品类型的使用，执行权利，收取、分配和支付作者、著作权人或者邻接权人应得款项，该等款项来自使用权利产生的报酬或者对权利收入的投资。

第 151 条

（1）本章规定的集体管理组织应当依法设立，经罗马尼亚版权局的批准，根据非营利组织的规定和本法规定运营。

（2）集体管理组织由享有著作权或者邻接权的自然人或者法人直接设立，并在授权范围内，根据依法定程序通过的章程开展活动。

（3）集体管理组织可以为管理不同创作领域对应的不同权利类别而单独设立，也可以为管理属于不同类别的权利人的权利而单独设立。

第 152 条

集体管理组织应当通过大众媒体向公众公开下列信息：

a）集体管理组织代表的权利人类别；

b）集体管理组织管理的财产权；

c）使用者的类别和其他负有支付私人复制补偿性报酬义务的自然人和法人的类别；

d）集体管理组织运营并向权利人收取报酬所依据的规范性法律；

e）在地方和中央层面上负责收取费用的方式和负责该项活动的人员；

f）工作时间。

第 153 条

（1）在罗马尼亚设立总部的集体管理组织，应当按照第 151 条第（1）款规定获得批准：

a）根据本法生效时适用的法律规定设立或者运营；

b）向罗马尼亚版权局提交由其管理的成员作品库、表演、录音录像制品清单，以及与外国组织签订的管理类似权利的合同；

c）已通过符合本法规定条件的章程；

d）具有实施集体管理的经济能力，拥有在全国范围内管理作品库所需的人力和物力；

e）根据章程明文规定的程序，允许在其设立的领域内接触有委托意愿的任何著作权人或者邻接权人。

（2）第（1）款 b）项所述作品库应按照罗马尼亚版权局局长规定的书面和电子格式保存在受法律保护的数据库系统中，并应当至少包含作者姓名、权利人姓名、作品名称、表演者身份和录音录像制品的识别信息。

（3）集体管理组织的设立和运行通知应当根据罗马尼亚版权局局长的决定作出，并且应当在罗马尼亚官方公报第 1 部分公布，相关费用由集体管理组织承担。

第 154 条

（1）集体管理组织的所有成员均有权出席会员大会并在会上表决。

（2）大会应当在召开前至少 30 日，通过网站和其他任何媒体（包括电子媒体）公布会议的日期、地点和议程。

（3）在规定的大会召开日期出席人数没有达到法定人数的，大会应当最迟在 15 日内重新召开。重新召开大会的决定，应当以投票成员的简单多数作出。

（4）会员大会应当至少就下列事项作出决定：

a）关于分配应当支付给作者或者权利人的款项一般政策；

b）关于使用不可转让金额的一般政策；

c）关于许可使用费收入和任何权利收入投资所得收入的一般投资政策；

d）关于许可使用费收入和任何权利收入投资所得收入的一般扣减政策；

e）风险管理政策；

f）批准收购、出售或者抵押任何不动产；

g）批准合并、联盟、成立子公司、收购其他实体或者其他实体中的股份或者权利；

h）批准借款合同、发放贷款或者提供贷款担保的提议；

i）批准年度报告；

j）批准应当向总干事、理事会成员和内部委员会成员支付的薪金或者款项。

（5）会员大会可以通过决议委托监督机构行使第（4）款 e）项至 h）项的权力。

第 155 条

（1）集体管理组织有义务确保所有会员能够参加大会并参与投票。

（2）集体管理组织的会员均有权委托其他自然人或者法人代表其出席大会并参与投票，但该委托不得导致利益冲突。

（3）委托书应当载明参会条件和投票指示，且仅在一次大会上有效。

（4）在会员大会中，代表应当享有与被代表会员相同的权利。

第 156 条

（1）年度报告应当在上一财政年度结束后的 8 个月内编制。

（2）年度报告应当在集体管理组织的网站上公布至少 5 年，并且应当至少包含下列信息：

a）资产负债表、收入和支出账户以及现金流量表；

b）财政年度活动报告；

c）第 162 条 b）项规定的关于拒绝发放许可的信息；

d）中央和地方管理机构的名单、内部委员会的组成和地方代表名单；

e）向总干事、理事会成员和内部委员会成员支付的报酬总额及其他利益的信息；

f）按照管理的权利类别和使用类型分列的收取报酬信息；

g）从作者或者权利人处扣减用于支付收取、分配和支付报酬的费用，其中至少包括按照管理的权利类别分列的实际支出数据，如果费用是间接产生的，无法归属于一个或者多个权利类别，则应当说明理由，例如许可使用费的投资收入、资金拆入和银行存款；

h）按照管理的权利类别和使用类型分列的分配总额和向作者或者权利人支付的款项总额的财务信息，包括付款日期，按照收取或者分配的日期分列；

i）按照管理的权利类别和使用类型分列的已收取且未分配的，以及已分配且未向权利人支付的款项总额的财务信息，应当说明该等款项收取的时间、延迟收取的原因以及入账方式；

j）无法分配的款项及其使用方式的财务信息；

k）按照权利类别、使用类型和集体管理组织分列的，从与之有法律关系的其他集体管理组织收取的款项、管理费以及从该等款项中扣减的其他费用的财务信息；

l）按照权利类别、使用类型和集体管理组织分列的，向与之有法律关系的其他集体管理组织收取、分配和支付的款项、管理费以及从该等款项中扣除的其他费用的财务信息，并说明收取或者分配的期限；

m）按照权利类别和使用类型分列的，收取、分配并向作者或者权利人直接支付的款项的财务信息，并说明收取或者分配的期限；

n）根据情况提供一份特别报告，按照权利类别和使用类型分列说明为提供社会、文化和教育服务扣减的款项，并说明使用方式。

（3）第（2）款规定的佣金和其他扣减款项，应当按照权利类别分列，以数额和占财政年度收入的百分比显示。

（4）报告中的会计和财务信息应当在年度会员大会召开前至少 30 日由监督机构核实，报告的内容，包括其中的保留意见，应当全部体现在报告中。

第 157 条

（1）集体管理组织的章程应当载明下列事项：

a）会员准入条件和拒绝授予会员资格的情形；

b）基于平等原则管理作者或者著作权人权利的条件；

c）撤销管理授权、撤回任何权利、权利类别、作品类型和其他受保护客体的程序以及撤销或者撤回的生效日期；

d）集体管理组织会员的权利和义务；

e）会员应当支付的会员费和会费的确定和支付安排；

f）确定分配给会员的款项的方法、适用于按实际使用作者或者权利人的作品库的比例分配所收取报酬的规则，以及适用于所收取的无法确定实际使用情况的许可使用费的分配规则；

g）如果分配金额低于管理费，可以支付的最低数额；

h）关于如何处理无法分配或者无人申请的款项的规则；

i）关于如何确定与使用者（包括协商代表）进行协商的规则；

j）确定应当支付给集体管理组织的佣金（包括必要运营费用）的方式；

k）会员对经济和财务管理进行核查的方法；

l）关于使用许可使用费及其投资所得收入的一般规则；

m）有关行使监督职能的规定；

n）有关理事会成员的任命和罢免的规定。

（2）任何章程修正案都应当在拟提交集体管理组织召开会员大会批准该修正案前2个月，提交罗马尼亚版权局批准。

（3）罗马尼亚版权局应当自收到请求后10个工作日内发表第（2）款所述意见。持否定意见的，应当说明理由。

（4）自会员大会批准修正案之日起10日内，集体管理组织有义务向法院提交章程修正案、意见和大会决议，以便对该修正案进行登记。

（5）法院关于章程修正案登记的最终决定应当自通知之日起5日内提交罗马尼亚版权局。

（6）未经罗马尼亚版权局批准而对章程作出任何修正并在法院登记的，均属无效。

第 158 条

（1）作者、著作权人或者邻接权人可以通过书面合同直接授权集体管理任务。

（2）进行委托合同授予的集体管理，不得以任何方式限制作者或者权利人的财产权。

（3）作者、权利人、独立管理组织或者其他集体管理组织、作者或者权利人协会，凡是符合章程规定的入会条件的，都可以成为集体管理组织会员。

（4）集体管理组织有义务在活动范围内接受基于集体管理的对该等权利进行的管理。

（5）权利人存在下列情形的，集体管理组织可以拒绝授予会员资格：

a）不提供所主张的权利的证据；

b）不提交作品库、表演、录音制品、录像制品和其他受保护客体的清单；

c）没有说明其选择由集体管理组织管理的财产权、作品类型和其他受保护客体；

d）是另一集体管理组织的会员，而该集体管理组织对权利人要求管理的同一作品、表演、录音制品、录像制品和其他受保护客体享有相同权利；

e）曾因被除名而丧失集体管理组织会员资格；

f）曾因知识产权法规定的违法行为而被终局判决判处刑事罚金或者有期徒刑。

（6）加入集体管理组织后出现第（5）款f）项规定情形的，集体管理组织有权决定保留或者终止其会员资格。

（7）集体管理组织的章程可以载明其他拒绝授予会员资格的理由，但必须符合客观、透明和非歧视性原则。拒绝授予会员资格的，应当以书面形式告知原因。

（8）集体管理组织的会员资格不得继承。

第 159 条

（1）在强制集体管理的情况下，作者或者著作权人未加入任何一个集体管理组织的，应当根据罗马尼亚版权局局长的决定，指定拥有最多会员的组织进行管理。

（2）因作者或者权利人无法明确或者下落不明而无法分配应付款项，且该期限的例外情形无法适用的，应付款项应当单独计入集体管理组织的账户。

（3）作者或者权利人自通知之日起3年内有权请求支付第（2）款所述款项。

（4）未分配或者无人认领的款项，应当自收取款项的财政年度结束后3个月内以书面和电子方式，包括在集体管理组织的网站上进行通知，并应当包含下列信息（如已知）：

a）作品或者受保护客体的名称；

b）表演者、录音制品或者录像制品的识别信息；

c）出版商或者制作者的名称；

d）任何其他有助于识别权利人的信息。

（5）为确认作者或者权利人的身份和位置，集体管理组织应当自分配之日起3个月内，提供作品和其他受保护客体的信息：

a）其代表的会员或者代表权利人的实体；

b）有关领域的集体管理组织以及与之签订代表协议的管理组织（如适用）；

c）在其自己的网站上向公众提供。

（6）为识别和查找作者或者权利人，集体管理组织有义务核查其有权接触的所有记录。

第160条

（1）总干事、理事会成员和集体管理组织内的其他委员会成员的权利、义务、责任和独立性应当在章程中载明。总干事是理事会成员，并负责主持理事会会议。

（2）集体管理组织的会员除第（1）款所述职责外，无权获得任何报酬。

（3）总干事和理事会成员应当按照保护个人数据的法律规定，填写并向会员大会提交年度个人声明，包括下列信息：

a）在集体管理组织中享有的任何权益；

b）在上一财政年度中从集体管理组织获得的任何款项，包括以工资、补偿金、其他金钱或者非金钱性质的福利形式；

c）作为作者或者权利人在上一财政年度中从集体管理组织获得的任何款项；

d）个人利益与集体管理组织利益之间，或者对集体管理组织负有的义务与对其他自然人或者法人负有的义务之间，任何现有或者潜在的冲突。

（4）总干事不得担任其他有偿或者无偿的职务，具体包括：

a）在另一集体管理组织中任职；

b）在独立管理实体中任职；

c）作为活跃于管理组织领域的经济利益集团的成员。

（5）第（3）款所述声明应当提交给会员大会，并记载于特别登记簿。

（6）第（3）款所述声明的格式，应当根据罗马尼亚版权局局长的决定予以确定。

第 161 条

（1）为监管和长期监督集体管理组织、总干事和理事会的工作，每个集体管理组织中应当设立监督机构，并由奇数成员组成。

（2）监督机构内，集体管理组织各类会员代表数量必须是公平和平衡的。

（3）监督机构的每个成员应自任命之日起 10 日内完成第 160 条第（3）款所述声明。

（4）监督机构应当定期召开会议，并至少负有下列职责：

a）行使会员大会根据第 154 条第（5）款规定被授予的权力；

b）监督总干事和理事会的工作和义务履行的情况，包括执行会员大会的决议，尤其是第 154 条第（4）款 d）项所述政策；

c）章程规定的其他职责。

（5）监督机构应当就其活动制作年度报告，提交会员大会，并递交罗马尼亚版权局。

第 3 节 集体管理组织的职能

第 162 条

集体管理组织负有下列义务：

a）为其所代表会员的利益开展活动，除为维护会员的权利或者利益或者有效管理权利的客观需要以外，不得向会员施加义务；

b）使用者请求使用受保护的作品库的，集体管理组织应当以有偿的方式授予非排他性许可。集体管理组织应当在最长不超过 10 日内答复请求，并说明授予许可所需的其他信息。集体管理组织决定不授予非排他性许可的，应当以书面形式说明理由；

c）制定活动范围的方案，包括当利用方式致使作者或者权利人无法单独授权时，与使用者协商如何支付财产权的报酬；

d）以授权的权利人的名义，或者根据与类似外国组织签订的协议，与演出组织者、开展公共传播活动的使用者、电视、广播组织或者有线电视服务商签订一般合同，以授权使用受保护的作品库；

e）依据章程的规定，包括根据代表协议，向使用者收取应付款项，并采取必要措施，尽快将其支付给会员和其他集体管理组织；

f）要求使用者或者其代表人在请求使用作品之日起 30 日内以书面和电子形式提供要求的信息和文件，以确定报酬数额以及被使用作品的信息，并由法定代表人盖章和签字；❶

g）确保会员，包括其根据代表协议管理权利的作者或者权利人，在管理费以及报酬的收取、分配和支付规则方面享有平等待遇；

h）不断更新包含会员名单以及作品清单的数据库；

i）确保会员均能够不受歧视地获得有关收取和分配使用者应支付款项活动的所有事项的信息；

j）根据著作权人或者邻接权人的特别授权，在其活动范围内开展其他活动；

k）向负责监督管理的政府部门提供关于收取和分配报酬的信息；

l）确保集体管理组织与会员、公共机构以及使用者之间的活动公开透明；

m）确保以任何方式，包括电子方式，与会员、使用者和与之有代表协议的集体管理组织进行通信；

n）通过与国外类似机构签订书面代表协议，保护会员的利益，管理因在罗马尼亚境外使用作品库而产生的权利；

o）在其活动范围内，向会员提供专家援助，并代表会员参加诉讼；

p）为管理记录、简化使用者支付著作权和相关权报酬的方式以及简化报酬的分配，在信息系统中上传最新、准确和完整的数据和信息；集体管理组织信息系统中的信息是根据罗马尼亚版权局局长的决定来确定的；

q）尽快以书面形式答复投诉，特别是有关权利管理、撤销授权或者撤回权利、入会条件、收取应支付给作者或者权利人的款项、扣减及其分配的投诉；

r）将权利收入及其投资所得、自有资产及其收入、管理费或者其他活动收入分别计入账户；

s）通过签订合同或者代表协议，授权其他集体管理组织管理其代表的权利。

---

❶ 2019 年 1 月 14 日，第 3 编第 1 章第 3 节第 162 条 f）项由 2019 年 1 月 8 日第 15 号法律第 1 条第 7 点修订，并于 2019 年 1 月 11 日由第 33 号官方公告公布。

第 163 条

（1）为了针对方案启动协商程序，第（3）款 b）项和 c）项所述集体管理组织、使用者或者使用者协会必须向罗马尼亚版权局提交请求，并附有提议协商的会员名单及其身份信息、建议协商的方法以及收到协商通知的证明。

未提交名单或者提交的名单不完整的，或者缺乏通知证明的，将导致启动协商程序的请求被驳回。

（2）方案的协商应当在罗马尼亚版权局局长决定设立的委员会内进行，该决定自收到启动协商程序的请求之日起 15 日内发布。罗马尼亚版权局局长的决定应当在罗马尼亚官方公报第 1 部分公布，费用由申请者承担。

（3）方案协商委员会应由下列人员组成：

a）每个集体管理组织派出 1 名代表，负责每个创作领域和权利类别的工作。

b）国家层面的使用者代表协会派出 1 名代表，根据营业额确定的前三名主要使用者各自派出 1 名代表，但必须自行承担责任向罗马尼亚版权局申报。公共机构，包括公共电台和电视广播公司，作为协商委员会的一部分，可以免于申报营业额。

c）地方层面的使用者代表协会派出 1 名代表，或者在其缺席的情况下，由向罗马尼亚版权局提交参加各自委员会协议的集体管理组织提名 2 名地方使用者代表。

（4）根据收到的发布成立协商委员会的决定的提议，罗马尼亚版权局可以召集并任命任何享有合法权益的实体加入协商委员会。

（5）指定协商委员会的决定应当连同申请者提交的方案建议，以挂号信的方式通知各方。

第 164 条

（1）方案应当由集体管理组织与第 163 条第（3）款 b）项和 c）项所述代表进行协商，并应当考虑下列主要标准：

a）权利人类别、作品和其他受保护客体的类别以及协商所涉领域；

b）组织结构或者其他被指定协商的使用者在协商中代表的使用者类别；

c）集体管理组织为其会员以及其他类似的外国组织会员，在互惠合同的基础上管理的作品库；

d）集体管理组织管理的作品库的使用比例；

e）使用者与权利人直接签订合同并履行支付义务使用作品的比例；

f）基于协商的方案，使用者使用作品库获得的收入；

g）欧洲关于使用者与集体管理组织之间协商结果的惯例。

（2）集体管理组织可在协商中要求同类使用者支付统一报酬，或者从使用者使用作品库获得的收入中提取一定比例作为报酬；没有收入的，从作品库使用产生的费用中提取一定比例作为报酬。对于广播活动，集体管理组织仅能要求提取一定比例作为报酬，并根据每个使用者，即电视或者广播公司在活动中使用集体管理的作品库的比例进行区分。

（3）第（2）款所述报酬，相对于相关权利的经济价值以及使用程度必须是合理的，并应当考虑作品和其他受保护客体的特点、使用范围以及集体管理组织提供服务的经济价值。集体管理组织和使用者应当就确定该报酬的方式提出理由。

（4）只有在作品处于法律规定的著作权或者邻接权保护期内时，使用作品才能要求获得第（2）款规定的统一报酬或百分比报酬。

（5）根据第145条规定实施强制性集体管理的，应当在不考虑第（1）款c）项和e）项规定标准的情况下对方案进行协商，作品库应被视为具有延伸性。

第165条

（1）各方无法通过协商确定方案的，可以申请仲裁。

（2）方案协商应当根据双方约定的时间进行，但最长不超过委员会成立之日起60日。

（3）各方关于方案达成的协议应当在议定书中记录，并提交罗马尼亚版权局备案。罗马尼亚版权局局长自提交之日起10日内发布决定，该议定书将在罗马尼亚官方公报第1部分公布，费用由启动谈判程序的主体承担。

（4）对于授予音乐作品在线权利跨境许可的集体管理组织，涉及的纠纷如下：

a）与现有的或者潜在的在线音乐服务提供商就第173条第（4）款，第174条，第175条第（1）款a）项至c）项、e）项以及第（3）款规定产生的纠纷；

b）与一个或者数个权利人就第173条第（4）款、第174条至第178条规定产生的纠纷；

c）与其他集体管理组织就第 174 条至第 177 条规定产生的纠纷。

（5）自仲裁程序结束之日起 30 日内，各方应当根据适用于法律行为通知的法律规定，告知罗马尼亚版权局仲裁结果。

（6）各方未能通过协商或者仲裁就方案达成一致意见的，可在第（2）款或者第（5）款规定的期限届满后 15 日内，向法院起诉。

（7）针对方案作出的最终决定应当通知各当事人以及罗马尼亚版权局，并应当由罗马尼亚版权局局长自备案之日起 5 日内发布决定，在罗马尼亚官方公报第 1 部分公布，费用由罗马尼亚版权局承担。方案自公布之日起对参与协商的所有使用者产生拘束力，除方案另有规定外，不得减免应当支付的报酬。

（8）根据第（2）款至第（6）款规定协商或者确定的方案，不适用于在方案协商进行过程中就许可合同与集体管理组织正在直接谈判或者已经完成谈判的使用者。

（9）根据第（3）款规定确定的方案，对协商领域的所有使用者、根据第 114 条负有私人复制补偿性报酬支付义务的媒体设备进口商和制造商具有约束力。

（10）任何非排他性许可合同条款以及任何在罗马尼亚官方公报第 1 部分公布的方案，若违反经欧洲法院解释的《欧盟运作条约》第 101 条和第 102 条的竞争规则，则被禁止，尤其是下列情形：

a）对使用者设置并施加不公平的报酬或者其他不公平的非排他性许可交易条件；

b）对同等交易适用不公平报酬或者其他不公平条件，致使作为交易方的使用者处于不利竞争地位；

c）使非排他性许可合同的订立以使用者接受额外服务为条件，而该等服务从性质上或者根据法律规定与合同内容无关。

第 166 条

（1）第 163 条第（3）款 b）项和 c）项所述集体管理组织、使用者或者使用者协会只有在罗马尼亚官方公报第 1 部分最终公布之日起 3 年后，才能重新提出请求以启动关税和方案的协商程序。

（2）对于第 144 条第（4）款所述谈判，任何一方可在罗马尼亚官方公报

第 1 部分最终公布之日起 3 年后，重新提出请求以启动方案的协商程序。

（3）在新方案公布前，原方案仍然有效。

第 167 条

自方案公布的次年的第 1 个月起，集体管理组织可以根据国家确定的通货膨胀指数，每年对一次性定额报酬进行修改。修改应当提交给罗马尼亚版权局，并由罗马尼亚版权局局长自提交之日起 5 日内作出决定，在罗马尼亚官方公报第 1 部分公布，费用由集体管理组织承担。修改自公布的次月开始生效。

第 168 条

（1）集体管理组织应当就其管理的作品库向使用者或者其他付款人收取报酬。

（2）同一创作领域存在一个以上集体管理组织的，受益人组织应当在提交给罗马尼亚版权局的议定书中确定下列内容，并在罗马尼亚官方公报第一部分公布，费用由受益人组织承担：

a）集体管理组织之间分配报酬的标准；

b）罗马尼亚版权局局长决定在相关领域负责收取费用的集体管理组织；

c）对集体管理组织收取费用过程中产生的实际支出予以记录和证明的程序。

（3）第（2）款规定的情况下，受益人集体管理组织未在方案生效之日起 30 日内向罗马尼亚版权局提交上述议定书的，罗马尼亚版权局将根据局长决定，基于代表性在相关领域指定负责收取费用的集体管理组织。

（4）第（3）款规定的情况下，罗马尼亚版权局指定的单一收费组织在向罗马尼亚版权局提交受益人组织之间达成的议定书，确定分配所收款项的标准之前，不得在受益人组织之间或者向其会员分配所收款项。收取费用产生的支出应当单独列出，且必须有文件证明相关领域权利人的集体管理组织收取费用的实际覆盖范围。

（5）在第（3）款规定的 30 日期限届满时，任何集体管理组织都可以申请调解或者向法院起诉。

（6）集体管理组织作为单一收费组织，根据第 115 条第（1）款、第 138 条第（2）款以及本条第（1）款和第（3）款规定，收取的款项应当分别计

入分析账户。❶

（7）集体管理组织作为单一收费组织，应当代表所有受益人集体管理组织，以书面的形式发出非排他性许可的授权，并确保与受益人集体管理组织有关的款项收取行为和相关支出公开透明。受益集体管理组织有义务支持款项收取。

（8）第169条第（1）款c）项规定同样适用于作为单一收费组织的集体管理组织。

（9）集体管理组织可以通过罗马尼亚版权局局长的决定，在罗马尼亚官方公报第1部分公布的议定书中，就一个领域的付款义务人指定共同收款组织，为所代表的权利人收取应得的报酬达成协议。经罗马尼亚版权局批准，集体管理组织还可以针对若干领域设立联合收款组织，该组织按照私法中关于非营利法人联合会的法律规定以及本法中关于集体管理组织的组织运营的明确规定运行。

第169条

（1）集体管理应遵循下列规则：

a）关于向使用者收取报酬以及其他款项、向作者或者权利人分配款项、集体管理的重要事项的决定，应由会员根据章程规定在会员大会上作出；

b）集体管理组织收取的报酬不得与其收入混同；

c）将存入银行的无人认领和未被分配的报酬进行资金拆入或者在活动范围内开展的其他业务中获得的款项，以及在侵犯著作权或者邻接权后以赔偿方式获得的款项，应当分配给权利人，并不得作为集体管理组织的收入；

d）集体管理组织收取的款项应当尽快但不迟于收取该等款项的财政年度结束后9个月，按照作品库的使用比例分配和支付给会员，但存在客观原因无法按时完成的情形除外，特别是涉及使用者报告、确定权利和权利人、匹配作品和其他受保护客体的信息与权利人信息，或者会员因上述原因无法按时完成的情形；

e）章程应当规定支付报酬的最低标准；

f）本款e）项规定应同样适用于单一收款组织与受益人集体管理组织的

---

❶ 根据2010年6月28日罗马尼亚官方公报第1部分第430号公布的第571/2010号决定，罗马尼亚宪法法院承认原第121条第（2）款，现为第138条第（2）款的规定是违宪的例外情形。

关系；

g）在有代表协议的情况下，集体管理组织收取的款项应当在收取的财政年度结束后 9 个月内尽快进行分配，但集体管理组织因客观原因无法按时完成的除外，特别是涉及使用者报告、确定权利或者权利人；

h）管理费，是指从作者或者权利人应得的许可使用费及其投资所得中按照一定比例扣除的，用于收取、分配和支付报酬的款项。会员和与集体管理组织有直接合同关系的权利人应支付的管理费应在分配时予以扣除，且不得超过个人分配金额的 15%；

i）作为单一收款组织的集体管理组织扣除的管理费，以及受益人集体管理组织从其会员处扣除的管理费，总计不得超过每个会员个人分配金额的 15%；

j）作为单一收款组织的集体管理组织扣除的管理费，应在付款时从分配给受益人集体管理组织的款项中扣除；

k）管理费适用于每项所管理的权利；

l）在根据特别授权管理的权利及代表合同的情况下，费用通过合同来约定；

m）集体管理组织可以决定撤销或者撤回对权利、权利类别、作品类型及其他受保护客体的集体管理授权，并于财政年度结束时生效。

（2）集体管理组织应当对下列款项单独记账：

a）收取的款项，在每项收入来源的单独分析账户中显示；

b）章程中规定的任何收入，包括管理费、自有资产、会员费、订阅费、捐款、赞助费、利息及资金拆入分红，应当单独计入分析账户；

c）无人认领的款项，由代表机构记录并单独计入分析账户，自通知之日起保留 3 年。

（3）第（2）款 c）项所述期间届满后，无人认领的款项应当按照章程的规定使用。

（4）集体管理组织无权将许可使用费及其投资所得用于向作者或者权利人分配以外的目的，但第（6）款规定的扣除管理费和服务费除外。

（5）集体管理组织将许可使用费及其投资所得进行投资的，必须按照第 154 条第（4）款 c）项和 e）项的规定的政策为会员的共同利益而进行，并遵守下列规则：

a）存在潜在利益冲突的，集体管理组织应当确保投资仅为会员利益；

b）资产的投资方式应当确保投资组合整体的安全性、质量、流动性和利润；

c）资产以适当的方式分散投资，避免过度依赖任何一种资产以及避免投资组合的风险积累。

（6）章程规定集体管理组织可以从许可使用费及其投资所得中扣除一定比例来提供社会、文化或者教育服务的，应在公平标准的基础上提供服务，尤其是在获得该服务的机会和范围方面。

（7）出于收取许可使用费以及向作者或者权利人分配和支付应付款项的必要，使用者有义务根据约定或者事先规定的时间及格式，向集体管理组织提供其管理权利的使用情况信息。集体管理组织与使用者在格式上应当尽可能地考虑可选择的部门标准。

第 170 条

（1）任何会员都有权以自己的名义或者通过授权代表要求获得有关过去 12 个月内向其分配的款项、来源、计算应得款项的方法以及相应扣减的详细资料和文件，并核实这些数据是否符合分配规则。

（2）集体管理组织应当在其网站上至少公布下列最新信息：

a）章程；

b）会员名单、中央和地方管理机构、内部委员会的组成人员以及地方官员的名单；

c）收取会员应得报酬所依据的方案以及指定集体管理组织作为收费组织的决定；

d）通过单一收费组织收取报酬的，公布单一收费组织的名称；

e）非排他性许可的标准合同；

f）与其他集体管理组织订立的代表合同清单、订立协议的集体管理组织名称以及与国外类似组织订立的代表协议清单；

g）收取和分配应付给作者或者权利人款项的安排，以及在地方和中央层面负责该项工作的人员；

h）处理投诉的程序以及诉讼和调解的状况；

i）过去 5 年召开的会员大会的信息，例如召开的日期和地点、议程以及通过的决议（如适用）；

j）年度报告。

（2-1）集体管理组织自每年1月1日起有义务在参考季度后1个月最后1日之前，通过在总部公告或者在其网站上以电子方式公布上一季度按照使用者或者其他付款人类别收取和扣减的款项、管理费以及按照权利人类别分配的款项及其来源、权利的计算方法以及适用的扣减情况。❶

（3）集体管理组织应当以任何方式，包括电子方式，至少每年1次在财政年度结束时向与之签订代表协议的集体管理组织提供信息，并应要求随时提供相关信息所涉期间的至少下列信息：

a）任何期间按管理的权利类别和根据代表协议管理权利的使用类型分列的已分配与已支付的款项，以及任何期间已分配但未支付的款项；

b）扣减的管理费和代表协议中规定的其他扣除款项。

（4）与第（2）款f）项中所述国外类似组织订立代表协议的，应当采取书面形式，载明如何就各方的作品库、管理的权利、付款期限及方式进行信息交流。

（5）集体管理组织应当至少每年一次在每个财政年度结束时和应随时要求，以任何方式，包括电子方式，向分配许可使用费或者支付报酬的作者或者权利人，提供至少下列信息：

a）集体管理组织经作者或者权利人授权，用于识别身份以及定位的任何联系信息；

b）分配给该会员的款项，按照管理的权利类别和使用类型分列；

c）支付给该会员的款项，按照管理的权利类别和使用类型分列；

d）向该会员分配和支付款项对应的作品使用时间，但集体管理组织因与使用者报告相关的客观原因无法提供信息的除外；

e）保留的管理费，按照管理的权利类别和使用类型分列；

f）为提供社会、文化或者教育服务而扣减的任何款项；

g）向作者或者权利人转让的权利中产生的且在任何期间内尚未支付的任何报酬或者收入。

（6）集体管理组织应当以任何方式，包括电子方式，至少每年一次在每个财政年度结束时以及应要求随时向与之存在直接合同关系的非会员权利人和与之订立代表协议的集体管理组织提供至少下列信息：

---

❶ 2020年1月13日，第3编第1章第3节第170条由2020年1月9日第8号法律第1条第1点补充，并于2020年1月10日由第14号官方公报发布。

a）分配权利的收益、集体管理组织按照管理的权利类别和根据代表协议管理的权利的使用类型支付的款项，以及任何时期尚未支付的分配权利的任何收益；

b）在管理费方面的扣减；

c）用于提供社会、文化或者教育服务的任何扣减；

d）代表协议所包含的作品和其他受保护对象授予或者拒绝授予任何许可的信息；

e）会员大会通过的与代表协议规定的权利管理有关的决议。

（7）在会员大会召开前30日内，在遵守保护个人数据的法律规定的情况下，任何会员均有权在集体管理组织的办公室或者通过电子方式查询下列内容：

a）年度报告；

b）由总干事、理事会、信息获取特别常设委员会、内部委员会以及监管部门起草的年度报告；

c）拟提交大会批准的每项决议草案的文本和解释性备忘录；

d）雇员的个人工资；

e）上一财政年度结束时的银行账户、投资和利息收入报表；

f）使用者的类别、通知的数量、每类付款义务人的数量以及从每类收取的款项总额的说明；

g）诉讼状况；

h）理事会批准的任何交易或者使用者付款的时间表；

i）独立性及收入的声明。

（8）获取第（7）款规定的信息，应根据书面申请，并在有限范围内允许获取集体管理组织雇员的个人数据。

（9）信息获取特别常设委员会应当在集体管理组织内开展活动，该委员会由5名成员组成，由会员大会任命，组成人员不得为集体管理组织的雇员或者管理监督机构的成员。

（10）会员认为获取信息的权利受到侵犯的，可以在3日内向第（9）款所述委员会提出申诉。委员会应当在7日内答复申诉人和总干事。

（11）第（9）款所述委员会应当就其活动制作年度报告，并提交至会员大会和罗马尼亚版权局。

（12）集体管理组织应当通过电子方式并在无不当拖延的情况下，向其根据代表协议管理权利的集体管理组织或者任何权利人或者使用者提供至少下列信息：

a）其所代表的作品或者其他受保护客体，其直接或者通过代表协议管理的权利以及所覆盖的地区；

b）因集体管理组织的活动范围而无法确定具体作品或者其他客体的，提供关于管理的作品或者其他受保护客体的类型、管理的权利和覆盖地区的信息。

第 171 条

独立集体管理组织应当以任何方式，包括电子方式，至少每年一次在每个财政年度结束时或者应请求随时向由其管理权利的作者或者权利人提供至少下列信息：

a）该组织经作者或者权利人授权用于确认身份和定位的任何详细联系方式；

b）向作者或者权利人分配的款项；

c）独立管理组织向作者或者权利人支付的款项，按照管理的权利类别及使用类型分列；

d）向作者或者权利人分配和支付的款项对应的作品使用时间，但独立管理组织因有关使用者报告的客观原因无法提供的除外；

e）为维持著作权或者邻接权管理活动扣减的款项；

f）在任何时候应当分配给作者或者权利人但未支付的任何报酬。

第 172 条

（1）集体管理组织应当在会员大会召开后 15 日内向罗马尼亚版权局就下列事项备案：

a）年度报告；

b）最新的作品库；

c）与境外类似组织订立的代表协议。

（2）第（1）款 a）项和 b）项所述文件应当按照罗马尼亚版权局局长决定的格式，提交至罗马尼亚版权局。

第 4 节　集体管理组织对音乐作品在线权利的跨境许可

第 173 条

（1）本法所称的跨境许可，是指针对复制权和向公众传播权提供许可，其中包括在互联网或者其他计算机网络上向公众提供作品，跨境许可覆盖数个欧盟成员国领土。这两种权利可以分别管理。

（2）音乐作品在线权利，是指第（1）款所述为提供在线服务所必要的任何权利。

（3）在线权利跨境许可的音乐作品，是指任何音乐作品，包括视听作品中的音乐作品。以乐谱形式表现的音乐作品不受本编规定调整。

（4）在线音乐服务提供商（以下简称"提供商"），是指为向公众传播而通过复制音乐作品提供在线音乐服务内容的自然人或者法人。提供商有义务准确报告该等作品的实际使用情况。

（5）对音乐作品在线权利授予跨境许可的集体管理组织必须满足下列条件：

a）有能力针对其获授权管理的每件音乐作品或者其各部分，准确识别全部或者部分音乐作品、覆盖地区、权利以及对应的作者或者权利人；

b）有能力通过电子方式处理管理许可所必要的数据和信息，以确定和监测作品库的使用，收取、分配和支付应向会员支付的报酬并向使用者开具发票；

c）根据国际或者欧盟内部相关标准和惯例，采用独特的编码以识别作者、权利人以及音乐作品；

d）使用合适的方式及时有效地解决与其他授予音乐作品在线权利跨境许可的集体管理组织所掌握的数据和信息之间的不一致问题。

第 174 条

（1）应提供商、其他集体管理组织或者被代表会员的要求，跨境许可集体管理组织应当通过电子方式提供最新信息，以识别在线音乐作品库，包括：

a）管理的音乐作品；

b）全部或者部分管理的权利；

c）覆盖的地区。

（2）跨境许可集体管理组织应当采取措施保证数据的准确性和完整性，控制数据的重复使用，保护商业敏感信息。

（3）跨境许可集体管理组织应当允许会员、其他集体管理组织和提供商在认为数据不准确的情况下要求纠正第（1）款所述数据。如果该要求是合理的，集体管理组织应当作为紧急事项，纠正持有的数据或者信息。

第 175 条

（1）对于跨境许可使用的音乐作品，跨境许可集体管理组织对于在线权利管理负有下列义务：

a）对其管理的由其授予跨境许可的提供商对音乐作品的全部或者部分使用情况进行监督；

b）为提供商提供必要的电子手段，以报告在线权利跨境许可的音乐作品的使用情况。通过电子方式交换上述信息时，应当至少采用一种符合国际或者欧盟内部的自愿性标准或者做法的报告方式；

c）提供商报告作品的实际使用情况后，通过电子方式等尽快向提供商开具并送达发票时，应当至少采用一种符合国际或者欧盟内部自愿性标准或者做法的格式；

d）向作者或者权利人准确、及时地分配和支付因许可使用产生的报酬，并在每次付款时提供作品每次使用的时间和地点信息、向提供商收取并分配的款项、手续费及其他适用扣减的款项；

e）以电子手段向音乐作品被列入作品库的作者或者权利人以及委托管理在线权利的权利人提供有关其音乐作品或者与之相关的权利的信息，以及其授权委托管理的地区。

（2）第（1）款 d）项规定也适用于集体管理组织委托另一集体管理组织根据第 176 条规定授予音乐作品在线权利跨境许可的情形。除非另有约定，否则进行委托的集体管理组织应当负责后续将款项分配给作者或者权利人，并通知他们。

（3）除非另有约定，否则第（1）款 e）项规定也适用于集体管理组织委托另一集体管理组织根据第 176 条和第 177 条的规定授予跨境许可的情形。

（4）集体管理组织允许采用部门标准对电子数据交换进行报告的，集体管理组织可以拒绝接受提供商通过其专有格式提交的报告。

（5）集体管理组织采用部门标准格式的，提供商不得基于格式原因拒绝接受发票。

（6）第（1）款 c）项所述发票必须包含准确的数据，至少包含作品名称、全部或者部分被许可的权利以及提供商提供的实际使用信息。

（7）一个或者数个集体管理组织基于同一音乐作品的同一在线权利开具多张发票的，提供商有权质疑发票内容的准确性。

（8）集体管理组织委托另一集体管理组织就音乐作品在线权利授予跨境许可的，被委托的集体管理组织应当准确、及时地分配所收取的报酬。

第 176 条

（1）集体管理组织据以委托另一集体管理组织就其作品库中的音乐作品的在线权利授予跨境许可的代表协议，均是非排他性的。被委托的集体管理组织应当采取非歧视方式管理该等权利。

（2）进行委托的集体管理组织应当向其会员告知代表协议的主要条款和条件，包括合同期限以及被委托的集体管理组织提供服务的费用。

（3）被委托的集体管理组织应当告知进行委托的集体管理组织关于授予在线权利跨境许可的条件，包括使用性质、与许可费有关或者影响许可费的所有规定、许可的期限、会计期间以及相关区域。

第 177 条

（1）集体管理组织没有对作品库中的音乐作品在线权利授予跨境许可的，应当申请与符合下列条件的另一集体管理组织签订代表协议：

a）汇总其他作品库，且并不排他性地仅对自己的作品库授予跨境许可；

b）并不受限于为联合许可复制权和向公众传播权而对同一作品的权利进行汇总。

（2）接收申请的集体管理组织应当承担下列义务：

a）已经为一个或者数个集体管理组织的作品库中的音乐作品的同一类别在线权利授予跨境许可的，应当接受该申请；

b）尽快以书面形式答复作为申请者的集体管理组织；

c）按照适用于管理自己作品库的相同条件对作为申请者的集体管理组织的作品库进行管理；

d）向提供商提交的所有报价中包括作为申请者的集体管理组织的作品库。

（3）作为申请者的集体管理组织扣减的管理费不得超过接受申请的集体管理组织产生的合理费用。

（4）作为申请者的集体管理组织应当向接受申请的集体管理组织提供在线权利跨境许可所必需的作品库和信息。

（5）第（4）款所述资料不充分或者提供的形式不能使接受申请的集体管理组织遵守本条要求的，接受申请的集体管理组织应当有权在合理范围内收取为满足该等要求而产生的费用，或者将资料不充分或者不能使用的作品排除在外。

第 178 条

（1）集体管理组织不授予跨境许可，或者不要求另一集体管理组织为此签订代表协议的，已经向集体管理组织管理授权其音乐作品在线权利的作者或者权利人，可以撤回授权。

（2）第（1）款所述情形中，作者或者权利人有可能自行或者通过第三方授予跨境许可，并在必要的范围内从原集体管理组织撤回权利，而留下授予境内许可的权利。

第 179 条

（1）第 173 条至第 178 条的规定不适用于集体管理组织针对下列内容授予跨境许可的情形：

a) 广播组织在广播或者电视节目播出的同时或者之后，出于向公众提供其广播或者电视节目的必要使用的音乐作品；

b) 由广播组织制作或者为其制作的任何附属于原始广播的在线材料，其目的是补充、预览或者重播节目，包括预告。

（2）第（1）款规定导致与其他向消费者提供在线获取音乐或者作品服务产生不正当竞争，则其不适用，且第（1）款规定不应导致诸如市场或者消费者共享受到限制。

第 2 章　罗马尼亚版权局

第 180 条

（1）罗马尼亚版权局作为政府下属的专门机构，是唯一的监督管理部门，在著作权与邻接权领域内负责进行国家登记处登记以及监督、授权、仲裁和技术科学调查。

（2）罗马尼亚版权局的日常开支和资本开支完全和明确由国家预算提供，通过文化和宗教事务部的预算代持，统筹部长是主要的信贷订购机构。

（3）罗马尼亚版权局的组织、运作、人员结构和履行职责所需的设施由政府决定予以确定。

（4）罗马尼亚版权局由文化和宗教事务部部长负责统筹，由局长管理，副局长协助，由总理根据统筹部长的建议决定任命。

第 181 条

（1）罗马尼亚版权局的主要职责如下：

a）根据局长的决定，依法规范著作权与邻接权领域的活动；

b）起草其活动范围内的法律草案；

c）保存集体管理组织提交的作品库记录；

d）组织和管理在国家登记处和法律规定的其他特定国家记录中进行的有偿登记工作；

e）根据著作权与邻接权的法律规定，有偿发放可使用的全息标识，其价值为购买价格并加收 30% 的管理费；

f）批准设立集体管理组织并监督其运作；

g）作为中央公共管理部门的专门机构，依法批准在法院登记处登记的著作权及邻接权领域内的协会和基金会，包括打击盗版商品的协会；

h）自费依职权或者在收到书面投诉后，对集体管理组织遵守相关法律的情况、运作和活动进行管制，包括允许他人访问其信息系统，并制定措施，使其符合法律规定或者酌情实施制裁；

i）与欧盟成员国的同类组织合作，以监督欧盟关于著作权与邻接权的规定的实施情况；

j）应刑事调查机关的要求，对带有著作权或者邻接权的产品的独创性进行技术和科学鉴定，如果被告人的罪行被证实，则由被告人承担费用；

k）由当事人付费或者应司法机关要求，有偿提供专家意见；

l）自费开展该领域立法的宣传活动，并开展培训活动，培训费用由相关人员承担；

m）与罗马尼亚加入的该领域类似专门组织和国际组织开展代表活动；

m-1）保存获得授权开展第 35-1 条第（1）款 b）项规定活动的实体的记录，并向欧盟委员会和世界知识产权组织国际局设立的信息联络点提供被授权实体的名称和联系方式，以及被授权实体在自愿基础上收集的任何其他数据；❶

---

❶ 2019 年 1 月 14 日，第 3 编第 2 章第 181 条第（1）款由 2019 年 1 月 8 日第 15 号法律第 1 条第 8 点补充，并于 2019 年 1 月 11 日在第 33 号官方公告发布。

n）履行法律规定的其他职责。

（2）罗马尼亚版权局可开展的有偿业务的收费标准由政府决定予以确定。第（1）款 j）项规定的业务的同等价值将包含在诉讼费用中。

（3）为履行法律规定的职责，罗马尼亚版权局可以依法以可操作的方式从国家电影中心、国家贸易登记处、国家海关总署、国家税务局、罗马尼亚边防警察局、个人档案和数据库管理局、内政部护照总局以及金融银行机构免费获取必要的信息。❶

第 182 条

罗马尼亚版权局根据第 181 条的规定实施监督管理工作的，被监管人有义务提供监管部门要求的任何文件和信息，并在被要求时提供其复制件。

第 183 条

（1）罗马尼亚版权局开展第 181 条第（1）款 h）项规定的监管活动的，必须事先通知被监管集体管理组织，并说明目的。罗马尼亚版权局可以进行每年一次的例行检查，并在检查开始前 10 日通知，也可以在必要时对被投诉事项进行临时检查，并提前 3 日通知。

（2）罗马尼亚版权局进行监管的，总负责人有义务提交监管部门要求的任何文件和信息，并应要求提交其复制件。监管部门可以就发现的情况向总负责人以及雇员进行解释说明。

（3）罗马尼亚版权局监管部门的监管结论，连同总负责人的意见，都应记录在报告中。

（4）根据监管结论发现存在违规情形的，罗马尼亚版权局可以决定将报告提交至该集体管理组织的会员大会，并由会员大会在第一次常会上进行讨论。

第 184 条

（1）罗马尼亚版权局经例行检查或者投诉后发现，集体管理组织没有遵守本法规定的义务的，除应受违法或者刑法处罚的行为外，应当责令采取必要措施整改，并通过罗马尼亚版权局局长的决定给予 3 个月整改期间。

---

❶ 参见关于国家税务局组织和运作的第 520/2013 号政府决定，于 2013 年 7 月 30 日罗马尼亚第 473 号官方公报第 1 部分公布，并经修订和补充。

（2）根据第（1）款规定责令采取的措施必须清楚、准确，并说明法律依据。

（3）第（1）款规定的期限届满后，罗马尼亚版权局应当核实措施的履行情况，发现没有履行的，应根据罗马尼亚版权局局长的决定，责令该集体管理组织暂停活动。

（4）根据经修订和补充的第554/2004号罗马尼亚行政诉讼法，可以对第（3）款所述的决定提出初步申诉。

（5）集体管理组织采取第（1）款规定的措施后，罗马尼亚版权局局长应当决定撤销暂停措施。

（6）第（1）款至第（5）款的规定也相应地适用于独立管理实体的情况下有关该等实体的法律规定。

第3章 保护措施、诉讼和制裁

第1节 技术保护措施和权利管理信息

第185条

（1）作品的作者、表演者、录音录像制品的制作者、广播电视组织或者数据库的制作者可以采取技术措施，保护本法规定的权利。

（2）本法所称的技术措施，是指在其正常运作过程中，采用任何技术、装置或者部件，旨在防止或者限制未经本法规定的权利人许可的行为。

（3）权利人通过访问控制或者保护程序，例如加密、编码、加扰或者其他转换，或者通过复制控制机制，控制对作品或者其他受保护对象的使用，从而达到保护目的的，技术措施应被视为有效。

（4）对于符合第33条第（1）款a）项、c）项和e）项，第35条第（2）款d）项和e）项，第35-1条和第39条规定例外情形的受益人，已采取技术保护措施的权利人必须为其合法地获取作品或者其他受保护客体提供必要手段。权利人也有权限制在上述条件下制作的复制件数量。❶

（5）第（4）款的规定不适用于根据双方约定的合同条款向公众提供的受保护作品，使公众得以在自行选择的任何时间和地点单独接触作品。

---

❶ 2019年1月14日，第3编第3章第1节第185条第（4）款由2019年1月8日第15号法律第1条第9点修订，并于2019年1月11日在第33号官方公告发布。

第 186 条

（1）本法规定的权利人可以通过电子形式针对作品或者其他受保护客体，或者在向公众传播作品时，提供权利管理信息。

（2）本法所称的权利管理信息，是指由权利人提供的任何可以识别作品或者其他受本法保护的客体、作者或者其他权利人的信息，以及作品或者任何其他受保护客体的使用条件和条款，以及代表此类信息的任何数字或者代码。

第 2 节 诉讼和制裁

第 187 条

（1）侵犯本法承认和保障的权利的，将视属何情况而定依法承担民事、违法或者刑事责任。相应的程序由本法规定，并适用普通法规定。

（2）因本法保护的权利受到侵害而提起诉讼的，应申请人的合理请求，法院有权要求侵权人和/或者任何其他符合下列条件的人提供有关侵犯本法规定权利的商品或者服务的来源和发行渠道的信息：

a）为了商业目的而持有盗版商品；

b）为了商业目的使用侵犯本法保护的权利的服务；

c）为了商业目的提供用于侵犯本法保护的权利的活动的商品或者服务；

d）本款 a）项、b）项或者 c）项规定的任何人员表示参与了生产、实施、制造、发行或者出租盗版商品或者盗版访问控制设备，或者提供用于侵犯本法保护的权利的商品或者服务；

（3）第（2）款规定的信息应（视属何情况而定）包括：

a）商品、设备或者服务的生产者、制造者、发行者、提供者和其他在先持有人（包括承运人）以及承销的批发商和零售商的名称和地址；

b）关于生产、制造、交付或者运输、接受或者订购商品、设备或者服务的数量以及价格。

（4）第（2）款和第（3）款的规定应适用于下列其他法律规定，但不得产生不利影响：

a）授予权利人获得广泛信息的权利；

b）规定在民事或者刑事案件中使用根据本条传达的信息；

c）规定对滥用信息权的责任；

d）有可能拒绝提供可能迫使第（1）款所述人员承认其本人或者其近亲属参与侵犯本法保护权利的活动的信息；

e）为信息来源或者个人数据处理提供保密性保护。

第 188 条

（1）本法承认和保障的权利人可以向法院或者其他主管机构（视属何情况而定）请求确认权利以及确认侵权行为，并就侵权造成的损害要求赔偿。管理组织、反盗版协会或者获授权行使受本法保护的权利的人，可以根据授权目的，代表权利人并以其名义提出同样的请求。权利人提起诉讼的，被授权行使受本法保护的权利的人可以参加诉讼，对其遭受的损害请求赔偿。

（2）在确定损害赔偿时，法院应当考虑下列因素：

a）负面经济后果标准，特别是非劳动所得利益、违法者非法所得利益，以及（视属何情况而定）对权利人造成的精神损害等经济因素以外的其他因素；

b）本款 a）项所述标准无法适用的，裁定赔偿金额为非法行为所涉及的使用类型依法应得金额的 3 倍。

（3）权利人或者第（1）款所述人员提出可信证据，证明他人实际侵犯或者即将侵犯其著作权，可能造成难以弥补的损害的，可以向法院申请临时措施。法院可以特别责令实施下列措施：

a）禁止或者临时禁止侵权行为。

b）为保全证据采取必要措施。

c）采取措施确保补救损害；为此，法院可以责令对被指控侵犯本法规定的权利的人的动产和不动产采取保全措施，包括冻结其银行账户和其他资产。为此，主管机关可以责令提交银行、金融或者商业文件或者适当获取相关资料。

d）为防止涉嫌侵犯本法规定权利的货物流入市场，责令收缴或者移交至主管机关。

（4）适用的程序规定载于罗马尼亚民事诉讼法中有关知识产权领域临时措施的规定。

（5）在同等条件下，可以要求对为第三方提供用于侵犯受本法保护权利的服务的提供者采取同样的措施。

（6）第（3）款和第（5）款规定的措施可以包括带样本或者不带样本的详细描述，或者实际扣押诉争货物和（视属何情况而定）用于生产和/或销售此类货物的材料和工具以及相关文件。在适用罗马尼亚刑事诉讼法第169条至第171条的规定时，应当考虑采取上述措施。

（7）法院可以授权取走能够证明侵犯著作权或者邻接权的物品和文件的原件或者复印件，即使该等物品和文件由对方当事人持有。对于商业规模的侵权行为，主管机关也可以责令提交银行、金融或者商业文件，或者适当获取相关信息。

（8）为采取第（3）款和第（7）款规定的措施，在保护机密信息的前提下，法院应当要求原告提供任何可合理取得的证据，以充分确定地证明其权利已经受到或者即将受到侵犯。法院可酌情认定作品或者其他受保护客体被视为充分证据的数量。在该情况下，法院可以要求原告缴纳足够的保证金，以确保对被告可能遭受的任何损失进行赔偿。

（9）法院责令的保全证据或者确定事实状况的措施，应当由法警来执行。被侵犯或者存在被侵犯风险的权利人或者其代理人有权参与执行前述措施，以保全证据或者确定事实状况。

（10）被侵权人可以请求法院责令执行下列任一措施：

a）为弥补所遭受的损害，要求侵权行为人返还因侵权行为所得的利益；

b）销毁侵权行为人专门或者主要用于实施侵权行为的设备和工具；

c）通过扣押和销毁，禁止非法制作的复制件在市场流通；

d）传播与法院判决有关的信息，包括发布以及在媒体上全部或者部分公开判决书，费用由侵权行为人承担；在同等条件下，法院可以根据案件的特殊情形，责令采取额外宣传措施，包括广泛宣传。

（11）法院应当责令由侵权行为人承担执行第（10）款规定措施的费用，但侵权行为人有合理理由不承担的情况除外。

（12）第（10）款b）项和c）项规定的措施，也可由检察官在刑事诉讼阶段结案时责令执行。对于侵犯受本法保护的建筑作品权利的建筑，根据案情无须摧毁该建筑的，第（10）款c）项的规定不适用。

（13）在责令采取第（10）款规定的措施时，法院应当遵守与本法所保护的权利受侵犯的严重程度相称的原则，并应当考虑可能受到该等措施影响的第三方的利益。

（14）在侵犯本法规定的权利的案件中，司法机关有义务通知各方当事人其所采取的解决办法。

（15）罗马尼亚政府应当通过罗马尼亚版权局支持由专业协会和组织制定

社区层面的行为准则，以促进确保遵守现行法律规定的权利，特别是在利用光盘上的代码识别制造商方面。此外，罗马尼亚政府还应当支持向欧盟委员会提交国家或者社区层面的行为准则草案，并评估其应用情况。

第189条

（1）在各类诉讼、协商、法律行为以及民事或者刑事诉讼的整个过程和任何阶段或者诉讼之外，著作权人或者邻接权人可以由特别授权的律师代理。

（2）对于开始刑事诉讼，以及撤销先前的申诉和各方的和解，如果授权书是为了在任何侵犯著作权或者邻接权的情况下代表著作权人或者邻接权人而发出的，视为特别授权。

第190条

下列行为构成违法行为，可处以3000—30000列伊的罚款：

a）违反第24条第（5）款的规定；

b）违反第89条和第90条的规定；

c）违反第114条第（3）款的规定；

d）使用者不遵守第149条第（4）款或者第（8）款的规定；

e）违反第162条（b）项、（e）项、（g）项、（i）项、（k）项、（l）项、（p）项和（q）项，第170条第（2-1）款以及第172条第（1）款的规定；❶

f）未经本法规定的权利人授权或者同意，固定表演或者广播电视节目的内容；

g）未经本法规定的权利人授权或者同意，向公众传播作品或者享有邻接权的产品；

h）使用者违反第35-2条第（2）款和第162条f）项的规定。❷

第191条

（1）获得授权的法人或者自然人允许他人为实施本法规定的犯罪而进入

---

❶ 2020年1月13日，第3编第3章第2节第190条e）点由2020年1月9日第8号法律第1条第2点修订，并于2020年1月10日由第14号官方公告公布。

❷ 2019年1月14日，第3编第3章第2节第190条由2019年1月8日第15号法律第1条第10点补充，并于2019年1月11日由第33号官方公告公布。

其场所、获取设备设施、运输工具、商品或者服务，如果不构成犯罪则构成违法行为，可处以 10000—50000 列伊的罚款，并没收盗版货物或者盗版访问控制设备。

（2）1 年内再次实施第（1）款规定的行为，并构成第 193 条规定的犯罪的，司法机关可以适用额外的制裁，责令法人暂停全部或者其中一项业务，最长可达 6 个月。

第 192 条

（1）第 190 条规定的制裁也适用于法人。法人涉嫌向公众传播享有著作权的作品或者邻接权的产品的，根据其行为目的，违法行为的罚款限额应当增加 2 倍。

（2）第 190 条和第 191 条规定的违法行为由罗马尼亚版权局局长授权的人员、官员、地方警察，或者内务部负责该领域的人员依法查处。

（3）违法者自收到违法行为告知单之日起 48 小时内支付罚款的，可以免交本法规定的最低罚款的一半。

第 193 条

（1）下列行为构成犯罪，可判处 6 个月至 3 年有期徒刑或者罚金：

a）为了发行目的而制造盗版商品；

b）将盗版商品置于最终进口或者出口的海关程序、暂缓海关程序或者自由贸易区；

c）通过其他方式将盗版商品投入国内市场。

（2）为了发行目的提供、发行、占有、储存或者运输盗版商品的，适用第（1）款规定的处罚。

（3）为了商业目的，实施第（1）款和第（2）款规定的行为的，可判处 2 年至 7 年有期徒刑。

（4）出租或者为出租提供盗版商品的，适用第（3）款规定的处罚。

（5）通过公告或者电子通信方式，或者通过向公众展示或者介绍产品清单或者目录，或者通过其他类似方式宣传盗版商品的，均构成犯罪，可判处 3 个月至 2 年有期徒刑或者罚金。

（6）本法所称的盗版商品，是指所有复制件，无论采取何种物质载体，只要未经权利人或者权利人合法授权的人同意，直接或者间接、全部或者部分从享有著作权或者邻接权的产品、包装或者封面制作而成。

（7）本法所称的商业目的，是指以直接或者间接获得经济或者物质利益为目的。

（8）以复制、发行、出租、储存或者运输享有著作权或者邻接权的产品为业，并在经营场所、工作场所、附属设施或者运输工具中发现盗版商品的，应当推定具有商业目的。

第 194 条

未经权利人同意，通过互联网或者其他计算机网络等向公众提供享有著作权、邻接权或者数据库制作者特别权利的产品或者复制件，无论采用何种物质载体，使公众可以在其自行选择的任何地方和任何时间访问产品的，均构成犯罪，可判处 6 个月至 3 年有期徒刑或者罚金。

第 195 条

未经授权通过安装、储存、运行或者执行、显示或者在国内网络中传输的方式在计算机系统上复制计算机软件的，均构成犯罪，可判处 6 个月至 3 年有期徒刑或者罚金。

第 196 条

（1）未经本法规定的权利人授权或者同意实施下列行为的，均构成犯罪，可判处 1 个月至 1 年有期徒刑或者罚金：

a）复制作品或者享有邻接权的产品；

b）在国内市场发行、出租或者进口作品或者享有邻接权的产品，而非盗版商品；

c）广播作品或者享有邻接权的产品；

d）有线电视转播作品或者享有邻接权的产品；

e）制作演绎作品；

f）为了商业目的固定表演或者广播电视节目。

（2）本法所称的享有邻接权的产品，是指被固定的表演、录音制品、录像制品或者广播电视组织的自有节目或者服务。

第 197 条

（1）全部或者部分盗用他人作品并将其作为自己的智力创造的，构成犯罪，可判处 6 个月至 3 年有期徒刑或者罚金。

（2）当事人和解可以免除刑事责任。

第 198 条

（1）以任何方式制造、进口、发行、占有、安装、维护或者更换用于附条件访问节目服务的原始或者盗版访问控制设备的，均构成犯罪，可判处 6 个月至 3 年有期徒刑或者罚金。

（2）非法接入附条件访问软件的程序或者非法将他人接入附条件访问软件的程序的，均构成犯罪，可判处 3 个月至 2 年有期徒刑或者罚金。

（3）利用公共广告、电子通信方式来推广附条件访问节目服务的盗版访问控制设备，以及以任何方式非法向公众展示或者介绍任何种类设备的制造所需的信息，以确保未经授权访问上述附条件访问的节目服务，或者未经授权意图通过任何方式访问上述服务的，均构成犯罪，可判处 1 个月至 1 年有期徒刑或者罚金。

（4）出售或者出租盗版访问控制设备的，可判处 1 年至 5 年有期徒刑。

（5）本法所称的盗版访问控制设备，是指为方便访问，未经本法规定的权利人同意制作的与附条件访问电视节目服务有关的设备。

第 199 条

（1）非法制造、进口、发行或者出租、提供、以任何方式销售或者出租，或者为商业目的占有可使技术保护措施失效的装置或者部件，或者提供导致技术保护措施失效的服务，包括在数字环境中实施上述行为的，均构成犯罪，可判处 6 个月至 3 年有期徒刑或者罚金。

（2）为了商业目的，非法从作品或者其他受保护的产品中删除或者更改任何有关著作权或者邻接权适用制度的电子信息的，均构成犯罪，可判处 3 个月至 2 年有期徒刑或者罚金。

第 200 条

（1）在提起刑事诉讼之前，向主管部门告发其为了实施第 193 条规定的犯罪行为而参与社团或者达成协议，从而使得其他参与者能够被查明并被追究刑事责任的，不受处罚。

（2）实施第193条规定的犯罪行为，但在刑事诉讼过程中告发、协助查明并起诉其他犯有与盗版货物或者盗版访问控制设备有关罪行的，可在法律规定的惩罚限度内减半惩罚。

（3）在一审法院调查结束前，实施本法规定的犯罪行为但已经赔偿对权利人造成的损失的，可在惩罚限度内减半惩罚。

第4编　本法的适用

过渡性条款和最后条款

第201条

下列客体受本法保护：

a）罗马尼亚公民创作的作品，即使作品尚未发表；

b）作者是居住在罗马尼亚的自然人或者总部设在罗马尼亚的法人的作品，即使作品尚未发表；

c）在罗马尼亚境内建成的建筑作品；

d）表演者在罗马尼亚境内进行的表演；

e）表演者固定在受本法保护的录制品中的表演；

f）表演者未固定在录制品中的表演，但通过受本法保护的广播电视节目传播；

g）居住在罗马尼亚的自然人或者总部设在罗马尼亚的法人制作的录音录像制品；

h）在罗马尼亚境内首次在物理载体上固定的录音录像制品；

i）总部设在罗马尼亚的广播电视组织播放的广播电视节目；

j）总部设在罗马尼亚的转播组织转播的广播电视节目。

第202条

外国公民或者法人、著作权人或者邻接权人，应当享有罗马尼亚加入的国际公约、条约和协定所提供的保护，否则应当享有与罗马尼亚公民同等的待遇，条件是罗马尼亚公民在相关国家获得同等（国民）待遇。

第 203 条

为实施本法规定，可以通过特别条例制定措施，包括有关应用和使用代码识别来源的措施，以打击进口、制造、复制、发行或者出租盗版商品或者用于附条件访问节目服务的盗版访问控制设备，以及使用特殊标记来证明支付私人复制补偿性报酬。

第 204 条

（1）为了使登记作为证明在罗马尼亚境内完成作品的证据，设立国家作品登记处，由罗马尼亚版权局管理。登记自愿有偿，适用政府制定的方法规范和收费标准。

（2）作品的存在和内容可以通过任何形式的证据来证明，包括其在集体管理组织的作品库出现。

（3）本法所述作者和其他权利人或者作者专有权利的持有人有权在作品的原件或者合法制作的复制件上根据惯例注明保留作品使用的标志，该标志由一个圆圈和圆圈中间的字母 C 代表的符号组成，并附有名称、首次出版的地点和年份。

（4）录音制品的制作者、表演者和本法所述制作者或者表演者的专有权利的其他持有人，有权在录音录像制品的原件或者合法制作的复制件上，或者在其包装盒或者封套上，根据惯例注明保留使用的标志，该标志由一个圆圈和圆圈中间的字母 P 代表的符号组成，并附有名称、首次出版的地点和年份。

（5）如无相反证明，应当推定第（3）款和（4）款规定的符号或者第 105 条和第 109 条规定的标志表明的专有权存在，并属于使用该标志的人。

（6）第（3）款至第（5）款的规定不应当决定本法规定和保障的权利的存在。

（7）作品的作者和权利人在作品被列入集体管理组织的作品库之后，可以仅为让公众了解的目的将其笔名或者艺名予以登记。

第 205 条

（1）在本法生效前缔结的合同应当根据缔结时适用的法律产生效力，但规定转让作者未来可能创作的任何作品的使用权的条款除外。

（2）在本法生效前创作的作品，包括计算机程序、表演、录音录像，以及电视广播组织的节目，符合第（1）款规定条件的，也应当受本法保护。

（3）在本法生效前去世的作者创作的作品，按照先前的法律财产权保护期尚未到期的，应当延长至本法规定的期限。该延长应当只在本法生效后生效。

第 206 条

（1）工具、图纸、模型、手稿和直接用于创作享有著作权的作品的任何其他物品，不得被扣留。

（2）因使用作品而向作者支付的款项，应当享有与工资同等的保护，并且只能在同等条件下进行追讨。该款项应当根据该领域适用的税法进行征税。

第 207 条

所有与著作权与邻接权有关的诉讼都应当根据本法和一般法律的规定由法院管辖。

第 208 条

（1）意图通过国家规定规范新型邻接权的，应当向欧盟委员会通报，并说明规范该等权利的基本理由以及相应的保护期。

（2）在本法所涉领域内通过的任何国家规定应当向欧盟委员会通报。

（3）适用第 137 条第（2）款规定的广播组织名单应当提交给欧盟委员会。

（4）罗马尼亚版权局负责将第（1）款至第（3）款规定的函件提交给欧盟委员会。

第 209 条

本法吸收了下列共同体立法的规定：

a）1991 年 5 月 14 日欧洲理事会第 91/250/EEC 号关于计算机软件的法律保护的指令，1991 年 5 月 17 日欧洲共同体第 L 122 号官方公报公布；

b）1992 年 11 月 19 日欧洲理事会第 91/100/EEC 号关于知识产权领域出租权、借阅权以及与著作权有关的其他权利的指令，1992 年 11 月 24 日欧洲共同体第 L 346 号官方公报公布；

c）1993年9月27日欧洲理事会第93/83/EEC号关于统一适用通过卫星和有线方式转播节目的著作权与邻接权规定的指令，1993年10月6日欧洲共同体第L 248号官方公报公布；

d）1993年10月29日欧洲理事会第93/98/EEC号关于统一著作权与邻接权保护期的指令，1993年11月24日欧洲共同体第L 290号官方公报公布；

e）1996年3月11日欧洲议会和欧洲理事会第96/9/EC号关于数据库法律保护的指令，1996年3月27日欧洲共同体第L 077号官方公报公布；

f）2001年3月22日欧洲议会和欧洲理事会第2001/29/EC号关于协调信息社会中著作权与邻接权若干问题的指令，2002年1月10日欧洲共同体第L 006号官方公报公布；

g）2001年9月27日欧洲议会和欧洲理事会第2001/84/EC号关于原创艺术作品作者利益的转售权指令，2001年10月13日欧洲共同体第L 272号官方公报公布；

h）2004年4月29日欧洲议会和欧洲理事会第2004/48/EC号关于知识产权执行的指令，2004年4月30日欧洲共同体第L 157号官方公报公布；

i）2011年9月27日欧洲议会和欧盟理事会第2011/77/EU号关于著作权和某些邻接权的保护期的指令，修订了第2006/116/EC号指令，2011年10月11日欧盟第L 265号官方公报公布；

j）2012年10月25日欧洲议会和欧洲理事会第2012/28/EU号关于孤儿作品允许使用行为的指令，2012年10月27日欧盟第299号官方公报公布；

k）2014年2月26日欧洲议会和欧洲理事会第2014/26/EU号关于著作权与邻接权的集体管理以及国内市场在线使用音乐作品权利的跨境许可的指令，2014年3月20日欧盟第L 84号官方公报公布；

l）2017年9月13日欧洲议会和欧洲理事会第（EU）2017/1564号关于为盲人、视力障碍者或者其他印刷品阅读障碍者的利益允许使用某些著作权与邻接权的指令，修订了第2001/29/EC号关于协调信息社会中著作权与邻接权若干问题的指令，2017年9月20日欧盟第L 242号官方公报公布；❶

第210条

在本法生效之日活跃的集体管理组织，应当自本法生效之日起6个月内

---

❶ 2019年1月14日，第4编第209条由2019年1月8日第15号法律第1条第11点补充，并于2019年1月11日由第33号官方公报公布。

强制遵守第151条的规定。❶

第211条

本法的规定应当由一般法律规定予以补充。

第212条

（1）本法于罗马尼亚官方公报公布之日起90日后生效。❷

（2）1956年6月21日关于著作权的第321号法令，经后续修订以及任何其他与本法相反的规定，应当于同日废止。

（3）自本法生效后6个月内，第163条和第164条规定的关于本地广播组织应支付报酬的最低金额的方案，应当根据本法进行重新协商，以便与广播的潜在接收者成比例。❸

注释：

第123/2005号政府紧急法令第2条关于修订和补充关于著作权与邻接权的第8/1996号法律的规定，并由第329/2006号法律修订和补充，这些规定未被纳入重新公布的第8/1996号法律，作为修正案的具体规定继续适用，转载如下：

第2条

（1）在本紧急法令生效之日，下列法律规定同时废止：

a）第504/2002号广播法第96条第（1）款c）项，于2002年7月22日由第534号罗马尼亚官方公报第1部分公布，后续经修订和补充；

b）第7/2004号关于附条件获取服务的法律保护的政府决议第5条和第6条，于2004年1月20日由第46号罗马尼亚官方公报第1部分公布；

c）第45/2000号关于打击未经授权制造销售录音制品的政府法令第6条第（1）款，于2000年1月31日由第41号罗马尼亚官方公报第1部分公布，并经第624/2001号法律修订和补充；

d）第124/2000号打击音频、视频和计算机程序领域的盗版，完善著作权与邻接权法律框架的政府法令第3条第（2）款，于2000年9月2日由第427号罗马尼亚官方公报第

---

❶ 参见第212条（1）款，即重新公布前第154条第（1）款。

❷ 第8/1996号法律于1996年3月26日由第60号罗马尼亚官方公报第1部分公布。

❸ 第212条第（3）款，即本法生效前第154条第（3）款，经第261/2015号法律修订，于2015年11月5日由第826号罗马尼亚官方公报第1部分公布。

1 部分公布,并经第 213/2002 号法律修订和补充;

e) 第 143/2003 号关于批准为商业目的出版的录音制品或者其复制件的使用方法以及向表演者以及录音制品制作者支付使用费的计划表的政府决议第 4 条,于 2003 年 3 月 10 日由第 151 号罗马尼亚官方公报第 1 部分公布;

f) 第 143/2003 号关于批准集体管理组织使用视听作品库的方式以及包含向除音乐作品作者以外的作者支付使用费的表格的政府决定第 4 条,于 2003 年 3 月 10 日由第 151 号罗马尼亚官方公报第 1 部分公布。

(2) 本紧急法令生效前规范性法律规定的有关罗马尼亚版权局调查侵权行为和实施违规制裁的权力将于第(1)款规定的日期停止适用。

第 74/2018 号法律第 2 条,修订和补充了第 8/1996 号关于著作权与邻接权的法律,该规定未被纳入重新公布的第 8/1996 号法律,作为本法相关规定继续适用,转载如下:

第 2 条

(1) 著作权与邻接权的集体管理组织有义务在本法生效后的 12 个月内,根据第 1 条的规定,修改其章程。

(2) 关于著作权与邻接权的第 8/1996 号法律第 131 条所规定的方案,经修订和补充,应当继续有效,直至约定的期限届满。

(3) 根据关于著作权与邻接权的第 8/1996 号法律第 131 条❶和第 131-1 条❷制定的方案规定,以及后续的修订和补充,其中包含适用于广播的固定或者最低款项/报酬的规定,违反了本法修订的第 131-1 条第(2)款规定,自本法在罗马尼亚官方公报第 1 部分公布之日起 90 日期限届满后,不再适用。

---

❶ 重新公布后为第 163 条。
❷ 重新公布后为第 164 条。

捷克著作权法[1]

张惠彬[*] 刘诗蕾[**] 译

第 1 部分 著作权与邻接权

第 1 条 适用范围

本法吸收了欧盟的相关指令[2]，同时遵循欧盟直接适用于成员国的法规[3]，并规定了：

a）作者对其作品所享有的权利。

b）与著作权相关的权利：

1. 表演者对其艺术表演所享有的权利；

---

[*] 译者简介：西南政法大学知识产权学院副教授，博士生导师。
[**] 译者简介：香港大学博士研究生。
[1] 本法根据世界知识产权组织官网公布的捷克著作权法（2019 年修订）捷克语版本翻译。——译者注
[2] 1993 年 9 月 27 日欧洲理事会关于协调适用于卫星广播和有线转播的著作权及其邻接权的某些规则的第 93/83/EEC 号指令；1996 年 3 月 11 日欧洲议会和欧洲理事会关于数据库法律保护的第 96/9/EC 号指令；2001 年 5 月 22 日欧洲议会和欧洲理事会关于协调信息社会中著作权及其邻接权的第 2001/29/EC 号指令；2001 年 9 月 27 日欧洲议会和欧洲理事会关于为原创艺术作品作者的利益的转售权的第 2001/84/EC 号指令；2004 年 4 月 29 日欧洲议会和欧洲理事会关于知识产权执法的第 2004/48/EC 号指令；2006 年 12 月 12 日欧洲议会和欧洲理事会关于出租权和出借权以及与知识产权领域著作权相关的某些权利的第 2006/115/EC 号指令；2006 年 12 月 12 日欧洲议会和理事会关于著作权及其邻接权保护期的第 2006/116/EC 号指令；2009 年 4 月 23 日欧洲议会和欧洲理事会关于计算机程序法律保护的第 2009/24/EC 号指令；2011 年 9 月 27 日欧洲议会和欧洲理事会的第 2011/77/EU 号指令，修改关于著作权和特定邻接权保护期的第 2006/116/EC 号指令；2012 年 10 月 25 日欧洲议会和欧洲理事会关于孤儿作品的某些许可用途的第 2012/28/EU 号指令；2014 年 2 月 26 日欧洲议会和欧洲理事会关于著作权与邻接权的集体管理以及在内部市场在线使用音乐作品权利的多地区许可的第 2014/26/EU 号指令；2017 年 9 月 13 日欧洲议会和欧洲理事会关于某些作品和其他受著作权与邻接权保护的客体的某些允许用途，以造福盲人、视力障碍者或其他阅读障碍者的第（EU）2017/1564 号指令，修订关于协调信息社会中著作权及其邻接权的第 2001/29/EC 号指令。
[3] 2017 年 9 月 13 日欧洲议会和欧洲理事会关于为盲人、视力障碍者或其他阅读障碍者的利益，某些作品和其他受著作权与邻接权保护的客体的格式化副本在欧盟和第三国之间跨境交换的第 2017/1563 号条例。

2. 录音制作者对其录音制品所享有的权利；

3. 录像制作者对其录像制品所享有的权利；

4. 广播电台、电视台对其广播所享有的权利；

5. 此前未公开发表的作品在著作权保护期届满后，出版者所享有的权利；

6. 出版者的报酬权。

c）数据库制作者对其数据库所享有的权利。

d）对本法所规定权利的保护。

e）对著作权与邻接权的集体管理（以下简称"集体管理"）。

第 1 编　著作权

第 1 章　著作权的客体

第 2 条　作者的作品

（1）著作权的客体应当为文学作品、其他艺术作品和科学作品，是作者创作活动的创造性成果，并以客观可感知的方式表达，包括电子的、永久或者临时的形式，不论其范围、目的或意义（以下简称"作品"）。作品主要为以口头或书面形式表达的文学作品、音乐作品、戏剧作品、音乐戏剧作品、舞蹈作品、哑剧作品、摄影作品、以类似于摄影方式制作的作品、电影作品等视听作品、绘画作品、图形作品或雕塑作品等美术作品、城市设计作品等建筑作品、实用艺术作品以及地图作品。

（2）如果计算机程序、照片、以类似于摄影方式制作的作品是由作者的智力创作产生的，则也应被视为作品。如果对数据库内容的选择和安排方式是作者自身的智力创造，且其中各个部分以系统或有条理的方式安排，并且可以通过电子或其他手段单独访问的，该数据库是汇编作品。不应采用其他标准来确定计算机程序、数据库是否符合受保护条件。

（3）著作权保护延及作品的整体、作品不同的发展阶段或组成部分，包括作品的标题和角色名称，如果作品的这些部分符合第（1）款或第（2）款规定的条件，且是该款所定义的著作权客体。

（4）作品是对另一作品创造性改编的结果，包括翻译成另一种语言，也应当受到著作权保护。但不应当影响被改编或被翻译作品的作者权利。

（5）杂志、百科全书、选集、展览或其他任何对独立作品或其他内容的汇编，其选择和内容的安排符合第（1）款规定的条件的，是汇编作品。

（6）下列对象不属于作品，包括但不限于作品的主旨（主题）、时事新闻以及任何其他事实，例如概念、程序、原则、方法、发现、科学理论、数学和类似公式、统计图表和其他类似内容等。

第3条 著作权保护的公共利益例外

著作权保护不应适用于：

a）官方作品，例如法律规章、官方决定、公共措施、公共特许、公开登记簿以及对其文件的汇编，还有官方作品的正式草案和其他准备性的官方文件，包括对此类作品的官方翻译、众议院和参议院的出版物、纪念性图书（市政编年史）、国家标志和市政标志，以及任何其他因公共利益而被排除在著作权保护之外的作品。

b）传统民俗文化作品，除非作者的真实姓名是众所周知的。如果作品不是匿名或假名作品（第7条），则只能通过不损害其价值的方式使用。

第4条 作品的发表和出版

（1）作品通过首次授权的公开展示、表演、说明、展览、出版或以其他任何使公众得以接触作品的方式向公众发表。

（2）作品自经授权向公众转移作品复制件起构成出版。

第2章 作者身份

第5条 作者

（1）作者是指创作作品的自然人。

（2）汇编作品的作者是指对作品作出创造性选择与安排的自然人；被汇编作品的作者的权利不应受到影响。

第6条 作者身份的法律推定

除有相反证明外，作者应当是以通常方式在作品上标明其真实姓名的自然人，或是在相关集体权利管理组织的登记中表明与作品关系的自然人；如果这些信息与其他指示作者身份的信息相冲突，则前述规定不适用。此条款同样适用于假名，除非作者使用的假名无法表明作者的身份。

第 7 条　匿名和假名

（1）按照作者此前的声明，其作品不署名发表（匿名作品），或最终以假名或艺术签名发表的（假名作品），未经作者同意不得公开其作者身份。

（2）除非有相反证明，在匿名或者假名作品的作者公开表明其作者身份之前，该作品的发表人应当以自己的名义，为作者的利益，代表作者行使与保护该作品的著作权；如果作者的真实姓名是众所周知的，则作者无须发表公开声明。

第 8 条　合作作者

（1）两个或两个以上的作者共同创作的作品，直到作品作为单一作品（合著作品）完成，著作权属于所有合著作者共有。即使单个作者对作品的创造性贡献能够被区分出来，只要此种贡献不能够被单独地行使，就不影响合作作品的状态。

（2）仅对作品的创作提供技术、管理或专业性质的协助或建议，或仅对作品的创作提供文件资料或是技术物资，或仅是发起创作的人，不属于合作作者。

（3）所有合作作者对合作作品享有共同和单独的权利和义务。

（4）合作作者应当全体一致地决定对合作作品的处置。如果某位合作作者无正当理由妨碍对合作作品的处置的，其他合作作者可以向法院要求替代该合作作者的许可。在合作作品遭受损害或侵权时，单个合作作者可以独立请求对该作品的著作权保护。

（5）除非合作作者之间另有约定，各合作作者对该合作作品的著作权收益享有的份额应当与各人对该作品的创造性贡献成正比；如果无法区分各自创造性投入的大小的，共同收益平均分配。

第 3 章　著作权的产生和内容

第 1 节　一般规定

第 9 条　著作权的产生

（1）著作权自作品通过可被客观感知的形式表达起产生。

（2）作品的著作权不因作品载体的损毁而消灭。

(3) 除非另有约定或本法中另有规定，取得作品载体的所有权或其他任何物权并不取得使用该作品的权利。除非另有约定或特别法另有规定，授权他人行使作品的权利不应影响作品载体的财产权或其他物权。

(4) 除非另有约定或本法、特别法另有规定，作品载体的所有人或其他使用人不负有维护及保护该载体免于毁损的责任。

第 10 条　著作权的内容

著作权应当包含专属人身权（第 11 条）和专属财产权（第 12 条及以下）。

第 2 节　人身权

第 11 条

(1) 作者有权决定是否发表其作品。

(2) 作者有权表明其作者身份，包括在发表作品以及进一步使用作品时，决定是否及以何种方式表明其作者身份，只要该使用方式通常须表明作者身份。

(3) 除非本法另有规定，作者有权保护其作品不受侵犯，尤其是授权对其作品进行任何改动或其他干预的权利。他人对作品的使用不能减损作品的价值。作者有权对他人履行该义务进行监督（作者的监督），除非受到作品的性质或其用途的限制，或是无法合理地要求使用者允许作者行使其监督权。

(4) 作者不能放弃或转让其人身权，作者的人身权自作者死亡后消灭。本款不影响第（5）款的规定。

(5) 作者死亡后，任何人不得冒称为其作品的作者；对作品的使用不得损害其价值；除非该作品为匿名作品，在通常须指明作者姓名的使用情形下，必须指明作者的姓名。与作者有密切关系的人、与作者有关联的法人，或相关集体管理组织在著作权保护期届满后也可主张对作品的保护。

第 3 节　财产权

第 1 分节　作品权利

第 12 条　使用作品的权利

(1) 作者有权以其最初形式或以其他改变或调整后的形式使用其作品，

无论是单独使用，还是与其他作品或元素结合或汇编，和以合同的形式授权他人行使该权利；他人只能在本法规定的情形下不经许可使用该作品。

（2）作者的权利不因许可第（1）款的权利而消灭；作者仅在合同约定的范围内允许他人对其作品使用权进行干涉。

（3）若根据本法，作者行使其著作权必须接触其作品的载体，则作者有权要求作品载体的所有人允许其接触该作品载体。行使本项权利不得侵犯作品载体所有人的合法利益；作品载体的所有人没有义务让与这一作品载体；但作品载体的所有人有义务在作者提出要求并承担费用的情形下，通过拍照或其他方式制作作品的复制件，并将该复制件交给作者。

（4）作品的使用权是指：

a）复制作品的权利（第13条）。

b）发行作品原件或复制件的权利（第14条）。

c）出租作品原件或复制件的权利（第15条）。

d）出借作品原件或复制件的权利（第16条）。

e）展览作品原件或复制件的权利（第17条）。

f）向公众传播该作品的权利（第18条），尤其是：

1. 现场表演作品或播放作品的录制品的权利和传送作品的表演的权利（第19~20条）；

2. 以广播或电视方式传播作品的权利（第21条）；

3. 转播广播或电视作品的权利（第22条）；

4. 播放广播或电视作品的权利（第23条）。

第13条　复制

（1）作品的复制，是指以任何方式、任何形式制作作品或其任何部分的复制件，包括临时或永久的、直接或间接的复制品。

（2）作品能够以印刷、摄影、音频、图像或录像制品的形式复制，以建造建筑作品或任何其他三维复制件的形式复制，或以电子形式复制，包括其模拟和数字表达。

第14条　发行

（1）发行作品的原件或复制件是指以销售或其他转移作品原件或复制件

所有权的方式,提供作品的有形形式,包括为此目的提出要约的行为。

(2) 自作者本人或经作者同意在欧盟成员国或欧洲经济区成员国境内首次销售或以其他方式转让作品的原件或复制件所有权后,作者就作品的原件或复制件享有的发行权用尽;作品的出租权和出借权不受影响。

第15条 出租

作品原件或复制件的出租是指为直接或间接的经济或商业利益,在有限期间内通过提供作品的原件或复制件,提供作品的有形形式。

第16条 出借

作品原件或复制件的出借是指不为直接或间接的经济或商业利益,通过向公众开放的机构,在有限期间内通过提供作品的原件或复制件的方式,提供作品的有形形式。

第17条 展览

展览作品的原件或复制件是指通过使作品的原件或复制件能被以任意方式参观或感知的方式,提供作品的有形形式,尤其是美术作品、摄影作品、包括城市设计作品在内的建筑作品、实用艺术作品,或是地图作品的原件或复制件。

向公众传播

第18条 一般规定

(1) 向公众传播作品是指通过有线或无线方式提供作品的无形形式,包括现场表演和播放录制品。

(2) 第(1)款规定的向公众传播作品也指公众可在自己选定的时间和地点获取作品,尤其是通过使用计算机网络或其他类似的网络。

(3) 仅是运行设备以向公众传播作品或确保该传播的进行,不属于向公众传播作品。

(4) 根据第(1)款和第(2)款向公众传播作品并不意味着作者向公众传播作品的权利已经用尽。

第 19 条　作品的现场表演及其传送

（1）作品的现场表演是指表演者以现场表演的方式提供作品，包括但不限于现场朗诵文学作品，现场表演带歌词或者不带歌词的音乐作品，现场表演戏剧、音乐剧、舞蹈、哑剧等作品。

（2）传送作品的现场表演是指通过扩音器、屏幕或类似设备，在表演场地外同步提供作品的现场表演，但不包括本法第 21 条至第 23 条规定的传播方式。

第 20 条　作品的机械表演及其传送

（1）作品的机械表演是指通过技术设备播放作品的录音制品或录像制品，但不包括本法第 21 条至第 23 条规定的传播方式。

（2）传送作品的机械表演是指通过扩音器、屏幕或类似设备，在表演场地外同步提供作品的机械表演。

第 21 条　通过广播或电视传播

（1）通过广播或电视传播作品是指初始广播者通过广播、电视，或其他传播声音、音像或其无线表达的方式提供作品，或由初始广播者通过有线方式传输作品，包括通过电缆或卫星传输。

（2）在本法中，卫星是指用于以下频段的卫星：

a）根据电信特别法的规定，用于传输公共接收信号的卫星；或

b）用于封闭式点对点传播的卫星，如果信号的单点接收与 a）项规定的情况类似。

（3）第（1）款规定的通过卫星向公众广播是指在广播者控制并负责的情况下，将载有声音、音像或其表达的公共信号，通过不间断的传输链发送到卫星，再由卫星传回地面的行为。如果载有字符、声音或图像的信号被加密，只要广播者向公众提供或同意提供信号解密方式，就属于第（1）款规定的广播行为。

（4）第（1）款规定的广播行为也包括由同一广播者通过广播或电视同步、完整、不加修改地广播作品。

（5）如果在广播者控制并负责的情况下，载有声音、音像或其表达的公

共信号，通过不间断的传输链发送到卫星，再由卫星传回地面，则该卫星广播发生在欧盟或欧洲经济区成员国境内。

（6）若卫星广播发生在他国境内且该国不提供与本法同等或更高程度的著作权保护的，并且下列地点位于欧盟或欧洲经济区成员国境内的，应当认定该卫星广播发生于欧盟或欧洲经济区成员国境内：

a）向卫星传送载有声音、音像或其表达的公共信号的站点所在地；或

b）广播者的注册办公地，除a）项规定之外的地点。

a）项所指站点的运营者或b）项所指的广播者可行使关于卫星广播的权利。

（7）如果载有声音、音像或其表达的公共信号通过不间断的传输链发送到卫星，再由卫星传回某一国境内，该国不提供与本法同等或更高程度的著作权保护，且实施这一传播行为的站点位于欧盟或欧洲经济区成员国境外，初始广播者的管理机构位于欧盟或欧洲经济区成员国境内，则该传播行为应当被视为发生在欧盟成员国境内，本法规定的权利可适用于该广播者。

第22条　广播或电视作品的转播

（1）转播广播或电视的作品是指通过有线或无线方式同步、完整、不加修改地播出由另一广播者首次播出的广播或电视作品。

（2）有线转播是指通过有线或微波系统，转播第（1）款规定的广播或电视播出的作品。第21条第（3）款第二句的规定参照适用。

第23条　广播或电视作品的播放

播放广播或电视的作品是指通过技术上能够接收电视或广播的设备播放广播或电视的作品。根据第18条第（3）款的规定，医疗服务机构在提供医疗服务期间向病人提供作品的，不认为是播放广播或电视的作品。

第2分节　其他财产权

第24条　转售艺术品原件获得报酬的权利

（1）如果作者将美术作品原件的所有权转让给他人，该受让人随后以1500欧元或以上的售价再次出售该作品原件，且画廊经营者、拍卖商或其他

系统性从事艺术品交易的人员（以下简称"经销商"）作为卖方、买方或中介参与了该销售，则作者有权就该作品原件的转售收取根据本法附录 1 规定的报酬。

（2）根据第（1）款规定应向相关集体管理组织支付报酬的，由卖方和经销商承担共同连带责任。集体管理组织应当允许支付义务人查看第 97c 条第（1）款规定的登记内容。

（3）第（1）款规定的艺术作品原件是指任何艺术作品的原件，包括但不限于绘画、素描、草图、拼贴、雕塑、版画、石版画（平版印刷）或其他图形、摄影、挂毯、陶瓷、玻璃和设计师珠宝，只要这些艺术作品由作者本人创作或其复制件被认为是艺术作品的原件。被视为艺术作品原件的复制件是指由作者本人或在其指导下制作的数量有限的复制件，并由作者编号、签名或以其他方式正式授权。第（1）款规定的报酬不适用于以建筑物为表现形式的建筑作品、实用艺术作品（除非其具有艺术作品原件的特征）以及作曲家和作家的手稿。

（4）如果经销商是在 3 年内由原作者处购得该美术作品原件，且转售价格不超过 10000 欧元的，则不适用于第（1）款的规定。

（5）为行使第（1）款规定的权利并准确计算著作权费用，售价应当被理解为净价加上税金。

（6）作者和集体管理组织在销售后的 3 年内，有权要求经销商提供影响作者或集体管理组织获得第（1）款规定的报酬的任何信息，包括用于识别卖方身份的数据。只有在正当情况下，特别是在质疑该销售、购买价格有争议，或是未能向经销商付款的情况下，集体管理组织才能要求提供识别卖方身份的数据，但必须确保所提供的个人数据得到保护。第（1）款规定的经销商出售美术作品原件后，最迟应在销售发生后的次年的 1 月 31 日前通知相关权利人。通知应包括对所售美术作品原件的说明以及售价信息。除集体管理组织和转售人之间另有约定外，根据集体权利管理协议该报酬应当在不短于 30 日的期限内支付。

第 25 条　为个人使用和内部使用复制作品及作者的获酬权

（1）已发表的作品在以下情形中可被复制：

a）为自然人的个人使用，或为法人或个体经营者的内部使用（第 30 条和第 30a 条），通过在纸张或其他类似介质上制作印刷复制件的装置；或

b）为自然人的个人使用（第30条），将声音、音像、其他录制品、广播或电视作品，通过设备转录到空白的录制载体上，作者有权对这种作品的复制获得报酬。

（2）根据第（1）款的规定需要支付版税的主体是指：

a）复制设备的生产商、由第三国进口该设备的进口商（以下简称"进口商"），或该设备在欧盟或欧洲经济区成员国的收货人（以下简称"收货人"）；

b）制作印刷复制件的设备生产商、进口商或收货人；

c）空白的录制载体的生产商、进口商或收货人；

d）承运人或货运代理应无不当延迟地书面通知相关集体管理组织用于确认进口商、收货人或生产商所必需的信息，否则承运人将代替a）项至c）项规定的责任人支付报酬；

e）有偿提供印刷复制件的（第30a条）印刷服务提供者；有偿印刷服务提供者也包括有偿制造印刷设备的人。

（3）自进口、收到或首次销售下列物品起，作者有权向本条第（2）款a）项至d）项规定的主体就为个人使用复制作品收取版税：

a）制作录制品复制件的设备；

b）制作印刷复制件的设备；

c）空白的录制载体。

（4）向第（2）款b）项规定的主体收取的版税应基于根据第30a条制作的印刷复制件的设备的可能数量。为计算就制作印刷复制件的设备应收取的版税，这种设备的可能数量被定为20%。版税应根据设备的平均价格计算，不包括增值税。

（5）向第（2）款e）项规定的主体收取的版税应基于根据第30a条制作的作品复制件的可能数量。本法附录第6条和第7条规定的计算方法可适用于就制作的印刷复制件的版税计算。

（6）第（2）款规定的主体应在不迟于次月月底的期限内，向相关集体管理组织提交半年内与确定版税有关的事实资料，包括但不限于销售、进口或接收的制作录制品复制件的设备，制作印刷复制件的设备，空白的录制载体的类型和数量，以及由有偿提供印刷服务的设备制作的印刷复制件总数。

（7）文化管理部门（以下简称"文化部"）应当发布指令，指明根据第（1）款规定应当支付报酬的用于制作印刷复制品的设备以及空白录制载体的种类，同时指明根据设备和载体类型确定的一次性版税的数额。该指令还指明根据第（1）款规定应当支付报酬的用于制作录制品复制件的设备的种类；本法附件规定了该版税的计算方法。

（8）如果第（3）款 a）项和 b）项规定的设备或空白的录制载体是为了出口或寄售的，则无需支付报酬。同样，如果这种设备或空白录制载体是使用人根据已获得的作品复制许可，在捷克国内自行使用的，也无需支付报酬。

第 25a 条　出租作品原件或复制件及作者的获酬权

作者许可出租录制为录音或录像制品的作品的原件或复制件的，作者有权向租用作品原件或复制件的人收取合理报酬；作者不能放弃这项权利。

第 4 节　财产权的一般规定

第 26 条

（1）作者的财产权不得放弃、转让，不受官方决定的执行影响；此项规定不适用于因此项财产权而产生的索赔。

（2）财产权可以继承。如果作品的财产权由 1 名以上的继承人继承，继承人之间的关系应参照适用第 8 条第（3）款和第（4）款的规定。如果国家继承了这种财产权或财产权被没收、征收、征用，则该权利由捷克国家文化基金会[1]行使；如果是视听作品，则由国家电影基金会[2]行使。行使这些权利所获得的收入属于这些国家基金会。上述国家基金会应保存财产权已被国家继承或受让的作者名单，每年更新并在次年的 1 月 31 日之前在其网站上发布。

（3）如果继承作品财产权的法人在法律上终止，且没有合法继承人，则该财产权归国家所有。参照适用第（2）款第二句、第三句的规定。

（4）除非该条款的性质另有说明，否则本法有关作者的规定也适用于根据第（2）款和第（3）款规定继承了作品财产权的继承人或国家。

---

[1] 关于修订捷克国家文化基金的第 239/1992 Coll. 号法案。
[2] 关于修订视听作品和对电影制作方法的支持以及修订某些法案的第 496/2012 Coll. 号法案（视听法）。

第 26a 条　已删除

第 5 节　财产权的保护期

第 27 条

（1）除非另有规定，财产权的保护期是作者终身及其死亡后 70 年。

（2）作品是合作作品的，其保护期计算以最后死亡的作者为准。

（3）匿名和假名作品的财产权保护期为作品授权发表之日起 70 年。如果匿名或假名作品的作者的真实姓名是公知的，或者如果作者在本款首句规定的期间内公开其身份［第 7 条第（2）款］，此类作品的财产权保护期适用第（1）款的规定，合作作品同时适用第（2）款的规定。本款规定也适用于汇编作品（第 59 条），除非在作品公开时，创作汇编作品的作者被认定为该作品的作者；在这种情况下，汇编作品的财产权保护期适用上述第（1）款或第（2）款的规定。

（4）作者死亡不影响财产权保护期计算的作品，或者自创作之日起 70 年内没有发表的作品，其财产权保护期为 70 年。

（5）视听作品的财产权保护期根据下列之中最后死亡的人员计算：导演、编剧、场景对话编剧、专门为视听作品创作音乐的作曲家。

（6）如果两部作品都是为了共同使用的目的而创作的，即使它们不是合作作品（第 8 条），带歌词的音乐作品的财产权保护期限截至最后一位作者死亡后的第 70 年。这一规定类比适用于音乐剧作品。

（7）如果作品的出版对财产权期间的起算具有决定性作用，并且作品是在特定的一段时间内，以卷、集、续集或系列的形式出版的，则每部分的财产权保护期应当分别计算。

（8）财产权的保护期始终从其计算的事件发生的次年的第一天开始计算。

（9）孤儿作品财产权期限的确定，参照第（1）款至第（8）款的规定；第（3）款应参照适用未表明作者的作品。

第 6 节　孤儿作品

第 27a 条

（1）如果作品未指明作者，或者虽然指明了作者，但根据第 27b 条的规定彻底查找后仍无法找到该作者，则该作品根据第 2 条的规定被视为孤儿作品。

（2）如果一件作品有多个作者且不是所有作者都被指明，或者虽然指明了所有作者，但根据第 27b 条规定的方式无法找到所有作者的，则就未确定或未找到的作者的权利而言，该作品被视为孤儿作品。对于已被确定的作者，适用第 12 条规定的权利。

（3）如果符合第（1）款规定的条件，该作者的所有作品都应被视为孤儿作品，除非有相反的证据。

（4）如果第（1）款规定的条件不再适用，该作品就不被视为孤儿作品。如果孤儿作品根据第 37a 条被使用，作者应书面通知根据该条第（1）款使用该作品的人，以终止该作品的孤儿作品状态。前述使用者应以书面形式通知有关集体管理人该作品已终止孤儿作品状态，不得无故拖延。如果没有出现这种使用，作者有权书面通知根据本法保护相关孤儿作品清单的集体管理人其作者身份，终止孤儿作品的状态。就第（2）款第一句所述的作品，第一句至第四句应比照适用。

（5）第 37a 第（1）款至第（4）款所述的作品，如果在欧盟或欧盟经济区成员国之一被认定为是第（1）款至第（4）款所述的孤儿作品，则被认为是孤儿作品，并可根据第 37a 条在欧盟或欧盟经济区所有成员国内使用。

第 27b 条

（1）在使用作品之前，应通过咨询适用于每种类型作品的适当信息来源进行彻底搜索以确定作品是否为孤儿作品，以便识别或找到作者，无论是在欧盟成员国还是在其他作品首次出版或播出的欧洲经济区成员国。在第 37 条规定的情况下，如果电影或视听作品的制作者在欧盟或欧洲经济区成员国内有住所或惯常居住地，则应在该国或是该制作者的注册办公地或惯常居住地尽职寻找该制作者。

（2）如果有证据表明可以在第（1）款所指国家以外的其他国家找到有关作者的相关信息，则还应使用在这些其他国家获得的信息来源。

（3）必须查看的尽职检索的信息来源清单载于本法附件 2。

第 7 节　免费作品

第 28 条

任何人均可免费使用财产权已届满的作品；但第 2 条和第 11 条第（5）款的第一句不受影响。

第 4 章　著作权的例外及限制

第 1 节　一般规定

第 29 条

（1）著作权的例外及限制仅适用于法律规定的特定情形，且对作品的使用不应影响作品的正常使用或是不合理地妨碍作者的法定利益。

（2）免费使用和法定许可，除了官方和新闻许可（第 34 条）、学校作品许可［第 35 条第（3）款］、出于存档和保存需要复制自有作品复制件的许可［第 37 条第（1）款 a）项］、临时复制许可（第 38a 条）、肖像摄影许可（第 38b 条），以及对作品的附带使用许可（第 38c 条），仅适用于已公开的作品。

第 2 节　免费使用及法定许可

第 30 条　免费使用

（1）为个人使用，其目的不是获得直接或间接的经济或商业利益的，不视为本法规定的对作品的使用，但本法另有规定的除外。

（2）为个人使用制作作品的录制品、复制件或仿制件的，不侵犯著作权。

（3）除本法另有规定外，本法规定的使用是指自然人为个人需要，法人、个体经营者为内部使用需要，使用计算机程序或电子数据库，包括为以上需要复制该计算机程序或电子数据库；本法规定的使用还包括自然人为个人需要，法人、个体经营者为内部使用需要（第 30a 条），对建筑作品进行的以建筑物为表现形式的复制或模仿；或者是自然人为其个人需要，在播放或传送视听作品的录制品时，制作视听作品的录制品（第 20 条）。

（4）根据第（1）款为自然人的个人使用而制作的艺术作品的复制件或仿制件，必须始终清楚地标明其这一使用方式。

(5) 根据第（1）款为自然人的个人使用而制作的作品的复制件或仿制件，不得用于本款规定以外的任何目的。

(6) 第（1）款的规定不得妨碍第25条、第43条和第44条的规定。

第30a条 以纸张或其他类似物为载体的复制

(1) 以下行为不构成著作权侵权：

a) 自然人为个人使用，

b) 法人或个体经营者为其内部使用，

c) 根据指令，为自然人个人使用的个人，

d) 根据指令，为法人或个体经营者内部使用的个人，通过摄影或者其他类似效果的方法在纸张或其他类似物上制作该作品的印刷复制件。但制作已出版的音乐作品的乐谱或音乐戏剧作品乐谱的印刷复制件除外，以及在上述c) 项和d) 项规定的情形下，根据第25条须定期、及时支付报酬的情形除外。

(2) 参照适用第30条第（4）款至第（6）款的规定。

第30b条 展示或维修设备

任何人在向客户演示或为客户维修设备的所需范围内使用作品的，不构成著作权侵权。

第31条 引用

(1) 任何主体的以下行为不构成著作权侵权：

a) 在个人作品中，在合理程度内引用其他作者已发表作品的片段；

b) 为评论或批评某作品，或为科学或专业工作目的，在特定目的所需的范围内且不超出合理程度地使用作品片段或短小作品的全文；

c) 不为直接或间接的经济利益或商业利益，在教学过程中为说明目的，或是在科学研究过程中，不超出所需的合理范围使用作品。

然而，除非是匿名作品，否则在可能的情况下应当始终标注作者的姓名或是作品发表时标注的姓名，以及作品的标题和来源。

(2) 任何人进一步引用根据第（1）款a) 项或b) 项规定引用的作品片段或者短小作品全文的，也不构成著作权侵权。比照适用第（1）款最后一段的规定。

第32条　促进美术作品的展览和销售

（1）为促进美术作品原件或复制件的展览和销售，在该目的所需范围内使用作品，且不以任何其他方式获取直接或间接的经济或商业利益，不构成著作权侵权。除非是匿名作品，否则在符合惯例的情况下，应当始终标注作者的姓名或是作品发表时标注的姓名，以及作品的标题和来源。

（2）在第（1）款规定的基础上，展览作品的目录可以被进一步使用。

第33条　对位于公共场所的作品的使用

（1）以素描、绘画、图形、摄影、拍摄等方式记录或表达永久固定于广场、街道、公园、公共道路或其他公共场所的作品，不构成著作权侵权；对上述作品以同样方式做进一步使用的，同样不构成著作权侵权。除非是匿名作品，否则在可能的情况下，应当始终标注作者的姓名或是作品发表时标注的姓名，以及作品的标题和位置。

（2）上述第（1）款的规定，不适用于对建筑作品以建造建筑物的形式进行复制或模仿的情形，也不适用于复制和分发作品的三维复制件的情形。

第34条　官方和新闻许可

任何主体的以下行为不构成著作权侵权：

a）为公共安全目的，为司法、行政程序或其他官方目的，或为议会程序和制作议会纪要的目的，根据法律，在合理范围内使用作品；

b）与报道时事相关的工作，并在一定程度上符合信息目的；

c）期刊、电视、广播或其他大众媒体，在合理范围内提供已经通过其他大众媒体发表的关于当前政治、经济、宗教事务的报道或其翻译；引用的作品或其翻译也可通过其他方式进一步使用；但引用或以其他方式进一步使用该作品被明确禁止的除外；

d）政治演讲或公众演说的文章或类似作品，在告知目的的程度内可以使用；但不应当妨碍作者汇编此类作品的权利；

在b）项至d）项规定的情形下，除非是匿名作品，否则在可能的情况下，应当始终标注作者的姓名或是作品发表时标注的姓名，以及作品的标题和来源。

第35条 在民间或宗教仪式、公共机关组织的官方活动或学校表演中使用作品，以及学校作品的使用

（1）不为直接或间接的经济或商业利益，在民间或宗教仪式，或是公共机关组织的官方活动中使用他人作品，不构成著作权侵权。

（2）不为直接或间接的经济或商业利益，在学校表演中，仅由学校或学校相关机构或教育机构的学生或老师使用作品，不构成著作权侵权。

（3）不为直接或间接的经济或商业利益，学校或学校相关机构或教育机构为教学目的或内部需要，使用由学生创作的，基于其与学校、学校相关机构或教育机构的法律关系，作为学校任务或教育任务一部分的作品（学校作品），不构成著作权侵权。

（4）第（2）款和第（3）款应参照适用第31条第（1）款最后一句的规定。

第36条 汇编作品著作权的限制

数据库汇编作品的授权用户为获取及正常使用其内容使用该作品的，不侵犯数据库汇编作品的著作权。

第37条 图书馆许可

（1）图书馆、档案馆、博物馆、画廊、学校、大学以及其他非营利性学校相关机构和教育机构的以下行为不构成著作权侵权[1]：

a）不出于直接或间接的经济或商业目的，仅为自身的存档和保存目的制作作品的复制件；

b）制作已经损坏或丢失的作品的复制品，但前提是可以通过合理努力确定作品复制件未被出售，或只是复制作品损坏或丢失的一小部分；也可以按照第（2）款的规定出借上述合法复制件；

c）通过其经营场所内的专用终端设备，除了以第18条规定的方式提供作品，向仅为研究目的或为个人学习的社会公众提供其收藏的特定作品（且

---

[1] 关于修订图书馆和公共图书馆信息服务运营条件的第257/2001 Coll. 号法案（图书馆法）；关于修订保护博物馆藏品和修订某些法案的第122/2000 Coll. 号法案；关于修订存档、文件服务以及修订某些法案的第499/2004 Coll. 号法案；关于修订学前、小学、中学、高等职业教育和其他教育的第561/2004 Coll. 号法案（学校法）；关于修订高等教育机构和修订某些法案的第111/1998 Coll. 号法案（高等教育机构法）。

其使用不受购买或许可条款的限制），包括为提供该作品而制作复制件，但应阻止使用该作品的社会公众复制该作品；上述行为不妨碍第30a条第（1）款c）项和d）项的规定；

d）仅为研究或个人学习目的，在图书馆内出借已通过答辩的学位论文、毕业论文、博士和博士后论文的原件或复制件供参考使用，但作者禁止这种使用的除外。

（2）第（1）款提及的主体出借已出版作品的原件或复制件的，如果向作者支付了本法附件1所规定数额的版税，不构成著作权侵权。如果已出版作品的原件或复制件是由下列图书馆出借给现场参考者使用的，作者不应当收取报酬，包括学校或大学图书馆、捷克国家图书馆（以下简称"国家图书馆"）、布尔诺的摩拉维亚地区图书馆、国家科技图书馆、国家医学图书馆、夸美纽斯国家教育学图书馆、农业和食品信息机构图书馆、国家电影档案图书馆和捷克国会图书馆。

（3）第（2）款的规定不适用于记录在音频、视听或其他录音上的作品副本，其使用受销售或许可条件限制，除非是现场出借或录音的有形副本是作品有形副本的附属品。第（1）款所称主体当场出借时，应当防止复制该录音的可能性。

（4）为提供借阅和展示其馆藏内容的目的，第（1）款提及的主体在信封上使用作品或部分作品的复制件，也可能包括在汇编集目录上展示作品主要内容的，不构成著作权侵权；只要能阻止他人为直接或间接的经济或商业目的复制作品，上述汇编及目录可以向公众开放。除非为匿名作品，否则在可能的情况下，第（1）款所述主体应当在汇编集目录中指明作者的姓名或是作品发表时标注的作者名称。

（5）根据对方提出的合理请求，第（1）款提及的主体应在不迟于次月月底的期限内向相关集体权利人提供相关作品一整年的出租次数以及为收取版税所需的其他信息。

第37a条 对孤儿作品的特定使用许可

（1）仅为实现其公共利益使命，第37条所指的主体实施下列行为，不构成著作权侵权：

a）为了数字化而复制作品，或是为了以第18条第（2）款规定的方式索引、编目、保存或修复藏品中的图书、杂志、报纸或其他文件形式的孤儿作

品、孤儿电影或视听作品；或

b）根据 a）项，以第 18 条第（2）款规定的方式提供作品。

（2）仅为实现其公共利益使命，广播者实施下列行为，不构成著作权侵权：

a）为了数字化而复制作品，或是为了以第 18 条第（2）款规定的方式索引、编目、保存或修复藏品中由其在 2002 年 12 月 31 日前制作或发起制作的孤儿电影或视听作品；或

b）根据 a）项，以第 18 条第（2）款规定的方式提供作品。

（3）第（1）款和第（2）款的规定适用于在欧盟或欧洲经济区成员国首次出版或播出（如果尚未出版）的作品；如果作品尚未出版或播出，但经作者同意由第（1）款和第（2）款规定的主体发表，且能够合理推断作者不会反对时，可以适用第（1）款和第（2）款的规定。

（4）第（1）款和第（2）款的规定也适用于组成孤儿作品的作品或孤儿作品的一部分。

（5）以第（1）款和第（2）款规定的方式使用孤儿作品产生的收益可专门用于支付数字化及向公众提供孤儿作品的相关费用。

（6）为判断作品是否为孤儿作品，第（1）款和第（2）款规定的主体应确保根据第 27b 条的规定进行充分检索，并应保留其实施情况的记录。

（7）如果孤儿作品有标注作者姓名，第（1）款和第（2）款规定的主体每次使用孤儿作品时都必须标明作者的姓名。

（8）第（1）款和第（2）款规定的主体有义务立即以书面形式向文化部提供：

a）确定某作品为孤儿作品的每次充分检索的结果；

b）实施第（1）款和第（2）款规定的使用的相关信息；

c）根据第（1）款和第（2）款规定使用或享有的孤儿作品的状态变化信息；

d）他们的联系方式。

（9）文化部应该无不当延迟地向内部市场协调局转发根据第（8）款的规定收到的结果和信息。❶

---

❶ 2012 年 4 月 19 日欧洲议会和欧洲理事会委托内部市场协调局（商标和外观设计）执行知识产权的任务，包括以欧洲知识产权侵权观察站的形式联合公共和私营部门的第（EU）386/2012 号条例。

（10）根据第 27a 条第（4）款的规定终止作品孤儿状态的作者有权向根据第（1）款和第（2）款使用作品的个体收取报酬。在决定报酬数额时，应考虑使用目的、使用情况以及给作者造成的损失。

（11）第（10）款规定的获酬权受支付义务人所在国的法律管辖。

第 38 条 展览艺术作品、摄影作品或以类似摄影方式表达的作品的原件或复制件

美术作品、摄影作品或以类似摄影的方法创作的作品的所有权人，或是从所有权人处借得该作品的个人，自行展览或向免费展览会提供该作品的，不构成著作权侵权，除非转让该作品原件或者复制件所有权时作者保留了这一使用，且所有权人或借用人知道或应当知道这一保留，尤其是当集体管理组织在为此目的设置的登记簿上记录了此项限制。

第 38a 条 临时复制许可

（1）仅是为了以下目的短暂、附带地临时复制作品，以作为技术过程中不可缺少的必要部分，不产生独立的经济利益的，不构成著作权侵权：

a）通过计算机或其他类似网络，在第三方间通过中间商传播作品；或

b）对作品的授权使用。

（2）如果作者通过合同授权广播其作品，广播电台或电视台为播出该作品，通过自身方式临时录制该作品的，不影响作者的著作权。

第 38b 条 肖像摄影许可

复制表达自己肖像的摄影作品，且该肖像摄影作品是付费后委托创作的，不构成著作权侵权；未被禁止的情况下，摄影者也可以为非商业利益，以该种方式复制该作品。

第 38c 条 作品的附带使用

以使用其他作品或内容为主要目的，附带使用了特定作品的，不构成著作权侵权。

第 38d 条 实用艺术品和建筑作品的许可

任何主体的以下行为不构成著作权侵权：

a) 出租、出借或展览实用艺术作品实用形式的原件或复制件，或是通过建筑物表现的建筑作品；

b) 为已完工建筑物的维护工作或改动，仅在严格必要的范围内，使用建筑物、图纸或平面图表达的建筑作品，且保留该建筑作品的价值；出于该建筑作品的重要性及合理请求，改动建筑物的个人应当提前将其目的告知作者，并根据作者的要求向其提供施工文件，包括展示建筑改变以前的状态的图片。

第38e条 卫生设施许可

非为商业目的设立的健康护理机构或社会机构，特别是医院和监狱，录制已首次录制的作品并在与本许可目的相称的程度内向该机构内的人播放该作品的，不构成著作权侵权。本规定不妨碍第25条规定的报酬权。

第38f条 共同家用天线许可

为在同一建筑物的空间或功能毗连的建筑物群的接收器上，通过共同家用天线接收同步、完整、未更改的广播或电视作品，只限地面或卫星广播，且该接收不为直接或间接的经济或商业利益的，不构成著作权侵权。

第38g条 讽刺和戏仿许可

为讽刺和戏仿目的使用作品的，不构成著作权侵权。

第39条 残障人士许可

(1) 以下行为不构成著作权侵权：

a) 不为直接或间接的经济或商业利益，仅为残障人士的利益，在残障人士所需的合理范围内复制或让他人复制已出版作品；不为直接或间接的经济或商业利益，据此制作的复制件可由同一主体分发和传播；或

b) 不为直接或间接的经济或商业利益，仅为视障或听障人士的需要，通过语音描述视觉要素或补充视觉或文字表达，向其提供视听作品的复制件；不为直接或间接的经济或商业利益，可以复制、分发和传播由此制作的视听作品。

(2) 第(1)款仅适用于已出版的视听作品。

(3) 电视台在播出节目时，不为直接或间接的经济或商业利益，依照法

律规定❶提供音频解说,以向视障人士提供该节目且该服务不收取费用的,不构成著作权侵权。

(4) 第 37 条第(1)款规定的主体为残障人士与其相关的需要,出借已出版作品的原件或复制件,不构成著作权侵权。

(5) 本条参照适用第 30 条第(5)款的规定。

第 39a 条　为视障者或其他阅读障碍者利益的作品特定使用许可

(1) 就本条和第 39b 条而言,接收者是指:

a) 失明或有其他视力障碍的人,且无法通过常用手段改善以使用与无障碍人士基本相同的方式阅读;

b) 有知觉或阅读障碍的人,无法使用与无障碍人士基本相同的方式阅读;或

c) 由于身体残疾而无法拿着图书、杂志、报纸或类似文件,或无法操控、聚焦或移动眼睛以达到通常可阅读的程度。

(2) 就本条和第 39b 条而言,可获取格式的复制件是指图书、专业期刊、报纸或其他文件形式的作品原件或复制件的副本,包括插画和乐谱,在任意载体上以替代的设计或格式制作,使第(1)款规定的接收者能够以与非残障或非障碍人士相同或基本相同的方式阅读或以其他方式感知该作品。

(3) 就本条和第 39b 条而言,合格提供者是指非为直接或间接的经济或商业利益,作为其主要活动或其公共利益目的之一,向合格的接收者提供教育、教学培训、适应性阅读或信息途径的人。

(4) 以下行为不构成著作权侵权:

a) 经授权的接收者或为其利益的行为人仅为经授权接收者的需要,制作可获取格式的复制件;

b) 在捷克境内居住或设立的经授权提供者,不为直接或间接经济或商业利益制作可获取格式的复制件,并且仅为受益人的利益,向经授权的接收者或其他经授权且在捷克居住或设立的提供者分发、出借或传播该复制件;

c) 在捷克境内居住或设立的经授权提供者,不为直接或间接经济或商业利益制作可获取格式的复制件,并且仅为受益人的利益,向合格接收者或在

---

❶ 关于修订广播和电视作品的运营以及某些修订法案的第 231/2001 Coll. 号法案第 2 条第(1)款第 1)项。

另一欧盟成员国或可直接适用的欧盟立法❶规定的另一国家居住或设立的合格提供者分发、出借或传播该复制件；或

d) 在捷克境内居住或设立的合格接收者或经授权提供者，不为直接或间接的经济或商业利益，进口、接收或以其他方式获得由在另一欧盟成员国或可直接适用的欧盟立法❷规定的另一国家居住或设立的合格提供者向合格接收者或合格提供者分发或传播的可获取格式的复制件。

(5) 根据第（4）款规定的法定许可不能被合同限制或排除。

第39b条 经授权提供者的义务

(1) 在捷克境内拥有住所或注册办公室的经授权提供者，根据第39a条c) 项或d) 项行使法定许可的，有义务：

a) 仅向经授权接收者或其他经授权提供者分发、出借或传播可获取格式的复制件；

b) 采取措施防止未经授权复制、分发、出借或向公众传播可获取格式的复制件；

c) 妥善保管并记录对作品的处理及其可获取格式；和

d) 在其网站上发布并持续更新其遵守a) 项至c) 项义务的情况，同时以其他适当的方式将其提供给符合条件的受益人。

(2) 在捷克境内拥有住所或注册办公室的经授权提供者，根据第39a条c) 项或d) 项行使法定许可的，应根据要求，向合格的接收者、其他提供者或作者，以合适的方式提供：

a) 具有可获取格式的作品清单，包括对可获取格式的说明；和

b) 与其合作交换和提供可获取格式复制件的授权提供者的名称和联系方式。

---

❶❷ 2017年9月13日欧洲议会和欧洲理事会关于为盲人、视力障碍者或其他阅读障碍者的利益，某些作品和其他受著作权与邻接权保护的客体的格式化副本在欧盟和第三国之间跨境交换的第2017/1563号条例。

第 5 章　著作权保护

第 40 条

（1）权利受到不合理侵犯或权利面临不合理侵犯的，作者可以具体主张：

a）承认其作者身份。

b）禁止损害其权利，包括即将发生的重复侵权或未经授权的干扰，尤其是禁止未经授权的生产、营销未经许可进口或出口作品的原件、复印件或仿制件，未经授权向公众传播其作品或未经授权的促销行为，包括广告和其他形式的宣传活动。

c）披露关于未经授权使用其作品的方式和范围，未经许可复制或模仿其作品的源头，未经授权使用的方式和范围、价格，与作品未经授权使用相关的服务的价格，未经授权使用的主体身份，包括为向第三方提供此类物品而要求这种复制或模仿的个人，包括确定根据第 24 条、第 25 条收取的版税数额所需的信息；本款规定的知情权可用于向非法侵犯或危及作者权利的人索赔，也能诉请以下人员提供信息：

1. 为直接或间接的经济或商业利益，拥有作品的非法复制件或仿制件；

2. 为直接或间接的经济或商业利益，使用侵犯或危及作者权利的服务；

3. 为直接或间接的经济或商业利益，提供侵犯或危及作者权利的服务；

4. 被第 1 目、第 2 目、第 3 目所指的个体指认为参与获取、生产或分发作品复制件或仿制件的个人，或是被指认参与提供侵犯或危及作者权利的服务的个人；或

5. 根据第 24 条第（6）款或第 25 条第（2）款承担责任的人。

d）消除违法后果，包括但不限于以下形式：

1. 从商业渠道或其他使用中召回非法制造的作品复制件或仿制件，或第 43 条第（2）款规定的设备、产品、组件；

2. 从商业渠道或任何其他使用中召回并销毁非法制造的作品复制件或仿制件，或第 43 条第（2）款规定的设备、产品、组件；

3. 销毁非法制造的作品复制件或仿制件，或第 43 条第（2）款规定的设备、产品、组件；

4. 销毁或移除仅用于或主要用于非法制造作品复制件或仿制件，或第 43 条第（2）款规定的设备、产品、组件的材料和工具。

e）对非经济损失的充分赔偿，包括但不限于以下形式：

1. 道歉；

2. 如果其他赔偿无法弥补，则适用金钱赔偿；金钱赔偿的数额应当由法院确定，具体而言，法院应当考虑侵权导致的损害严重性，侵权行为发生的情况；本规定不应当排除设定双方义务的合同。

f）禁止第三方提供用于侵犯或危及作者权利的服务。

（2）第（1）款 d）项规定的救济方式应当与侵权行为的严重性相当，且应当符合第三方的利益，尤其是消费者和善意的行为人。

（3）法庭在其判决中可以认可主张获得支持的作者权利，公布裁决结果并由败诉方承担费用，法院还可以根据情况，决定这种公告的范围、形式和方式。

（4）根据特别法对损害和不当得利的主张不受影响；作者可以主张赔偿实际损失的利润，而不是在未经授权使用作品时为获得相应的许可通常将支付的报酬。未经授权非法使用作品的，不当得利的金额应为在非法使用作品时通常被收取的报酬的 2 倍。

第 41 条

作者授权他人独占行使作品的权利，或其他主体依法行使作品财产权的，当该权利被侵犯或危及时，根据第 40 条（1）款 b）项至 d）项、f）项，第 40 条第（3）款和第（4）款提起诉讼的权利应仅由根据合同或法律获得独占许可权的主体行使；作者在除此外的其他情形下，以及在此情形下根据第 40 条第（2）款规定提起诉讼的权利不受影响。

第 42 条

（1）作者可要求海关和国家统计局提供特定商品的进口和接收信息：

a）作品的复制件，或其作品的录音、录像制品或其他录制品；

b）作品的复制载体（空白记录载体）；

c）制作录音、录像制品或其他录制品，或印刷复制品的设备；或

d）第 43 条第（2）款规定的设备、产品或组件；

为了查明在捷克境内为使用而进口或接收此类商品是否符合本法的规定，在其所需的范围内，作者有权查看海关和统计部门的文件，或了解执行本法规定的权利或提起诉讼所需的信息。

（2）商品的出口和分发应参照适用第（1）款的规定。

（3）相关的集体管理组织、被授权保护作者利益的法人、法律授权行使作品财产权的主体（第58条）或根据合同享有独占许可的主体，也有权请求获得第（1）款和第（2）款规定的信息。

第42a条　已删除

第43条

（1）规避或以其他方式阻碍为保护本法权利而设置的生效技术措施，构成著作权侵权。

（2）为商业目的，制作、进口、接收、分发、销售、出租、促销、租赁，或持有下列设备、产品或组件，或提供下列服务的，构成著作权侵权：

a）为规避生效技术措施而提供、促销或投入市场的；

b）除了规避生效技术措施，有限的商业意义或其他用途的；或

c）主要为规避或协助规避生效技术措施而设计、生产、改进或实施的。

（3）本法规定的生效技术措施是指在正常运行过程中，旨在阻止或限制未经作者授权的作品使用行为的技术、设施或组件，作者能够通过采用访问限制或安全程序（例如加密、干扰或其他作品转换形式）或复制管理机制，来管控受保护作品的使用。

（4）上述第（1）款规定的法律保护措施不应妨碍他人在其所需范围内行使第30a条、第31条第（1）款b）项、第34条a）项、第37条第（1）款a）项至b）项、第38a条第（2）款、第38e条、第39条和第39a条第（4）款规定的例外。作者使用第（3）款规定的技术措施限制对其作品接触的，应当保证经授权的使用人在使用目的必要的范围内获取该作品，包括根据第30条为个人使用复制其作品；但此规定不影响作者采取适当的技术措施限制复制的数量。

（5）第4条的规定不适用于作者自行提供的作品，或经作者同意以第18条第（2）款规定的方式向公众提供的作品。

（6）由作者自愿或根据合同规定，为履行第（4）款规定的义务采取的技术措施，应受到本条第（1）款至第（3）款的保护。

第44条

（1）未经作者同意，通过以下方式，诱使、允许、帮助或隐瞒著作权侵

权行为的,同样构成著作权侵权:

　　a)删除或更改电子权利管理信息;或

　　b)分发、进口、为分发目的接收、向公众传送或传播或以第 18 条第(2)款规定的方式传播权利管理信息被非法移除或更改的作品。

　　(2)根据第(1)款所规定的权利管理信息,是指由作者指定的,用于识别作品、作者或其他权利人的信息,或关于作品使用方式和条件的信息,以及任何代表上述信息的数字或编码。这同样适用于作品复制件附带的信息,或作品向公众传播时附带的信息。

第 45 条

将其他作者使用的标题或外部装饰用于其同类作品中,可能造成两件作品混淆的,也构成著作权侵权,除非这种使用是由作品的性质或名称所决定的。

第 6 章　已删除

第 7 章　特定作品的特殊规定

第 58 条　职务作品

(1)除非另有约定,作者为履行基于雇佣或服务关系产生工作任务而创作的作品是职务作品,雇主以自身名义享有该作品的财产权并承担责任。雇主授权第三方行使第一句规定的著作权的,须经过作者同意,但在业务出售的情形下除外。作者的许可是不可撤销的且可用于进一步转让。就本法而言,获得转让的第三方被视为雇主。

(2)对职务作品享有财产权的雇主终止或解散,又没有权利继受者的,由作者获得其权利。

(3)雇主未行使或未充分行使职务作品著作权的,作者在通常情况下可请求雇主授予其许可,但雇主有重要原因拒绝该许可的除外。

(4)作者对职务作品享有的人身权不可侵犯。雇主对职务作品行使财产权的,视为作者同意作品的发表、修改、改编(包括翻译)、汇编、集录,以及除非另有约定,以雇主名义向公众展示作品。

(5)除非另有约定,雇佣协议在作品完成前到期,或者雇员有正当理由无法及时、适当地按照雇主要求完成作品的,视为作者同意雇主完成其未完成职务作品。

（6）除非另有约定，职务作品的作者获得的薪水或报酬与作品产生的收益、作品对实现受益的重要性明显不符的，作者有权向雇主主张公平的补偿；该款不适用于第（7）款的职务作品，不论是事实上的或拟制的，但双方另有约定的除外。

（7）作者按照指令创作的计算机程序和数据库以及非集体作品的地图，均应当视为职务作品；指令作者创作的人视为雇主。但这类作品不适用于第61条的规定。

（8）第（1）款至第（7）款规定的协议关系终止的，第（1）款至第（6）款规定的权利义务不受影响。

（9）在机构雇佣的情况下❶，为符合本条款的目的，受雇方根据雇佣协议或委托协议创作作品的，雇佣方规定下视为雇主，但受雇方和雇佣方之间另有约定的除外。

（10）作者作为法人的法定机构，或其他选举或任命机构的成员，因其与法人间的关系，为履行义务而创作的作品，应参照适用第（1）款至第（6）款以及第（8）款的规定；在此种情况下，公司被认为是雇主。第61条的规定不适用于本款所规定的情形。

第59条　集体作品

（1）集体作品是在一个自然人或法人的发起和指令下，由一个以上的作者共同创作，并以该自然人或法人名义发表的作品，该自然人或法人在该作品中作出的贡献无法单独利用。

（2）如果作品是根据客户的订单创作且符合第58条规定的，该作品应视为职务作品；在这种情况下，客户视为雇主。该种作品不适用于第61条的规定。

（3）视听作品或以视听方式使用的作品不是集体作品。

第60条　学校作品

（1）学校或相关教育机构在通常情况下有权缔结利用学校作品的许可协议［参见第35条第（3）款］。作者无正当理由拒绝授予许可的，机构可以以

---

❶ 劳动法。

作者未证明其目的为由在法庭上主张补偿。本条不影响第 35 条第（3）款的效力。

（2）除非另有约定，学校作品的作者可以使用或许可他人使用其作品，但损害该学校或教育机构合法利益的除外。

（3）作者通过使用学校作品或根据第（2）款授予许可获得收益的，学校或相关教育机构有权要求作者从该收益中支出合理部分用于补偿作品的创作成本。根据情况，补偿金额最高可达到作品创作的全部成本。补偿的金额应当根据学校或相关教育机构按照第（1）款利用作品所获得的收益进行决定。

第 61 条　委托作品和竞赛作品

（1）作者根据委托合同创作作品的（委托作品），视为作者为了合同目的而授予许可，但另有约定的除外。除非本法另有规定，委托人在合同目的之外使用作品的，必须以合同为依据。

（2）除非另有约定，作者可以自行使用或许可第三方使用其创作的委托作品，只要该使用不损害委托人的合法利益。

（3）作者在公共竞赛中创作作品的（竞赛作品），参照适用第（1）款和第（2）款的规定。

视听作品

第 62 条　一般条款

（1）视听作品是指通过排列以视听方式使用的作品，无论是否改编，由一系列相互联系、能产生移动效果、有伴音或无伴音的固定图像组成，可以为视觉或听觉（如果有伴音）所感知的作品。

（2）只有在获得作者许可的情况下，才可以处理作品，并将其纳入视听作品中。

第 63 条　视听作品的作者

（1）视听作品的作者是该作品的导演。但这不影响作者以视听方式使用的作品的著作权。

（2）对视听作品及其权利的声明，包括有关作品利用的声明，在根据国际公约建立的视听作品登记簿完成登记的,应当视为有效,但有相反证据的除外;本条不适用于根据本法认定无效的声明,或与登记簿上其他声明相冲突的声明。

(3) 作者书面许可制作者首次将视听作品固定在载体上的,除非另有约定,其应当被理解为:

a) 授予制作者使用原版、配音版、字幕版的作品以及与首次固定相关的照片的无限制独占许可,包括全部或者部分授权给第三方使用;且

b) 同意制作者有权根据第49条第(2)款a)项获得适量报酬。

(4) 除非另有约定,视听作品的作者和首次固定视听作品的制作者间的关系不适用捷克民法典中关于解除合同的规定❶,参照适用第58条第(4)款和第(5)款的规定。

第64条 以视听方式使用的作品

(1) 以视听方式使用的作品是指包含在视听作品中的任何作品。

(2) 作者书面许可他人将以视听方式使用的作品(音乐作品除外)纳入视听作品并首次固定的,除非另有约定,其应当被理解为:

a) 作者许可制作者不加修改,或改编或进行其他修改后首次固定该作品,包括给该作品加上配音和字幕;

b) 作者授予制作者使用视听作品时使用该作品与在首次固定时产生的照片的无限制独占许可,包括全部或部分授权给第三方使用;

c) 同意按照与签约时同类型作品相似内容的合同支付报酬。

(3) 除非另有约定,根据第(2)款授予的许可自许可之日起10年后,作者可根据第(2)款的规定许可他人或自行将以视听方式使用的作品纳入另一视听作品。

(4) 参照适用第63条第(4)款的规定。

计 算 机 程 序

第65条 一般条款

(1) 除非本法另有规定,否则计算机程序,无论其表现形式如何,包含

---

❶ 民法典第2382条。

预先的设计资料,均应作为文学作品受到保护。

(2)计算机程序的任何组成(包括界面)中蕴含的思想和原理,不受本法保护。

第66条 对计算机程序著作权的限制

(1)经授权使用者的下列行为,不构成计算机软件的著作权侵权:

a)在加载、运行计算机程序或者更正程序错误时,为了使用其合法获得的计算机程序而复制、翻译、处理、修改或以其他方式改变计算机程序;

b)除非另有约定,为了按照软件的使用目的使用其合法获得的计算机程序而复制、翻译、处理、修改或以其他方式改变计算机程序;

c)为使用需要,制作计算机程序的备用复制件;

d)经授权的使用者在程序加载、储存、展示、运行或传输过程中,为识别计算机程序任何组成所蕴含的思想或原理,自行或授权他人检查、研究或测试计算机程序的功能;

e)经授权的使用者在复制、翻译、改编、调整或以其他方式改变程序的过程中,为获取使该程序与其他程序交互操作所需的信息,且使用者无法通过其他方式简易、迅速地获得该信息,在必要范围内自行或授权他人复制或翻译程序的代码。

(2)为将程序加载、存储到计算机内存中以及为程序的展示、运行和传输而进行复制,均视为本法所指的复制计算机程序的行为。

(3)出租或出借计算机程序的复制件,该程序本身并非出租或出借的主要标的的,不视为本法意义上的出租或出借行为。

(4)从第(1)款e)项规定的行为中获得的信息不应泄露给任何第三方,除非是为了实现该计算机程序与其他程序交互操作,不得用于与实现交互操作无关的其他目的。此外,该信息不得用于改进、制造、营销与该计算机程序实质性相似的程序,或者其他可能侵犯著作权的行为。

(5)根据第(1)款规定限制计算机程序著作权的,适用于第29条第(1)款的规定。

(6)计算机程序复制件的合法使用人是指为了使用而非传播的目的,对该复制件享有所有权或其他任何权利的合法获得者;合法的被许可人或其他经授权使用者也是计算机软件复制件的合法使用人。该使用人可以在第(1)款规定的范围内(最小范围)使用其合法获得的计算机程序复制件,但合同约定更大使用范围的除外；该最小范围不得被合同限缩，但在第（1）款 b）项规定下进行授权的除外。

（7）本法第 30a 条至第 33 条、第 34 条第 b）项至 d）项、第 35 条至第 38 条、第 38a 条第（1）款 b）项、第 38a 条第（2）款、第 38b 条至第 39 条、第 43 条第（1）款和第（4）款至第（6）款、第 54 条以及民法典关于解除合同的规定❶不适用于计算机程序。

（8）对第 43 条规定的技术措施的法律保护，在使用该限制的必要范围内，不影响本条第（1）款 d）项和 e）项的效力。作者根据第 43 条第（3）款对其作品采取技术措施的，应当使合法使用人可以在本条第（1）款规定的使用范围获得该计算机程序，并应当在受技术措施保护的计算机程序上标明作者的姓名、地址，使合法使用人可以为该目的联系作者。

第 2 编　与著作权相关的权利

第 1 章　表演者对其艺术表演的权利

第 67 条　艺术表演及其表演者

（1）艺术表演是指演员、歌手、音乐家、舞蹈家、指挥、合唱指挥导演或其他任何人，以扮演、演唱、朗诵、展示或以其他方式完成的艺术作品和传统民俗文化作品的表演。不表演艺术作品的艺术家表演也应被视为艺术表演。

（2）表演者是创造艺术表演的自然人。

第 68 条　表演者的联合代表

（1）同一作品的表演由多个表演者（例如交响乐队、合唱团、舞蹈团或其他艺术团体）共同完成的，表演者们可以委托其艺术团体中的艺术总监作为联合代表，以他们的名义并为他们的利益，代为行使其对表演的权利。如果艺术团体的大多数成员指定另一个人为联合代表，则其艺术总监不是该艺术团体的联合代表；授权需采取书面形式并经艺术团体的大多数成员签名才能生效。

（2）根据第（1）款中对联合代表的规定不适用于以下表演者：单独表

---

❶ 民法典第 2382 条。

演者、戏剧表演的指挥和导演；但本款不影响这些人担任表演者的联合代表。

第 69 条　表演者权的内容

表演者的权利包括专有的人身权（第 70 条）和财产权（第 71 条）。

第 70 条　表演者的人身权

（1）表演者享有决定将艺术表演公之于众的权利。

（2）单独创造表演的独立表演者，与艺术团体的其他成员共同创造表演的乐队指挥、合唱团指挥、戏剧导演和独立表演者有权决定在发表和后续使用中是否表明以及以何种方式表明其身份。表演者作为艺术团体的成员，仅对其参与的表演的联合署名（联合假名）享有前一句规定的权利；但这不影响任何符合前款规定的署名权协议的效力。

（3）但在使用方式不允许的情况下，表演者不享有第（2）款所规定的权利。

（4）如果可能影响其声誉，表演者有权保护其表演不受丑化、歪曲或篡改；根据第 68 条第（1）款的规定，表演者应合理地互相考虑。

第 71 条　表演者的财产权

（1）表演者有权对其艺术表演的原始版、改编版或由他人以任何方式修改后的版本进行利用，也有权通过协议许可他人行使该权利；未经许可的，他人只能在本法规定的情况下使用艺术表演。

（2）使用艺术表演的权利应当包含以下内容：

a）以广播或其他形式向公众传播现场表演的权利；

b）录制现场表演的权利；

c）复制录制的表演的权利；

d）发行其表演的录制品的复制件的权利；

e）出租其表演的录制品的复制件的权利；

f）出借其表演的录制品的复制件的权利；

g）向公众传播录制的表演的权利。

（3）为个人目的使用表演的录制品的复制件的，表演者有权获得报酬，参照适用第 25 条的规定。

（4）表演者授予录音制品制作者无限制使用其录制的表演的独占许可，

并获得一次性报酬的,有权每年获得补充报酬。自录音制品合法出版(若无出版,则自合法向公众传播)之日起50年满后的次年起,表演者有权每年获得这项报酬。表演者不得免除这项年度补充报酬。

第72条 法定许可

(1)通过广播、电视广播或者转播使用为商业目的录制为录音作品的艺术表演,不侵犯表演者权;但表演者有权从中获得报酬。表演者只能通过相关的集体管理组织行使该权利。

(2)本规定所指的为商业目的发表的录音制品是指通过销售发行或根据第18条第(2)款向公众合法传播其复制件的录音制品。

(3)但根据第(1)款使用录音制品前,未与相关的集体管理组织达成协议确定该使用的报酬及支付方式的,构成侵犯表演者的权利。

(4)除非另有约定,根据第(3)款规定与集体管理组织达成协议的使用者未按照合同约定,拖欠报酬且在集体管理组织提供的30天额外宽限期内未支付报酬的,在支付报酬或该支付义务因其他原因终止前,无权根据第(1)款的规定使用。

第72a条 从停止经营的制作者撤回授权

(1)自表演的录音制品合法出版或合法向公众传播(若没有出版)之日起50年后,录音制作者不再提供足够数量的该录音制品的实体复制件以供销售,或不再根据第18条第(2)款的规定向公众提供该录音制品的,自前述期限届满后的次年的1月1日起,表演者可以书面形式通知录音制品制作者,撤回无限制使用其录制的表演的独占许可。只有在制作者自收到撤回通知之日起1年内未以上述方式使用录制品时,表演者方可执行该撤回。表演者不能放弃这项权利。

(2)如果录音制品录制了多个表演者的表演,这些表演者可以根据第(1)款撤回授权。根据第(1)款规定,第68条适用于多个表演者根据该规定退出合同的情况。

第72b条 平衡合同义务的措施

如果表演者已授予录音制品制作者无限制使用其录制的表演的独占许可,并依合同有权按期获得报酬,自表演的录音制品合法出版或合法向公众传播

（若没有出版）之日起50年届满后的次年的1月1日起，制作者不会从向表演者支付的费用中扣除任何预付款或合同约定的其他扣除款。

第73条 表演者的财产权保护期

表演者的财产权的期限为自创造表演之日起50年。但如果表演在此期间内经授权向公众发表或传播：

a）除了表演的录音制品，表演者的权利自录制品首次发表或向公众传播之日起50年后失效，以较早到期为准；或

b）表演的录音制品，表演者的权利自录制品首次发表或向公众传播之日起70年后失效，以较早到期为准。

第74条 对第1编规定的适用

表演者及其表演参照适用本法第2条第（3）款，第4条，第6条，第7条，第9条，第11条第（4）款、第（5）款，第12条第（2）款、第（3）款，第13条至第16条，第18条至第23条，第25条，第25a条，第26条，第27条第（8）款，第27a条，第27b条，第28条，第29条，第30条第（1）款、第（2）款、第（5）款和第（6）款，第30b条，第31条，第34条a）项至c）项，第35条，第37条、第37a条、第38a条、第38c条、第38e条、第38f条、第39条至第44条，第58条，第62条第（2）款以及第64条第（2）款和第（4）款。

第2章 录音制作者对其录音制品享有的权利

第75条 录音制品及其制作者

（1）录音制品是指能完全通过听觉感知的、记录表演者表演或其他声音或对其表达的录制品。

（2）录音制品制作者是指自己承担责任，首次录制表演者的表演或其他声音或对其表达方式的自然人或法人，或是促成第三方制作该录制品的自然人或法人。

第76条 录音制品制作者的权利的内容

（1）录音制品制作者应当享有使用其录音制品的独占性财产权，并有权

通过合同许可他人行使该权利；他人在未经许可的情形下，仅能在本法规定的范围使用该录音制品。

（2）使用录音制品的权利包括：

a）复制录音制品的权利；

b）分发录音制品原件或复制件的权利；

c）出租录音制品原件或复制件的权利；

d）出借录音制品原件或复制件的权利；

e）向公众广播或以其他形式传播录音制品的权利。

（3）录音制品制作者应参照适用第72条的规定。

（4）参照适用第25条的规定，录音制品制作者有权向为个人使用复制其录音制品的行为收取报酬。

（5）录音制品制作者的权利可以转让。

第76a条　录音制作者关于年度补充报酬的义务

（1）自录音制品合法出版或合法向公众传播（若没有出版）之日起50年后，录音制品制作者有义务从上一年复制、分发或向公众提供录制品的收入中分出20%的收入，以第18条第（2）款规定的方式支付第71条第（4）款规定的年度补充报酬。前述收入是指录音制品制作者扣除成本前的收入。

（2）根据要求，制作者有义务向有权获得年度补充报酬的表演者和相关集体管理组织提供确保支付该报酬所需的所有信息。

（3）制作人应在次年的3月31日前向相关集体管理组织支付第（1）款规定的到期报酬，再由集体管理组织向符合条件的个人表演者支付年度补充报酬。

（4）根据第（3）款向集体管理组织支付的报酬，如果在收到3年内经合理努力仍无法向表演者支付，则成为捷克国家文化基金的收入。

第77条　录音制品制作者的权利的保护期

录音制品制作者的权利的保护期为自录音制品制作起的50年。若录音制品在此期间内被合法公开的，权利的保护期为自公开之日起的70年。如果在第一句所述期间内，录音制品未经合法公开，但在此期间内被合法向公众传播的，权利的保护期为自传播之日起的50年。

第77a 条

如果表演者根据第72a 条撤回授权，则录音制品制作者的权利失效。

第78 条　对第1 编规定的适用

录音制品制作者及其录音制品应参照适用第2 条第（3）款，第4 条，第6 条，第9 条第（2）款至第（4）款，第12 条第（2）款和第（3）款，第13 条至第16 条，第18 条至第23 条，第25 条，第25a 条，第27 条第（8）款，第27a 条，第27b 条，第28 条，第29 条，第30 条第（1）款、第（2）款、第（5）款和第（6）款，第30b 条，第31 条，第37 条，第37a 条，第38a 条，第38c 条，第38e 条，第38f 条，第39 条至第44 条以及第62 条第（2）款。

第 3 章　录像制品制作者对其首次录制品享有的权利

第79 条　录像制品及其制作者

（1）录像制品是视听作品或是其他有伴音或无伴音的产生动态效果的连续固定画面的录制品，能被视觉感知，如果有伴音则同时能被听觉感知。

（2）录像制品制作者是指自己承担责任，首次录制录像制品或是指示第三方录制录像制品的自然人或法人。

第80 条　录像制品制作者的权利内容

（1）录像制品的制作者应当享有使用其录像制品的独占性财产权，并有权通过合同许可他人行使该权利；他人在未经许可的情形下，仅能在本法规定的范围内使用该录像制品。

（2）使用录像制品的权利包括：

a）复制录像制品的权利；

b）分发录像制品原件或复制件的权利；

c）出租录像制品原件或复制件的权利；

d）出借录像制品原件或复制件的权利；

e）向公众广播或以其他形式传播录像制品的权利。

（3）比照适用第25 条的规定，录像制品制作者有权向为个人使用复制其录像制品的行为收取报酬。

（4）录像制品制作者的权利可以转让。

第81条　录像制品制作者的权利的保护期

录像制品制作者的权利保护期为自录像制品制作起的50年。若录像制品在此期间内被合法公开的，权利的保护期为自公开之日起的50年。

第82条　对第1编规定的适用

录像制品制作者及其录像制品应比照适用第2条第（3）款，第4条，第6条，第9条第（2）至第（4）款，第12条第（2）款和第（3）款，第13条至第16条，第18条至第23条，第25条，第25a条，第27条第（8）款，第27a条，第27b条，第28条，第29条，第30条第（1）款、第（2）款、第（5）款及第（6）款，第30b条，第31条，第34条a)项至c)项，第35条，第37条，第37a条，第38a条，第38c条，第38e条，第38f条，第39条至第44条以及第62条第（2）款的规定。

第4章　广播电台、电视台对其广播享有的权利

第83条　广播和广播者

（1）广播是指通过广播或电视传播让观众接收的声音、音像或对声音和音像的表达。

（2）广播者是指自担责任、通过广播或电视播放声音、音像或对声音和音像的表达的自然人或法人，或第三方主动广播并承担责任的自然人或法人。

第84条　广播者权的内容

（1）广播者享有使用其广播的独占性财产权，并有权通过合同许可他人行使该权利；他人在未经许可的情形下，仅能在本法规定的范围内使用其广播。

（2）使用广播的权利包括：

a）录制广播的权利；

b）复制录制的广播的权利；

c）分发录制广播的复制件的权利；

d) 向公众传播该广播的权利。

(3) 根据第（1）款的规定，广播者权可以转让。

第 85 条　广播者权的保护期

广播者权的保护期为自广播之日起的 50 年。

第 86 条　对第 1 编规定的适用

录音制品制作者及其录音制品应参照适用第 2 条第（3）款，第 4 条，第 6 条，第 9 条第（2）至第（4）款，第 12 条第（2）款和第（3）款，第 13 条至第 16 条，第 18 条至第 23 条，第 25 条，第 27 条第（8）款，第 27a 条，第 27b 条，第 28 条，第 29 条，第 30 条第（1）款、第（2）款、第（5）款和第（6）款，第 30b 条，第 31 条，第 34 条 a）项至 c）项，第 35 条第（1）款、第（2）款和第（4）款，第 37 条第（1）款和第（4）款，第 38a 条，第 38c 条，第 38e 条，第 38f 条，第 39 条第（1）款 a）项，第 39a 条至第 44 条以及第 62 条第（2）款的规定。

第 5 章　出版者权

第 87 条

(1) 个人为其自身使用或法人或个体经营者为其内部使用、复制出版者出版的作品的，出版者有权收取报酬。

(2) 出版者权的保护期为自出版之日起 50 年。参照适用第 27 条第（7）款的规定。

(3) 出版者权可以转让。

第 6 章　首次出版权

第 87a 条

(1) 首次出版已过保护期的未发表作品的，首次出版者就该作品在一定程度上享有与作者在权利未到期时相同程度的著作财产权。

(2) 第（1）款规定的权利可转让，自作品出版之日起存续 25 年。第（1）款规定的权利的保护期应参照第 27 条第（8）款的规定计算。

第3编　数据库制作者的特殊权利

第88条　定义
为本法目的，数据库是指一系列经系统或方法整理的独立作品、数据或其他片段，并可通过电子或其他方式分别访问，而不管其表达形式如何。

第88a条
（1）数据库的特殊权利（第90条）由数据库的制作者享有，前提是其对数据库内容的形成、核实或呈现作出了质量或数量上的显著贡献，无论数据库或其内容是否受到著作权或其他保护。

（2）对数据库的任何数量上或质量上的显著的新贡献，包括补充、缩短或以其他方式调整数据库，都将更新根据第93条计算的权利保护期。

第89条　数据库制作者
数据库的制作者是指自己承担责任汇编数据库的自然人或法人，或是指示他人汇编数据库的自然人或法人。

第90条　数据库制作者特殊权利的内容
（1）数据库的制作者有权提取或使用数据库的全部内容或数量或质量上重要的部分，以及授权他人行使此项权利。

（2）第（1）款规定的提取是指以任何方式或方法将数据库的全部内容或显著部分的内容永久或临时转移到另一媒介。

（3）第（1）款规定的使用是指通过分发复制件、出租、线上或其他传输方式向公众提供数据库的全部内容或其主要内容的任何形式。

（4）数据库的原件或复制件的出借（第16条）不属于第（2）款规定的提取或第（3）款规定的使用。

（5）禁止重复、系统地提取或使用数据库内容的非实质部分，以及不利于数据库制作者合法利益的其他不正常、不合理的行为。

（6）数据库制作者的权利可以转让。

第91条　数据库制作者特殊权利的限制
数据库已经以任意方式向公众开放的，合法用户提取或使用数据库在数量或质量上不显著的非实质内容，无论出于何种目的，均不侵犯数据库制作者的权利。但前述用户应当以正常和适当的方式使用数据库，而不是系统地或重复地使用数据库，不得损害数据库制作者的合法利益以及数据库中作品的作者、邻接权人或其他受保护客体的利益。

第92条　无偿法定许可

数据库已经由制作者向公众开放的，以下合法用户提取或使用数据库主要内容的行为，不侵犯数据库制作者的权利：

a）供个人使用，但不应妨碍第30条第（1）款的规定；

b）出于科学或教育目的且标明来源，并在非营利目的范围内；和

c）为公共安全或行政或司法程序的需要。

第93条　数据库制作者权利的保护期

数据库制作者权利的存续期为自数据库制作之日起15年。如果数据库在此期间向公众开放，则数据库制作者权利的存续期间为自开放之日起的15年。

第94条　对第1编规定的适用

数据库制作者应参照适用第4条、第6条、第9条第（2）款至第（4）款、第12条第（2）款、第13条至第15条、第18条第（2）款至第（4）款、第27条第（8）款、第27a条、第27b条、第28条、第29条、第30条第（1）款至第（3）款以及第39a条至第44条的规定。

第4编　集体管理

第1章　一般规定

第95条　集体管理

（1）集体管理是指为权利人的共同利益、对权利人发表或提供的作品、艺术表演、录音录像制品的著作权或邻接权（以下简称"保护对象"）进行全面管理。集体管理不是达成许可或其他协议的中介，也不是临时或短期的对权利的全面管理，但强制集体管理权除外。

（2）集体管理的目的是集中行使和保护著作权和邻接权，并使这些权利的客体向公众开放。

（3）权利持有人是指：

a）合法持有著作权或邻接权的财产权的主体；

b）根据本法，行使作品的财产权（第58条）的主体；或

c）在财产权存续期间内，经由合同许可独占行使集体管理的权利，以及至少在捷克境内授予次级许可的权利的主体。

（4）就集体权利管理而言，使用者是指使用受保护对象或依本法有义务支付报酬的人。

第95a条 集体管理组织

（1）集体管理组织是由权利人组成的法人实体，根据集体管理的授权，其唯一或主要目的是为权利人进行集体管理，不是为商业或其他营利活动而设立。

（2）如果在另一欧盟或欧洲经济体欧洲经济区多个成员国领土范围内设立的主体向一个以上欧盟或欧洲经济区成员国在线提供音乐作品，在线使用该音乐作品不需要集体管理组织授权，应根据其所在国的法律授予许可。

第2章 集体管理授权

第96条 申请授权

（1）文化部应根据书面申请决定授予集体管理权。

（2）除行政程序法规定的一般要求外，申请还应包括：

a）申请人法定机构的名称、法定机构或其成员的姓名、住所，以及代表申请人的方式，如果这些数据无法从公共管理信息系统获得；

b）集体管理的权利的定义；和

c）本款b）项规定的权利的客体的定义，以及当该客体为作品时，该作品的性质。

（3）申请人应当在申请中附上：

a）与权利人签订的示范合同草案，权利人据此实施集体管理；

b）包含分发方式和特定报酬支付规则的程序规则草案，排除分配中的任意程序，并考虑适用支持具有重要文化意义的作品和表演的原则；

c）表示有兴趣由申请人对其权利进行集体管理的权利人名单，注明其居住地，如果是外国人则注明其居住地和国籍，并注明他们符合程序目的和经

权利人签名出版的客体；

d）持有集体管理权的申请人的成员名单，注明其居住地，如果是外国人则注明其居住地和国籍，并注明他们符合程序目的和经权利人签名出版的客体；

e）对集体管理营利能力的预估以及对进行集体管理的成本估计；

f）提出保护对象单独使用的报酬数额，

g）根据第96b条第（2）款、第（3）款的良好行为证明；

h）章程或类似文件（以下简称"章程"）；

i）证明与至少两名外国集体管理组织缔结或承诺缔结互惠协议的文件；

j）成员资格条件和终止集体管理授权的条件，如果章程中没有包含该内容；

k）示范许可协议；

l）确定权利行使收入及其投资所得的扣除金额的一般规则，该扣除款用于非权利管理目的，包括提供社会、文化和教育服务的成本；

m）投诉处理程序。

（4）如果申请人在其他欧盟或欧洲经济区成员国设立并进行集体管理，应仅在申请书中附上一份证明其根据该国法律实施集体管理的文件。

第96a条 授权决定

（1）文化部应在自集体管理申请提交之日起的90天内决定是否授予集体管理权。

（2）符合以下情况的，文化部应授权在另一欧盟或欧洲经济区成员国设立并进行集体管理的申请人根据该成员国法律在其领土内实施集体管理：

a）授权申请符合第96条第（2）款、第（4）款的规定；

b）寻求集体管理的权利适用于进行集体管理；和

c）另一集体管理组织不能再对同一保护客体的同一权利行使集体管理，如果是作品，则是同一类型作品的相同权利。

（3）申请人不是第96条第（4）款规定的申请人的，符合以下条件的，文化部应授予集体管理权：

a）申请人具有合法的社团形式；

b）授权申请符合第96条第（2）款、第（3）款的规定；

c）寻求集体管理的权利适用于进行集体管理；

d）另一集体管理组织不能再对同一保护客体的同一权利行使集体管理，如果是作品，则是同一类型作品的相同权利；

e）满足确保集体管理适当和有效执行的先决条件；

f）符合第 96 条第（3）款 d）项至 h）项的前提条件；

g）法人未曾故意犯罪；和

h）其法定机构的成员应具有良好的声誉，凡因犯财产罪或经济罪而被定罪者，不应被视为无罪，除非他或她被当作没有被定罪的人对待。

(4) 文化部可以授权特定的集体管理组织根据第 25 条和第 37 条第（2）款的规定替所有作者或邻接权人收取报酬，只要该组织是实施集体管理最适宜及有效的组织。在这种情况下，对其他集体管理组织的授权可以仅包括将其收取的报酬分配给由其管理权利的著作权人或邻接权人。

(5) 文化部应在授权决定生效之日起 30 日内，在其网站上公布授权决定及生效日期。

第 96b 条　品格证明

(1) 为了证明在捷克设有注册办事处的法人实体或作为捷克公民的法定机构成员的品格，文化部应要求申请人提供刑事登记法❶规定的刑事登记簿摘录。

(2) 为了证明在捷克境外注册办事处的法人的品格，申请人应在申请表中附上：

a）法人注册地所在国出具的犯罪记录摘要或同等文件；或

b）在法人所在国的公证人或其他有权机关出具的良好声誉宣誓书，除非该国出具相关的犯罪记录或等同文件。

(3) 如果法定机构成员为外国人，为证明其品格，申请人应在申请表中附上：

a）法定机构成员所属国籍的国家签发的无犯罪记录或同等文件的摘录，如果法定机构成员是欧盟另一成员国的公民，则需其签发的无犯罪记录及刑事登记法❷规定的附件信息（记载在该国的刑事记录上）；或

b）法定机构成员所属国籍的国家的公证人或其他主管当局开具的良好声誉的证明书，除非该国出具相关的无犯罪记录或同等文件。

---

❶❷ 关于修订刑事登记的第 269/1994 Coll. 号法案。

(4) 证明品格的文件的开具日期应不早于 3 个月之前。

第 96c 条　撤回授权

(1) 符合以下情况的，文化部应当部分或全部终止授权：

a) 集体管理组织不再符合授予许可的要求，并在文化部规定的合理期限内未能补正或无法补正；

b) 集体管理组织在过去两年多次或严重违反本法规定的义务；或

c) 集体管理组织自行请求。

(2) 如果集体管理组织违反本法规定的义务并在文化部规定的合理期限内未能补正，文化部可以部分或全部撤销授权。此规定不影响第（1）款 a) 项、b) 项的规定。

(3) 授权应在撤销授权决定上载明的日期失效；授权终止日应为日历年的最后一天，决定生效日与授权终止日之间的间隔应不少于 6 个月。

(4) 参照适用第 96a 条第（1）款、第（4）款的规定。

第 3 章　集体管理组织的成员资格及组织架构

第 96d 条　成员资格

(1) 集体管理组织的成员只能是权利人、权利人的代表、其他集体管理组织或符合章程规定的成员资格的联合权利人的法人。集体管理组织拒绝入会申请的，应说明理由。

(2) 成员资格要求必须基于客观、透明、非歧视的标准，例如在特定会计周期内向权利人支付或应付的报酬数额、集体管理组织根据合同或登记行使集体权利的期限。

(3) 组织章程应规定成员参与集体管理机构决策的有效机制。不同创作活动的成员参与决策时必须是公平和公正的。

(4) 组织章程应规定为了行使成员权利，成员通过电子方式与集体管理组织沟通的方式。

(5) 集体管理组织应当登记成员名册，并定期更新。

第 96e 条　集体管理组织的机构

集体管理组织应至少包括法定机构、最高机构及监督委员会。

第96f条　最高机构

（1）除非另有规定，集体管理组织的最高机构是集体管理组织全体成员参加并行使代表权的机构。最高机构会议不得采取部分会议的形式，最高机构的权力不得由代表大会行使。

（2）最高机构决定集体管理组织章程的修改。

（3）最高机构决定集体管理组织管理人员的任免，监督他们履行职责的情况，并批准他们的报酬及其他福利，如货币和非货币福利、额外福利及遣散费。组织章程可以规定，将根据第96g条第（1）款对管理人员作出决定的权力委托给监督委员会。

（4）最高机构应进一步决定：

a）分配规则：

1. 集体管理组织根据本法规定的专有权或报酬为权利人收取的收入，包括损害赔偿和不当得利的收入（以下简称"行使权利的收入"）；和

2. 行使权利的投资收益。

b）第99c条第（3）款规定的收入管理规则。

c）关于行使权利的收入及其投资所得的投资方案。

d）行使权利的收入及其投资所得的抵扣方案。

e）第99c条第（7）款中规定的收入的使用。

f）管理投资风险的程序。

g）批准不动产的收购、转让或终止。

h）批准合并、设立集体管理组织拥有大多数股份，或直接或间接控制其全部或部分所有权的实体，设立另一个实体以及收购其他实体的股份或权利。

i）批准接受或授予信贷或贷款，或为信贷或贷款提供担保的建议。

（5）最高机构根据审计法[1]任免审计师，并通过审计年度报告。

（6）最高机构可以通过决议或修改章程，授权监督委员会行使第（4）款f）项至i）项的权力。

（7）组织章程可以根据成员资格的期限或在特定会计周期支付或收取的报酬金额，限制集体管理组织成员参加最高机构会议和行使表决权的权力，但这些标准必须以公平合理的方式确定和应用。

---

[1] 关于修订审计师和修订某些法案的第93/2009 Coll. 号法案（审计法）。

（8）组织章程可以限制在最高机构会议上和投票时由一人代表的成员人数。每份授权的有效期为一次会议。

第96g条　集体管理组织的管理人员

（1）集体管理组织的管理人员是管理或参与集体管理组织管理的法定机构成员或集体管理组织的工作人员。

（2）集体管理组织的管理人员同时也是监督委员会的成员。

（3）第（1）款规定的管理人员在管理者适当的监督下，管理集体管理组织的活动。

（4）集体管理组织应建立和适用于一定的程序，以防止管理人员的个人利益与集体管理组织的利益发生冲突。如果利益冲突无法避免，集体管理组织有义务发现、解决、监控和披露已发生的和可能的利益冲突，以防止其对权利人的集体利益产生不利影响。

（5）集体管理组织的管理人员应每年向最高机构提交上一个日历年的利益冲突声明，包括：

a）该管理人员在集体管理组织内部所有利益的信息；

b）上一会计周期从集体管理组织获得的所有报酬和其他福利的信息；

c）上一会计周期作为权利人从集体管理组织获得的所有权利行使的收入的信息；

d）声明其个人利益与集体管理组织利益之间存在或可能发生的冲突，以及该管理人员对集体管理组织的义务及其对另一自然人或法人的义务之间存在或可能发生的冲突。

第96h条　监督委员会

（1）监督委员会每个会计周期至少召开一次会议，但组织章程规定更高召开频率的除外。

（2）监督委员会的权限包括：

a）系统地监督集体管理组织的管理人员的活动并指示其履行职责，包括执行最高机构的决定，特别是第96f条第（4）款a）项至d）项的决定；和

b）监督委员会应享有章程或最高机构决定授予它的其他权力。

（3）监督委员会应每年向最高机构提交其上一个日历年的权力行使情况报告。

（4）从事不同类别创作活动的集体管理组织成员在监督委员会中应被公平和公正地代表。

第 4 章　集体管理的实施

第 1 节　一般规定

第 97 条

（1）除非本法另有规定，集体管理组织应当以书面合同为基础，进行集体管理。

（2）除非本法另有规定，或者本法对集体管理的性质、目的另有规定，集体管理的实施适用《民法典》关于第三人财产管理的规定❶。

（3）集体管理以集体管理组织的名义，由集体管理组织负责、代表权利人系统地进行集体管理工作。对于第三人，权利人不与集体管理组织承担连带责任，集体管理组织不是权利人的代表。

（4）集体管理不是商业行为。

（5）为提高集体管理的效率，集体管理组织可以通过其自身或几个集体管理组织控股，或直接或间接完全或部分控制的实体进行某些活动，例如开具发票或分配属于权利人的款项，在此情形下，除了第 2 部分、第 3 部分，第 4 编应参照适用集体管理组织。集体管理组织或其设立的集体管理组织对其行使集体管理权负责。

第 97a 条　集体管理组织和权利人之间的义务

（1）集体管理组织在授权范围内有义务：

a）根据本法，对权利人的财产权进行集体管理；

b）如果该权利人就相同受保护客体享有的权利，或就相同种类作品享有的权利，尚未被第 97g 条第（1）款 a）项规定的国外主体集体管理，权利人请求并证明受保护客体已通过相关方式行使的，在通常情况下并在权利人同意的范围内代表权利人行使其权利；

c）平等地代表权利人行使其权利。

---

❶ 民法典第 1400 条及其后条款。

(2) 集体管理组织有义务为其管理的权利人的最大共同利益行事,并且不向权利人强加任何对权利的保护或有效管理不必要的义务。

(3) 权利人可以委托集体管理组织在其选择的领土范围内对特定权利、权利类别或作品类型,以及其他保护对象行使集体管理权,而不论集体管理者的住所、国籍、住所或注册办事处。

(4) 权利人应确定通过合同委托集体管理组织执行和管理的权利、权利类别或作品类型,以及其他保护对象。在合同有效期内,集体管理组织必须以书面形式记录对每项权利、权利类别、作品类别,以及其他保护对象的管理。

(5) 如果不是出于直接或间接的经济或商业利益,权利人可以授权行使特定权利、权利类别或作品类型,以及其他保护对象,即使该权利已经委托给集体管理组织全面管理,但必须提前通知相关的集体管理组织。本款不影响第97d条、第97e条的规定。

(6) 权利人可以以书面形式全部或部分撤销对部分或全部权利、权利类别或作品类型,以及其他保护对象在其选择的领域内的集体管理授权,通知期限不超过6个月。组织章程可以规定该通知在其发出的会计周期结束前不生效。权利人根据第97d条撤销权利的强制集体管理的规定,其权利只能委托其他集体管理组织行使,不能自行行使。

(7) 在根据第(6)款的规定终止其授权后,在权利人因集体管理提出的所有索赔得到解决前,第97b条、第99a条至第99e条、第99j条、第100b条、第101h条规定的权利不受影响。

(8) 集体管理组织不得通过将特定权利、权利类别或作品类型,以及其他保护对象的集体管理委托给另一集体管理组织行使,以限制第(6)款、第(7)款所述权利的行使。第(6)款第三句不受影响。

(9) 集体管理组织应使非其成员的权利人能够通过电子方式与其交流。

(10) 组织章程应规定第(3)款至第(9)款的规则。组织章程还应定义第(3)款所称权利、权利类别或作品类型和其他受保护对象,以及第(5)款、第(6)款规定的权利的行使条件。集体管理组织在根据第(4)款达成合同前有义务告知权利人这些规则。

第97b条　向权利人提供的信息

(1) 集体管理组织有义务至少每年向每个权利人提供上一个日历年的

信息：

a）权利人为了识别和检索而向集体管理组织传达的所有联系方式；

b）属于权利人的权利行使所得的总收入；

c）扣除权利管理费用；

d）为支付权利管理费外的其他目的而扣除的费用，包括为提供社会、文化或教育服务而扣除的费用；

e）其收取的权利行使收入，按受管理权利的类别、使用方式划分；

f）所述收入会计及支付期间，除非集体管理组织因与用户报告相关的客观原因而无法提供此信息；和

g）任何尚未支付给权利人行使其权利的收入。

（2）如果集体管理组织的成员是负责分配和支付给权利人行使其权利的收入的，集体管理组织应向其提供第（1）款规定的信息，第（1）款规定的义务也应参照适用该成员。

第97c条 集体管理组织记录

（1）集体管理组织应当保存以下权利人的名单：

a）根据合同对其权利进行集体管理；

b）已注册登记；和

c）孤儿作品，如果管理组织知道其持有人。

（2）集体管理组织应当记录：

a）集体管理组织知道的由其管理的标的；和

b）集体管理组织知道的由其管理的孤儿作品。

（3）根据第（1）款、第（2）款规定的清单可以仅包含执行集体管理所必需的数据。

（4）关于权利人的记录由集体管理组织定期更新，并在集体管理授权的有效期内保存。

第2节 集体管理的权利

第97d条 强制集体管理的权利

（1）强制集体管理权是：

a）就以下事项收取报酬的权利：

1. 通过广播或电视传播、转播或重播的方式，使用他人为商业目的发行的艺术表演的录音制品；

2. 通过广播或电视传播、转播或重播的方式，使用他人为商业目的公开的录音制品；

3. 为个人使用，通过技术设备将相关内容复制到空白载体，制作录音录像制品或其他录制品的复制件；

4. 为个人使用或为法人或个体经营者的内部使用，通过技术设备，在纸张或其他载体上制作印刷复制品，包括通过第三方制作此种复制品；

5. 转售艺术作品原件；

6. 根据第 37 条第（2）款的规定，出租已出版作品的原件或复制件；

b) 对出租作品原件或复制件，或出租载有表演者表演的录音录像制品，收取合理报酬的权利；

c) 除了为商业目的出版的表演的录音制品，通过广播或电视传播、转播作品，现场表演和固定在录音录像制品上的表演的权利，但传输权由广播者自行行使的情况除外，不论这些权利是其自有的权利或是根据与权利人许可协议行使的权利；

d) 根据第 71 条第（4）款规定的收取年度补充报酬的权利。

(2) 相关集体管理组织应为权利人代理行使第（1）款规定的权利，并就未经授权行使该权利的行为要求损害赔偿及返还不当得利。

第 97e 条　延伸集体管理

（1）如果第 98a 条第（2）款规定的集体管理协议授权集体管理组织以本条第（4）款规定的方式行使受保护客体的权利，则该授权不仅适用于根据合同受集体管理的情形，也适用于所有根据本法被视为权利人且其权利被集体管理的情形。

（2）第（1）款不适用于视听作品和以视听方式使用的作品，但以第（4）款 c）项至 e）项规定的方式使用视听作品中的音乐的，或该权利人根据第（1）款行使集体管理的，或权利人或集体管理组织就部分或所有情形排除集体管理协议效力的除外，然而，不能排除第（4）款 d）项规定的集体管理协议的效力。

（3）根据第（1）款规定的实施集体管理的权利人，在授权无偿行使该权利时表示排除集体管理协议效力的，则自集体管理组织收到通知起，排除其在该范围内的集体管理授权。

（4）根据第（1）款至第（3）款规定的适用于以下权利行使的授权：

a）播放为商业目的出版的录音制品或其中的艺术表演。

b）播放为商业目的出版的录音制品中的有歌词或无歌词的、对音乐作品的非戏剧表演。

c）通过广播或电视传播作品。

d）播放艺术表演作品、录音录像制品的广播或电视节目。

e）出租作品的原件或复制件，或出租载有作品、表演的录音录像制品；此规定不适用于计算机程序。

f）通过非实体方式提供作品，包括根据图书馆法❶，由图书馆根据第37条第（1）款c）项的规定，对不属于其藏品的作品，通过其经营场所内的技术设备，为此目的制作复制件；此规定不适用于计算机程序。

g）非为直接或间接的经济或商业利益，现场播放非戏剧作品。

h）仅为研究或个人学习目的，以第18条第（2）款规定的方式向公众提供已发表的作品。本款不适用于计算机程序、录制在录音录像制品中的作品或表演，已发行的乐谱、音乐戏剧作品以及该图书馆公布的已由其他许可协议管理的作品。

i）制作未发布在市场上的作品的复制件，并由图书馆根据图书馆法❷，以第18条第（2）款规定的方式向公众提供该作品的复制件，期限合并不超过5个日历年。

j）制作第37条第（1）款的主体的音乐或音乐戏剧作品的乐谱的印刷复印件，供自己内部使用，或订购给自然人个人使用，或用于教学或科学研究，并直接或间接获得经济或商业利益。

（5）第（1）款至第（4）款也适用于集体损害赔偿请求和不当得利返还。

第97f条 未在市场提供的作品清单

（1）国家图书馆保持并在网上公布一份未在市场提供的作品清单，只有口头作品会被列入该作品清单，包括纳入该作品或构成其组成部分的作品。

---

❶❷ 关于修订图书馆和公共图书馆信息服务运营条件的第257/2001 Coll.号法案（图书馆法）。

（2）权利人、图书馆根据图书馆法❶或相关集体管理组织可以提议将特定作品纳入清单，国家图书馆应立即在其网站上公布其提案。

（3）国家图书馆应将以下作品纳入该作品清单：

a）在根据第（2）款规定收到提议之日起 6 个月，在正常情况下经合理努力，无法在正常商业网络内以相同或类似条款获得报酬的作品；

b）其使用显然不受销售或许可条件的约束。

（4）国家图书馆可以将 10 年或更早以前在捷克境内出版的期刊列入清单，除非其使用明确受到许可条件的限制，不能列入清单。在这种情况下，单独一期的期刊中包含的作品被视为该期的一部分列入列表。

（5）权利人有权书面要求国家图书馆将其作品从清单中删除。国家图书馆应不迟于收到通知的次月的最后一天，将作品从清单中删除。从列表中删除作品不会影响在撤回日期前根据第 97e 条第（2）款规定授予的授权有效性。

第 3 节　集体管理组织之间的义务

第 97g 条　实施集体管理时集体管理组织之间的相互许可

（1）集体管理组织能够通过合同将集体管理委托给另一集体管理组织，只要该组织：

a）根据另一国法律，在该国领土内就相同权利合法进行集体管理的外国人，如果是作品，则应是同类型的作品；或

b）被授权对相同权利行使集体管理权的本国集体管理组织，如果该集体管理的执行更有效；

（2）根据第（1）款规定订立的合同必须采取书面形式。

（3）根据第（1）款规定授权的集体管理组织应以自己的名义并代表授权它的集体管理组织执行集体管理；这不影响集体管理组织将行使权利的收益转移给权利人的义务。

第 97h 条　集体管理组织的共同代表

（1）合同标的为行使保护对象的权利，且该权利由至少 2 个集体管理组

---

❶ 关于修订图书馆和公共图书馆信息服务运营条件的第 257/2001 Coll. 号法案（图书馆法）。

织管理的，用户有权以书面形式，请求其中任何一方授权相关集体管理组织签订合同作为单一的共同代表；被请求授权共同代表的集体管理组织应立即将该请求通知其他相关集体管理组织。根据本款任命的集体管理组织的联合代表应监督集体管理更有效的运行。

（2）相关集体管理组织有义务在向相关集体管理组织提出申请之日起2个月内，根据第（1）款规定授权的共同代表。该义务适用于集体管理作品使用权、录制在录音录像制品上的艺术表演的使用权、播放及传输广播或电视作品的权利，以及为个人或内部使用复制作品的报酬权。

（3）有关集体管理组织应当及时将共同代表的授权信息通知文化部，并在网站上公布。

（4）第（1）款、第（2）款的规定应参照适用根据第98a条第（3）款达成的集体协议，且如果参与的集体管理组织同意，也适用于已经提起诉讼的损害赔偿或返还不当得利请求。

第 4 节　与用户订立合同

第 98 条

（1）集体管理组织有义务与以相同或类似方式使用保护对象的用户、被授权维护其关联用户利益的个人或根据图书馆法代表用户的个体签订合同，合同应为用户规定平等条件，并以客观事实为依据：

a）授予行使受集体管理的权利的保护对象；

b）根据第97d条第（1）款a）项第1目、第2目及b）项的规定，协商支付报酬的数额和方法并监督其实施；或

c）协商本法规定的报酬的支付方法。

（2）集体管理组织和第（1）款提到的用户、个人或个体有义务不拖延地互相提供必要信息，包括根据第98e条规定确定费率的标准和必要的合作。集体管理组织在收到必要的信息后，应立即向第（1）款所述的人提交合同草案，或者将不提交的原因告知其用户、个人或个体。

（3）集体管理组织与用户之间的所有协议必须采用书面形式；

（4）在以下情形中，集体管理组织不承担第（1）款规定的义务：

a）如果订立合同有悖于权利人合法的共同利益；

b）在拟单独就该受保护对象达成授权许可合同时，如果订立合同将损害

保护对象的权利人的合法利益；或

c）如果无法合理地与代表用户的法人实体达成集体协议，且与该法人代表相关联的用户数量可以忽略不计。

（5）集体管理组织在签订向欧盟或欧洲经济区的公众提供新型在线服务的许可协议，且许可期不超过3年时，集体管理组织有权使用与其他在线服务不同的许可条件。

（6）集体管理组织应使第（1）款所指的人能够通过电子方式与其联系。

（7）用户有权选择代表与集体管理组织协商。如果用户事先通知集体管理组织其选择的谈判代表，则集体管理组织有义务通过该代表与用户进行谈判。如果代表无法在捷克交付文件、拒绝谈判，或以其他方式阻止或妨碍集体管理组织行使权利，则集体管理组织无需与其谈判。

第 98a 条

（1）集体管理组织根据许可协议赋予用户单独或共同使用受保护对象的非排他性权利。

（2）为本法而言，集体管理协议是指集体管组织与使用者订立的、授权使用其管理的全部受保护对象（以下简称"保护对象目录"）或其部分的许可协议。协议应清晰明确地规定授权的集体管理的受保护客体，但不需要单独指出受保护对象。

（3）就本法而言，集体管理协议是指根据第98条第（1）款的规定，集体管理组织与代表用户的法人实体或根据图书馆法[1]代表用户的人签订的协议。集体管理协议直接赋予集体管理组织及个人用户权利与义务；此规定不影响集体管理组织代表权利人行事。

第 98b 条

与集体管理组织签订许可协议但拖欠报酬，且在集体管理组织规定的30天宽限期内仍未支付的用户，在支付应付报酬或因其他原因免除支付责任前，无权使用协议授予的权利。

---

[1] 关于修订图书馆和公共图书馆信息服务运营条件的第257/2001 Coll. 号法案（图书馆法）。

第98c条　与订立合同相关的用户及其他人的义务

（1）用户有义务使集体管理组织能够适当地进行集体管理，并向其提供执行集体管理所必需的保护对象目录的使用信息，特别是关于行使权利、分配收入和向权利人付款的信息。用户无正当理由不得拒绝提供此信息。

（2）除非另有约定，信息的范围、技术格式，以及提交时间应由集体管理组织确定。在决定提供信息的技术格式时，集体管理组织及用户应尽量考虑国际、欧盟或欧洲经济区制定的自愿性部门规则（以下简称"部门规则"）。

（3）用户或其他与集体管理组织订立许可合同的人，有义务应集体管理组织的要求，向集体管理组织证明其与集体管理组织签订的合同得到适当、及时的履行。集体管理组织不得将以此方式获得的信息用于集体管理以外的任何目的。

（4）现场公共音乐制作的运营者应最迟在表演开始前15天通知有关集体管理组织。现场公共音乐制作的提供者应在制作后无故拖延向运营者提供演出安排，说明作者姓名和演出作品的名称。除非运营者与集体管理组织之间的合同另有规定，否则现场公共音乐制作的运营者应在制作后的15天内将此计划通知相关集体管理组织。第一句、第二句和第三句不适用于只涉及第3条b）项规定的佚名的民俗音乐的表演。

（5）根据广播和电视传播运营法[1]登记、被授权传输广播的用户应在获得授权之日起15天内通知相关的集体管理组织。

第98d条　用户责任的限制

（1）集体管理组织或由其管理权利的权利人不得根据本法、合同或其他法律规定，就侵犯或危害集体管理权利的行为主张留置权、损害赔偿或不当得利返还，如果使用者或其他经授权为其关联用户主张权利的人适当且无延迟地告知集体管理组织，并就本法要求的合同或费用进行谈判，或其同意适用第101条规定的调解或仲裁法[2]规定的仲裁员，或根据第97h条向至少一个相关的集体管理组织发出授权共同代表的书面请求。如果第一句规定的情形存在，则根据本法或任何其他法律，侵犯或威胁集体管理的权利均不构成犯罪。

---

[1] 关于修订广播和电视作品的运营以及修订某些法案的第231/2001 Coll. 号法案第26条及其后条款。

[2] 关于修订调解和修订某些法案的第202/2012 Coll. 号法案（调解法）。

（2）第（1）款不影响一般报酬金额内的不当得利返还的要求。

（3）如果不行使留置权有悖于权利人的合法共同利益，则第（1）款规定的留置权障碍消失，特别是因为使用者或其他经授权为关联用户主张权利的人明显不想达成第（1）款规定的合同或其获得不当得利返还的权利将受到威胁。

第 5 节　报酬费率

第98e条　一般规定

（1）本法未规定集体管理组织收取报酬的标准时，由集体管理组织规定的费率（以下简称"费率"）确定，并一律不征收增值税。

（2）管理组织规定的费率应当基于客观和非歧视性标准，并与这些标准成比例。

（3）在确定报酬费率时，应当考虑保护对象的使用目的、方式、范围和情况，特别是：

a）保护对象是否使用在商业或其他有收益的活动中；

b）用户因使用保护对象或与该使用相关而获得直接或间接的经济或商业利益；

c）使用保护对象的地点或区域的性质和特点；

d）使用保护对象的住宿所在地的使用频率；

e）集体管理组织为其进行集体管理的权利人的数量，包括根据第97g条第（1）款a）项规定的管理的情形；

f）根据第19条规定的向其传播作品的人数；和

g）集体管理组织提供的服务的经济价值。

（4）如果卫生服务提供者根据第23条第二句的规定未向患者提供作品的，卫生服务提供者经营广播或电视的费率不得超过国家规定的广播或电视经营最低报酬率的25%，另有规定的除外。

（5）文化部应在其网站上公布有效的费率。

第98f条　商议特定费率的程序

（1）集体管理组织有义务在日历年8月31日前在其网站上公布费率草案及其理由。在此期间，集体管理组织应向代理相关用户的法人（如果该法人为此目的在集体管理组织处登记,并证明其用户数量达到不可忽略的数量),根据图书馆法❶代理用户的主体,和特别法❷规定的用户及其代表,提交费率草案,并邀请他们在费率草案公布后的次月月底前给出意见。在此期间,集体管理组织应通过电子方式将费率草案连同理由一起发给文化部。如果受邀发表评论的个人,或根据第98条a)项或b)项的规定,为使用特定保护对象和与相关集体管理组织签订合同的用户,在规定期限内提出书面异议的,集体管理组织有义务在2个月内与其讨论异议的理由。这不影响根据第101条及以下条款的规定通过调解员协商费率。如果异议人在讨论后的1个月内未根据第101f条第(1)款的规定提出调解请求。

(2)集体管理组织拟将费率较上一年度提高超过上一年度通货膨胀率的比例,集体管理组织有义务事先征得文化部的同意。同意程序的当事人是集体管理组织和在适当时间内提出反对提高费率的第(1)款规定的主体。如果提高费率不是基于客观和非歧视性标准,或者与这些标准不成比例,则文化部应不予同意。在评估是否满足上述标准时,文化部应特别考虑第98e条第(3)款规定的标准。如果集体管理组织未获得文化部的同意,则可以在符合第98e条第(3)款规定的范围内提高费率,但限于本条第一句规定的限额。为第一句目的,通货膨胀率是家庭商品和服务消费价格的平均年度指数的增幅,表示为过去12个月的平均价格水平与再上一年度的12个月的平均值相比的百分比变化。❸

(3)根据第(1)款规定的人(以下简称为"异议人")及时对费率草案提出书面异议的,视为费率草案未获批准;比照适用于与该异议人相关联或由异议人代表的用户。对于其他用户,如果草案符合第(2)款的规定,则应视为其同意该草案。如果费率草案未按照第(1)款的规定协商,异议人和集体管理组织有权向法院起诉以解决草案中的报酬标准争议。

(4)根据第(3)款规定的人对费率草案有异议的,视为费率草案未获批准;参照适用与该人有关或由该人代表的用户。对于其他用户,费率草案被认为是一致的。集体管理组织有义务在2个月内与异议人讨论其异议的原因。如果在此期限届满后仍未就费率达成协议,则异议人和集体管理组织应

---

❶ 关于修订图书馆和公共图书馆信息服务运营条件的第257/2001 Coll. 号法案(图书馆法)。
❷ 关于修订捷克电视台的第483/1991 Coll. 号法案;关于修订捷克广播电台的第484/1991 Coll. 号法案。
❸ 关于修订国家统计局的第89/1995 Coll. 号法案第18条。

根据第101条规定的无不当要求地提交费率谈判调解请求。

第6节　管理行使权利的收入及其投资所得

第99条　一般规定

（1）集体管理组织有义务：

a）代表权利人收取行使权利的报酬；

b）以自身名义代表权利人主张非法行使其管理的权利导致的损害赔偿、不当得利返还，以及禁止非法行使其管理的权利，除非权利人自己主张权利（在权利人有权主张的情形下）或由集体管理组织代为主张权利是浪费的；

c）按照会计规则的规定向相关权利人分配、支付行使权利所得及其投资所得；

d）如果集体管理组织将部分权利行使收入及投资所得用于提供社会、文化或教育服务，则应根据公平、透明的标准，确保平等地获得这些服务和服务范围；和

e）创建会计规则并从行使权利的特定收入中创建储备基金。

（2）集体管理组织应当在其账户中设立以下单独账户：

a）权利行使收入和其投资所得；和

b）其自有财产和其投资所得、权利管理费用或其他活动的收入。

（3）集体管理组织不得将权利行使收入或其投资所得用于支付权利人以外的其他用途，但最高机构根据第96f条第（4）款的规定作出决定的，可以将其用于支付权利管理费用。

第99a条　投资所得规则

集体管理组织投资权利或资金的，应按照投资策略和投资风险管理程序，以集体管理的权利人的最大利益为出发点：

a）在潜在利益冲突的情况下，集体管理组织应确保投资完全符合集体管理的权利人的利益；

b）投资资产以确保整个投资组合的安全性、质量、流动性和营利能力；和

c）在投资资产时，分配风险以避免过度依赖任何特定资产或在整个投资组合中的累积风险。

第 99b 条 收入扣除

（1）集体管理组织有权从行使权利的收入或其投资所得中扣除或抵消为履行集体管理而产生并记录在案的费用。费用的多少应根据客观标准确定，且必须与集体管理组织提供的服务相对应。第一句和第二句参照适用集体管理组织根据第 99 条第（1）款 d）项的规定，扣除部分收入用于提供社会、文化和教育服务。

（2）除了支付行使集体管理的费用，集体管理组织不得扣除根据第 97g 条的规定订立的合同行使权利所获得的收入或其投资所得，除非集体管理组织作为该合同的签订方明确同意其他扣除。

第 99c 条 分配和支付收入

（1）分配实施强制集体管理或者延伸集体管理获得的收益及其投资所得时，应只考虑就相同客体或相同类型作品享有权利，且其权利依合同被集体管理或为此目的被登记的权利人，不考虑尚未发表的保护对象。在分配和支付根据第 25 条第（3）款 a）项至 c）项的规定获得的收入时，集体管理组织应考虑第 43 条规定的技术保护措施的使用及其有效性。权利人的权利根据本法被实施集体管理且已分配了的收入，集体管理组织知道该权利人存在但其尚未登记的，集体管理组织应邀请其登记。

（2）集体管理组织应按照会计规则，及时向权利人分配和支付权利行使收入及其投资所得，最迟不得超过获得该收入的会计周期结束后的 9 个月，除非有客观原因导致集体管理组织无法遵守该时限，尤其是因用户报告、确定权利、寻找权利人或将与作品和其他保护对象有关的信息告知权利人的原因。此规定应参照适用负责向权利人分配和支付权利行使收入的集体管理组织成员。

（3）集体管理组织应就权利行使收入及其投资所得的使用制定相关规则；如果因无法查明或未找到权利人，且无法在第（2）款规定的期限内分配并支付权利行使收入及其投资所得，则该笔收入应由集体管理组织单独保管。

（4）集体管理组织应采取一切必要措施以确认和寻找第（3）款所述的权利人，特别是核实其成员的现有记录和其他可用记录。在第（2）款所述期间届满后 3 个月内，集体管理组织应以适当的方式向其实施集体管理的权利人以及根据第 97g 条的规定订立合同的集体管理组织提供未找到权利人的作品或其他受保护对象的信息。

（5）第（4）款规定的信息（如果有）应包括：

a）作品或其他受保护对象的名称；

b）权利人的姓名；

c）使用第（3）款所述作品或其他受保护对象的人的信息；和

d）其他有助于寻找权利人的信息。

（6）实施第（4）款、第（5）款规定的措施后仍未找到权利人的，集体管理组织应在第（4）款规定的期限届满后1年内，以适当方式公布该权利人的现有信息。

（7）行使第（3）款规定的权利所获得的收入，集体管理组织在取得该收入的会计周期结束3年后，或是根据97g条订立的合同取得该收入3年后，仍无法分配或支付该收入，且已按照第（4）款、第（5）款的规定采取了所有必要措施的，由最高机构决定该收入的用途。

第99d条

（1）根据第96a条规定的获得的授权或根据第97g条规定的签订的合同，从另一集体管理组织获得权利行使收入及其投资所得的，分配和支付该收入应参照适用第99c条第（2）款第一句的规定。

（2）集体管理组织从第（1）款规定的其他集体管理组织获得权利行使收入及其投资所得后，应在获得该收入后的6个月内，无不当延迟地向相关权利人分配和支付其所得。除非有客观原因导致集体管理组织无法遵守该时限，尤其是因用户报告、确定权利、寻找权利人或将与作品和其他保护对象有关的信息告知权利人的原因。

第99e条

（1）根据第25条第（3）款a）项和c）项的规定收取的报酬：

a）就录音设备和空白录音载体收取的报酬，50%应归属于作者，另外50%由录音制品的表演者和制作者平分；和

b）就录像设备和空白录像载体收取的报酬，60%应归属于作者，包括但不限于视听作品的导演，文学作品、戏剧和音乐戏剧作品的作者，含有文字以及不含文字的音乐作品的作者，摄影师、建筑师、舞台设计师、服装设计师、艺术总监以及舞蹈和哑剧作品的作者，25%归属于录像制品制作者，

15%归属于表演者。

（2）根据第25条第（3）款a）项和c）项的规定收取的报酬，除了上述第（1）款规定的情形，以及根据第25条第（3）款b）项和第（4）款收取的报酬，其中45%归属于文学作品作者，包括科学作品和地图作品的作者，15%归属于美术作品的作者，剩下的40%归属于出版作品的出版商。

（3）根据第37条第（2）款的规定收取的报酬，其中75%归属于文学作品作者，包括科学作品和地图作品的作者，25%归属于美术作品的作者。

第7节 集体管理的透明度

第99f条 向公众提供的信息

（1）集体管理组织应公布以下内容，包括但不限于：

a）法规；

b）成员资格条件及终止集体管理授权的条件；

c）示范许可协议；

d）费率；

e）集体管理组织管理人员名单，说明其姓名及职务；

f）会计规则；

g）如果会计规则中没有作出规定，还应公布权利管理成本的平均扣除金额的计算规则；

h）用于除了权利管理成本的其他用途的权利行使收入及其投资所得的扣除额的计算规则；

i）根据第97g条规定的与其他集体管理组织签订的协议的清单，以及由集体管理组织拥有的所有权，或其直接或间接地完全或部分控制的实体执行集体管理的协议；

j）根据第99c条第（3）款规定的权利行使收入的使用规则；

k）根据第101条和第101h条规定的争议解决和投诉处理程序；

l）根据第97c条第（2）款b）项规定的由其管理的孤儿作品清单；

m）根据第98a条第（3）款规定的有效的集体管理协议清单；

n）联合代表根据第97h条规定的获得授权的信息。

（2）集体管理组织应在其网站上公布并及时更新第（1）款所述信息，不得无故拖延。

第 99g 条　年度报告

（1）集体管理组织应根据会计法❶在每年 6 月 30 日前准备好上一个日历年的年度报告。

（2）年度报告必须包含本法附件 3 规定的信息。

（3）集体管理组织应根据审计法❷的规定，让审计师对财务报表和年度报告进行核实。

（4）集体管理组织应在其最高机构审核通过后，在其网站上及时公布年度报告，最迟不得晚于当年的 8 月 31 日，并在网站上保存 5 年。

第 99h 条　向其他集体管理组织提供的信息

集体管理组织应通过电子方式，每年向其代为管理权利的其他集体管理组织提供上一个日历年的下列相关信息：

a）根据第 97g 条规定订立的合同收取的权利行使收入的总数以及支付给相关集体管理组织的金额，应根据权利的类别和使用方式分类；

b）根据 a）项所述收入中尚未支付给相关集体管理组织的收入金额；

c）扣除的权利管理费用；

d）其他的扣除费用及其扣除目的；

e）根据第 97g 条规定订立的合同适用的保护对象目录的授权次数，按照管理权利的类别划分；

f）与根据第 97g 条规定订立的合同有关的最高机构作出的决定。

第 99i 条　向文化部提供的信息

集体管理组织应该：

a）无不当延迟地通知文化部第 96 条第（2）款 a）项所述信息的变化。

b）向文化部提供：

1. 在签约后的 15 天内，其签订的集体管理协议；

2. 在签约后的 15 天内，其根据第 97g 条第（1）款规定签订的合同；和

3. 在签约后的 15 天内，其根据第 103 条第（2）款规定签订的合同。

---

❶ 关于修订会计的第 563/1991 Coll. 号法案，第 21 条。

❷ 关于修订审计师和修订某些法案的第 93/2009 Coll. 号法案（审计法）。

c）无不当延迟地通知文化部其根据第 101 条规定提交的调解请求。

d）将集体管理组织作为当事人且将对其活动具有重要性的司法或行政决定告知文化部，并向其提供该决定的副本。

e）在费率生效后的 15 天内，通过电子方式将费率发送给文化部。

f）应文化部要求，通过电子方式向其发送：

1. 集体管理组织的成员名单；
2. 根据第 97c 条规定记录的名单。

第 99j 条　根据请求提供的信息

（1）基于合理的请求，集体管理组织应无不当延迟地通过电子方式向权利人、用户或根据第 97g 条规定订立合同的集体管理组织提供：

a）其管理的保护对象目录，如果保护对象因数量太多无法单独列出，则按类型列出这些对象；

b）直接管理或根据第 97g 条规定订立的合同管理的权利及领域；和

c）是否以及在多大程度上对特定权利人的权利进行集体管理。

（2）就提供信息而言，集体管理组织有权收取制作复制件、提供技术数据载体和向申请人发送信息的费用，集体管理组织也有权报销大范围信息搜索的费用。

（3）集体管理组织要求支付信息提供费用的，应当在提供信息前书面通知申请人并告知应付数额。通知还应说明收费的事实依据及计算方式。

（4）集体管理组织未按照第（3）款的规定告知申请人的，无权获得费用补偿。

第 8 节　在线使用音乐作品的多国许可

第 100 条

在线使用音乐作品权利的多国许可是指授予在一个以上的欧盟或欧洲经济区成员国，在提供在线服务所需的范围内，根据第 13 条规定的复制以及第 18 条规定的向公众传播的方式使用音乐作品的作者权利，如果是带歌词的音乐作品，也包括歌词作者的权利。

第 100a 条　获得许可的资格

符合下列条件的，集体管理组织可以根据第 100 条规定的授予许可：

a）除非另有规定，已被授权对音乐作品的相关权利行使集体管理；

b）能够列出其管理权利的音乐作品；

c）能够列出其在各国管理的音乐作品（或其一部分）的权利及权利人；

d）使用唯一的识别码来指示音乐作品和权利人，并尽可能考虑行业规则；和

e）发现和解决与根据第100条规定提供许可的另一集体管理组织的数据差异。

第100b条　集体管理组织之间的许可协议

（1）集体管理组织委托另一集体管理组织根据第100条规定授权其管理的音乐作品的，只能签订非排他性合同。被授权的集体管理组织有义务以非歧视的方式，按照与其管理的受保护项目同等的条件，管理委托的保护项目。

（2）第（1）款所述合同应按照第100条规定的许可说明许可条件，包括使用方式、许可费、许可期限、许可领域范围、以及计费日期。

（3）集体管理组织应告知权利人根据第（1）款规定订立的合同的许可条件，还应包括持续时间及服务成本。

第100c条　根据请求授予许可的义务

（1）如果集体管理组织未根据第100条的规定为其管理的音乐作品提供许可，应根据第100b条的规定以书面形式请求另一集体管理组织代为授予许可。如果后者已经为其他集体管理组织代为提供此类许可，则其必须同意该请求。如果该组织不能达成该协议，应无不当延迟地立即通知发出邀约的集体管理组织。

（2）根据第（1）款的规定获得授权的集体管理组织，应在提交给在线服务提供商的所有报价中列出向其授权的集体管理组织的受保护项目。

（3）根据第（1）款的规定授权另一集体管理组织签订协议的，授权组织应向获得授权的集体管理组织提供根据第100条的规定授予许可所必需的受保护项目的信息。如果信息不充足或使获得授权的组织无法达到本节的要求，则获得授权的集体管理组织有权：

a）排除缺乏相关信息的作品；或

b）扣除因获取必要信息而产生的合理费用。

第 100d 条　通知义务

（1）根据第 100 条的规定提供许可的集体管理组织，应根据正当请求并通过电子方式，向权利人、在线服务提供商和其他集体管理组织提供能够识别其管理的在线音乐作品的信息。该信息应包括：

a）其管理的音乐作品；

b）其管理的权利；和

c）授予许可的国家范围。

（2）权利人、在线服务提供商和其他集体管理组织通知集体管理组织根据上述第（1）款和第 100a 条 b）项至 d）项所述的数据或信息有误的，集体管理组织应无不当延迟地更正该数据或信息。

（3）集体管理组织应当通过电子方式，向其管理的音乐作品的权利人以及根据第 100 条的规定委托其管理的集体管理组织，提供有关其音乐作品的信息，包括作品的权利、授权的国家范围，提供的信息应尽可能符合行业规则。

（4）为保护个人信息或商业秘密，集体管理组织可以拒绝提供信息。

第 100e 条　提供使用及计费信息

（1）集体管理组织根据第 100 条的规定许可在线服务提供商在线使用其管理的音乐作品的，有义务监督对音乐作品的使用。

（2）在线服务提供者应至少每年一次向相关集体管理组织提供上一个日历年在线使用音乐作品的信息。集体管理组织应允许在线服务提供者通过电子方式提交，并至少提供一种参考行业规则的电子数据提交方法。集体管理组织可以拒绝在线服务提供者以受保护格式提交的报告。

（3）集体管理组织应在收到根据第（2）款规定的信息后，立即向在线服务提供商开具发票，除非由于在线服务提供商的原因无法提供。集体管理组织应当以电子方式开具账单，并采用符合行业规则的技术格式。发票必须包含与所提供信息相对应的内容。只要集体管理组织开具的发票的技术格式符合行业规则，则在线服务提供商不能因技术格式拒绝该账单。

（4）集体管理组织应设立允许在线服务提供者质疑发票正确性的程序，包括提供者因在线使用同一音乐作品而从多个集体管理组织收到发票的情形。

第100f条　支付权利行使收入

（1）根据第100条的规定提供许可的集体管理组织应在收到在线使用音乐作品的信息，且在线服务提供者支付相关账单后，准确并无不当拖延地分配权利行使收入。

（2）集体管理组织应当向权利人提供根据第（1）款的规定支付的每笔款项的下列信息：

a）权利人行使的权利有效期及国家范围；

b）集体管理组织根据合同管理权利的每部音乐作品的权利行使收入、扣除金额和分配金额，并注明相关的在线服务提供商。

（3）如果集体管理组织根据第100b条的规定授权其他集体管理组织授予第100条规定的许可，则上述第（1）款和第（2）款规定的义务应参照适用后者。除非集体管理组织之间另有约定，前者负责随后的收入分配并将从后者处收到的信息提供给权利人。

第100g条　广播电台和电视台例外

如果符合竞争规则，则本节的规定不适用于根据第100条的规定向广播电台或电视台提供许可，以便在其广播中使用音乐作品❶，并根据第21条第（4）款的规定向公众传播，或在付费视听媒体服务❷或其制作的其他内容中提供，包括作为广播节目补充❸的预告。

第9节　纠纷解决程序

第101条　使用调解

根据谈判集体协议、共同协议和第97g条规定的协议、协商费率或解决集体管理实施过程中的纠纷解决（以下简称"调解"），集体管理组织、用户或其代表协会、权利人（以下简称"参与者"）可以使用文化部名单上的一个或多个调解员。

---

❶ 第231/2001 Coll. 号法案第12条第（3）款，经第132/2010 Coll. 号法案修订。

❷ 关于修订视听媒体点播服务和修订某些法案的第132/2010 Coll. 号法案（视听媒体点播服务法）第2条第（1）款a）项。

❸ 关于修订第231/2001 Coll. 号法案第2条第（1）款j）项。

第101a条　调解员名单

（1）文化部应保存一份调解员名单，其中应包含第（3）款所述的调解员名称和联系方式，并在文化部的网站上公布。

（2）符合以下条件的个人可申请列入调解员名单：

a）完全独立；

b）已获得硕士或硕士以上的学位；

c）在由文化部长任命和罢免的委员会主办的考试中证明了其履行职责所需的专业知识；和

d）品行良好，被判犯有故意刑事犯罪的不被认为品行良好，除非其被认为是没有犯罪的，第96b条应参照适用品行证明。

（3）在申请进入调解员名单时，申请人除了应按照行政程序法的一般要求，如果申请人的邮寄地址不同于其居住地址或营业地址的话，还应提供在捷克国内的送达地址或电子地址。

第101b条　录入调解员名单的决定

如果申请人符合第101a条第（2）款的要求，文化部应决定将该申请人纳入调解员名单，该决定自作出之日起登记并生效。

第101c条　客座调解员

（1）来自另一欧盟或欧洲经济区成员国的调解员也可以临时或偶尔在捷克担任客座调解员，其应申请登记为客座调解员，并附上证明其根据该国法律、从事与调解人相同活动的证明文件的复制件。要在调解名单中登记，客座调解员应说明第101a条第（3）款规定的情况。满足规定的条件后，文化部应无不当拖延地将其纳入调解员名单。

（2）客座调解员在捷克境内的活动受捷克法律管辖。自纳入调解员名单之日起，客座调解员有权根据本法在捷克境内从事调解活动。

第101d条　录入数据的修改

调解员或访问调解员应及时将第101a条第（3）款规定的信息的变更及时通知文化部。文化部应在调解员名单中及时录入该变化。

第 101e 条　撤销有关登记和从调解员名单中除名的决定

（1）下列情况，文化部应撤销将调解员列入调解员名单的决定，并将该调解员从调解员名单或客座调解员名单中删除，如果该调解员或客座调解员：

a）死亡或被宣布死亡；

b）其自主权受到限制；

c）其请求从调解员名单中被删除；

d）在文化部书面通知后，仍在过去两年多次或严重违反法律规定的调解员义务；或

e）不再满足良好声誉的要求。

（2）如果根据其所在国家的法律规定，其从事与调解活动相当的活动的授权已过期，则文化部应将其从调解员名单中删除。

（3）调解员或客座调解员应在知晓该事实后的 15 天内，通过书面形式通知文化部将导致将其列入调解员名单的决定被撤销或将导致其从调解员名单中被删除的事实。

第 101f 条　调解使用程序

（1）参与者应根据第 101 条的规定以书面形式向任何调解员或客座调解员提出的调解请求。请求应说明谈判的进展，附上其提案并传达其他参与者的意见。如果鉴于调解员或客座调解员与案件的关系，参与者或其代表能够质疑其中立性的，调解员或客座调解员应拒绝调解请求。

（2）如果参与者不同意调解员或客座调解员的人选，文化部应根据参与者的要求指定一名调解员或客座调解员。

（3）如果在协议草案提交后 3 个月内，没有参与者对调解员或客座调解员提交的协议草案表示保留，则视为参与者接受该协议草案。

（4）参与者与调解员或客座调解员就其报酬金额无法达成一致的，调解员或客座调解员有权按照国民平均工资获得报酬。

（5）根据调解法❶第 4 条第（2）款，第 5 条至第 9 条，第 10 条第（1）款、第（2）款和第（4）款以及第 12 条的规定应参照适用调解。

---

❶ 关于修订调解和修订某些法案的第 202/2012 Coll. 号法案（调解法）。

第 101g 条　集体管理组织处理的投诉

（1）集体管理组织有义务在收到第（2）款规定的信息后，及时向在线服务提供商开具发票，除非由于该在线服务提供商的原因无法开具。集体管理组织应使用符合行业规定的技术格式，通过电子方式开具发票，发票必须包含与所提供信息相对应的数据。如果集体管理组织遵循行业规则，则在线服务提供商无权因其技术格式拒绝发票、章程将规定处理成员与其他权利人以及集体管理组织的书面投诉程序，特别是有关授权执行集体管理、终止此类授权，终止集体管理协议或撤销某些权利、会员资格条件、自权利人收取报酬、扣除以及行使权利所得收入的分配的条件。

（2）集体管理组织应无不当延迟地以书面形式处理第（1）款所述的投诉。如果集体管理组织驳回该投诉，应说明理由。

第 5 章　监督集体管理组织

第 102 条

（1）文化部监督集体管理执行和集体管理组织根据本法履行义务的情况。

（2）在根据第（1）款的规定进行监督时，除了根据控制规则行使一般控制权❶，该部还有权：

a）参加集体管理组织最高机构的会议；

b）规定对违反本法的行为的补救义务，并设定履行的合理期限。

（3）在竞争保护法不受著作权法约束的范围内，文化部的监督不影响竞争保护办公室根据竞争保护法❷进行监督。

第 102a 条　跨境监管合作

（1）文化部有权要求欧盟或欧洲经济区另一成员国的集体管理主管监督机构（以下简称"监督机构"），提供在捷克设立的集体管理组织在该国领土内进行集体管理活动的相关信息。

（2）如果在欧盟或欧洲经济区另一成员国设立的集体管理组织在捷克进行集体管理，文化部应毫不延迟地向其监督机构提供有关的活动信息；

---

❶ 关于控制的第 255/2012 Coll. 号法案（控制规则）。
❷ 关于修订保护竞争和修订某些法案的第 143/2001 Coll. 号法案（保护竞争法）。

（3）如果文化部认为在欧盟或欧洲经济区另一成员国设立的集体管理组织在捷克进行集体管理不符合该国的法律，则该部有权将所有相关数据转发给该国的监督机构，并要求其在职权范围内采取适当措施。

（4）在捷克成立的集体管理组织在另一欧盟或欧洲经济区成员国领土内进行集体管理的，如果该国的监督机构合理地认为该集体管理组织违反了本法规定的义务，文化部应在3个月内响应该国监督机构的请求，监督集体管理组织采取适当的措施。

第 6 章　授权行使孤儿作品及其他孤儿客体的权利

第 103 条

（1）集体管理组织，根据其已获得的对特定作品或作品类型实施集体管理的授权，以自己名义并代表其对孤儿作品的权利进行集体管理，即使是在行使非强制集体管理或延伸集体管理的财产权。在对孤儿作品进行集体管理时，如果没有说明，应视为孤儿作品的拥有者已授权出版该孤儿作品以及在向公众提供该作品时不提及孤儿作品的作者。

（2）如果多个集体管理组织就同类型作品实施集体管理，且集体管理组织之间没有其他书面约定或使用第101条规定的程序，文化部应决定由哪个集体管理组织对孤儿作品进行集体管理。在作出第一句所述的决定时，文化部应特别考虑授权行使集体管理的权利，以及其是否符合提供第（1）款、第（3）款和第（4）款规定的程序的先决条件。

（3）孤儿作品的使用许可协议由相关集体管理组织与用户签订。用户应证明通过彻底搜索，仍未确定或未找到该作品的权利人。该协议仅可授权不超过5年的在捷克境内使用孤儿作品的权利，该协议可以重复订立。

（4）因使用孤儿作品收取的报酬和可能返还的不当得利应由集体管理组织在其账户中单独保存，期限为自收取之日起3年。如果相关孤儿作品的孤儿状态在此期间终止，集体管理组织应向权利人支付这些报酬及收入。

（5）第（3）款所述的报酬及收入根据本法规定无法支付的，应归属于捷克国家文化基金。如果是孤儿视听作品，则应归属于国家摄影基金；集体管理组织必须在第（4）款所述期限届满后15天内将这些资金转入相关国家基金账户。

（6）孤儿作品权利人的确定及寻找不影响第（3）款规定的合同的有

效性。

（7）为权利人进行集体管理时应参照适用第4编的规定。

（8）第（1）款至第（7）款不适用于计算机程序，但应参照适用录制的表演和录音录像制品。

第 7 章 独立的权利管理人

第 104 条

独立的权利管理人是指主要活动为商业或其他营利活动的法人，根据合同被授权代表一个以上的权利人管理其著作权或邻接权，并以权利人的共同利益为其唯一或主要目的；独立的权利管理人不由其代为管理权利的权利人所有或控制。

第 104a 条

第97b条、第98条第（2）款、第98a条、第99f条第（1）款a）项至c）项及f）项至h）项、第99j条、第102条和第102a条的规定应参照适用独立的权利管理人。

第 104b 条　独立的权利管理人名单

（1）文化部应保存一份独立权利管理人的名单。

（2）有意从事独立的权利管理人业务的法人应注册并最晚在该业务开始前30天向文化部提交书面通知，必须符合行政程序法的一般要求及进一步要求：

a）法定机构每个成员的姓名、住所或注册办事处的地址，以及关于该机构代表法人的方式的说明，如果此类数据无法从公共管理信息系统获得；

b）独立的权利管理人管理的权利的定义；

c）对b）项所指权利的客体的定义，如果是作品，则是对作品性质的定义。

（3）文化部应将第（1）款提及的人列入独立权利管理人名单，并应在通知送达之日起15天内，将分配到的注册号告知独立权利管理人。

（4）独立的权利管理人应在接收到第（3）款所述注册号的15日内，书面通知就同一保护对象或同类型作品的同一权利进行集体管理的集体管理组织，权利人已将特定保护对象委托给其管理。自相关集体管理组织收到通知起，该通知被视为表达所有权利人的意愿，这些权利人的权利由独立的权利管理人管理，以排除第97e条规定的集体协议的效力。

（5）独立权利管理人应在注册信息变更、独立权利管理人的活动中断或终止之日起15天内，以书面形式通知文化部。

（6）任何人均有权查阅独立的权利管理人名单并摘录或复制。

第 5 编　并行保护

第 105 条

邻接权或数据库制作者的权利不应影响作者的著作权。对作品的著作权保护不排除专门法提供的保护。

第 6 编　违法行为

第 105a 条　自然人的违法行为

（1）自然人的以下行为构成违法：

a）未经授权使用作者的艺术表演、录音录像制品、广播、电视或数据库作品；

b）以第43条第（1）或（2）款或第44条第（1）款规定的方式不正当地干扰著作权；或

c）作为参与艺术品原件销售的交易者，未根据第24条第（6）款的规定履行通知义务。

（2）对于第（1）款 a）项规定的违法行为，最高可处以150000捷克克朗的罚款，而对于第（1）款 b）或 c）项规定的违法行为，最高可处以100000捷克克朗的罚款。

第 105b 条　法人或个人经营者的违法行为

（1）法人或个人经营者的以下行为构成违法：

a）未经授权使用作者的艺术表演、录音录像制品、广播、电视或数据库作品；

b）以第43条第（1）或（2）款或第44条第（1）款规定的方式不正当地干扰著作权；或

c）作为参与艺术品原件销售的交易者，未根据第24条第（6）款的规定履行通知义务；

d）未根据第96a条规定的授权而进行集体管理；或

e）未根据第101f条第（2）款将事实通知文化部；或

f）打算或正在从事独立权利管理人活动的，未根据第104b条第（2）款的规定进行注册。

（2）对于第（1）款d）项规定的违法行为，最高可处以500000捷克克朗的罚款；对于第（1）款a）项或f）项规定的违法行为，最高可处以150000捷克克朗的罚款；对于第（1）款b）项或c）项规定的违法行为，最高可处以100000捷克克朗的罚款；对于第（1）款e）项规定的违法行为，最高可处以50000捷克克朗的罚款。

第105ba条 集体管理组织的违法行为

（1）集体管理组织的以下行为构成违法：

a）未遵守第97a条履行对权利人的任何义务；

b）未遵守第97b条、第99f条、第99h条、第99i条、第99j条或第100d条履行信息提供义务；

c）未遵守第97h条第（2）款委托联合代表；

d）未遵守第98条规定的与用户签订合同的程序；

e）未遵守第98f条规定的费率谈判程序；

f）未遵守第99条至第99e条管理行使权利所得或其投资所得；

g）未遵守第99g条第（1）款准备年度报告；

h）未遵守第99g条第（2）款在年度报告中包含必要信息；

i）未遵守第99g条第（3）款让审计师核实年度报告；

j）未遵守第99g条第（4）款在规定期限内以规定方式发布年度报告；

k）未遵守第100c条第（1）款拒绝签订许可合同；

l）未遵守第100e条提供使用信息和账单信息；

m）未遵守第100f条第（1）款分配权利行使收入；

n）未履行根据第102条第（2）款b）项发布的补救措施规定的义务；或

o）违反授权进行集体管理。

（2）对于第（1）款规定的违法行为，最高可处以以下罚款：

a）对于b）项或g）项至j）项规定的违法行为，最高可处以100000捷克克朗的罚款；

b）对c）项至e）项、k）项至m）项或o）项规定的违法行为，最高可处以 250000 捷克克朗的罚款；

c）对 a）项、f）项或 n）项规定的侵权，最高可处以 500000 捷克克朗的罚款。

第 105bb 条　独立权利管理人的违法行为

（1）独立权利管理人的以下行为构成违法：

a）未履行第 104b 条第（4）款、第（5）款规定的通知义务；

b）未履行第 97b 条、第 99f 条第（1）款 a）项至 c）项、f）项至 h）项或第 99j 条规定的信息提供义务；或

c）未履行根据第 102 条第（2）款 b）项发布的补救措施规定的义务。

（2）对于第（1）款 a）项或 b）项规定的违法行为，最高可处以 100000 捷克克朗的罚款；对于第（1）款 c）项规定的违法行为，最高可处以 500000 捷克克朗的罚款。

第 105c 条　关于违法行为的共同规定

（1）以下部门负责处理相关违法行为：

a）在委托权限内，具有扩展权限的市政办公室负责处理在其辖区内发生的第 105a 条第（1）款及第 105b 条第（1）款 a）项至 c）项规定的违法行为。

b）文化部负责处理第 105b 条第（1）款 d）项至 f）项、第 105ba 条第（1）款以及第 105bb 条第（1）款规定的违法行为。

（2）罚款应由处以罚款的部门征收和执行。文化部征收的罚款是捷克国家文化基金的收入。

第 105d 条

文化部应在决定生效后的 1 个月内，在其网站上公布根据第 102 条第（2）款 b）项、第 105b 条第（1）款 f）项、第 105ba 条以及第 105bb 条发布的决定，公布期限为 3 年，公布的决定内容不得包含除了违法人的其他个人识别信息。

第 7 编　过渡规定及最终规定

第 106 条　过渡条款

（1）本法适用于本法生效之日起建立的法律关系。本法实施前建立的法

律关系以及由此产生的权利义务，以及因在本法实施前缔结的合同的违约所产生的权利，应适用当时的规定。

（2）在本法生效前开始计算的期间，应按照当时的法律规定进行计算，根据第（1）款适用当时法律规定的权利行使期限，即使该法规定的起算日期在本法生效日期之后，仍旧适用当时法律规定的权利期限。

（3）财产权的保护期由本法规定，包括在本法生效之前已经起算的期间。如果这些权利的保护期在本法生效前已到期，但根据本法的规定将延续的，则该权利保护期自本法生效之日起延长至本法规定的剩余保护期。对根据本法规定重新延长财产权保护期的作品，在本法生效之前合法进行的复制，可以在本法生效后的2年内继续自由传播。

（4）依照本法规定，应当保护此前尚未保护的客体［第1条b）项3目、第5目、第6目以及第2条第（2）款］或权利内容。国家电影档案馆❶应被视为1950年1月1日至1964年12月31日出版的视听作品的录像制品的制作人。国家电影基金会应被视为1965年1月1日至1991年12月31日出版的视听作品的录像制品的制作人，国家电影基金会根据特别法的规定❷，行使作品的著作权。

（5）第（4）款的规定不影响国家电影档案馆管理视听作品原始记录载体的权利。

（6）第88条规定的数据库作品应参照适用第（4）款第一句的规定，但仅限于最早在本法生效之日前15年形成的数据库。

（7）根据此前法律授权实施集体管理的，应视为依照本法规定经授权执行的集体管理。文化部应根据本法规定决定此类授权的内容和范围，并在本法生效之日起90日内向有关人员重新授权。

（8）本法生效前开始的行政程序，应当按照本法规定予以终止。

第107条　最终条款

（1）本法适用于拥有捷克公民身份的作品的作者和艺术表演的表演者，无论这些作品或表演的创作和公开地点。

（2）如果对捷克具有约束力的国际条约和捷克法律汇编有相关规定或

---

❶ 关于修订视听作品的制作、发行和存档的若干条件以及对某些法案和其他法规的第273/1993 Coll. 号法案第6条。

❷ 第241/1992 Coll. 号法案，经第273/1993 Coll. 号法案和第273/1993 Coll. 号法案第14条修订。

他国承诺给予的互惠待遇，本法可适用于外国国民和无国籍人员的作品和表演。

（3）如果不符合第（2）款规定的条件，本法也可适用于在捷克境内首次公开发表其作品或表演的非捷克公民，或居住在捷克境内的作者或表演者。

（4）外国公民作品的保护期不得长于其本国对该作品的保护期。❶

（5）本法规定适用在捷克境内有住所或注册办事处的录音制品制作者的录音制品；若能参照适用第（2）款和第（3）款的规定，则本法规定同样适用外国录音制品制作者的录音制品。

（6）录像制品、广播和电视作品、根据第28条第（2）款规定出版的免费作品、出版者根据第87条规定出版的作品，以及第88条规定的数据库，应参照适用第（5）款的规定。

第 2 部分　对财产评估法的修改

第 108 条

第 151/1997 Coll. 号法案（关于财产评估和对某些法案的修订）（财产评估法），修订如下：

1. 在第 17 条标题中的"知识"后增加逗号，并增加"与著作权有关的某些财产权和数据库制作者的权利"。

2. 在第 17 条第（1）款中，在"专有技术"后插入逗号，并插入包括脚注 17a）在内的"与著作邻接权有关的财产权，但不包括表演者权，以及数据库制作者的财产权[17a]；

"17a）第 121/2000 Coll. 号法案（关于著作权及其邻接权和对某些法案的修订）（著作权法）。"

3. 在第 17 条第（3）款 a) 项的末尾［即"b) 项"后］，增加"c) 项或 d) 项"。

---

❶ 1886 年 9 月 9 日《保护文学和艺术作品伯尔尼公约》第 5 条第 4 款，分别于 1896 年 5 月 4 日在法国巴黎补充完备、1908 年 11 月 13 日在德国柏林修订、1914 年 3 月 20 日在瑞士伯尔尼补充完备、1928 年 6 月 2 日在意大利罗马修订、1948 年 6 月 26 日在比利时布鲁塞尔修订、1967 年 7 月 14 日在瑞典斯德哥尔摩修订和 1971 年 7 月 24 日在法国巴黎修订（第 133/1980 Coll. 号法令）。

4. 将第 17 条第（3）款结尾的句号改为逗号，并增加以下 c）项和 d）项：

"c）对于相关的著作权相关权利，如果 a）项所述的年数无法确定，则为该权利的 50 年保护期结束前剩余的年数；和

"d）对于数据库制作者的权利，如果 a）项所述的年数无法确定，则为该权利的 15 年保护期结束前剩余的年数。"

5. 在第 17 条中，增加了以下第（5）款：

"（5）不可转让的著作财产权和表演者的财产权不应被评估。"

第 3 部分　[已废止]

第 4 部分　[已废止]

第 5 部分　对商业许可法的修改

第 111 条

第 455/1991 Coll. 号法案（关于商业许可）（商业许可法），经第 591/1992 Coll. 号法案、第 600/1992 Coll. 号法案、第 273/1993 Coll. 号法案、第 303/1993 Coll. 号法案、第 200/1994 Coll. 号法案、第 237/1995 Coll. 号法案、第 286/1995 Coll. 号法案和第 356/1999 Coll. 号法案修订，在第 3 条第（1）款后面增加以下 b）项和 c）项，包括脚注 2）和 2a）：

"b）对受特别法、其发起者或作者保护的智力创造活动成果的利用；[2]

"c）根据特别法规定对著作权及其邻接权进行集体管理。[2a]

"[2]）第 527/1990 Coll. 号法案，关于发明、工业品外观设计和改进建议，经第 519/1991 Coll. 号法案修订。

"第 121/2000 Coll. 号法案（关于著作权及其邻接权和对某些法案的修订）（著作权法）。第 529/1991 Coll. 号法案（关于半导体元件拓扑的保护），经第 116/2000 Coll. 号法案修订。第 478/1992 Coll. 号法案（关于实用新型），经第 116/2000 Coll. 号法案修订。

"[2a]）第 121/2000 Coll. 号法案。"

第 6 部分　对所得税法的修改

第 112 条

第 586/1992 Coll. 号法案（关于所得税），经第 96/1993 Coll. 号法案、第 157/1993 Coll. 号法令、第 196/1993 Coll. 号法令、第 323/1993 Coll. 号法令、第 259/1994 Coll. 号法令、第 118/1995 Coll. 号法令、第 149/1995 Coll. 号法令、第 316/1996 Coll. 号法令、第 209/1997 Coll. 号法令、第 210/1997 Coll. 号法案、第 111/1998 Coll. 号法案、第 149/1998 Coll. 号法案、第 168/1998 Coll. 号法案、第 333/1998 Coll. 号法案、第 63/1999 Coll. 号法案、第 144/1999 Coll. 号法案、第 225/1999 Coll. 号法案、宪法法院第 3/2000 Coll. 号判决和第 103/2000 Coll. 号法案修改，将第 4 条第（1）款 zd）项后面的句号替换为逗号，并增加 ze）项，包括脚注 64a），内容如下：

"ze）特别法[64a]规定的法定复制和通常数量的著作权复制产生的收入，因使用著作权客体或与其邻接权客体而产生的收入。

"[64a]第 37/1995 Coll. 号法案（关于非定期出版物）。第 53/1959 Coll. 号法案（关于图书馆的统一系统），经第 425/1990 Coll. 号法案修订。

"第 121/2000 Coll. 号法案（关于著作权及其邻接权和对某些法案的修订）（著作权法）。"

第 7 部分　[已废止]

第 8 部分　对著作权及其邻接权集体管理法的修改

第 114 条

第 237/1995 Coll. 号法案（关于著作权及其邻接权的集体管理以及对某些法案的修订）的第 1 部分已废止。

第 9 部分　[已废止]

第 10 部分　对广播和电视作品运营法的修改

第 116 条

第 468/1991 Coll. 号法案（关于广播和电视作品的运营），经第 597/1992 Coll. 号法案、第 36/1993 Coll. 号法案、第 253/1994 Coll. 号法案、第 40/1995 Coll. 号法案、第 237/1995 Coll. 号法案、第 301/1995 Coll. 号法案、第 135/1997 Coll. 号法案和第 46/2000 Coll. 号法案修订，第 26 条被废除。

第 11 部分　废除的法律

第 117 条

本条废除以下法案：

1. 第 35/1965 号法案（关于文学、科学与艺术作品，著作权法）。

2. 第 89/1990 号法案，修订及补充第 35/1965 号法案（关于文学、科学与艺术作品，著作权法）。

3. 第 86/1996 号法案，修订及补充第 35/1965 号法案（关于文学、科学与艺术作品，著作权法），经第 89/1990 号法案、第 468/1991 号法案、第 318/1993 号法案和第 237/1995 号法案修订。

第 12 部分　生　效

第 118 条

本法案自 2000 年 12 月 1 日起生效。

附件 1　转售艺术作品原件、为个人使用复制作品以及出租作品的费用表

（1）第 24 条第（6）款所述人员在捷克境内转售艺术作品原件的，应当向经授权的相关集体管理组织支付报酬。费率应为：

a）购买价格不超过 50000 欧元的部分的 4%；

b）购买价格超过 50000 欧元低于 200000 欧元的部分的 3%；

c）购买价格超过 200000 欧元低于 350000 欧元的部分的 1%；

d）购买价格超过 350000 欧元低于 500000 欧元的部分的 0.5%；

e）购买价格超过 500000 欧元的部分的 0.25%，但报酬总额不应超过 12500 欧元。

（2）第 25 条第（2）款 a）项或 d）项所述人员中，在捷克境内有注册办公室或永久居所的，或是在相关年份连续或在数个期间内在捷克境内居住天数不少于 183 天的个人（视属何情况而定），均应每年向经授权收取该费用的集体权利管理支付两次报酬。

（3）进口、接收或首次出售专用于录音录像制品的复制装置的一次性费率为该设备销售价格的 3%，无论该设备是仅用于录制声音或图像、同时记录声音和图像或其他任何录制方式。对于能够录制广播或电视作品的广播接收器，报酬应为其销售价格的 1.5%。

（4）第 25 条第（2）款 b）项或 d）项所述人员中，在捷克境内有注册办公室或永久居所的，或是在相关年份连续或在数个期间内在捷克境内居住天数不少于 183 天的个人（视属何情况而定），均应每年向经授权收取该费用的集体权利管理支付两次报酬。

（5）第 25 条第（2）款 e）项所述人员，依照本法第 25 条第（5）款的规定，应每年向经授权收取该报酬的集体权利管理组织支付一次报酬。

（6）一份作品的印刷复印件的报酬应为：

a）黑白复印件每页 0.20 捷克克朗；

b）彩色复印件每页 0.40 捷克克朗。

（7）复制服务提供者制作印刷复制件的合理数量如下：

a）当在图书馆、博物馆、画廊、学校及其他教育场所复制：有偿复制服务提供者制作复制品总数的 70%；

b）当在档案馆、政府机关和领土自治部门办公室以及其他复制服务提供者的场所复制：有偿复制服务提供者制作复制品总数的 20%。

（8）第 25 条第（2）款 c）项或 d）项所述人员，其注册办公室或营业地点，或暂时或永久居住地在捷克境内的，或是在相关年份连续或在数个期间内在捷克境内居住天数不少于 183 天的居民（视属何情况而定），均应每年向被授权向其收取此种报酬的集体权利管理权限的集体管理组织支付两次报酬。

（9）对于第 37 条第（1）款所述人员，第 37 条第（2）款规定的报酬由政府每年向有关集体管理组织支付。

（10）每次出借作品的报酬应为 0.50 捷克克朗。

附件2　为确定孤儿作品或其他孤儿保护客体的作者、其他权利人或其住所必须充分检索的信息源列表

第 27b 条第（3）款规定的信息源列表是指：

（1）就已发行的非定期出版物而言：

a）国家图书馆、国家档案馆、外国图书馆或具有类似重要性的机构的目录；

b）相关国家出版社和作者协会的资源；

c）WATCH 和 ISBN 的现有数据库、登记册以及已出版图书的数据库；

d）相关集体管理组织的登记簿，特别是管理复制权的集体管理组织；

e）连接数据库和登记簿的资源，包括 VIAF 和 ARROW；

f）由捷克国家文化基金会记录的、财产权已被国家继承或归国家所有的作者名单；

g）已发行的非定期出版物的标题和其他信息；

h）强制性复制件。

（2）就定期出版物而言：

a）国家图书馆、国家档案馆、外国图书馆或具有类似重要性的机构的目录；

b）ISBN 的登记簿；

c）相关国家出版社、作者和记者协会的资源；

d）相关集体管理组织的登记簿，特别是管理复制权的集体管理组织；

e）由捷克国家文化基金会记录的、财产权已被国家继承或归国家所有的作者名单；

f）期刊的标题和其他信息；

g）强制性复制件。

（3）就艺术作品而言，包括摄影作品、实用艺术作品和建筑作品以及其他包含在图书、专业杂志、报纸或其他期刊中的艺术作品：

a）第（1）款和第（2）款提到的资源；

b）相关集体管理组织的登记簿，特别是管理艺术作品作者权利的集体管理组织，包括管理复制权的集体管理组织；

c）图片数据库；

d）由捷克国家文化基金会记录的、财产权已被国家继承或归国家所有的作者名单；

e）作品或作品封面上的标题和其他信息。

(4) 就视听作品、录音录像制品而言：

a）国家电影档案馆、国家档案馆或具有类似重要性的外国机构的目录和强制性档案复制件；

b）在相关国家设立的视听作品和录音制品制作者协会的资源；

c）电影或录音遗产机构和国家图书馆的数据库；

d）具有相关标准和识别符的数据库，例如 ISAN、ISWC 和 ISRC；

e）相关集体管理组织的登记簿，特别是管理作者、表演者、录音录像制品制作者的集体管理组织；

f）代表某些类别权利人的其他重要协会的数据库；

g）由捷克国家文化基金会记录的、财产权已被国家继承或归国家所有的作者名单；

h）作品封面上的说明和其他信息。

附件 3 第 99g 条第（2）款规定的年度报告中的必要信息

(1) 基本信息：

a）符合会计法的财务报表和现金流量表；

b）会计周期的活动报告；

c）根据第 98 条第（1）款的规定拒绝授予许可的信息；

d）集体管理组织的法律形式和管理制度的说明；

e）集体管理组织拥有所有权，或直接或间接控制其全部或部分所有权的个体的信息；

f）上一年支付给集体管理组织控制人和管理人员的薪酬和其他福利的信息；

g）本附件第（2）条规定的信息；

h）为提供社会、文化和教育服务而扣除的金额的使用情况的特别报告，其中应包括本附件第（3）条规定的信息。

(2) 财务信息：

a）按管理的权利类别和使用方式划分的权利行使收入总额的信息，包括权利行使收入的投资所得及其使用信息。

b）集体管理组织向权利人提供的权利管理和其他服务的信息，应至少包括：

1. 按管理的权利类别细分的运营和财务成本，对于不能分摊到一个或多个类别的间接成本，应解释用于分配这些间接成本的方法；

2. 按管理的权利类别细分的运营和财务成本，对于不能分摊到一个或多个类别的间接成本，应说明仅与权利管理相关的间接成本的分摊方法，包括从权利行使收入或其投资所得中扣除的权利管理费用的报销；

3. 与权利管理以外的服务相关的运营和财务成本，但包括为提供社会、文化和教育服务而抵扣的收入金额；

4. 用于支付权利管理费用的资源；

5. 从行使权利的收入中按类别扣除的费用，并按管理的权利类别、使用方法和扣除目的进行分类；

6. 集体管理组织向权利人提供的权利管理和其他服务的成本，及其占相关会计期间行使权利的收入的百分比，按管理的权利类别分列，如果间接成本不能归入一个或多个类别，应说明用于分配这些间接成本的方法。

c）应付给权利人的款项的财务信息，应至少包括：

1. 分配给权利人的总收入，按权利类别和使用方式划分；

2. 支付给权利人的总收入，按权利类别和使用方式划分；

3. 支付频率，按权利类别和使用方式划分；

4. 相关权利人之间分配前的权利行使总收入，已分配但尚未支付给权利人的总收入，按权利类别和使用方式划分，并说明收到这些费用的会计周期。

d）与其他集体管理组织的关系的信息，应至少包括：

1. 从其他集体管理组织那里收到的款项数额和支付给其他集体管理组织的金额，并按权利类别和集体管理组织来划分；

2. 支付给其他集体管理组织的权利管理费用和其他行使权利的扣除金额，并按权利类别和集体管理组织来划分；

3. 支付给其他集体管理组织的权利管理费用和从其他集体管理组织支付的扣除的金额其他款项，并按权利类别和集体管理组织划分；

4. 其他集体管理组织直接分配给权利人的金额，并按权利类别和集体管理者划分；

5. 已收取但尚未分配给权利人的收入总数，按所管理的权利类别和用途分列，并说明收取这些金额的会计周期；

6. 如果集体管理组织没有在第99c条第（2）款中规定的期限内进行分配和支付，则应说明延迟的原因；

7. 未分配收入的总金额，以及对这些收入的用途的解释。

（3）附加信息：

a）在特定会计周期中，为提供社会、文化和教育服务而扣除的金额，按目的细分，并在每个目的项下，按照管理的权利类别进一步划分；

b）上述a）项提及的金额的使用信息，并按照使用目的划分。

修正案的部分条款

第216/2006 Coll. 号法令第2条　过渡和最终条款

1. 对于以欧元表示的金额，应使用捷克国家银行在转让协议签订之日公布的汇率。

2. 根据第121/2000 Coll. 号法令第77条的规定，在本法生效前有效的录音制品制作者的权利期限，即使在本法生效前已经开始运行，也应受本法的约束。如果根据第121/2000 Coll. 号法令第77条的规定，在本法生效之日前有效的录音制品制作者的权利在2002年12月22日至本法生效之日期间已经过期，该权利的保护期应在本法生效之日根据第121/2000 Coll. 号法令第77条的规定在剩余期限内延长，从本法生效之日起生效。

3. 捷克电视台应被视为1950年1月1日至1992年12月31日出版的视听作品的音像制品的制作者，捷克电视台根据关于广播和电视广播领域某些措施的第36/1993 Coll. 号法令对该作品行使版权。

4. 在本法施行之日前尚未依法终止的行政程序，依照现行规定处理。

5. 本法生效前产生的法律关系和由此产生的权利和义务，以及因违反本法生效前订立的合同而产生的权利，应按现行规定执行。

第420/2011 Coll. 号法令第21条　过渡条款

在本法生效之日前开始的程序，如果在本法生效日之前没有完成，则应完成，与之相关的权利和义务应受现行法规的约束。

第228/2014 Coll. 号法令第2条　过渡条款

1. 第121/2000 Coll. 号法令第27条第（6）款，自本法生效之日生效的修订，应适用于带歌词的音乐作品和音乐戏剧作品，其中至少音乐作品或歌词或剧本（视情况而定）于2013年11月1日在欧盟成员国或欧洲经济区成员国受到保护，并适用于在2013年11月1日之前创作的带歌词的音乐作品。第一句话不应影响2013年11月1日之前发生的带歌词的音乐作品和音乐戏剧作品的使用以及第三方就这些作品获得的权利。

2. 除非表演者向录音制品制作者授予使用其录制的艺术表演的独占性和无限性许可的合同中另有明确约定，否则即使在本法生效前有效的第121/2000 Coll. 号法令第73条规定的表演者的专有权利到期后，该合同仍应被视为有效的。

3. 自本法生效之日起生效的第121/2000 Coll. 号法令第71条第（4）款、第72a条至第73条、第76a条至第77a条和第96条第（1）款d）项的规定应适用于录音制品录制的表演和录音制品，如果它们在2013年11月1日之前受到本法生效前生效的第121/2000 Coll. 号法令的保护或在该日期之后制作。

第356/2014 Coll. 号法令第4条　过渡条款

根据第121/2000 Coll. 号法令（在本法生效之日前已修订），在本法生效之日前向捷克海关当局提起的诉讼程序，应根据本法生效之日前有效的第121/2000 Coll. 号法令完成。

第298/2016 Coll. 号法令第27条　过渡条款

本法生效之日有效的第121/2000 Coll. 号法令第94条的规定，不应适用于受本法生效之日前获得的数据库开发者的特殊权利保护的数据库。

第102/2017 Coll. 号法令第2条　最终条款

1. 集体管理组织应在不晚于本法生效之日的3个月内，将本法生效之日前委托其行使集体管理权的权利人自本法修正生效之日后，根据第121/2000 Coll. 号法令第97a条第（3）款至第（8）款享有的权利，通知他们。

2. 集体管理组织应在2018年8月31日前，提交自本法生效之日起生效的第121/2000 Coll. 号法令第98f条中提及的关税表。

3. 根据本法生效之日起修订的第121/2000 Coll. 号法令第99g条发布的2015年年度报告不需要包含本法生效之日起生效的第121/2000 Coll. 号法令附件3中所列的信息。

4. 如果受权利人委托行使其音乐作品在线使用权利的集体管理组织在 2017 年 4 月 10 日前没有为第 121/2000 Coll. 号法令第 100 条至第 100C 条所述的目的授予许可或提议授予许可或允许另一个集体管理组织行使这些权利的集体管理，自本法生效之日起，这些权利人可以撤销该集体管理组织对其所有地区的音乐作品在线使用的权利行使集体管理的授权，而不必撤销对个别地区的授权，同时可以自己或通过他们授权的另一实体授予此类许可，或通过符合自本法生效之日起生效的第 121/2000 Coll. 号法令规定的授予此类许可要求的任何集体管理组织。

5. 文化部根据本法生效前修订的第 121/2000 Coll. 号法令第 102 条指定的集体和集体协议的调解员，应被视为根据自本法生效之日修订的第 121/2000 Coll. 号法令第 101 条的调解员。

6. 根据现行法律被授权进行集体管理的集体管理组织，有权根据本法生效之日起修订的第 121/2000 Coll. 号法令进行权利的集体管理。集体管理组织有义务在本法生效之日起 4 个月内调整其章程和内部条例，以适应（自本法生效之日起）第 121/2000 Coll. 号法令规定的要求。

7. 有关行政违法行为的诉讼，如果在本法生效之日前尚未最终结束，应根据本法生效之日前修订的第 121/2000 Coll. 号法令完成。

8. 如果在本法生效之日前，集体管理组织已经公布了关于报酬金额的建议或关于确定报酬方法的建议（费率建议），但对于本法生效之日后的适用期，与上一次费率相比，费率的增长超过了新费率适用期之前 3 个完整日历年的通货膨胀率的 3 倍以上，则有义务获得竞争保护办公室对本法生效之日后适用期的批准。在评估是否给予批准时，该办公室应特别考虑第 98e 条第（3）款中提到的标准，以及是否存在滥用集体管理组织在竞争中的支配地位或根据特别条例。[1][2]

---

[1] 对保护竞争造成其他严重损害。在批准之前，只有最近的前一个收费标准中有效的费率，根据本款第一句话增长幅度不超过 3 倍的通货膨胀率，才可以在知识产权引起的纠纷中被有效援引。

[2] 除非集体管理组织证明这种收费标准与使用对象的目的、方式、范围和情况明显不符合。

大洋洲

·1968年第63号法律·

澳大利亚版权法[1]

曹　伟[*]　译

包括直至2021年第54号法律所作修订。

该版本为1968年澳大利亚联邦版权法的汇编，显示了经修订并于2021年9月1日（汇编日期）前生效的法律文本。

本法涉及版权和保护某些表演及其他目的。

第Ⅰ部分　序　言

第1条　简称

本法可称为1968年版权法。

第2条　生效[2]

本法于公告确定的日期开始生效。

第4条　延伸适用于外部领地

本法延伸适用于所有外部领地。

第5条　1911年版权法的排除适用

（1）本法排除适用1911年版权法。

---

[*] 译者简介：西南政法大学知识产权学院教授，硕士生导师，北京师范大学博士后，美国华盛顿大学访问学者。

[1] 本法根据澳大利亚立法网公布的澳大利亚版权法第60号汇编的英语版本翻译。——译者注

[2] 本书条、款、项编号与澳大利亚版权法英语版本编号保持一致，下同。——编辑注

（2）就 1901—1966 年法律解释法第 8 条而言，1911 年英国版权法应视为由英国联邦议会通过，并被本法废除。第 XI 部分的颁布不视为影响 1901—1966 年法律解释法第 8 条的实施，因为该条借本款就该部分所不适用的事项而实施。

第 6 条　版权法的废除

下列法律被废除：

1912 年版权法；

1933 年版权法；

1935 年版权法；

1963 年版权法。

第 7 条　本法对官方具有约束力

除第 VII 部分另有规定外，本法对官方具有约束力，但本法任何规定均不会使官方因犯罪而被提起公诉。

第 8 条　非根据本法不享有版权

非根据本法不享有版权，但本法第 8A 条另有规定的除外。

第 8A 条　官方针对版权的特权

（1）除第（2）款另有规定外，本法不影响官方的任何特权。

（2）官方因版权而对作品或其出版版本享有权利或特权的，如果官方的权利或特权本不存在于作品或其出版版本，但根据本法规定，该作品或其出版版本存在版权且由官方以外的人所拥有，该人在未获得作品或其出版版本所有者许可的情况下采取或授权采取该行为不会侵犯该所有者在作品或出版版本中的版权，则该人在未获得官方许可的情况下，采取或授权采取与该作品或其出版版本有关的行为并不侵犯该权利或特权。

（3）第（2）款规定不得视为限制官方在作品或其出版版本中以版权方式享有的权利或特权的期限。

第 9 条　其他法律的实施

（1）本法不影响直接或间接从英国联邦或各州获得所有权的人，出售、使用或以其他方式处理根据英联邦或各州法律已经或正在被没收的物品的权利。

（2）本法不影响有关违反信托或信任的法律的实施。

第9A条　刑法典的适用

刑法典第2部分适用于本法所创设的所有犯罪。

第Ⅱ部分　解　释

第10条　解释

（1）在本法中，除非出现相反意图：

"访问控制技术保护措施"，指下列装置、产品、技术或组件（包括计算机程序）：

（a）在澳大利亚或具有资格的国家：

（i）由经作品或其他客体的版权人或独占被许可人的许可或代表其使用；且

（ii）针对版权的行使而使用；且

（b）在其正常工作过程中，控制对作品或其他客体的访问；但不包括下列情形的装置、产品、技术或组件：

（c）该作品或其他客体是电影或计算机程序（包括计算机游戏）的——通过防止在澳大利亚播放在澳大利亚以外获得的该作品或其他客体的非侵权复制件来控制地域市场分割；或

（d）该作品是包含在机器或装置中的计算机程序的——限制与该机器或装置有关的货物（该作品除外）或服务的使用。

就本定义而言，"计算机程序"，与第47AB条所述含义相同。

"配件"，就物品而言，指以下一项或多项：

（a）贴在该物品上、展示在该物品上、融入物品表面或伴随物品的标签；

（b）包装或容纳该物品的包装或容器；

（c）贴在包装或容纳物品的包装或容器上、展示在其表面或附在其表面的标签；

（d）随物品提供的书面说明、保修单或其他资料；

(e) 随物品提供的包含教学录音的唱片或教学电影作品的复制件；

但不包括复制奥林匹克标志（含义见 1987 年奥林匹克徽章保护法）的任何标签、包装或容器。

注：有关配件在某些进口物品方面的扩大含义，参见第 10AD 条。

"改编"，指：

（a）就非戏剧形式的文学作品而言，指该作品的戏剧形式的版本（无论是以其原始语言还是以另一种语言表达）；

（b）就戏剧形式的文学作品而言，指该作品的非戏剧形式的版本（无论是以其原始语言还是以另一种语言表达）；

（ba）就属于计算机程序的文学作品而言，指该作品的版本（不论是否以该作品最初所用的语言、代码或符号表达），而非该作品的复制件；

（c）就文学作品（不论非戏剧形式或戏剧形式版本）而言：

（i）该作品的译文；或

（ii）作品的一个版本，其中故事或情节完全或主要通过图片传达；且

（d）就音乐作品而言，指该作品的编曲或转录。

"替代争端解决机制"，指解决争端的程序和服务，包括：

（a）会议；且

（b）调解；且

（c）中立评价；且

（d）案件评估；且

（e）和解；且

（f）条例规定的程序或服务；

但不包括：

（g）仲裁；或

（h）法庭程序或服务。

本款定义的（b）项至（f）项并不限制本款定义的（a）项。

"批准标签"，指根据以下条款批准的标签：

（a）各州或澳大利亚北部领地的农用和兽用化学品法第 2 章；或

（b）1994 年农用和兽用化学品法意义范围内的参与领地的农用和兽用化学品法第 2 章。

"档案馆"，指：

（a）下列机构保管的档案材料：

（i）澳大利亚国家档案馆；或

（ii）根据1960年新南威尔士州档案法设立的新南威尔士州档案局；或

（iii）根据1973年维多利亚州公共记录法设立的公共记录办公室；或

（iv）根据1965年塔斯马尼亚州档案法设立的塔斯马尼亚档案局；或

（aa）根据1983年档案法第64条所述安排，由个人（国家档案馆除外）保管的档案材料；或

（b）本款因第（4）款而适用的文件或其他材料集合。

"艺术作品"，指：

（a）绘画、雕塑、素描、雕刻或照片，无论作品是否具有艺术性；

（b）建筑物或建筑物模型，无论该建筑物或模型是否具有艺术性；或

（c）工艺美术作品，无论是否在（a）项或（b）项中提及；

但不包括1989年电路布图法中所指的电路布图。

"澳大利亚"，包括外部领地。

"作者"，就照片而言，指照片拍摄人。

"获授权人"，就图书馆或档案馆而言，指负责该图书馆或档案馆的人或该人授权代表其行事的人。

"在线可得"，就国家图书馆的资料而言，具有第195CF条规定的含义。

"管理机构"，指：

（a）以下机构：

（i）该机构是法人团体的，指该机构；或

（ii）该机构不是法人团体的，指对管理该机构负有最终责任的团体或个人（包括官方）；或

（b）图书馆或档案馆：

（i）图书馆或档案馆是档案馆解释中（aa）项所指的档案馆的，指按照该项所述相关安排保管档案的人；或

（ii）图书馆或档案馆不是档案馆解释中（aa）项所指的档案馆的，指对管理图书馆或档案馆负有最终责任的团体（不论是否属于法人团体）或个人（包括官方）。

"广播"，指1992年广播服务法意义下向公众传播的广播服务。为将本定义适用于根据宽带卫星接入（BSA）许可提供的服务，假设不存在与该服务相关的附条件接收系统。

注：广播服务不包括以下内容：

（a）仅提供数据或仅提供文本（具有或不具有相关联的图像）的服务（包括图文电视服务）；或

（b）在点对点的基础上按需提供节目的服务，包括拨号服务。

"广播收费协会"，指根据第113V条生效且第113V条第（4）款（a）项（ii）目对其适用的通过声明宣布其为收费协会的团体。

"建筑物"，包括任何类型的构筑物。

"运输服务提供商"，具有1997年电信法规定的含义。

"承运人"，具有1997年电信法规定的含义。

"化学产品"，具有1994年农用和兽用化学品法附表中规定的含义。

"电影作品"，指包含在某一物品或事物中的视觉图像集合，以便通过使用该物品或事物能够：

（a）作为活动影像放映；或

（b）包含在另一物品或物件内，通过使用该物品或物件可显示该物品或物件；

且包括在与该视觉图像相关联的声道中体现的声音集合。

"技术保护措施的规避装置"，指具有以下特征的装置、部件或产品（包括计算机程序）：

（a）以规避技术保护措施为目的或用途而加以推广、宣传或营销的；或

（b）仅具有有限的商业意义的目的或用途，或除规避技术保护措施外并无该目的或用途的；或

（c）主要或完全为了能够或便利规避技术保护措施而设计或生产的。

就本定义而言，"计算机程序"，具有第47AB条规定的含义。

"技术保护措施规避服务"，指下列服务：

（a）以规避技术保护措施为目的或用途而加以推广、宣传或营销的；或

（b）仅具有有限的商业意义的目的或用途，或除规避技术保护措施外并无该目的或用途的；或

（c）主要或完全为了能够或便利规避技术保护措施而设计或生产的。

"收费协会"，指：

（a）作品收费协会；或

（b）广播收费协会；或

（c）根据第135ZZT条生效的声明宣布为第5C部分所指的收费协会的团体；或

（d）根据第135ZZZO条生效的声明宣布为第5D部分所指的收费协会的团体；或

（e）根据第153F条生效的声明宣布为第Ⅶ部分第2分部所指的收费协会的公司。

"通信"，指以在线或电子方式（无论是通过某种途径或多种途径的组合，由物质实体或其他方式）传输作品或其他客体，包括本法意义内的表演或现场表演。

"计算机程序"，指在计算机中为了实现某种结果而直接或间接使用的一组指令或指示。

"建设"，包括架设，"重建"具有相应的含义。

"控制获取"，指若需要经作品或其他客体的版权人或独占被许可人的允许，才能应用信息或程序来获取作品或其他客体时，控制获取作品或其他客体的装置、产品、技术或部件（包括计算机程序）。

"复制件"指：

（a）就作品而言，指其复制件；或

（b）就录音而言，指体现该录音或该录音实质部分的记录，直接或间接来自制作该录音的记录；或

注：另见第（6）款。

（c）就电影作品而言，指包含构成该胶片的视觉影像或声音的任何物品或物件；或

注：另见第（5）款。

（d）就广播而言，包括：

（i）载有整个或部分广播录音的记录；或

（ii）整个或部分广播的电影作品的复制件。

"版权材料"，指享有版权的任何东西。

"交付期间"，具有第195CD条第（2）款规定的含义。

"装置"，包括制板。

"戏剧作品"，包括：

（a）舞蹈表演或其他哑剧表演；且

（b）电影胶片或脚本；但不包括与电影胶片或脚本不同的电影。

"绘图"，包括示意图、地图、图表或平面图。

"教育机构"，指：

（aa）提供学前或幼儿园标准教育的机构；或

（a）提供全日制初等教育或全日制中等教育，或同时提供全日制初等教育和全日制中等教育的学校或类似机构；或

（b）大学、高等教育学院或技术和继续教育机构；或

（c）以函授或对外学习方式开办初等、中等或高等教育课程的机构；或

（d）护理学院；或

（e）医院内的企业，若该企业在提供以下服务方面开展学习或培训课程：

（i）医疗服务；或

（ii）医疗服务附带的服务；或

（f）教师教育中心；或

（g）主要职能为为下列任何目的提供学习课程或培训的机构：

（i）通识教育；

（ii）为某一特定职业或专业做好准备；

（iii）从事某一特定职业或专业的人的继续教育；

（iv）向母语非英语的人教授英语；或

（h）管理教育机构内业务的企业，如果：

（i）教育机构属于本定义前项所述类型；且

（ii）机构的主要职能或主要职能之一是向受聘于本定义前款所述一种或多种类型的教育机构中担任教员的人员提供教师培训；或

（i）管理本定义前项所述类型教育机构的机构或企业，如果：

（i）机构或企业的主要职能或主要职能之一，是向本定义前项所述一种或多种类型的教育机构提供材料；且

（ii）开展活动的目的是帮助该等机构实现其教学目的。

"电子文学或音乐作品"，指：

（a）电子形式的图书；或

（b）电子形式的期刊；或

（c）电子形式的乐谱；无论是否有打印版本。

"电子权利管理信息"，针对作品或其他客体而言，指下列信息：

（a）电子的；且

（b）符合下列任一条件：

（i）是或曾经附于或包含于该作品或客体的复制件；或

（ii）针对作品或客体的传播或针对向公众提供作品或客体的传播而出现

或曾经出现；且

（c）符合下列任一条件：

（i）识别作品或客体及其作者或版权人（包括以数字或代码表示的信息）；或

（ii）确定或表明可使用该作品或客体的全部或部分条款和条件，或表明该作品或客体的使用受条款或条件（包括以数字或代码表示的此类信息）的约束。

"合格权利人"，具有第 113V 条第（9）款规定的含义。

"雕刻"，包括蚀刻、石版画、照相凹版制品、木刻、印刷品或类似作品，但不是照片。

"独占许可"，指由版权人或潜在所有人或其代表签署的书面许可，授权被许可人在排除其他人的情况下，做出版权人根据本法规定在没有许可的情况下有独家权利做出的行为；"独占被许可人"具有相应含义。

"免费广播"，指：

（a）1992 年广播服务法意义内的国家广播服务、商业广播服务或社区广播服务提供的广播；或

（b）由 1992 年广播服务法意义内的广播服务提供的广播，其内容仅限于传送澳大利亚本土电视有限公司提供的节目材料。

"未来版权"，指在未来时间或未来事件发生时所产生的版权。

"公之于众"，指在不限制作品作者的身份何时公之于众的情况下，若可以通过合理的查询来确定，则该身份是公之于众的。

"政府"，具有第 182B 条第（1）款规定的含义。

"政府复制件"，具有第 182B 条第（1）款规定的含义。

"侵权复制件"，指：

（a）就作品而言，指该作品或该作品的改编作品的复制件，而该复制件并非该作品或改编作品的电影作品的复制件；

（b）就录音而言，该录音并非与构成电影作品一部分的视觉影像有关联的声道的复制件；

（c）就电影作品而言，指该胶片的复制件；

（d）就电视广播或声音广播而言，指该广播的电影作品复制件或载有该广播录音的记录；且

（e）就作品的出版版本而言，指该版本的传真复制件；

其为任何物品（可以是该作品、录音、电影、广播或版本的电子复制件或复制件），其制作构成侵犯该作品、录音、电影、广播或版本的版权，或者就未经版权人许可进口的物品而言，若该物品是由进口商在澳大利亚制造则构成侵犯版权的物品，但不包括：

(f) 其进口不构成侵犯该版权的非侵权图书；或

(g) 其进口不构成侵犯该版权的非侵权附件；或

(h) 其进口不侵犯该版权的非侵权录音复制件；或

(i) 其进口不侵犯该版权的非侵权计算机程序复制件；或

(j) 其进口不侵犯该版权的非侵权电子文学或音乐作品复制件。

"机构"，包括教育机构。

"国际协定"，指：

(a) 澳大利亚为缔约国的公约；或

(b) 澳大利亚与外国之间的协议或安排，包括部长与外国官员或当局之间的协议、安排或谅解。

"本法适用的国际组织"，指根据以第186条为目的而制定条例并宣布适用本法的国际组织，包括：

(a) 被宣布为国际组织的机构或办事处；且

(b) 由该组织或机构设立的委员会、理事会或其他机构。

"重点文化机构"，具有第113L条规定的含义。

"联邦法律"，包括澳大利亚领地的法律。

"许可复制或传播"，具有第113Q条第（2）款规定的含义。

"文学作品"，包括：

(a) 以文字、数字或符号表示的表格或汇编；且

(b) 计算机程序或计算机程序汇编。

"公开"，具有受第29A条影响的含义。

"手稿"，就文学、戏剧或音乐作品而言，指体现作者最初创作作品的文件，无论该文件是硬拷贝形式、电子形式还是任何其他形式。

"物质形式"，就作品或作品改编而言，包括该作品或改编版，或是作品或改编版的实质部分存储的任何形式（无论是否可见，无论作品或改编作品本身或其实质部分是否可以复制）。

"国家图书馆资料"，具有第195CE条规定的含义。

"国家图书馆馆长"，指实施1960年国家图书馆法的馆长。

"非侵权附件",指在下列国家制造的附件:

(a) 是1886年9月9日在瑞士伯尔尼缔结并不时修订的《保护文学和艺术作品伯尔尼公约》的缔约国;或

(b) 其法律针对下列内容与《与贸易有关的知识产权协定》规定一致的世界贸易组织成员:

(i) 作品、录音制品和电影的版权或邻接权的所有权和期限;且

(ii) 版权人或邻接权人拥有与复制该作品、录音或电影作品有关的权利;

其中:

(c) 制作作品的任何复制件,或复制作品的任何已出版版本,而其上或其内包含该附件;或

(d) 制作包含录音的任何唱片或作为附件的电影作品的任何复制件;

由该成员作品、版本、录音或电影(视属何情况而定)的版权人授权。

"非侵权图书",指在为施行第184条第(1)款而订立的规例中所指明的国家制作的图书(根据强制特许制作的图书除外),该图书的制作不构成侵犯该国法律规定的作品或作品出版版本中存在的任何版权。

"非侵权复制件",指:

(a) 就录音而言,具有第10AA条规定的含义;且

(b) 就计算机程序而言,具有第10AB条规定的含义;且

(c) 就电子文学或音乐作品而言,具有第10AC条规定的含义。

"主管人员",指:

(a) 就档案而言,指档案管理员或其他在当时对组成该档案的合集有即时照管和控制权的人;且

(c) 就图书馆而言,指在当时对组成该图书馆的藏书有即时照管和控制的图书馆馆长或其他人。

"助残组织",指:

(a) 教育机构;或

(b) 以助残为主要职能的非营利组织(不论该组织是否具有其他主要职能)。

"原始形式",指如果材料是以体现材料作者或材料制作者最初准备的材料的形式而纳入图书馆或档案馆藏品持有,图书馆或档案馆拥有原始形式的版权材料。

例如：文学、戏剧或音乐作品的手稿。

注：本定义不适用于第Ⅲ部分第 6 分部；参见第 54 条第（6）款。

"议会"，具有第 12 条规定的含义。

"残障人士"，指在阅读、观看、聆听或理解特定形式的版权材料方面具有困难的残障人士。

"摄影"，指摄影产品或类似摄影过程的产品，但其中包含构成电影作品一部分的视觉图像的物品或事物除外，包括静电复印产品；"照相"，具有相应含义。

"制版"，包括刻板、石头、块、模具、母版、转印、底片或其他类似的器具。

"私人和家庭用途"，指在住宅楼宇内外的私人及家庭用途。

"预期所有人"，指：

（a）就并非第 197 条第（1）款所述种类的协议标的的未来版权而言，指在其版权存在时将成为版权人的人；或

（b）就作为该协议标的的未来版权而言，指依据该款产生该版权时将归属于其的人。

"符合条件的成员"，指：

（a）1886 年 9 月 9 日在瑞士伯尔尼缔结并不时修订的《保护文学和艺术作品伯尔尼公约》的缔约国；或

（b）其法律针对下列内容与《与贸易有关的知识产权协定》规定一致的世界贸易组织成员：

（i）作品、录音制品和电影的版权或邻接权的所有权和期限；且

（ii）版权人或邻接权人享有与复制该作品、录音或电影的相关权利。

"接收设备"，指其单独或与其他设备一起运行，使人能够听到或看到所传播的作品或其他客体的设备。

"唱片"，包括光盘、磁带、纸张、电子文件或其他包含声音的设备。

"包含录音记录的唱片"，指：

（a）在录音制作时的记录；或

（b）符合下列条件的记录：

（i）包含录音；且

（ii）直接或间接来自在制作该录音时制作的记录。

"注册慈善机构"，指根据 2012 年澳大利亚慈善机构和非营利委员会法作

为该法第 25 – 5 条第（5）款所列表格第 1 项第一栏中所述实体类型注册的实体。

"司法常务官"，指第 170 条规定的审裁处司法常务官。

"报酬通知"，指：

（a）第 113Q 条所述通知；或

（b）第 135ZZ 条所述通知；或

（c）第 135ZZJ 条所述通知。

"转播"，就广播而言，指广播的转播，其中：

（a）广播的内容不变（即用于实现转播的技术与用于实现原始传输的技术不同）；且

（b）符合下列任一条件：

（i）在任何情况下，转播与原始传输同时进行；或

（ii）若转播所在区域的当地时间与原始传输区域的当地时间完全或部分不同，则转播将延迟至不迟于等效的当地时间。

"集体管理组织的规则"，指该协会的章程。

"卫星 BSA 许可"，指根据 1992 年广播服务法第 38C 条分配的商业电视广播许可。

"卫星 BSA 被许可人"，指卫星 BSA 许可的被许可人。

"雕塑"，包括为雕塑目的制作的铸件或模型。

"联播"，指根据 1992 年广播服务法或与数字广播有关的任何立法规定的要求，以模拟和数字形式同时提供广播服务。

"声音广播"，指除了作为电视广播一部分的声音广播。

"录音"，指记录中包含的声音的集合。

"音轨"，就构成电影作品一部分的视觉图像而言，指：

（a）包含该等视觉图像的任何物品或物件中载有声音的部分；或

（b）载有声音的光碟、磁带或其他装置，由电影的制作者提供，与载有该等视觉图像的物品或物件一并使用。

"充分确认"，指就作品而言，通过作品的名称或其他描述确认该作品的身份，除非该作品是匿名或假名的，或者作者事先同意或指示不公开其姓名，否则还应确认作者的身份。

"技术保护措施"，指：

（a）访问控制技术保护措施；或

(b) 以下装置、产品、技术或部件（包括计算机程序）：

（i）由作品或其他客体的版权人或独占被许可人，经其许可或代表其在澳大利亚或符合资格国家使用的；且

（ii）在其正常运作过程中，防止、禁止或限制做出构成该版权的作为；

但不包括下列范围内的设备、产品、技术或部件：

（iii）作品或其他客体是电影或计算机程序（包括计算机游戏）的，通过禁止在澳大利亚境内播放在澳大利亚境外获得的作品或其他客体的非侵权复制件来控制地域市场分割；或

（iv）该作品是包含在机器或装置中的计算机程序的，限制与该机器或装置有关的货物（该作品除外）或服务的使用。

"就本定义而言"，"计算机程序"具有第 47AB 条规定的含义。

"电视广播"，指通过电视广播的视觉图像，以及与视觉图像共同广播以供听众接收的声音。

"澳大利亚广播委员会"，指根据 1942 年广播电视法成立的澳大利亚广播委员会。

"澳大利亚广播公司"，指根据 1983 年广播公司法成立的澳大利亚广播公司。

"联邦"，包括领地的管理部门。

"1911 年英国版权法"，指被称为 1911 年英国版权法的皇家法。

"版权法庭或法庭"，指第 6 部分规定的澳大利亚版权法庭，包括行使该法庭权力的法庭成员。

"官方"，包括行使州权利的官方和行使澳大利亚首都领地和北领地权利的官方，亦包括除澳大利亚首都领地或北领地以外的其他领地政府。

"国家图书馆"，指根据 1960 年国家图书馆法建立的国家图书馆。

"特别广播服务"，指 1991 年特别广播服务法第 5 条所述的特别广播服务。

"特别广播服务公司"，指根据 1991 年特别广播服务法第 5 条保留并继续作为广播服务公司存在的法人团体。

"对公众"，指对澳大利亚境内或境外的公众。

"《与贸易有关的知识产权协定》"，指 1994 年 4 月 15 日在摩洛哥马拉喀什签订的《建立世界贸易组织的马拉喀什协议》附件 1C 规定的《与贸易有

关的知识产权协定》。

注：《建立世界贸易组织的马拉喀什协议》英文文本载于1995年澳大利亚条约汇编第8号。

"遗嘱"，包括遗嘱附录。

"作品"，指文学、戏剧、音乐或艺术作品。

"合作作品"，指由两位或两位以上作者合作创作的作品，其中每位作者的贡献与另一位作者的贡献或其他作者的贡献不相分离。

"作品集体管理组织"，指根据第113V条生效的声明宣布为集体管理组织且第113V条第（4）款（a）项（i）目对其适用的团体。

"书写"，指以可视的形式表示或再现文字、图形或符号的一种方式，"书面"具有相应的含义。

（1A）在不限制本法中"教育目的"一词含义的情况下，作品或其他客体的全部或部分的复制件，就该表达出现的规定而言，在下列情况下，应当视为为了教育机构的教育目的而制作、使用或保留的（视属何情况而定）：

（a）其制作或保留用于该机构提供的特定教学课程，或与该机构提供的特定教学课程相关而使用；或

（b）其制作或保留是以供收录，或已经收录于该机构的图书馆藏书中。

（2）在不限制本法中"合理部分"一词含义的情况下，文学、戏剧或音乐作品（计算机程序除外）包含在该作品的出版版本中，而该版本不少于10页的，若该版本复制的页数存在下列任一情况，则该版本中出现的该作品部分的复制件应被视为仅包含该作品的合理部分：

（a）总计不超过该版本页数的10%；或

（b）作品分为章节的，总页数超过该版本页数的10%，但仅包含作品全部或部分单个章节。

（2A）在不限制本法中"合理部分"一词含义的情况下，复制下列作品的部分：

（a）已出版的文学作品（计算机程序或电子汇编除外，如数据库）；或

（b）已出版的戏剧作品；

作为电子形式的作品，存在下列任一情况的，复制件应被视为仅包含该作品的合理部分：

（c）复制的字数总计不超过作品字数的10%；或

（d）作品分为章节的，复制的字数总计超过作品字数10%，但复制件仅包含作品全部或部分单个章节。

（2B）已出版的文学作品或戏剧作品包含在该作品的已出版版本中，并以电子形式单独提供的，则该作品的一部分的复制件，如根据第（2）款或第（2A）款被视为仅包含该作品的合理部分，则不论该复制件是否根据该两款都是如此，亦被视为仅包含该作品的合理部分。

（2C）如果：

（a）复制已发表的文学或戏剧作品的一部分；且

（b）根据第（2）款或第（2A）款，该复制件被视为仅包含该作品的合理部分；

第（2）款或第（2A）款不适用于该人其后对同一作品的任何其他部分所作的复制。

（3）在本法中，除非出现相反的意图：

（e）凡提及行使州权利的官方，应理解为包括提及行使澳大利亚首都领地和北部领地权利的官方；且

（g）凡提及以复印复制方式制作作品的全部或部分的文件复制件，应理解为提及制作该文件或作品的全部或部分的传真复制件，无论其大小或形式；且

（j）凡提及作品的全部或部分的缩微复制件，应理解为提及通过缩小将构成该作品的图形符号而产生的该作品的全部或部分的复制件；且

（k）凡提及定期出版物，须理解为提及该定期出版物的某一期；凡提及同一期定期出版物所载的文章，应理解为提及该期定期出版物所载的文章；且

（ma）凡提及与依据第49条而制作作品的全部或部分的复制件有关的声明，应理解为提及：

（i）如该复制件是依据第49条第（2）款制作的，第49条第（1）款所提及的与制作该复制件有关的声明书；或

（ii）如该复制件是依据第49条第（2C）款制作的，第49条第（2C）款（b）项提及的种类的声明，而该声明是就该复制件的制作而作出的；或

（iii）在任何情况下，第49条第（5）款提及的种类的声明，而该声明是就该复制件的制作而作出的；且

（n）凡提及州，应理解为包括澳大利亚首都领地及北部领地，而凡提及领地，应理解为不包括澳大利亚首都领地或北部领地。

（3A）就本法目的而言，第（1）款中"档案"定义（aa）项所涵盖的任

何档案收藏中持有的或构成其一部分的任何物品,均视为不在澳大利亚国家档案馆收藏中持有,也不构成其一部分。

注:"档案"定义的(aa)项涵盖根据1983年档案法第64条所述的安排由澳大利亚国家档案馆以外的人保管的档案材料。

(4)符合下列要求的:

(a)由团体(不论是否为法人或非法人团体)保管的具有历史意义或公共利益的文件或其他材料的收藏,由该团体保管,以保存该等文件或其他材料;且

(b)该团体并非为获取利润而维持及经营该项收藏工作;

则第(1)款中档案的定义的(b)项适用于该收藏工作。

例如:博物馆和画廊是可能拥有"档案"定义(b)项所述收藏的机构的示例。

(5)凡提及电影作品的复制件,包括提及电影作品或电影作品的实质部分的任何形式(不论是否可见)的存储(不论电影的复制件或电影的实质部分是否可复制)。

(6)凡提及录音的复制件,包括提及录音或录音实质部分的任何形式(无论是否可见)的存储(无论录音的复制件或录音实质部分是否可复制)。

第10AA条 录音的"非侵权复制件"

最低要求

(1)录音复制件,只有在由下列人员或经其同意制作的,才是非侵权复制件:

(a)在录音制作国(复制国)的版权人或邻接权人;或

(b)在录音制作国(原始录音国)录音版权或相关权利的所有人,而该复制国家的法律在制作该录音时并没有对该录音的版权或相关权利作出规定;或

(c)录音制作者,如果复制国的法律和原始录音国的法律(无论这些国家是否不同)都没有规定录音制作时录音的版权或相关权利。

受澳大利亚版权保护的作品录音复制件的额外要求

(2)若录音作品是在澳大利亚享有版权的文学、戏剧或音乐作品,则只有在以下情况中,该复制件才是"非侵权复制件":

(a)根据复制国法律,该作品享有版权;

(b) 复制件的制作不侵犯复制国法律规定的作品版权；

(c) 复制国符合第（3）款的要求。

为避免产生疑问，本款的规定是对第（1）款规定的补充。

对复制国/成员的要求

(3) 第（2）款中所述的复制国必须是：

(a) 1886 年 9 月 9 日在瑞士伯尔尼缔结并不时修订的《保护文学和艺术作品伯尔尼公约》的缔约国；或

(b) 其法律针对下列内容与《与贸易有关的知识产权协定》规定一致的世界贸易组织成员：

(i) 文学、戏剧和音乐作品版权的所有权和期限；且

(ii) 该作品的版权人享有与该作品复制有关的权利。

澳大利亚版权可能源于法案或条例

(4) 就第（2）款而言，无论作品的版权是否因本法或是因第 184 条的目的而制定的条例存在于澳大利亚，都不重要。

第 10AB 条　计算机程序的"非侵权复制件"

只有在以下情况中，计算机程序的复制件才是"非侵权复制件"：

(a) 是在符合资格的国家制造的；且

(b) 根据该国法律，其制作不构成对作品版权的侵犯。

第 10AC 条　电子文学或音乐作品的"非侵权复制件"

只有在以下情况中，电子文学或音乐作品的复制件才是"非侵权复制件"：

(a) 是在符合资格的国家制造的；且

(b) 根据该国法律，其制作不构成对作品或作品出版版本的任何版权的侵犯。

第 10AD 条　进口物品附件

附件

(1) 若某人进口到澳大利亚：

(a) 载有计算机程序复制件的物品；或

(b) 载有电子文学或音乐作品复制件的物品；或

（c）载有录音复制件的物品；

任何作品或其他客体（故事片除外）的复制件，如在进口该物品时，在该物品上、包含在该物品内或包括在该物品内，即被视为该物品的附件。

注：另见第44C条和第112C条（关于属于进口物品的附属物的作品或其他标的物的版权不受侵犯）。

定义

（2）在本条中：

"故事片"，指下列电影：

（a）为以下目的，全部或主要制作：

（i）在电影院或通过电视广播向公众展览；或

（ii）向公众出售或出租，前提是假设合理地观看该影片（不涉及该影片的电子互动）将是任何此类出售或出租的主要目的；且

（b）持续时间超过20分钟。

解释

（3）本条不限制第10条第（1）款中附件的含义。

第11条 在不受暂时离开影响的国家居住

就本法而言，经常居住在某国（包括澳大利亚）但暂时不在该国的人应被视为当时居住在该国。

第12条 提及议会

本法中对议会的提及应理解为对澳大利亚的联邦议会、州议会或领土立法机构的提及。

第13条 版权所包含的行为

（1）本法中对作品或其他客体的版权所包含的行为的提及应理解为对版权人根据本法享有专有权的任何行为的提及。

（2）就本法而言，就作品、作品改编或任何其他题材做出行为的专有权包括授权某人就该作品、作品改编或其他题材做出上述行为的专有权。

第 14 条　就作品的实质部分或其他题材部分做出的行为应被认为是对作品整体所做的行为

（1）在本法中，除非出现相反的意图：

（a）凡提及对某作品或其他客体事项做出作为，须理解为提及对该作品或其他客体事项的实质部分做出该作为；且

（b）凡提及某作品的复制、改编或复制件，须理解为提及对作品的实质部分（视情况而定）的复制、改编或复制件。

（2）本条并不影响对第 32 条、第 177 条、第 187 条及第 198 条中任何提及发表或不发表作品的释义。

第 15 条　凡提及经版权人许可而做出的行为

就本法而言，如该行为是经对版权人具有约束力的许可授权做出的，则该行为应被视为经版权人许可而做出的。

第 16 条　凡提及版权的部分转让

本法中提及版权的部分转让应理解为提及以任何方式受到限制的版权转让。

第 17 条　法定雇佣

就本法而言，根据澳大利亚联邦或某一州的法律，而非根据服务合同或学徒合同雇用某人或雇用某人作为学徒，应视为根据服务合同雇用或根据学徒合同雇用（视情况而定）。

第 18 条　以营利为目的设立或经营的图书馆

就本法而言，不得仅以图书馆为营利性经营人所有为由，认为图书馆是以营利为目的而设立或经营的。

第 19 条　本法条款中提及的 1911 年版权法

在本法生效之前的任何时间，为将该条款适用于某一个州或某一个领地，应理解为引用 1911 年版权法，并适用于当时的州或领地。

第 20 条　作品发表时使用的名称

（1）本法中提及的作品在发表时使用的一个或多个名称应理解为提及作品中指定的一个或多个作者的姓名或作品的作者。

（2）就本法而言，以两个或两个以上名称出版的作品不得被视为假名，除非所有这些名称都是假名。

第 21 条　作品和其他题材的复制和拷贝

（1）就本法而言，若一部文学、戏剧或音乐作品是以该作品录音或电影作品制作的，则该作品应被视为以实质形式复制，而任何载有该等录音的记录及该电影作品的复制件，均应视为该作品的复制件。

（1A）就本法而言，若作品是被转换成数字形式、其他电子机器可读形式或从数字或其他电子机器可读形式转换而来的，则该作品应视为已被复制，且以这种形式体现该作品的任何物品应被视为该作品的复制件。

注：将作品转换为数字或其他电子机器可读形式包括作品的首次数字化。

（2）第（1）款和第（1A）款适用于作品的改编，一如其适用于作品一样。

（3）就本法而言，艺术作品在下列情况下应被视为已被复制：

（a）对于二维形式的作品，若该作品的版本是以三维形式制作的；或

（b）对于三维形式的作品，若该作品的版本是以二维形式制作的；

而如此制作的作品版本应视为该作品的复制件。

（4）除第Ⅲ部分第 7 分部的规定，前一款规定具有效力。

（5）就本法而言，计算机程序在下列情况下应被视为已复制：

（a）程序的目标代码版本是通过包括编译在内的任何过程从源代码中的程序中导出的；或

（b）程序的源代码版本是通过任何过程（包括反编译）从目标代码中的程序中导出的。

任何这样的版本都被视为程序的复制。

（6）就本法而言，若录音或电影作品被转换成数字或其他电子机器可读形式，亦或是从数字或其他电子机器可读形式转换而来，则视为已被复制，并且以这种形式体现录音或电影的任何物品被视为录音或电影的复制件。

注：凡提及将录音或电影作品转换成数字或其他电子机器可读形式，包括该录音或电影的首次数码化。

第 22 条　关于制作作品或其他客体的规定

文学、戏剧、音乐或艺术作品

（1）在本法中提及以下时间或期限，如该作品是文学、戏剧、音乐或艺术作品，则须视为指该作品首次转为书面形式或其他物质形式的时间或期间（视情况而定）。

（2）就本法而言，如文学、戏剧或音乐作品是以声音形式存在于某一物品或事物中的，应被视为已缩减为物质形式，并在该物品或事物中包含这些声音时已被缩减为物质形式。

"录音"

（3）就本法而言：

（a）除现场表演录音以外的录音，应视为在制作载有该录音的第一次记录时已制作；且

（b）录音制作人是当时拥有该录音的人。

（3A）就本法而言，现场表演录音的制作者是：

（a）录音时拥有录音所用记录的一人或多人；且

（b）在该表演中表演的一名或多于一名表演者 [（a）项已涵盖的表演者除外]。

注：表演者可能有根据第 116AAA 条向拥有该记录的人支付补偿的法律责任。

（3B）如果：

（a）制作现场表演的录音；且

（b）表演者根据其受雇于另一人（雇主）的服务或学徒合同的条款在该表演中表演；则根据第（3A）款（b）项而言，该雇主应被视为制造者，而非表演者。

（3C）第（3B）款可因为表演者与雇主之间的协议予以排除或修改。

"电影作品"

（4）就本法而言：

（a）对电影作品制作的提及应理解为对制作电影第一份拷贝所必需的事情的提及；且

（b）该电影的制作人是为制作该电影作品而作出所需安排的人。

"广播和其他通信"

（5）就本法而言，广播被视为由提供广播服务的人制作。

（6）就本法而言，除广播外的通信应被视为是由负责确定通信内容的人员进行的。

（6A）为避免产生疑问，就第（6）款而言，任何人不应仅因为以下目的采取一个或多个步骤而负责确定通信内容：

（a）获取通信中其他人在线提供的内容；或

（b）接收构成通信的电子传输。

例如：某个人不对仅仅因为他点击一个链接以获得对该网页的访问权，而确定其对与该网页的人的通信内容承担责任。

"定义"

（7）在本条中：

"现场表演"，指：

（a）戏剧作品或其部分的表演（包括即兴表演），包括使用木偶进行的表演；或

（b）音乐作品或其部分的表演（包括即兴创作）；或

（c）文学作品或其部分的阅读、背诵或交付，或即兴文学作品的背诵或交付；或

（d）舞蹈表演；或

（e）马戏表演、杂耍表演或任何类似的展示或表演；或

（f）民间文学艺术的表演；

现场表演，无论是在观众面前还是在其他场合。

现场表演中的"表演者"，指：

（a）指对表演声音作出贡献的每个人；且

（b）如该表演包括音乐作品的表演，则该音乐作品的表演包括该指挥家。

"现场演出的录音"，指现场演出时制作的由表演声音组成或包括演出声音的录音。

第23条 录音和记录

（1）就本法而言，与构成电影作品一部分的视觉图像相关的音轨中包含的声音不应视为录音。

（2）除非出现相反的意图，否则本法中提及的作品或其他客体的记录应

理解为可通过其表演该作品或其他客体的记录。

第 24 条　提及物品中包含的声音和视觉图像

就本法而言，声音或视觉图像应被视为已包含在物品或物品中，若该物品或物品对这些声音或视觉图像的处理方式与这些声音或视觉图像相关，以致这些声音或视觉图像无论是否借助其他手段，都能够从该物品或物品中复制出来。

第 25 条　与广播有关的规定

（1）除非出现相反的意图，否则本法中提及的广播应理解为通过声音广播或电视方式进行的广播。

（2）本法中提及的通过接收电视广播或声音广播而进行的行为应理解为通过接收广播进行的行为：

（a）通过广播进行的传输；或

（b）不是通过广播方式进行的传输，但与上一段所述的传输同时进行；广播的接收是否直接来自有关的传输或来自任何人从任何地方进行的再传输。

（3）凡载有录音或电影作品复制件的记录用作广播（在本款中称为"主要广播"），则借接收及重新传输以下各项资料而作出广播（在本款中称为"次要广播"）：

（a）进行主要广播的传输；或

（b）并非以广播方式进行但与上一段所提及的传送同时进行的传输；

就本法而言，应视为未将记录或复制件用于次要广播。

（4）在本法中：

（a）凡提及电视广播中的电影作品应理解为包括对该广播中任何视觉图像的电影作品或照片；且

（b）凡提及电视广播的电影作品复制件，须理解为包括提及任何该等影像的电影作品复制件或照片的复制件。

第 27 条　表演

（1）根据本条规定，本法中对表演的提及应：

（a）理解为包括对任何视觉或听觉呈现方式的提及，无论该呈现方式是通过使用接收设备、放映电影作品、使用记录或任何其他方式来进行；且

（b）就演讲、演说、发言或布道而言，须理解为包括提及发表；

本法中提及的表演作品或改编作品具有相应的含义。

（2）就本法而言，向公众传播作品或其他客体不构成：

（a）表演；或

（b）导致视觉图像被看到或声音被听到。

（3）当视觉图像或声音由任何接收设备显示或发出时，图像或声音通过任何接收设备直接或间接传送的操作，对于接收设备，应视为不构成表演，也不构成导致看到视觉图像或听到声音，但只要图像或声音的显示或发出构成表演，或导致看到图像或听到声音，则视为表演，或视情况而定，导致图像被看到或声音被听到，应视为受到接收设备操作的影响。

（4）在不影响前两款的前提下，若通过操作前两款中提及的任何设备或通过使用记录复制声音的任何设备，表演作品或改编作品，或导致看到视觉图像或听到声音，设备由设备所在场所的占用人提供或经其同意提供，就本法而言，该场所的占用人应被视为进行表演或使人看到图像或听到声音的人，无论他或她是否操作设备。

（5）本条不适用于第11A分部所指的表演。

第28条　教育教学过程中作品或其他客体的表演和交流

（1）凡是文学、戏剧或音乐作品：

（a）在课堂上或在观众面前表演；且

（b）由教师在教育教学过程中（并非为营利而提供的教学）或由学生在接受该等教学过程中进行的；

就本法而言，若观众仅限于参与教学或与教学地点直接相关的人员，则该表演不得视为公开表演。

（2）就本条而言，教师在非营利的教育场所所作的教育教学，不得仅以教师因教学而获得报酬为理由而被视为营利教学。

（3）就本条而言，任何人不得仅因其是在该地方接受教育的学生的父母或监护人而被视为与该地方有直接联系。

（4）前3款适用于录音和电影作品，其适用方式与适用于文学、戏剧和音乐作品的方式相同，但在上述款项适用于此类录音或电影时，凡提及表演，应理解为对导致相关声音被听到或视觉图像被看到的行为的提及。

（5）就本法而言，文学、戏剧或音乐作品、录音或电影的传播不应视为与公众的传播，前提仅仅是为了促进该传播：

（a）作品的表演由于本分部的规定，该表演不是公开表演；或

（b）导致构成录音一部分的声音被听到的行为，而由于本分部的规定，该行为并非导致该录音被公开听到的行为；或

（c）导致构成电影作品一部分的视觉图像或声音被看到或听到的行为，而由于本分部的规定，该行为并非导致该电影在公众场合被看到或听到的行为。

（6）就本法而言，电视广播或声音广播的传播在下列情况中不被视为向公众传播该广播或该广播中包含的作品或其他客体：

（a）该传播仅仅是为了方便观看和收听电视广播，或在教育教学过程中，在课堂上或在观众在场的情况下听到的声音广播：

（i）由教师提供；且

（ii）并非为获利而给予；且

（b）观众仅限于参与该教学的人或以其他方式与发出该教学的地方有直接联系的人。

（7）就本法而言，艺术作品的传播在下列情况下不被视为向公众传播作品：

（a）传播只是为了方便在课堂上或以其他方式在有观众在场的情况下，在教育教学过程中看到作品，该教育教学过程：

（i）由教师提供；且

（ii）并非为获利而给予；且

（b）观众仅限于参与该教学的人或以其他方式与发出该教学的地方有直接联系的人。

第29条 出版

（1）就本法而言，根据本分部规定：

（a）文学、戏剧、音乐、艺术作品或该作品的版本，若（但仅限于）已向公众提供该作品或版本的复制件（无论是通过销售还是其他方式），则应视为已出版；

（b）若（但仅限于）电影的复制件已向公众出售、出租、提供或公开出售或出租，则电影应被视为已出版；且

（c）若（但仅限于）向公众提供了（无论是通过销售还是其他方式）载有该录音或其一部分的录音，则该录音应被视为已出版。

（2）就第（1）款（a）项而言，在确定某作品或版本的复制件是否已向公众提供时，第14条不适用。

（3）就本法而言，文学、戏剧或音乐作品的表演，向公众提供（无论是通过出售还是其他方式）文学、戏剧或音乐作品的记录，展览艺术作品，建造建筑或建筑模型，或（无论是通过出售还是其他方式）向公众提供建筑物的照片或版画、建筑物模型或雕塑，均不构成该作品的出版。

（4）就本法而言，仅为色彩而并非旨在满足公众合理要求的出版物，除非其可能构成侵犯版权或违反第Ⅸ部分规定的责任外，应不予考虑。

（5）就本法而言，在澳大利亚或其他国家的出版物，若两次出版期间不超过30日，则不得仅因在其他地方的较早出版而被视为首次出版以外的出版物。

（6）就本法而言，在确定：

（a）作品或其他客体是否已出版；

（b）作品或其他客体的发表是否为该作品或其他客体的首次发表；或

（c）作品或其他客体是否在某人有生之年发表或以其他方式处理；

任何未经授权的出版物或任何其他未经授权的行为均应不予理会。

（7）除第52条另有规定外，就上一款而言，只有在以下情况中，发表或其他行为应被视为未经授权：

（a）作品或其他客体中存在版权，而相关行为不是由版权人或在版权人许可下进行的；或

（b）版权并不存在于该作品或其他客体中，而有关作为并非由以下人士或在以下人士的许可下作出：

（i）作者，或（如某作品的录音、电影或作品版本）制作人或出版商（视情况而定）；或

（ii）向作者、制作人或出版商合法主张权利的人。

（8）前两款中的任何一款均不影响本法中与版权行为或构成版权侵权的行为相关的任何规定或第Ⅸ部分任何规定。

第29A条　公开

（1）在不限制作品何时公开的情况下，当：

（a）该作品或该作品的改编作品是：

（i）出版、公开演出、广播或以其他方式向公众传播时；或

（ii）该作品是公开展出的艺术作品；或

（b）如该作品是包括在电影中的艺术作品，且该电影是公开观看的；或

（c）若作品是建筑物，且该建筑物已经建造；或

（d）该作品或该作品改编的记录：

（i）向公众提供（无论是否出售）；或

（ii）为向公众出售而披露的。

（2）在不限制公开作品以外的版权材料的情况下，该材料在下列情况下即被公开：

（a）出版；或

（b）若材料是录音材料，则为：

（i）被公开听到；或

（ii）向公众传播；或

（c）若材料是电影，则为：

（i）公开被看到（仅限于视觉图像）；或

（ii）公开被听到（仅限于声音）；或

（iii）向公众传播；或

（d）材料的复制如下：

（i）向公众提供（无论是否出售）；或

（ii）为向公众出售而披露的。

（3）就本条而言，第29条第（4）款至第（7）款适用于公开，其适用方式与该等条款适用于出版的方式相同。

第30条　为特定目的而拥有版权

若版权（无论是由于部分转让或其他原因）的所有人不同，则该版权适用于：

（a）不同行为或不同类别行为的实施；或

（b）在不同国家或不同时间进行一项或多项行为或一类行为；

就本法而言，版权人应被视为可以实施特定行为或一类行为，或者是在特定的国家或特定的时间（视情况而定）实施特定行为或一类行为的版权所有者。并且本法所提及的未来版权的预期所有人在不同人成为预期所有人时具有相同的含义。

第30A条　商业租赁安排

（1）在本法中，就录音作品的复制件而言，"商业租赁安排"指具有下列特征的安排：

（a）该安排无论表达形式如何，其实质上是一项安排，根据该安排，任何人可获得该录音的复制件，但条件是该录音复制件有归还的可能性；

（b）该安排是在业务开展过程中作出的；

（c）该安排规定需提供其复制件：

（i）以金钱或金钱价值支付；或

（ii）作为以金钱或金钱价值支付的服务条款的一部分。

（2）在本法中，与录音或计算机程序而言，"商业租赁安排"指具有下列特征的安排：

（a）无论该安排如何表达，其实质上是一项安排，根据该安排，任何人可获得该录音或计算机程序的复制件，但条件是该复制件有归还的可能性；

（b）该安排是在业务开展过程中作出的；

（c）该安排规定提供该复制件：

（i）以金钱或金钱价值支付；或

（ii）作为以金钱或金钱价值支付的服务条款的一部分。

（3）就第（1）款或第（2）款而言，澳大利亚联邦议会无意将贷款安排视为商业租赁安排。

（4）若无论一项安排以何种方式表达，其真正性质是出借某录音或计算机程序的复制件的安排，根据该安排，除应当支付保证金用于保证该复制件的返还以外，无需支付其他任何款项。

第Ⅲ部分　原创文学、戏剧、音乐和艺术作品的版权

第1分部　作品版权的性质、期限和所有权

第31条　原创作品的版权性质

（1）就本法而言，除非出现相反的意图，版权对于作品是排他性权利：

（a）就文学、戏剧或音乐作品而言，做出下列全部或任何行为：

（i）以实质形式复制作品；

（ii）发表作品；

（iii）公开表演作品；

（iv）向公众宣传该作品；

（vi）对作品进行改编；

（vii）就首述作品的改编作品而言，做出（i）目至（iv）目所指明的与首述作品有关的任何行为；且

（b）就艺术作品而言，做出以下全部或任何行为：

（i）以实质形式复制该作品；

（ii）发表作品；

（iii）向公众宣传该作品；且

（c）就文学作品（计算机程序除外）、音乐作品或戏剧作品而言，则就该等以录音方式复制的作品订立商业租赁安排；且

（d）若属于计算机程序，则就该程序订立商业租赁协议。

（2）第（1）款（a）项（i）目的普遍性不受第（1）款（a）项（vi）目的影响。

（3）若该计算机程序在该机器或装置的正常使用过程中无法复制，则第（1）款（d）项不适用于就装有计算机程序的机器或装置订立商业租赁协议。

（4）第（3）款中所提及的装置，并不包括通常用于存储计算机程序的装置（例如光盘，通常称为 CD–ROM 的装置或集成电路）。

（5）若计算机程序不是租赁的主要对象，则第（1）款（d）项不适用于签订商业租赁协议。

（6）在下列情况下，订立商业租赁协议不适用第（1）款（c）项：

（a）有关录音的复制件是在 1994 年版权（世界贸易组织修正案）法案第 2 部分生效之前由个人（录音所有人）购买的；且

（b）商业租赁协议是在录音所有人开展正常业务过程中订立的；且

（c）在购买复制件时，录音所有人正在从事相同的业务，该业务包括或包括作出同类的商业租赁安排的其他业务。

（7）在下列情况下，第（1）款（d）项不适用于就计算机程序订立商业租赁协议：

（a）计算机程序的副本是在 1994 年版权（世界贸易组织修正案）法案第

2 部分生效前由某人（程序所有者）购买的；

（b）商业租赁协议是在程序所有者进行的正常业务过程中签订的；

（c）当计算机程序被购买时，程序所有者正在进行与包括制订有关计算机程序的商业租赁协议相同的业务或其他业务。

第 32 条　享有版权的原创作品

（1）根据本法，版权存在于未发表的原创文学、戏剧、音乐或艺术作品中，且作者：

（a）在制作作品时是符合资格的人员；或

（b）若该作品的制作延展超过某一期间，但在该期间的大部分时间内是符合资格的人员。

（2）在符合本法的前提下，若已经发表了原创文学、戏剧、音乐或艺术作品：

（a）该作品存在版权；或

（b）如该作品的版权在紧接其首次发表前存在，则该作品的版权继续存在；

如果，但仅限于：

（c）该作品的首次发表发生在澳大利亚；

（d）该作品的作者在该作品首次发表时是一名符合资格的人员；或

（e）提交人在此之前死亡，但在他或她死亡之前是符合资格的人员。

（3）尽管有上一款的规定，但根据本法的其他规定，版权存在于：

（a）位于澳大利亚的建筑物的原始艺术作品；或

（b）附属于该建筑物或构成该建筑物一部分的原创艺术作品。

（4）在本条中，"符合资格的人员"指澳大利亚公民或居住在澳大利亚的人员。

第 33 条　原创作品的版权期限

（1）本条适用于根据本部分存在于作品中的版权。

2019 年 1 月 1 日前首次公开的作品

（2）若作品在 2019 年 1 月 1 日前首次公开，下表有效。

2019年1月1日前首次公开的版权作品的期限		
项目	第一栏：如果……	第二栏：版权继续存在，直到……
1	本表其他项目均不适用	该作品的作者去世的日历年后70年
2	(a) 作品为： (i) 文学作品（计算机程序除外）；或 (ii) 戏剧作品；或 (iii) 音乐作品；或 (iv) 雕刻；且 (b) 该作品的作者已经去世； (c) 该作品在作者去世前未首次公开； (d) 第3项不适用	该作品首次公开的日历年后70年
3	在作品首次公开的日历年之后的70年结束之前的任何时候，作品作者的身份都不为人所知	该作品首次公开的日历年后70年

作品从未公开，且在2019年1月1日或之后首次公开的作品

(3) 若作品在2019年1月1日之前未首次公开，下表有效。

2019年1月1日之前未首次公开的版权作品的期限		
项目	第一栏：如果……	第二栏：版权继续存在，直到……
1	本表其他项目均不适用	该作品的作者去世的日历年后70年
2	(a) 作者的身份在制作该作品的公历年后70年终结前的任何时间并不为人所普遍知悉；且 (b) 该作品在其创作的日历年之后的50年结束之前未首次公开	自该作品制作的日历年起计70年
3	(a) 在作品首次公开的日历年之后70年结束之前的任何时候，作者的身份都不为人所知；且 (b) 该作品在其制作的公历年后的50年终结前首次公开	自作品首次公开的日历年后70年

第35条 原创作品版权的归属

(1) 本条在符合第Ⅶ部分和第Ⅹ部分的规定下具有效力。

(2) 在符合本条的规定下，文学、戏剧、音乐或艺术作品的作者是凭借本部分而存在于作品中的任何版权的所有人。

（3）就某一作品的版权而言，可通过协议而排除或修改其后三款中任何一款的适用。

（4）若文学、戏剧或艺术作品：

（a）由作者根据其受雇于报纸、杂志或类似期刊的所有者的条款，根据服务合同或学徒合同所创作；且

（b）是为刊登在报纸、杂志或类似期刊内而创作的；

以下各项适用：

（c）只有在版权与以下方面有关的情况下，作者才是版权的所有人：

（i）复制该作品以供收录在图书内；或

（ii）以硬拷贝传真形式复制的作品（作为传输过程的一部分制作的纸质传真除外），或从报纸、杂志或类似期刊的纸质版制作的另一份纸质传真复制作品，但不包括所有人为与报纸、杂志或类似期刊的出版有关的目的而进行的复制；

（d）除（c）项另有规定外，所有人是版权的所有人。

（5）除上述最后一款另有规定外，凡：

（a）任何人以有价值对价与另一人订立协议，由另一人为私人或家庭目的拍摄照片、绘画或绘制肖像或雕刻；且

（b）该作品是依据该协议进行的；

首述的人是凭借本部分而存在于该作品中的任何版权的所有人，但如在订立协议时，该人以明示或默示方式将该作品所需的目的告知该作品的作者，则该作者有权限制该作品的版权所包含的任何行为的作出（并非为该目的）。

（6）凡前两款均不适用的文学、戏剧或艺术作品或音乐作品是由作者根据服务合同或学徒合同由另一人雇用的条款制作的，该另一人是凭借本部而存在于该作品中的任何版权的所有。

（7）在本条中：

"硬拷贝传真"，就文学、戏剧或艺术作品而言，指不使用任何装置而使人能够看到该作品的实物形式的传真。

"私人或家庭用途"，包括家庭成员、婚礼或孩子的肖像。

第 2 分部 作品版权侵权

第 36 条 通过实施版权规制的行为的侵权

（1）除本法另有规定外，某人如果不是文学、戏剧、音乐或艺术作品的

版权人，而在没有版权人许可的情况下，在澳大利亚做出或授权他人在澳大利亚做出任何该版权规制的行为，即属于侵犯该作品的版权。

（1A）为第（1）款的目的，在确定某人是否在未经版权人许可的情况下授权在澳大利亚进行作品版权中所规制的任何行为时，必须考虑的事项包括：

（a）该人阻止做出有关行为的权利范围（如有）；

（b）该人与做出有关行为的人之间存在的任何关系的性质；

（c）该人是否采取任何合理措施防止或避免该行为的发生，包括该人是否遵守任何相关行业行为准则。

（2）接下来的3条规定不影响本条规定的普遍性。

第37条　因出售或出租而进口的侵权行为

（1）除第3分部另有规定外，任何人在没有版权人的特许下，为以下目的而将物品进口到澳大利亚，即属侵犯文学、戏剧、音乐或艺术作品的版权：

（a）出售、出租或通过贸易方式为出售或出租而提供或公开该物品；

（b）分发该物品：

（i）出于贸易目的；或

（ii）出于任何其他目的，在一定程度上会对版权人造成不利影响；或

（c）以贸易方式公开展示该物品；

若进口商知道或应当知道，若该物品是由进口商在澳大利亚制造的，则该物品的制造将构成对版权的侵权。

（2）就作为或包括作品复制件的物品的附件而言，如该物品是在制作该复制件的国家内未经该作品的版权人许可而制作的，则第（1）款具有效力，犹如省略了"该进口商知道或理应知道"等字句一样。

第38条　销售和其他交易的侵权

（1）除第3分部另有规定外，以下人员在澳大利亚未经版权人许可，侵犯文学、戏剧、音乐或艺术作品的版权：

（a）出售、出租或通过贸易方式为出售或出租提供或公开该物品；或

（b）以贸易方式公开展示物品；

若该人知道或应当知道该物品的制造构成了对版权的侵权，或者对于进

口物品，若该物品是由进口商在澳大利亚制造的，则该人将构成此类侵权。

（2）就上一款而言，任何物品的分发：

（a）出于贸易目的；或

（b）为对有关版权人有不利影响的任何其他目的；

应视为该等物品的销售。

（3）在本条中：

"物品"包括作品或其他客体的复制件或拷贝，包括电子形式的复制件或拷贝。

第39条 允许公共娱乐场所用于表演作品的侵权行为

（1）任何人准许公众娱乐场所用于公开表演某文学、戏剧或音乐作品，而该表演构成侵犯该作品版权的，即属侵犯该作品的版权。

（2）凡准许该场所如此使用的人确立以下情况，本条并不适用：

（a）他或她不知道并且没有合理理由怀疑该表演会侵犯版权；或

（b）他或她无偿给予许可，或收取的代价只是象征性的，或若超过象征性的，则不超过他或她因使用该场所进行表演而产生的合理费用。

（3）在本条中，"公共娱乐场所"包括主要为公共娱乐以外的目的而占用，但不时可供出租，用于公共娱乐目的的场所。

第39A条 在安装在图书馆和档案馆的机器上制作的侵权复制件

其中：

（a）任何人在机器（包括计算机）上制作作品的侵权复制件或部分作品的侵权复制件，而该机器是由管理图书馆或档案馆的机构安装的，或经其批准安装在该图书馆或档案馆内的，或在该等处所以外，以方便使用图书馆或档案馆的人；且

（b）在使用机器的人容易看见的地方，或在机器的紧邻处，按照订明格式，贴上订明尺寸的告示；

管理该图书馆或档案馆的机构或负责该图书馆或档案馆的人员，不得仅以该复制件是在该机器上制作为理由而被视为已授权制作该侵权复制件。

第39B条 使用某些设施进行通信

任何人（包括承运人或运输服务提供商）为制作或便利制作通信提供设

施，不得仅仅因为另一人使用所提供的设施来做版权中包括的有权做的事情，而被视为授权侵犯作品的版权。

第3分部　不构成侵犯作品版权的行为

第40条　为研究或学习目的而进行的公平交易

（1）为研究或学习目的对文学、戏剧、音乐或艺术作品，或对其改编作品所进行的公平交易并不构成对该作品版权的侵权。

（1A）对文学作品（课堂讲稿除外）的公平处理，若该作品是为某教育机构已登记注册的校外学生所学习或研究的批准课程而进行，则不构成对该作品版权的侵权。

（1B）在第（1A）款中，课堂讲稿指在学习或研究过程中或在与之有关的情况下，授课的人为该过程而制作的任何文学作品。

（2）就本法而言，在确定处理文学、戏剧、音乐、艺术作品或对其进行改编时，通过复制或改编作品的全部或部分的方式处理，若构成为研究或学习目的对作品或改编作品的公平处理，需要考虑以下事项，包括：

　　(a) 处理的目的和性质；
　　(b) 作品或改编作品的性质；
　　(c) 在合理时间内以普通商业价格获得作品或其改编作品的可能性；
　　(d) 处理对作品或其改编作品的潜在市场或价值所产生的影响；且
　　(e) 在仅复制部分作品或改编作品的情况下，复制部分相对于整个作品或改编的数量和实质性。

（3）尽管有第（2）款的规定，为了研究或学习目的，对期刊中的文章中所载的文学、戏剧或音乐作品或其改编作品的全部或部分进行复制，被视为以研究或学习目的对该作品或改编进行公平处理。

（4）若为了不同的研究或学习目的，出版物中的另一篇文章也被复制的，则第（3）款不适用。

（5）尽管有第（2）款的规定，为研究或学习，对于不超过表中某一项目所述的作品或改编作品（该作品为载于定期刊物中）的合理部分进行复制，应视为公平处理。为此目的，"合理部分"指下表中项目所述的数量。

作品、改编作品及合理部分		
项目	作品或改编作品	合理部分之量
1	文学、戏剧或音乐作品（电脑程式除外），或该等作品的改编本，其出版版本至少为10页	（a）该版页数的10%；或 （b）如果该作品或改编本分为若干章节，则为单一章节
2	以电子形式出版的文学作品、戏剧作品及其改编作品（计算机程序或电子汇编除外，如数据库）	（a）作品或改编作品中字数的10%；或 （b）若作品或改编分为章节，则为单个章节

（6）第（5）款适用于该款表格中两个项目所述作品或改编作品的复制，即使复制的作品或改编作品的数量不超过仅基于其中一个项目的合理部分（如该款所界定的）。

（7）如果：

（a）任何人复制已出版的文学或戏剧作品或其改编作品的一部分；且

（b）该复制件不超过该作品或改编作品的合理部分〔如第（5）款所界定〕；

第（5）款不适用于该人随后复制同一作品或改编作品的任何其他部分。

（8）第10条第（2）款、第（2A）款、第（2B）款和第（2C）款不影响本分部第（5）款、第（6）款或第（7）款的适用。

第41条　出于批评或评论目的的公平处理

对文学、戏剧、音乐、艺术作品或其改编作品进行公平处理，若是出于对该作品或其他作品进行批评或评论的目的，并且对该作品作出充分确认，则不构成对该作品版权的侵犯。

第41A条　出于戏仿或讽刺目的的公平处理

对文学、戏剧、音乐、艺术作品或其改编作品进行公平处理，若是出于戏仿或讽刺的目的，则不构成对作品版权的侵犯。

第42条　出于报道新闻目的的公平处理

（1）在以下情况中，对文学、戏剧、音乐、艺术作品或其改编作品进行公平处理，不构成对作品版权的侵犯：

（a）其目的是在报纸、杂志、类似的期刊上报道新闻，或与该目的有关，并且对该作品作出充分确认；或

(b) 其目的是通过通信方式或在电影中报道新闻，或与该目的有关。

(2) 就本条而言，若音乐作品的播放不构成所报道新闻的一部分，则在通过通信方式或电影进行新闻报道的过程中播放该音乐作品不属于对该作品的公平处理。

第 43 条　为司法程序或专业意见而复制

(1) 为司法程序或司法程序报告的目的所做的任何事情，并不侵犯文学、戏剧、音乐或艺术作品的版权。

(2) 公平处理文学、戏剧、音乐或艺术作品，并不构成侵犯该作品的版权，但该公平处理是为了由以下人士提供专业意见：

(a) 法律执业者；或

(b) 根据 1990 年专利法注册为专利律师的人；或

(c) 根据 1995 年商标法注册为商标律师的人。

第 43A 条　在通信过程中进行的临时复制件

(1) 作为制作或接收通信的技术过程的一部分而临时复制或改编，并不侵犯作品或改编作品的版权。

(2) 若制作通信或制作通信的技术过程的一部分是侵犯版权的，则第（1）款不适用于制作作品或该作品的改编作品的临时复制件。

第 43B 条　作为技术使用过程中一部分作品的临时复制件

(1) 除第（2）款另有规定外，若作品的临时复制件是作为该复制件的技术使用过程的必要部分而偶然制作的，则该临时复制件并不侵犯该作品的版权。

(2) 第（1）款不适用于：

(a) 作品的临时复制件的制作来自：

(i) 该作品的侵权复制件；或

(ii) 在另一个国家制作的作品复制件，若该复制人是在澳大利亚制作的，则该复制件将是该作品的侵权复制件；或

(b) 作品的临时复制件，作为使用该作品复制件的技术过程的必要部分，若该使用构成对该作品版权的侵犯。

(3) 第（1）款不适用于作品临时复制件的任何后续使用，但作为临时复制件制作的技术过程的一部分除外。

第 43C 条　以不同形式在图书、报纸和期刊出版物中复制作品供私人使用

（1）本条适用于以下情况：

（a）图书、报纸或期刊出版物的所有人复制了其中包含的作品（主复制件）；且

（b）主复制件是供其私人和家庭使用，而非图书、报纸或期刊出版物中的作品；且

（c）主复制件以不同于图书、报纸或期刊出版物中体现作品的形式来体现作品；且

（d）该图书、报纸或期刊本身或该作品的出版版本不是该作品的侵权复制件；且

（e）在所有人制作主复制件时，所有人并没有完成或正在制作另一份与主要复制件基本相同的形式体现作品的复制件。

出于此目的，不考虑将偶然制作的临时复制件作为制作主复制件的技术过程的必要部分。

（2）制作主复制件并不侵犯作品或该作品的出版版本的版权。

处理主复制件可能使其成为侵权复制件

（3）若第（2）款的主复制件是属于以下情况的，则认为第（2）款从未适用：

（a）出售；或

（b）出租；或

（c）为出售或出租目的而提供或公开的交易方式；或

（d）为交易或其他目的而分发的。

注：若主复制件是按第（3）款所述方式处理的，则版权不仅可因主复制件的制作而被侵权，亦可因主复制件的处理而被侵权。

（4）为避免产生疑问，第（3）款（d）项不适用于贷款人将主复制件借给贷款人家庭成员，供其私人和家庭使用。

以主复制件来复制作品可能侵犯版权

（5）为确定本条是否再次适用于从主复制件复制该作品的另一复制件，第（2）款并不阻止主复制件成为侵权复制件。

图书等处置可使主复制件成为侵权复制件

（6）若图书、报纸或期刊出版物的所有人（以制作主复制件的形式）将

· 219 ·

其处置给另一人，则第（2）款视为从未适用。

临时复制的法律地位

（7）若第（2）款仅因忽略了作为制作主复制件技术过程必要部分的临时复制而适用于制作主复制件，则：

（a）若临时复制件在制作主复制件期间或之后在第一个切实可行的时间内被销毁，则临时复制件的制作不侵犯作品或作品出版版本的版权；或

（b）若临时复制件当时未被销毁，则临时复制件的制作始终被视为侵犯了作品及其出版版本中存在的版权（如有）。

第44条　将作品纳入在教育场所使用的藏品

（1）在下述情况下，将已出版的文学、戏剧、音乐或艺术作品的简短摘录或其改编作品的简短摘录，列入文学、戏剧、音乐或艺术作品的收藏，并拟在教育场所使用，并不属于侵犯该作品的版权：

（a）藏品在图书中有适当位置，且体现在录音制品中的标签上或电影中，说明该藏品是拟在教育场所使用的；

（b）该作品或改编作品并非为在教育场所使用而出版；

（c）该藏品主要由版权不存在的事项组成；且

（d）对该作品或改编作品作了充分的确认。

（2）在以下情况中，前一款并不适用于作品的版权，除有关摘录外，由第一个提及作品的作者（即在作品集出版时版权存续的作品）摘录或改编而来的2个或2个以上的其他摘录，均载于该文集内，或与拟在教育场所使用，并由同一出版商在紧接着第一个提及作品集出版前5年内出版的每一同类文集（如有的话）一并载于该作品集内。

第44A条　图书进口等

（1）未经版权人许可，为第37条第（1）款（a）项、（b）项或（c）项所述目的将非侵权图书进口到澳大利亚的人，并不侵犯在开始日当日或之后首次出版的海外作品的版权。

（2）除本条另有规定外，以下作品的版权：

（a）在开始日前首次发表的海外作品；或

（b）首次在澳大利亚出版的作品，不论是在开始日之前、当日或之后；

在下列情况下，即使未经版权人许可，为第37条第（1）款（a）项、

(b) 项或 (c) 项所述目的，将非侵权图书的精装本或平装本的复制件（在本款中称为"进口复制件"）进口到澳大利亚的人不侵犯该权利：

(c) 该人已以书面形式从版权人、被许可人或代理人处订购该版本图书的一份或多份复制件（不是二手复制件，也不是满足该人合理要求所需的复制件）；且

(d) 当该人订购进口复制件时，(c) 项所述的原始订单未被该人撤回或取消，或在该人同意下撤回或取消，并且：

(i) 自该人发出原始订单起至少已过 7 日，而版权人、被许可人或代理人并未以书面形式通知该人，其原始订单将在下订单后 90 日内完成；或

(ii) 自该人发出原始订单起最少已过 90 日，而版权人、被许可人或代理人并未填写订单。

(3) 如果进口的目的是填写书面订单或由该人的客户提供的可核实的电话订单，在下列情况下，即使未经版权人许可，将非侵权图书的单一复制件进口到澳大利亚的人员不得侵犯已出版作品的版权（无论是在开始日之前、当日或之后首次出版）：

(a) 如果是书面订单，则该订单应当包含有客户签署的声明；或

(b) 如果是电话订单，客户须做出可核实的声明，用以表示客户不打算将本图书用于第 37 条第 (1) 款 (a) 项、(b) 项或 (c) 项所述的目的。

(4) 在下列情况下，即使未经版权人许可，将 2 本或 2 本以上非侵权图书进口到澳大利亚的人员，并不侵犯已出版作品的版权（无论是在开始日期之前、当日或之后首次出版）：

(a) 进口是为了填写由图书馆或其代表向该人发出的书面订单或可核实的电话订单，但为个人或组织营利（直接或间接）的图书馆除外；且

(b) 如果是书面订单，则该订单应当包含一份由下单者所签署的声明，用以表明图书馆无意将任何该图书用于第 37 条第 (1) 款 (a) 项、(b) 项或 (c) 项所述的目的；且

(c) 如果是电话订单，则下订单者应当做出 (b) 项所提及的可核实声明；且

(d) 如此进口的复制件数量不超过如此订购的复制件数量。

(5) 就本条而言，在不限制根据第 (3) 款或第 (4) 款做出的电话订单，或根据第 (3) 款 (b) 项或第 (4) 款 (c) 项做出的与该订单有关的声明可予核实的方式的原则下，如下订单或作出声明者，在下订单或作出声明

（视情况而定）之时或之后，立即书面记录订单或声明的详细信息，则该订单或声明须视为可予核实。

（6）其中：

（a）为第 37 条第（1）款（a）项、（b）项或（c）项所述目的将图书进口到澳大利亚；且

（b）根据本条，该进口并不构成对已发表作品的版权的侵犯；

为任何该目的而使用该图书并不侵犯该作品的版权，而第 38 条第（1）款并不适用于该图书。

（7）如果版权人、被许可人或其代理人能够在澳大利亚提供足够数量的平装本图书复制件以满足任何合理订单，则第（2）款不适用于将非侵权图书的精装本复制件进口到澳大利亚。

（8）就第（2）款（d）项而言，除非版权人、被许可人或其代理人将该图书的一份、多份或所有复制件（视情况而定）送交，否则不得视为该版权人、被许可人或其代理人已经发出订单。

（9）在本条中：

"图书"不包括：

（a）主要内容为一个或多个音乐作品的书，无论是否有任何相关的文学、戏剧或艺术作品；或

（b）与计算机软件一起出售以供与该软件相关使用的手册；或

（c）公开出版的期刊。

"开始日期"，指 1991 年版权修正法生效之日。

"海外作品"，指：

（a）首次在澳大利亚以外的国家出版的作品；

（b）在澳大利亚首次出版后 30 日内未在该另一国家出版。

注：就本法而言，如果作品在其他地方提前出版后，30 天内在澳大利亚出版，则可以在澳大利亚"首次出版"。关于"首次出版"的含义，参见第 29 条，特别是第 29 条第（5）款。

第 44B 条　化学品容器许可标签上文字的复制

对化学品容器上标签上出现的任何文字的复制，并不侵犯根据本部分规定的就该文字存在的任何版权。

第 44BA 条 与某些药物相关的规定

（1）以下行为不侵犯根据本部分规定的 1989 年医疗用品法第 25AA 条批准的，与药物相关的产品信息的作品所存在的任何版权：

（a）根据该法而做出的与产品信息相关的行为：

（i）受限制药品；或

（ii）根据该法注册该药品的申请人已收到该法第 25 条第（1）款（da）项（ii）目所述种类的药品；或

（iii）该法第 25AA 条第（2）款或第（3）款适用的药品；

（b）属（a）项所述行为的附属或附带行为。

（2）以下行为不侵犯根据本部分存在的任何版权，该作品是根据 1989 年医疗用品法第 25AA 条批准的与药品有关的产品信息：

（a）在澳大利亚提供根据该条批准的与药品有关的全部或部分产品信息；

（b）在澳大利亚复制（a）项中提及的全部或部分信息；

（c）在澳大利亚出版（a）项中提及的全部或部分信息；

（d）在澳大利亚传播（a）项中提及的全部或部分信息；

（e）在澳大利亚改编（a）项中提及的全部或部分信息；

只要提供、复制、出版、传播或改编是为了与（a）项所述药物的安全和有效使用有关。

（3）在澳大利亚做出的属于第（2）款所提及的提供、复制、出版、传播或改编的附属或附带的任何行为，并不侵犯对根据本部分第（2）款所提及的作品中的任何版权。

（4）就本条而言，"药品""产品信息"和"限制性药品"的含义与 1989 年医疗用品法中的含义相同。

第 44BB 条 为医疗保健或相关目的而共享的作品中存在的版权

（1）在以下情况中，版权所包含的行为不侵犯该作品的版权：

（a）行为或被授权做出的行为是：

（i）出于 2012 年我的健康记录法所要求或授权收集、使用或披露健康信息的目的；或

（ii）存在 1988 年隐私权法第 16A 条第（1）款的表格第 1 项中允许的一般情况（对生命、健康或安全的严重威胁），或如果该行为是由为该法目的的

一个实体做出或授权做出，则将存在这种情况；或

（iii）在1988年隐私权法第16B条规定的存在允许健康状况的情况下，或如果该行为是由做出该行为的组织实体做出或授权做出，则该情况将存在；或

（iv）出于条例规定的与保健有关的或是与保健信息的交流或管理有关的任何其他目的；且

（b）任何一种：

（i）该作品实质上由健康信息组成；或

（ii）该作品允许存储、检索或使用健康信息，并且在可能侵犯该作品版权的情况下，采取或授权采取行动是合理必要的。

（2）在本条中：

"医疗保健"的含义与2012年我的健康记录法中的含义相同。

"健康信息"的含义与2012年我的健康记录法中的含义相同。

第44C条 存在于进口物品的配件等中的版权

（1）如果作品的复制件是在或包含在非侵权物品配件上，则进口该配件时不会侵犯该复制件的版权。

注："配件"的定义见第10条第（1）款，配件在某些进口物品方面的扩展含义也参见第10AD条。

（2）第38条不适用于任何作品的复制件，而正本是在或包含在物品的非侵权配件中，则进口该配件并不侵犯该作品的版权。

第44D条 进口非侵权录音复制件并不侵犯已录制作品的版权

（1）任何人如有以下情况，则不属侵犯文学、戏剧或音乐作品的版权：

（a）向澳大利亚进口该作品的非侵权录音复制件；或

（b）做出第38节所述的行为，涉及作品录音的非侵权复制件，并由任何人进口到澳大利亚。

注：在侵犯版权的民事诉讼中，除非被告证明录音制品是侵权复制件，否则录音制品的复制件被推定为非侵权复制品。参见第130A条。

（2）本条仅适用于录音的复制件，前提是当复制件进口到澳大利亚时，该录音已经出版：

（a）在澳大利亚；或

(b) 在另一个国家（出版国），经下列人士的同意：

（i）在出版国的录音制品版权人；或

（ii）录音制作国（原始录音国）的录音版权或相关权利的所有人，如果出版国的法律没有规定出版时录音的版权或相关权利；或

（iii）如果出版国的法律或原始录音国的法律（无论这些国家是否不同）均未规定出版时录音的版权或相关权利，则为录音制作者。

注：第29条第（6）款涉及未经授权的出版。

（3）在第（2）款中：

录音制品版权或相关权利的"所有人"指录音出版时的所有人。

（4）第38条对"物品"的定义不影响本条。

第44E条 计算机程序复制件的进口和销售等

（1）文学作品中的版权：

（a）是计算机程序；且

（b）已在澳大利亚或符合条件的国家出版；

未被以下人员侵犯：

（c）将载有该程序非侵权复制件的物品进口到澳大利亚；或

（d）实施第38条所述的行为，该行为涉及将载有该程序非侵权复制件的物品进口到澳大利亚。

注：第130B条规定了被告在侵犯版权的民事诉讼中承担的举证责任。

（2）第38条对"物品"的定义不影响本条。

第44F条 电子文学或音乐作品复制件的进口和销售等

（1）作品中的版权：

（a）即为电子文学或音乐作品或其一部分；且

（b）已在澳大利亚或符合条件的国家出版；

未被以下人员侵犯：

（c）将载有电子文学或音乐作品的非侵权复制件的物品进口到澳大利亚；或

（d）实施第38条所述行为，该行为涉及将载有电子文学或音乐作品的非侵权复制件的物品进口到澳大利亚。

注：第130C条规定了被告在侵犯版权的民事诉讼中承担的举证责任。

(2) 第 38 条对"物品"的定义并不影响本条。

第 4 分部　不构成侵犯文学、戏剧和音乐作品版权的行为

第 45 条　在公共场合或广播中朗读或背诵

公开朗读或背诵，或在声音广播或电视广播中从已出版的文学、戏剧作品或其改编作品中摘录的合理长度的朗读或背诵，如果对作品作出了充分的确认，则不构成对作品版权的侵犯。

第 46 条　在有人居住或睡觉的场所的表演

凡是文学、戏剧、音乐作品或其改编作品，是在有人居住或睡觉的场所，通过操作接收设备或通过使用唱片的方式公开演出，并以此作为专门为该场所的居民或囚犯，或为这些居民、囚犯客人提供的便利设施的一部分，则该表演不构成对该作品版权的侵犯。

第 47 条　以广播为目的的复制

(1) 任何人对文学、戏剧、音乐作品或其改编作品的广播，不会构成对该作品版权的侵犯（无论是由于转让或许可，还是由于本法规定的实施），但本款另有规定的除外，制作该作品或改编的录音或电影将构成该侵权行为，该人仅为广播该作品或改编作品而制作录音或电影，并不侵犯该作品的版权。

(2) 如载有该录音或电影复制件的记录用于除以下目的以外的目的时，则上述最后一款不适用于该录音或电影：

(a) 在不构成侵犯作品版权的情况下（无论是由于转让、许可，还是由于本法规定的实施）播放作品或改编作品；或

(b) 为在这种情况下播放该作品或改编而制作包含该电影的录制或复制的进一步记录。

(3) 凡载有该录音或电影的录音或电影的复制件并非由该录音或电影的制作者人为播放，则第(1)款不适用，除非该制作者已向该版权人支付同意的金额，或在没有协议的情况下，已向版权人作出书面承诺，向版权人支付版权法庭应其中任何一人的申请而厘定的金额，该金额是就制作该录音或电影而向拥有人支付的合理报酬。

(4) 在版权法庭已确定承诺涉及的金额后，作出上一款所述承诺的人有

责任向作品版权人支付该款项，而版权人可在有管辖权的法院以债权人身份向该人追讨该款项。

（5）本条第（1）款的规定不适用于任何录音或电影，除非在体现该录音的任何记录或电影的任何复制件按照该款首次用于广播该作品或改编之日起 12 个月期限届满之前，或在录音或电影制作人与作品版权人之间约定的后续期限（如有）届满之前，所有录音的记录或电影的复制件被销毁，或经澳大利亚国家档案馆馆长同意，移交给澳大利亚国家档案馆保管（在 1983 年档案法的含义范围内）。

（6）澳大利亚国家档案馆馆长不得同意按照第（5）款将包含录音或电影复制件的记录移交给澳大利亚国家档案馆保管，除非已证明该录音或电影具有特殊的记录性质。

（7）在本条中：

"广播"不包括联播。

第 47AA 条　以联播为目的进行复制

（1）如果广播文学、戏剧、音乐作品或其改编作品，则不会因为任何原因而构成对该作品版权的侵犯，但除本款外，制作该作品或改编作品的录音或电影会构成侵权，只有在以数字形式联播作品或改编作品而制作此类录音或电影不会侵犯作品的版权。

（2）如果载有该录音的记录或电影的复制件被用于以下其他目的，则第（1）款不适用于该录音或电影：

（a）在不因任何原因构成对该作品版权的侵犯的情况下，对该作品进行联播或改编；或

（b）为在该情况下联播该作品或进行改编而制作载有该录音的进一步记录，或该电影的进一步复制件。

（3）第（1）款不适用于任何录音或电影，除非根据该款制作的所有包含该录音的记录或该电影的所有复制件在有关规定所指明的有关日期当日或之前销毁。

（4）为施行第（3）款，有关规定可就不同类别的录音或电影指定不同的日期。

第 4A 分部　不构成侵犯计算机程序版权的行为

第 47AB 条　计算机程序的含义

在本分部中：

"计算机程序"包括任何文学作品，其：

(a) 编入计算机程序或与计算机程序有关联；且

(b) 对该计算机程序的某项功能的有效实施至关重要。

第 47B 条　正常使用或学习计算机程序的复制件

(1) 除第（2）款另有规定外，在以下情况中，复制属于计算机程序的文学作品并不侵犯该作品的版权：

(a) 该复制是为程序的设计目的，作为运行程序复制件的技术过程的一部分而附带和自动进行的；且

(b) 该复制件的转印是由复制件的所有人或被许可人，或其代表进行的。

(2) 第（1）款不适用于以下情况中复制计算机程序：

(a) 来自该计算机程序的侵犯版权复制件；或

(b) 违反该计算机程序版权的所有人或其代表在复制件的所有人或被许可人取得复制件时向正本的所有人或被许可人发出的明确指示或特许。

(3) 除第（4）款另有规定外，在以下情况中，复制属于计算机程序的文学作品并不侵犯该作品的版权：

(a) 为了研究程序背后的思想及其实施方式，作为运行程序复制件的技术过程的一部分，附带和自动地复制该程序；且

(b) 该复制件的转印是由复制件的所有人或被许可人，或其代表进行的。

(4) 第（3）款不适用于从计算机程序的侵犯版权的复制件复制该计算机程序。

(5) 在本条中：

就计算机程序而言，"复制"，不包括第 21 条第（5）款（b）项所提述的那种程序的版本。

第 47C 条　计算机程序的备份复制件

(1) 除第（4）款另有规定外，在以下情况中，复制属计算机程序的文

学作品并不侵犯该作品的版权：

（a）复制是由复制所根据的复制件（正本）的所有人或被许可人作出的，或由其代表作出的；且

（b）该复制件只供复制件的所有人或被许可人或其代表使用；且

（c）复制件是为以下任何目的而制作的：

（i）使正本的所有人或被许可人能够使用复制件代替正本，并储存正本；

（ii）使正本的所有人或被许可人在正本遗失、销毁或变得不能使用时，可储存复制件以代替正本；

（iii）使正本的所有人或被许可人在正本或其他复制件遗失、毁灭或变得无法使用时，可使用复制件代替正本或另一复制件。

（2）除第（4）款另有规定外，在以下情况中，复制属于计算机程序的文学作品，且与该程序一起保存在同一计算机系统上的任何作品或其他客体，并不侵犯该程序或该作品或其他客体的版权：

（a）复制是由复制所根据的复制件（正本）的所有人或被许可人作出的，或由其代表作出的；且

（b）出于安全目的而进行的复制是正常备份复制资料的一部分。

（3）第（1）款适用于为第（1）款（c）项（iii）目所提述的目的而制作的作品的复制件，不论该作品的其他复制件先前是否为同一目的而由同一复制件制作。

（4）第（1）款及第（2）款不适用于复制计算机程序：

（a）来自该计算机程序的侵犯版权复制件；或

（b）如该计算机程序的版权人设计该程序，以致不修改该程序便不能复制其程序；或

（c）计算机程序版权所有人或其代表在获得正本时向正本的所有人授予的使用正本的许可证已过期或终止。

（5）就本条而言，凡提述计算机程序的复制件，即提述以重要形式复制该计算机程序的任何物品。

（6）在本条中：

就计算机程序而言，"复制"不包括第21条第（5）款（b）项所提述的那种程序的版本。

第47D条　复制计算机程序以制造可交互操作的产品

(1) 除本条另有规定外，在以下情况中，复制或改编属于计算机程序的文学作品，并不侵犯该作品的版权：

(a) 复制或改编是由用于复制或改编的程序（原始程序）的复制件的所有人或被许可人作出的，或由其代表作出的；且

(b) 复制或改编是为了获取必要的信息，使所有人或被许可人或其代表能够独立制作另一个程序（新程序）或物品，以便与原始程序或任何其他程序连接、一起使用，或以其他方式与原始程序或任何其他程序交互操作；且

(c) 复制或改编只在为取得（b）项所提及的资料而在合理需要的范围内进行；且

(d) 在新程序复制或改编原始程序的范围内，只在使新程序能够与原始程序或其他程序连接、一起使用或以其他方式与原始程序或其他程序交互操作所必需的范围内复制或改编原始程序；且

(e) 本款（b）项所提及的资料在复制或改编时，并不容易为所有人或被许可人从另一来源取得。

(2) 第（1）款不适用于从计算机程序的侵犯版权复制件复制或改编计算机程序。

第47E条　再现计算机程序以纠正错误

(1) 除本条另有规定外，任何属计算机程序的文学作品的版权，如在1999年2月23日或之后在下列情况下，复制或改编的作品：

(a) 复制或改编是由用于复制或改编的程序的复制件（原始复制件）的所有人或被许可人作出的，或由其代表作出的；且

(b) 复制或改编的目的是纠正原始复制件中妨碍其运行（包括与其他程序或硬件一起运行）的错误：

(i) 作者的意图；或

(ii) 按照与原始复制件一起提供的任何规格或其他文件；且

(c) 复制或改编只在为纠正（b）项所提及的错误而合理需要的范围内进行；且

(d) 在进行复制或改编时，如（b）项所述，该程序的另一复制件并不能在合理时间内以一般商业价格提供给所有人或被许可人。

（2）第（1）款不适用于从计算机程序的侵犯版权复制件复制或改编计算机程序。

第47F条　复制用于安全测试的计算机程序

（1）除本条另有规定外，在以下情况中，复制或改编属于计算机程序的文学作品，并不侵犯该作品的版权：

（a）复制或改编是由用于复制或改编的程序的复制件（原始复制件）的所有人或被许可人作出的，或由其代表作出的；且

（b）复制或改编是为了以下目的而作出的：

（i）善意地测试原始复制件的安全性，或测试原始复制件所属的计算机系统或网络的安全性；或

（ii）善意地调查或纠正原始复制件或原始复制件所属的计算机系统或网络中的安全缺陷，或容易受到未经授权访问的漏洞；且

（c）复制或改编只在为达到（b）项所提及的目的而合理需要的范围内进行；且

（d）在做出复制或改编时，所有人或被许可人并不容易从另一来源取得因做出复制或改编而产生的资料。

（2）第（1）款不适用于从计算机程序的侵犯版权复制件复制或改编计算机程序。

第47G条　未经授权使用复制件或资料

（1）如果：

（a）根据规定的条文复制或改编属于计算机程序的文学作品；且

（b）该复制或改编或从该复制或改编而得来的任何资料，未经该计算机程序的版权人同意，而被使用、出售或以其他方式提供予任何人，以作规定的条文所指明的目的以外的目的；

规定的条文不适用于复制或改编的制作，亦被视为从未适用于复制或改编的制作。

（2）为施行本条，第47B条、第47C条、第47D条、第47E条及第47F条为规定的条文。

第47H条　不包括某些规定的实施的协议

排除或限制第47B条第（3）款或第47C条、第47D条、第47E条或第47F条的实施，或具有排除或限制其实施效果的协议或协议条文，均无效力。

第4B分部　不构成侵犯艺术作品版权的行为

第47J条　以不同格式复制照片供私人使用

（1）本条适用于以下情况：

（a）照片（原始照片）的所有人，为其私人和家庭使用而复制该照片（主要复制件），以代替原始照片；且

（b）原始照片本身并非作品的侵犯版权复制件或作品的出版版本；且

（c）要么：

（i）原始照片为硬拷贝，主要复制件为电子版；或

（ii）原始照片为电子版，主要复制件为硬拷贝；且

（d）所有人在制作主要复制件时，没有完成也不是正在制作以与主要复制件形式基本相同的形式体现原始照片的另一复制件。

为此目的，不考虑在制作主要复制件技术过程中的必要部分而偶然制作的原始照片的临时复制。

（2）在以下情形中，主要复制件的制作没有侵犯版权：

（a）原始照片；或

（b）在作品或作品的出版版本中，包括在原始照片中。

处理主要复制件可能使其成为侵权复制件

（3）如果主要复制件用于以下用途，则不适用第（2）款：

（a）出售；或

（b）出租；或

（c）以贸易方式为出售或出租而提供或展示；或

（d）为贸易或其他目的而分发的。

注：如果主要复制件按第（3）款所述进行处理，则版权不仅可能因制作主要复制件而受到侵犯，也可能因处理主要复制件而遭到侵犯。

（4）为免生疑问，第（3）款（d）项不适用于贷款人将主要复制件借予其家庭或住户的成员，以供该成员的私人及家庭用途

复制主要复制件可能侵犯版权

（5）第（2）款并不阻止该主要复制件成为侵犯版权复制件，以确定本条是否再次适用于该主要复制件的复制。

处置正本可能使主要复制件成为侵权复制件

（6）如原始照片的所有人将其处置给另一人，则第（2）款即视为从未适用。

暂时性复制的情况

（7）如第（2）款只适用于主要复制件的制作，不考虑将原始照片的临时复制属于主要复制过程的必要部分，则：

（a）如该临时复制件在制作主要复制件期间或之后的第一个切实可行的时间内被销毁，则该临时复制件的制作并不侵犯该原始照片或该原始照片所包括的作品或作品的出版版本的版权；或

（b）如该临时复制件在当时没有销毁，则该临时复制件的制作始终被视为侵犯了原始照片或原始照片所包括的作品或作品的出版版本所存在的版权（如有的话）。

第 5 分部　复制图书馆或档案馆中的作品

第 48 条　释义

在本分部中，对期刊中文章的引用应理解为对此类出版物中出现的任何事物（艺术作品除外）的引用。

第 48A 条　议会图书馆供国会议员复印

任何图书馆的获授权人员，如仅为协助身为国会议员的人履行该人作为该议员的职责而做出任何事情，而该图书馆的主要目的是为该国会议员提供图书馆服务，则不属侵犯作品的版权。

第 49 条　图书馆和档案馆为了而用户复制和传播作品

（1）任何人可向主管图书馆或档案馆的人员提出：

（a）提供期刊所载文章的复制件或部分复制件，或提供图书馆或档案馆馆藏的期刊或已发表作品以外的已发表作品的全部或部分复制件的书面请求；且

(b) 由其签署的声明，说明：

(i) 他或她要求复制件是为了研究或学习的目的，而不会将其用于任何其他目的；且

(ii) 图书馆或档案馆的获授权人员先前未曾向该人提供同一物品或其他作品的复制件，或该物品或其他作品的同一部分（视属何情况而定）。

(2) 除本条另有规定外，凡第（1）款所提及的要求及声明是向主管图书馆或档案馆的人员提供的，则该图书馆或档案馆的获授权人员可作出或安排作出该项要求所涉及的复制件，并将复制件提供给提出该项要求的人，除非该项声明载有据他或她所知在该项上属于不真实的陈述。

注：根据第113H条第（1）款（保存）的规定，在不侵犯版权的情况下，可以从图书馆或档案馆收藏的文章或已出版作品的另一复制件中进行复制。

(2A) 任何人可向图书馆或档案馆的获授权人员提出：

(a) 要求提供期刊所载文章或文章部分的复制件，或提供不属于期刊的已发表作品的全部或部分作品的复制件，而该出版物或已发表作品是图书馆或档案馆收藏的期刊或已发表作品；且

(b) 声明（大意如下）：

(i) 该人要求复制复制件是为了研究或学习的目的，而不会将其用于任何其他目的；

(ii) 该人先前并无由图书馆或档案馆的获授权人员提供同一物品或其他作品的复制件，或该文章或其他作品的同一部分（视属何情况而定）；且

(iii) 由于该人的位置偏远，该人不能方便地将第（1）款所提及的与复制件有关的要求及声明尽快提供给该图书馆或档案馆的主管人员，使该复制件能在该人所要求的时间之前提供给该人。

(2B) 第（2A）款所提及的要求或声明无须以书面形式作出。

(2C) 本条除另有规定外，凡：

(a) 第（2A）款所提及的要求及声明是由某人向图书馆或档案馆的获授权人员提出的；且

(b) 获授权人员作出声明，列明该人提出的要求及声明的详情，并述明：

(i) 该人就第（2A）款（b）项（i）目及（ii）目所指明的事宜而作出的声明，并无载有据获授权人员所知在要项上属于不真实的陈述；且

(ii) 获授权人员确信该人就第（2A）款（b）项（iii）目所指明的事宜所作的声明是真实的；

图书馆或档案馆的获授权人员可制作或安排制作该项要求所涉及的复制件，并将复制件提供予该人。

注：根据第113H条第（1）款（保存）的规定，在不侵犯版权的情况下，可以从图书馆或档案馆收藏的文章或已出版作品的另一复制件中进行复制。

（3）凡就制作及提供根据第（1）款或第（2A）款提出的要求所涉及的复制件而收费的，如收费金额超过制作及提供复制件的费用，则第（2）款或第（2C）款（视属何情况而定）不适用于该项要求。

（4）第（2）款或第（2C）款不适用于复制同一期刊所载的2篇或多于2篇文章的部分内容，除非要求复制该文章是为了同一研究或学习课程。

（5）第（2）款或第（2C）款不适用于复制整件作品（载于期刊内的文章除外）的请求，或不适用于复制该作品的某部分的请求，而该部分包含的内容超出了该作品的合理部分，除非：

（a）该作品构成图书馆或档案馆收藏的一部分；且

（b）在复制前，获授权人员经合理调查后，已作出声明，表明他或她确信不能在合理时间内以合理价格获得该作品的复制件（不属于二次复制件）。

（5AA）就第（5）款而言，如该作品的特性使第10条第（2）款或第（2A）款与该复制件是否只包含该作品的合理部分的问题有关，则该问题只需参照第10条第（2）款或第（2A）款，而非参照合理部分的通常含义决定。

（5AB）就第（5）款（b）项而言，在决定是否不能在合理时间内以合理价格取得该作品的复制件（不属于二次复制件）时，获授权人员必须顾及：

（a）要求复制的人要求复制的时间；且

（b）以合理价格向该人交付该作品的复制件（不属于二次复制件）的时间；且

（c）能否在合理时间内以合理价格获得该作品的电子复制件。

（5A）如期刊所载的文章或已发表的作品（期刊所载的文章除外）是以电子形式取得的，作为图书馆或档案馆馆藏的一部分，则图书馆或档案馆的主管人员可在图书馆或档案馆的场所内以在线方式提供该物品，使用者不能使用图书馆或档案馆所提供的任何设备：

（a）以电子形式复制该物品或作品；或

（b）传播该文章或作品。

（6）就根据第（1）款或第（2A）款提出的要求而言，按照第（2）款或第（2C）款（视属何情况而定）制作该文章的复制件或该文章的一部分的复制件，并不属侵犯载于期刊内的文章的版权，除非复制件是提供予提出该要求的人以外的人。

（7）就根据第（1）款或第（2A）款提出的要求而言，按照第（2）款或第（2C）款（视属何情况而定）制作该作品的复制件或该作品的一部分的复制件，并不侵犯该已发表作品的版权，除非复制件是给提出该要求的人以外的人。

（7A）第（6）款及第（7）款不适用于根据第（2）款或第（2C）款制作以下文章的电子复制件：

(a) 期刊所载的文章或文章的一部分；或

(b) 已发表作品的全部或部分，但该文章除外；

就根据本条提出的向提出该要求的人传达信息的要求而言，除非：

(c) 在向该人传达复制件之前或之时，按照条例通知该人：

(i) 复制件是根据本条制作的，并且该文章或作品可能根据本法受到版权保护；且

(ii) 规定的其他事宜（如有的话）；且

(d) 在复制件传达给该人后，在切实可行范围内尽快销毁根据第（2）款或第（2C）款制作并由图书馆或档案馆保存的复制件。

（7B）按照第（2）款、第（2C）款或第（5A）款传播，并不侵犯期刊所载文章的版权或已发表作品的版权。

（8）条例可排除第（6）款的适用，或第（7）款在条例所指明的情况下的适用。

（9）在本条中：

"档案"是指公众可查阅其全部或部分收藏的档案。

"图书馆"指公众可以直接或通过馆际互借获得全部或部分藏书的图书馆。

"提供"包括通过通信的方式提供。

注：根据第203F条，就本条而言，作出虚假或误导性声明是违法行为。第203A条和第203G条规定了与保存为本条目的作出的声明有关的违法行为。

第50条 图书馆或档案馆为其他图书馆或档案馆复制和传播作品

（1）在下列情形下，任何图书馆的主管人员可要求或安排另一人要求另

一图书馆的主管人员向前者的主管人员提供期刊所载文章的复制件或部分复制件，或提供期刊所载文章以外的已发表作品的全部或部分复制件，而该作品是图书馆收藏的期刊或已发表作品：

（a）为将复制件列入前一图书馆的收藏的目的；

（aa）如果前一图书馆的主要目的是为国会议员提供图书馆服务，则为此目的协助该国会议员履行其议员职责；或

（b）以向根据第49条提出复制要求的人提供复制件的目的。

（2）除本条另有规定外，凡某图书馆的主管人员或其代表根据第（1）款向另一图书馆的主管人员提出要求，则另一图书馆的获授权人员可制作或安排制作该项要求所涉及的复制件，并将复制件提供给前一的图书馆的主管人员。

注：根据第113H条第（1）款（保存）的规定，复制件可以从另一图书馆收藏的文章或已出版作品的另一复制件中进行，而该复制件是在不侵犯版权的情况下进行的。

（3）凡某图书馆的获授权人员根据第（2）款制作或安排制作某作品（包括载于期刊内的文章）的全部或部分复制件，并按照根据第（1）款提出的要求，将其提供给另一图书馆的主管人员：

（a）就本法的所有目的而言，复制应被视为代表另一图书馆的获授权官员为达到要求复制的目的而进行的；且

（b）不得因制作或提供复制件而对管理前一图书馆的团体或该图书馆的任何人员或雇员提出侵犯版权的诉讼。

（4）除本条另有规定外，如期刊所载文章或任何其他已发表作品的全部或部分复制件凭借第（3）款被视为代图书馆的获授权人员制作，则该文章或其他作品的版权并未被侵犯：

（a）复制；或

（b）如果该作品是根据第（2）款以通信的方式提供的——则该通信的制作不构成侵权。

（5）在条例所指明的情况下，条例可排除第（4）款的适用。

（6）凡就制作及提供根据第（1）款提出的要求所涉及的复制件而收取费用的，如该项收费的金额超过制作及提供复制件的费用，则第（3）款不适用于该项要求。

（7）凡：

（a）某文章的复制件或其一部分，或另一作品的全部或部分的复制件

（在本款中称为"有关复制"）根据第（2）款提供给图书馆的主管人员；且

（b）先前已根据第（2）款提供同一文章或其他作品的复制件，或该文章或其他作品的同一部分的复制件（视属何情况而定），以供列入图书馆的收藏；

除非在根据第（1）款提出有关复制的要求后，图书馆的获授权人员在切实可行范围内尽快作出声明，否则第（4）款不适用于或涉及有关复制：

（c）列出该项要求的详情（包括要求复制有关资料的目的）；且

（d）述明（b）项所提及的复制件已遗失、毁坏或损坏（视情况需要而定）。

（7A）如果：

（a）复制是某作品（不包括在期刊中的文章）的全部或该作品的一部分，而该部分所包含的内容超过该作品的合理部分；且

（b）复制所根据的作品是硬拷贝形式的；且

（c）复制件是根据第（2）款提供给图书馆的主管人员的；

第（4）款不适用于复制，除非：

（d）如图书馆的主要目的是为国会议员提供图书馆服务，则提供复制件是为了协助身为国会议员的人履行议员职责；或

（e）在根据第（1）款提出有关复制的要求后，图书馆的获授权人员在切实可行范围内尽快作出声明：

（i）列出要求的详情（包括要求复制的目的）；且

（ii）述明经合理调查后，获授权人员确信不能在合理时间内以合理价格取得该作品的复制件（不属于二次复制件）。

（7B）如果：

（a）复制某作品（包括期刊所载的文章）的全部或该作品的一部分，不论该部分所包含的内容是否超过该作品的合理部分；且

（b）复制所依据的作品是电子形式的；且

（c）复制件是根据第（2）款提供给图书馆的主管人员的；

第（4）款不适用于复制，除非：

（d）如图书馆的主要目的是为国会议员提供图书馆服务，则如此提供复制件是为了协助身为国会议员的人履行议员职责；或

（e）在根据第（1）款提出有关复制的要求后，图书馆的获授权人员在切实可行范围内尽快作出声明：

（i）列出要求的详情（包括要求复制的目的）；且

（ii）如复制的作品并非文章，而是作品的全部或超过合理部分，须说明经合理调查后，获授权人员确信不能在合理时间内，以一般商业价格用电子形式取得该作品；且

（iii）如复制的是文章以外的作品的合理部分或少于合理部分，须说明经合理调查后，获授权人员确信不能在合理时间内，以合理价格用电子形式单独或连同合理数量的其他材料获得该部分；且

（iv）如复制的是某文章的全部或部分，须说明经合理调查后，获授权人员确信不能在合理时间内以合理价格用电子形式自行取得该物品。

（7BA）就第（7A）款及第（7B）款而言，如果作品的特征是第10条第（2）款或第（2A）款与复制作品是否只包含作品的合理部分的问题有关，则该问题只需参照第10条第（2）款或第（2A）款，而不是参照"合理部分"的通常含义来决定。

（7BB）就第（7A）款（e）项（ii）目及第（7B）款（e）项（ii）目、（iii）目及（iv）目而言，在决定是否不能在合理时间内以合理价格取得该作品、该作品、该作品的部分或该文章（视乎适当情况而定）的复制件时，获授权人员必须顾及：

（a）根据第49条要求复制的人要求复制的时间；且

（b）以合理价格向该人交付该作品的复制件（不属于二次复制件）的时间；且

（c）复制件、作品、部分或文章能否在合理时间内以合理价格用电子形式获得。

（7C）如果：

（a）由图书馆的获授权人员或其代表以电子形式复制某作品的全部（包括载于期刊的文章）或该作品的一部分；且

（b）复制件是根据第（2）款提供给另一图书馆的主管人员的；

第（3）款不适用于此复制件，除非在复制件提供给另一图书馆后，在切实可行范围内尽快销毁为提供而制作并由首次提及图书馆持有的复制件。

（8）第（4）款不适用于复制或传播载于同一期刊内并为同一目的而提出要求的2篇或多于2篇文章的全部或部分，除非：

（a）目的是第（1）款（aa）项所述的目的（协助国会议员履行其职责）；或

（b）目的是第（1）款（b）项所述的目的（向根据第49条要求复制该

文章的人提供复制件以供研究或学习之用），而根据第 49 条要求复制该文章是为了同一研究或学习过程。

（10）在本条中：

"图书馆"，指：

(a) 公众可直接或透过馆际互借查阅全部或部分藏书的图书馆；或

(b) 主要目的是为国会议员提供图书馆服务的图书馆；或

(c) 公众可查阅其全部或部分收藏的档案馆。

"提供"包括通过通信的方式提供。

注：根据第 203F 条，就本条而言，作出虚假或误导性声明是违法行为。第 203A 条和第 203G 条规定了与保存为本条目的作出的声明有关的违法行为。

第 51 条　复制和传播图书馆或档案馆中未出版的作品

（1）凡在文学、戏剧、音乐或艺术作品的作者去世的日历年结束后超过 50 年，该作品仍有版权，但：

(a) 作品尚未发表的；且

(b) 该作品的复制件，或者如果属于文学、戏剧或音乐作品，则为该作品的手稿，存放在图书馆或档案馆的馆藏内，而该馆藏的任何条例规限下，是公开供公众查阅的；

作品中的版权未受侵犯：

(c) 为研究或学习的目的或为出版，制作或传播该作品的复制件；或

(d) 由该图书馆或档案馆的主管人员或其代表制作或传播该作品的复制件，而复制件是（不论是以通信或其他方式）提供给一个人，而该人令该图书馆或档案馆的主管人员确信该人需要该复制件是为了研究或学习，或为了出版，并且该人不会将该复制件用于任何其他目的。

（2）如果未发表的论文或者其他类似的文学作品的手稿或者是复制件，存放在大学或者其他类似机构的图书馆或档案馆内，由图书馆或档案馆的主管人员或其代表制作或传播该论文或其他作品的复制件（不论以通信或其他方式），而该复制件是提供给令图书馆或档案馆的获授权人员确信他或她需要该复制件是为了研究或学习的目的的人，则该复制件并不侵犯该论文或其他作品的版权。

第 51AA 条　复制和传播澳大利亚国家档案馆保管的作品

（1）保存在第 10 条第（1）款的"档案"定义（a）项（i）目或（aa）

项所涵盖的档案收藏中的作品，如可供公众查阅，则由档案馆主管或其代表制作或传达，并不侵犯该作品的版权：

（a）该作品的一份工作复制件；或

（b）向澳大利亚国家档案馆中央办事处提供该作品的一份参考复制件；或

（c）在档案馆区域办事处的澳大利亚国家档案馆工作人员书面要求提供该作品的参考复制件时，如主管人员确信该作品的参考复制件以前没有提供给该区域办事处，则向该区域办事处提供该作品的单一参考复制件；或

（d）如主管人员确信提供给澳大利亚国家档案馆区域办事处的作品的参考复制件遗失、损坏或毁坏，而该区域办事处的档案馆干事书面要求提供该作品的替换复制件，则须提供该作品的单一替换复制件，以便提供给该区域办事处；或

（e）如主管人员确信提供给澳大利亚国家档案馆中央办事处的作品的参考复制件遗失、损坏或毁坏，则须提供该作品的单一替代复制件，以提供给该中央办事处。

（2）在本条中：

"参考复制件"，就作品而言，指由工作复制件制成的作品复制件，以供澳大利亚国家档案馆中央办事处或地区办事处使用，供该办事处向公众提供查阅该作品的机会。

"替换复制件"，就作品而言，指为替换遗失、损坏或毁坏的该作品的参考复制件而从工作复制件中复制的该作品的复制件。

"工作复制件"，就作品而言，指为使澳大利亚国家档案馆能够保留该复制件，并将其用于制作该作品的参考复制件和替代复制件而制作的该作品的复制件。

第 52 条　出版保存在图书馆或档案馆的未出版作品

（1）凡：

（a）任何已发表的文学、戏剧或音乐作品（在本条中称为"新作品"），将第 51 条第（1）款在紧接该新作品发表前所适用的作品（在本条中称为"旧作品"）的全部或部分纳入其中；

（b）在新作品发表前，已就拟发表该作品发出规定的通知；且

（c）在紧接新作品发表前，新作品的出版商并不知道旧作品版权人的身份；

那么，就本法而言，新作品的首次出版，和新作品的任何后续出版，不论是以相同的形式还是以改变的形式，只要构成旧作品的出版，就不应视为侵犯旧作品的版权，也不应视为旧作品未经授权出版。

（2）前款不适用于新作品的后续出版，该新作品包含了未包括在新作品的首次出版中的旧作品的一部分，除非：

（a）如无本条，第51条第（1）款会适用于紧接后续出版前的旧作品的该部分；

（b）在后续出版前，已就拟出版的刊物发出规定的通知；且

（c）在紧接后续出版前，该后续出版的出版者并不知道旧作品版权人的身份。

（3）如任何作品或作品的一部分已出版，而由于本条的规定，该出版被视为不侵犯该作品的版权，则在出版发生后，如有以下情况，该人并不侵犯该作品的版权：

（a）广播该作品或该部分作品；或

（b）以电子方式传送该作品或该部分作品（广播除外），费用须支付予做出该传送的人；或

（c）公开表演该作品或该部分作品；或

（d）就该作品或该部分作品制作记录。

第53条　本分部在文章及其他作品插图中的应用

凡任何文章、论文或文学、戏剧、音乐作品附有为解释或图解该文章、论文或其他作品而提供的艺术作品（在本条中称为"插图"），本分部前面各条适用，比如：

（a）凡该条文中的任何一条规定该文章、论文或作品的版权没有被侵犯，则提及该版权时包括提及插图中的任何版权；且

（b）在第49条、第50条或第51条中，凡提及该文章、论文或作品的复制件，包括提及该文章、论文或作品的复制件连同该插图的复制件；且

（c）在第49条或第50条中，凡提及复制该文章或作品的某部分，包括提及复制该文章或作品的该部分，连同为解释或图解该部分而提供的插图的复制件；且

（d）在第52条中，凡提及就该作品做出任何行为，包括连同插图提及就该作品做出该行为。

第 6 分部　音乐作品的录制

第 54 条　释义

（1A）在本分部中：

"录音"，指包含声音的光盘、磁带、纸张或其他装置。

（1）就本分部而言：

（a）凡提及任何音乐作品，须理解为提及该作品的原始形式或该作品的改编；

（b）凡提及文学、戏剧或音乐作品的版权人，除非看来有相反的意图，否则须理解为提及有权授权将文学、戏剧或音乐作品的复制件在澳大利亚制作或进口到澳大利亚的人；且

（c）凡提及以零售方式出售录音或提及零售录音，须理解为不包括以下：

（i）以并非全部由金钱组成的对价出售；或

（ii）由并非通常经营制作或出售录音业务的人出售。

（2）就本分部而言，凡音乐作品部分包含在一份录音制品内，部分包含在另一份录音或其他录音内，则所有录音须视为构成一份录音。

（3）在本分部中，凡提及音乐作品的录音，并不包括提及与构成电影一部分的视觉影像有关联的声道。

（4）除第（5）款另有规定外，本分部适用于音乐作品一部分的录音，一如其适用于整部作品的录音。

（5）第 55 条：

（a）不适用于整件作品的记录，除非第 55 条第（1）款（a）项所提及的先前记录是整件作品的记录；且

（b）不适用于作品某部分的记录，除非该先前记录是该作品该部分的记录。

原始形式

（6）第 10 条第（1）款对"原始形式"的定义不适用于本分部。

第 55 条　制造商制作音乐作品录音的条件

（1）除本分部另有规定外，在澳大利亚制作音乐作品记录的人（在本条中称为"制造商"）如有以下情况，则不侵犯该作品的版权：

（a）作品的录音：

（i）曾在澳大利亚制造或进口到澳大利亚做销售用途，并由该作品的版权人制造或进口，或在该作品的版权人的特许下制造或进口；

（ii）曾在澳大利亚制作，用于制作其他记录做销售用途，并由该作品的版权人或在该作品的版权人的特许下制作；

（iii）曾为销售目的而在澳大利亚以外的国家制作或进口，而该国家在先前制作或进口时，在条例中指明为本分部适用的国家，并由根据该国家的法律是该作品的版权人的人制作或进口，或在该人的特许下如此制作或进口；或

（iv）曾在澳大利亚以外的国家制作，以用作制作其他记录做销售用途，而该国家在先前制作时在条例中指明为本分部所适用的国家，并且是由根据该国家的法律是该作品版权人的人或在该人的特许下制作的；

（b）在制作该记录前，拟制作该记录的规定的通知已发给该版权所有人；

（c）该制造商拟以零售方式出售该记录，或为使该记录由该制造商以外的人以零售方式出售而提供该记录，或拟将该记录用作制作拟以零售方式出售或提供的其他记录；且

（d）如该记录是由制造商如此出售或提供的：

（i）该项售卖或提供是在版权人的特许下进行的；且

（ii）规定的特许使用费是按照制造商与版权人之间协议的方式支付给版权人的，或如无协议，则按照版权审裁处根据第152B条决定的方式支付给版权人的。

（3）第（1）款（d）项（i）目不适用于任何作品的记录（为表演而制作的作品，或已与戏剧作品一起表演的作品，或已包括在电影内的作品除外），如该售卖或提供是在下列日期中最早的一个日期后的规定的期限届满后做出的：

（a）在第（1）款（a）项（i）目或（ii）目所提及的情况下，该作品的先前记录首次在澳大利亚制作或首次进口到澳大利亚的日期；

（b）在第（1）款（a）项（iii）目或（iv）目中提及的国家或地区首次向公众提供（通过销售或其他方式）制作或进口作品的先前记录的日期，在该目所述情况下的那个国家。

（4）为施行上一款而规定期间的条例，可就不同类别的记录规定不同的期间。

（5）如除本款外，根据本条就记录须支付的特许使用费金额少于1美分，则该特许使用费金额为1美分。

（6）在本条中：

"规定的版税"，就音乐作品的录音而言，指：

（a）制造商与该作品的版权人之间协议的特许使用费金额，或如无协议，则由版权审裁处根据第152A条厘定的特许使用费金额；或

（b）如该协议或裁定并无生效，等于该记录销售售价的6.25%。

第57条　关于一份记录内有2件或2件以上作品的版税

凡一份录音包括2件或2件以上的音乐作品，不论该录音是否包括任何其他事项：

（a）如该记录包括版权并不存在的作品或版权并不存在的多个作品，则除下一项另有规定外，就该记录而须支付的特许权使用费，若非有本条的规定，即与版权存在的记录内作品数目与记录内作品总数所占的比例相同的特许权使用费所占的比例相同的金额；且

（b）如该记录包括2件或2件以上有版权存在的作品：

（i）除本分部另有规定外，就该记录而须支付的特许费，就该记录内有版权存在的每件作品而言，不得少于1美分；且

（ii）如有版权存在的记录内的作品的版权人是不同的人，则须就该作品向每一作品的版权人支付一笔金额，该金额是以就该记录而须支付的特许权使用费的金额除以该记录内有版权存在的作品的数目而确定的。

第59条　制造这可以在音乐作品的录音中包含部分文学或戏剧作品的条件

（1）凡：

（a）任何人在澳大利亚制作一份录音，该录音包括演奏一首音乐作品，其中歌词是与该音乐一起演唱的，或与该音乐一起附带或相关联地说出的，不论该录音是否包括任何其他事项；

（b）该作品并无版权存在，或如有版权存在，则第55条第（1）款所指明的规定已就该版权而获遵从；

（c）该文字构成或形成有版权存在的文学或戏剧作品的一部分；

（d）该音乐作品的记录，其中唱出该字句或与该字句大致相同的字句，或附带于该音乐中或与该音乐有关联地说出该字句：

（i）曾为销售目的在澳大利亚制造或进口至澳大利亚，和在该文学或戏剧作品的版权人或在其特许下如此制造或进口；

（ii）曾在澳大利亚，以做销售用途而制作其他记录，并且是由该文学或戏剧作品的版权人或在该版权人的特许下制作的；

（iii）曾为销售目的而在澳大利亚以外的国家制造或进口，而该国家在先前制造或进口时，在条例中指明为本分部所适用的国家，并由根据该国家的法律是该文学或戏剧作品的版权人的人制造或进口，或在该人的特许下如此制造或进口；或

（iv）先前已在澳大利亚以外的国家制作，制作为销售目的的其他记录，而该国家在先前制作时在条例中指明为本分部所适用的国家，并且是由根据该国家的法律是该文学或戏剧作品的版权人的人或在该人的特许下制作的；且

（e）已向该文学或戏剧作品的版权人发出第55条第（1）款（b）项规定须向该音乐作品的版权人（如有）发出的相同通知，并已向该文学或戏剧作品的版权人支付按照本条确定的金额（如有）；

该记录的制作不构成对文学或戏剧作品版权的侵犯。

（2）凡版权并不存在于该音乐作品中，则须就该文学或戏剧作品支付的金额，相等于若非有本条，如果版权存在于该音乐作品中，本应就该音乐作品支付的特许权使用费。

（3）凡音乐作品及文学或戏剧作品均有版权：

（a）如该作品的版权由同一人拥有，则无须就该文学或戏剧作品支付款额；或

（b）如该作品的版权由不同的人拥有，如没有本条的规定，本应就该音乐作品支付的特许权使用费，须按他们同意的方式在他们之间分摊；如无协议，则按版权审裁处应他们任何一方的申请而厘定的方式分摊。

（4）凡音乐作品的版权人与文学或戏剧作品的版权人，并不就金额在他们之间的分配方式达成协议，但制作该记录的人以书面方式向每名所有人做出承诺，将该金额中版权审裁处裁定须赋予他或她的部分付给他或她，则：

（a）本条第55条第（1）款（d）项及第（1）款（e）项的效力，如这些条款项中所提及的金额已经支付一样；且

（b）在某承诺所涉及的金额厘定后，作出记录的人有法律责任将该金额支付予或给予该承诺的版权人，而该所有人可在具有司法管辖权的法院向该

人追讨该金额，作为欠该所有人的债项。

第 60 条　部分为零售而部分为无偿处置制作的记录

凡任何人在澳大利亚制作多张包含同一录音的录音，而该录音是音乐作品或构成文学或戏剧作品或其一部分的文字的录音，意图如下：

（a）以零售方式销售或由另一人以销售方式提供大部分记录（在本条中称"为销售而制作的记录"）；且

（b）无偿处置该记录的余下部分，或将该记录的余下部分提供给另一人无偿处置；

本分部适用于为"销售而制作的记录"以外的记录，比如：

（c）该记录是意图以零售方式出售或由另一人以零售方式提供以供出售而制作的；

（d）该记录的制造者无偿处置该记录，或该记录的制造者提供该记录以供另一人无偿处置，均属以零售方式出售该记录；且

（e）该记录的销售价与以零售为目的的记录的销售价相同。

第 61 条　就以往记录进行查询

凡：

（a）任何人按规定进行查询，以确定某音乐作品的记录，或某音乐作品的记录，其中所唱或所说的文字组成或形成该音乐作品或文学或戏剧作品的一部分（视属何情况而定），是否由版权人或在版权人的特许下先前曾在澳大利亚制作或进口到澳大利亚，以供销售或用于制作其他记录以供销售；且

（b）在规定的期间内没有收到对该查询的答复；

就本分部的适用而言，该音乐作品的记录，或该作品中所唱或所说的文字的记录（视属何情况而定）须：

（c）就进行查询的人而言；或

（d）就制作该音乐作品的记录的人，或制作其中所唱或所说的文字或实质上相同字句的该作品的记录的人，为的是将该记录提供予依据该人之间为制作该记录而订立的协议而进行查询的人；

须视为先前在该版权人的特许下，以零售为目的或以零售为目的而制作其他记录（视属何情况而定）而在澳大利亚制作或进口至澳大利亚。

第 64 条　第 55 条和第 59 条在裁定进口记录是否构成侵权时不予考虑

就本法关于进口物品的任何规定而言，在确定于澳大利亚境外制作的记录如果是由进口商在澳大利亚制作的是否构成侵犯版权时，第 55 条和第 59 条应不予考虑。

第 7 分部　不构成侵犯艺术作品版权的行为

第 65 条　公共场所的雕塑及若干其他作品

（1）本条适用于第 10 条"艺术作品"定义（c）项所提及的雕塑及艺术工艺作品。

（2）本条所适用的作品如暂时位于公共场所或开放给公众的场所以外的地方，则该作品的版权并不因制作该作品的绘画、绘图、雕刻或照片而受到侵犯，亦不因将该作品纳入电影或电视广播而受到侵犯。

第 66 条　建筑物和建筑物模型

对建筑物或建筑物模型进行绘画、绘图、雕刻或拍照，或将建筑物或建筑物模型纳入电影或电视广播，均不侵犯建筑物或建筑物模型的版权。

第 67 条　附带拍摄或播放艺术作品

在不影响前面两条的情况下，将艺术作品纳入电影或电视广播中，如果其纳入电影或广播中只是附带于电影或广播中所表现的主要事项，则不侵犯艺术作品的版权。

第 68 条　艺术作品出版

如凭借第 65 条、第 66 条或第 67 条，制作某绘画、绘图、雕刻、照片或电影并不构成侵犯该艺术作品的版权，则出版该绘画、绘图、雕刻、照片或电影并不侵犯该艺术作品的版权。

第 70 条　为将作品加入电视广播中而进行的复制

（1）凡将艺术作品纳入由某人制作的电视广播内（不论是由于转让或特许或本法条文的施行）不会构成侵犯该作品的版权，但除本款外，该人制作该作品的电影会构成侵犯该作品的版权，则该人纯粹为将该作品纳入电视广播内而制作该电影,并不侵犯该作品的版权。

(2) 如电影的复制件用于以下其他目的,则前一款并不适用于该电影:

(a) 在不构成侵犯作品版权的情况下(无论是由于转让、许可还是由于实施本法规定)将作品纳入电视广播;或

(b) 为将该作品纳入该广播而制作该电影的进一步复制件。

(3) 如任何电影的复制件是为将该作品纳入并非该电影制作者的人所制作的电视广播而使用的,则第(1)款不适用于该电影,除非该制作者已向该作品的版权人支付他们所同意的金额,或在没有协议的情况下,已向所有人做出书面承诺,向所有人支付版权审裁处应其中任何一人的申请而厘定的款额,该金额为制作该电影而向所有人支付的合理酬金。

(4) 已做出上一款所提及的承诺的人,在版权审裁处裁定该承诺所涉及的金额后,有法律责任将该金额支付予该作品的版权人,而该版权人可在具有司法管辖权的法院向该人追讨该金额,作为欠该版权人的债项。

(5) 第(1)款不适用于任何电影,除非在按照该款首次使用该电影的任何复制件,以将该作品纳入电视广播之日起计的12个月期限届满前,或在电影制作者与作品版权人商定的更长期限(如果有的话)到期之前,电影的所有复制件都被销毁或在澳大利亚国家档案馆馆长的同意下移交给澳大利亚国家档案馆保管(在1983年档案法的含义内)。

(6) 澳大利亚国家档案馆馆长不得同意根据第(5)款将电影复制件移交给澳大利亚国家档案馆保管,除非他或她已证明该电影具有特殊的记录性质。

第72条 在后期作品中复制部分作品

(1) 同一作者在创作后来的艺术作品时,如果作者没有重复或模仿在先作品的主要设计,则不侵犯该艺术作品的版权。

(2) 即使较早作品的一部分在较后作品中复制,而在复制较后作品时,作者使用了为较早作品的目的而制作的模具、铸件、草图、平面图、建筑物模型或研究,但前一款仍具有效力。

第73条 重建建筑物

(1) 凡版权存在于建筑物内,则该建筑物的重建并不侵犯该版权。

(2) 凡建筑物是按照存在版权的建筑图纸或平面图建造的,而且是由该版权的所有人建造的,或在该所有人的特许下建造的,则其后参照该图纸或平面图重建该建筑物,并不侵犯该版权。

第8分部 设 计

第74条 相应设计

(1) 在本分部中:

就艺术作品而言,"相应设计"指形状或配置的视觉特征,当这些视觉特征在产品中体现时,会导致该作品的复制,无论这些视觉特征是否构成可根据2003年澳大利亚外观设计法注册的设计。

(2) 就第(1)款而言:

"在产品中体现"的,就产品而言,包括编织到产品中、印在产品上或加工到产品中。

第75条 相应外观设计注册时的版权保护

除第76条另有规定外,凡艺术作品(不论是在本条生效日期前或以其他方式制作的)存在版权,而相应的外观设计在生效日期或之后已根据1906年外观设计法或2003年外观设计法注册,则通过在产品中体现该外观设计或任何其他相应的外观设计来复制该作品,并不侵犯该版权。

第76条 根据2003年外观设计法对工业品外观设计进行虚假注册

(1) 本条适用于以下情况:

(a) 根据本法对存在版权的艺术作品提起的诉讼("版权诉讼法");且

(b) 根据2003年外观设计法注册了相应的外观设计;且

(c) 在版权法律程序开始前,该外观设计的专有权尚未届满;且

(d) 在版权法律程序中确定:

(i) 该注册外观设计的注册所有人并不是就该外观设计享有权利的人;且

(ii) 该所有人并无在该艺术作品的版权人知情的情况下注册。

(2) 除第(3)款另有规定外,就版权诉讼目的而言:

(a) 外观设计被视为从未根据2003年外观设计法注册;且

(b) 第75条不适用于就该外观设计所做的任何事情;且

(c) 2003年外观设计法中的任何规定均不构成抗辩。

(3) 如在版权诉讼中确定作出了该诉讼有关的行为,则无须考虑第

(2)款：

(a)由该注册外观设计的所有人的受让人或根据该注册外观设计的所有人所授予的许可；且

(b)善意地依赖该项注册，而无须通知撤销该项注册或更正在外观设计注册记录册内有关该项外观设计的记项的任何法律程序（不论是否在法院进行）。

第77条 未经外观设计注册而将艺术作品申请为工业品外观设计

(1)本条适用于以下情况：

(a)任何艺术作品（建筑物、建筑物模型或艺术工艺作品除外），不论是在本条生效日期前或以其他方式制作的，均有版权存在；

(b)任何相应的外观设计，不论是在澳大利亚或其他地方，亦不论是在本条生效日期之前或之后，由工业应用场所的版权人或在该所有人的特许下，正在或曾经在工业上应用；且

(c)在本条生效日期当日或之后的任何时间，在澳大利亚或其他地方出售、出租、提供或展示以供出售或出租应用相应外观设计的产品（以相应外观设计制造的产品）；且

(d)当时，根据2003年外观设计法，相应设计不可注册，或尚未根据该2003年外观设计法或1906年外观设计法注册。

(1A)本条亦适用于下列情况：

(a)一份完整的说明书，其中披露了按照相应设计制造的产品；或

(b)按相应设计制作并包括在设计申请中的产品的表示；

在澳大利亚发表，不论就相应设计而言是否符合第(1)款(b)项及(c)项的规定。

(2)在以下日期或之后复制该艺术作品，不侵犯该艺术作品的版权：

(a)按相应设计制造的产品首先出售、出租、提供或展示以供出售或出租；或

(b)在澳大利亚首次出版了一份完整的说明书，其中披露了按照相应设计制造的产品；或

(c)根据相应设计制作并包括在设计申请中的产品的代表首次在澳大利亚发表；

通过在产品中体现该设计或任何其他相应设计。

(3)本分部不适用于任何物品或产品，在其出售、出租、提供或展出以

供出售或出租时，根据1906年外观设计法或2003年外观设计法制定的条例将相应的有关外观设计排除在注册之外，并且为了根据本法进行的任何诉讼的目的，在下列情况下，应断然推定外观设计已被排除在注册之外：

（a）在诉讼开始前，根据1906年外观设计法就该产品或根据2003年外观设计法就该产品提出的外观设计注册申请已被拒绝；

（b）拒绝的理由或理由之一是根据该法订立的条例将外观设计排除在根据该法注册之外；且

（c）当诉讼展开时，对拒绝的上诉并无获准或待决。

（4）条例可指明就本条而言，某项外观设计须视为在工业上应用的情况。

（5）在本条中：

"建筑物或建筑物模型"不包括轻便建筑物，例如棚屋、预先建造的游泳池、可拆卸建筑物或类似的轻便建筑物。

"完整的说明书"，与1990年专利法中的含义相同。

"外观设计申请"，与2003年外观设计法中的含义相同。

"表现形式"，就外观设计而言，其含义与2003年外观设计法一样。

第77A条　艺术作品的某些复制件并不侵犯版权

（1）复制艺术作品，或传播该复制作品，并不侵犯版权，如果：

（a）复制件源自体现与艺术作品相关的相应设计的三维产品；且

（b）复制是在以下过程中进行的或附带进行的：

（i）制造一个产品（非侵权产品），而该产品的制造并没有或不会因本分部的实施而侵犯该艺术作品的版权；或

（ii）出售或者出租非侵权产品，或者为出售或者出租而提供或者展示非侵权产品。

（2）在以下情况中，制作包含与艺术作品有关的相应设计的铸件或模具，并不侵犯该艺术作品的版权：

（a）铸件或模具是为制造产品的；且

（b）该产品的制作不会因本分部的实施而侵犯版权。

第9分部　合作作品

第78条　对所有合作作者的提及

除本分部另有明文规定外，本法中对作品作者的提及，在与合作作品有

关的情况下，应理解为对作品所有作者的提及。

第 79 条　对任何一个或多个合作作者的提及

第 32 条对某作品的作者的提述，如该作品合作作品，则视为对该作品的任何一位或多位作者的提述。

第 79A 条　不为普遍所知的合作作者的提及

下列任何一项规定中，如作品是合作作品，凡提及不为人们普遍所知的作品作者身份，则视为提及不为人们普遍所知的该作品的所有作者的身份：

(a) 第 33 条第（2）款中表格的第 3 项；

(b) 第 33 条第（3）款表格的第 2 项或第 3 项。

第 80 条　合作作者中最后去世的一位的提及

在以下任何条文中，凡提及某作品的作者，如该作品是第 81 条并不适用的合作作者作品，即视为提及最后去世的作者：

(a) 第 33 条第（2）款表格的第 1 项或 2 项；

(b) 第 33 条第（3）款表格的第 1 项；

(c) 第 51 条。

第 81 条　以笔名发表的合作作品

(1) 本条适用于首次以 2 个或 2 个以上的名称发表的合作作品，其中 1 个、2 个或 2 个以上（但并非全部）的名称为笔名。

(2) 本条亦适用于首次以 2 个或 2 个以上的名称发表的合作作品，而该名称均为笔名，如在该作品首次发表的日历年结束后 70 年内的任何时间，已普遍知道其中一个或多于一个（但并非全部）作者的身份。

(3) 在第（3A）款所述的任何条文中，凡提及作品的作者，即视为提及：

(a) 身份被披露的作者；或

(b) 如有 2 名或多于 2 名作者的身份被披露（以该作者中最后去世者为准）。

(3A) 有关规定如下：

(a) 第 33 条第（2）款表格的第 1 项或第 2 项；

(b) 第 33 条第（3）款表格的第 1 项。

（4）就本条而言，如有以下情况，作者的身份须当作已披露：

（a）作品出版时所用的姓名之一是该作者的姓名；或

（b）该作者的身份是众所周知的。

第 82 条　有不符合资格的作者的合作作品的版权

（1）第 35 条第（2）款对于其中 1 名或 2 名或 2 名以上（但并非全部）的作者是不符合资格的人的合作作品，具有效力，如其他 1 名或 1 名以上的作者是该作品的 1 名或 1 名以上的作者（视属何情况而定）。

（2）就上一款而言，任何人如仅是该作品的作者，则该作品的版权便不会凭借本部分而存在，则该人就该作品而言，即为不符合资格的人。

第 83 条　将合作作品纳入供教育场所使用的收藏

第 44 条第（2）款提及摘录作者的作品的其他摘录或改编：

（a）须理解为包括提及有关摘录的作者与任何其他人合作而对其作品所作的摘录或改编；或

（b）如有关的摘录来自或改编自合作作品，则该摘录须理解为包括提及有关摘录的任何一名或多于一名作者，或该作者中任何一名或多于一名与任何其他人合作的作品的摘录或改编自该作品的摘录。

第Ⅳ部分　作品以外的客体的版权

第 1 分部　引　言

第 84 条　定义

在本部分中：

"现场表演"，指：

（a）戏剧作品或部分戏剧作品的表演（包括即兴表演），包括使用木偶进行的表演；或

（b）音乐作品或其部分的表演（包括即兴创作）；或

（c）朗读、朗诵或演讲文学作品或该作品的一部分，或朗诵、演讲即兴创作的文学作品；或

(d) 舞蹈表演；或

(e) 马戏表演或综艺表演的表演或任何类似的演示或表演；或

(f) 民间文学艺术的表演；

不论是在有观众在场的情况下还是其他情况下。

现场表演中的"表演者"：

(a) 指对表演的声音作出贡献的每一个人；且

(b) 如该表演包括音乐作品的表演，则包括指挥。

"合格人员"，指：

(a) 澳大利亚公民或居住在澳大利亚的人（法人团体除外）；或

(b) 根据澳大利亚联邦或各州的法律成立的法人团体。

"现场表演录音"，指在现场表演时制作的由表演声音组成或包括表演声音的录音。

第 2 分部　作品以外的客体的版权性质

第 85 条　录音制品版权的性质

（1）就本法而言，除非出现相反意图，否则与录音有关的版权是进行下列所有或任何行为的专有权利：

(a) 制作录音复制件；

(b) 安排公开聆听该录音；

(c) 向公众传播录音；

(d) 就该录音订立商业租赁协议。

（2）第（1）款（d）项并不延伸至就录音订立商业租赁协议，如果：

(a) 该录音的复制件是由个人（记录所有人）在 1994 年版权（世界贸易组织修正案）法第Ⅱ部分生效日期前购买的；且

(b) 商业租赁协议是在录音所有人经营的正常业务过程中订立的；且

(c) 在购买录音制品时，该录音所有人正在经营同一业务或另一业务，该业务由其构成或就录音制品的复制件做出商业租赁协议。

第 86 条　电影版权的性质

为本法的目的，除非出现相反的意图，否则电影的版权是从事下列所有或任一行为的专有权利：

（a）复制该电影；

（b）安排在该电影由视觉图像组成的范围内公开观看，或在该电影由声音组成的范围内公开聆听；

（c）向公众宣传电影。

第87条 电视广播及声音广播的版权性质

为了本法的目的，除非出现相反的意图，否则与电视广播或声音广播有关的版权是专有权利：

（a）如属于电视广播，而该广播是由视觉影像组成的，制作该广播的电影或该胶片的复制件；

（b）如属于声音广播，或如属于由声音组成的电视广播，则须制作该广播录音或录音的复制件；且

（c）如属于电视广播或声音广播，则须以广播以外的方式将其重播或向公众传达。

第88条 作品出版版本的版权性质

为了本法的目的，除非出现相反的意图，否则一个文学、戏剧、音乐或艺术作品的出版版本，或2个或2个以上的文学、戏剧、音乐或艺术作品的版权是制作该版本的传真复制件的专有权利。

第3分部 享有版权的客体（作品除外）

第89条 享有版权的录音制品

（1）除本法另有规定外，如录音者在制作录音时是符合资格的人，则该录音的版权即存在。

（2）在不损害前一款的原则下，除本法另有规定，如录音是在澳大利亚制作的，则该录音享有版权。

（3）在不影响前两款的情况下，在符合本法的情况下，如果已出版的录音首次出版是在澳大利亚进行的，则该录音的版权即存在。

第90条 享有版权的电影

（1）除本法另有规定，如电影制作者在电影制作期间的全部或大部分时

间内是符合资格的人,则电影的版权存在。

(2) 在不损害前一款的原则下,除本法另有规定,电影如在澳大利亚制作,其版权即存在。

(3) 在不影响前两款的情况下,根据本法,如果电影的首次出版是在澳大利亚进行的,则已出版的电影的版权仍然存在。

第91条 享有版权的电视广播及声音广播

在符合本法的情况下,从澳大利亚某地制作的电视广播或声音广播享有版权:

(a) 根据1992年广播服务法获得许可证或类别许可证的授权;

(b) 由澳大利亚广播公司或特别广播服务公司提供。

第92条 享有版权的作品的出版版本

(1) 除本法另有规定,一件文学、戏剧、音乐或艺术作品,或2件或2件以上文学、戏剧、音乐或艺术作品的出版版本,在下列情况下,即拥有版权:

(a) 该版本的首次出版在澳大利亚进行;或

(b) 在该版本首次出版的日期,该版本的出版人是符合资格的人。

(2) 前一款不适用于复制同一作品以前版本的版本。

第4分部 作品以外的客体的版权期限

第93条 录音制品和电影的版权期限

(1) 本条适用于根据本部分存在于版权材料中的版权,而该材料是:

(a) 录音;或

(b) 电影。

版权资料于2019年1月1日前首次公开

(2) 如版权资料于2019年1月1日前首次公开,则版权持续存续至该资料首次公开的日历年后70年。

版权资料从未公开,资料于2019年1月1日或之后首次公开

(3) 如版权资料未能在2019年1月1日前首次公开,下表生效。

2019 年 1 月 1 日前首次公开的版权资料的有效期		
项目	第一栏：如果……	第二栏：版权继续存在，直到……
1	版权材料在该材料制作日历年后 50 年结束前首次公开	该材料首次公开的日历年后 70 年
2	第 1 项不再适用	该版权材料制作日历年后 70 年

第 95 条 电视广播及声音广播的版权期限

（1）凭借本部分而存在于电视广播或声音广播中的版权继续存在，直至做出该广播的日历年届满后的 50 年届满为止。

（2）只要电视广播或声音广播是第 91 条所适用的先前电视广播或声音广播的重复（不论是首次或其后的重复），而该广播是借广播任何物品或物件所包含的视觉图像或声音而做出的：

（a）如该广播是在做出上一次广播的日历年届满后的 50 年期限届满前做出的，则在该广播内存在的任何版权在该期间届满时届满；且

（b）如该作品是在该期间届满后制作的，版权并不凭借本部分而在该作品中存在。

第 96 条 作品已出版版本的版权期限

凭借本部分而存在于一项或多于一项作品的已出版版本的版权继续存在，直至该版本首次出版的日历年届满后的 25 年届满为止。

第 5 分部 作品以外的客体的版权归属

第 A 次分部 作品以外的客体的版权归属

第 97 条 录音制品版权的归属

（1）除第Ⅶ部分和第Ⅹ部分另有规定外，本条具有效力。

（2）除第（3）款另有规定，录音的制作者是凭借本部分而存在于该录音内的任何版权的所有人。

（2A）如现场表演的录音有多个版权人，则版权人以同等份额作为共同出租人。

（3）凡：

（a）任何人有偿与另一人订立协议，由该另一人制作录音；且

（b）该录音是依据该协议做出的；

在没有任何相反协议的情况下，首次提及的人是凭借本部而存在于该录音内的任何版权的所有人。

第98条 电影作品版权的归属

（1）除第Ⅶ部分及第Ⅹ部分另有规定外，本条具有效力。

（2）除下一款另有规定外，电影的制作者是凭借本部分而存在于该影片内的任何版权的所有人。

（3）凡：

（a）任何人有偿与另一人订立协议，由该另一人制作电影；且

（b）该电影是依据该协议制作的；

在没有任何相反协议的情况下，前一人是凭借本部分而存在于该电影中的任何版权的所有人。

（4）如该电影并非委托制作的电影，则在第（2）款中提及该电影的制作者，即包括提及该电影的每一位导演。

（5）如任何导演是根据与另一人（雇主）签订的服务合约或学徒训练合约的雇用条款执导该电影的，则在没有相反协议的情况下，就第（4）款而言，须以雇主代替导演。

（6）如某人成为该版权的所有人：

（a）由于第（4）款的实施；或

（b）由于第（4）款及第（5）款的实施；

只有在版权包括将电影纳入免费广播的重新传输的权利的情况下，该人才成为版权人。

（7）在本条中：

"委托制作的电影"，指第（3）款（a）项及（b）项所述制作的电影。

"导演"的含义与第Ⅸ部分中的含义相同。

"重新传输"，指第ⅤC部分适用的重新传输（如第10条所定义）。

第99条 电视广播及声音广播版权的归属

除第Ⅶ部分和第Ⅹ部分另有规定外，若该电视广播或声音广播存在任何版权，则制作者是该版权的所有人。

第100条 作品出版版本的版权归属

除第Ⅶ部分和第Ⅹ部分另有规定外，出版或发行某部作品的版权，将由版权所有方持有此版权。

第B次分部 与现场表演开始前录音的版权归属有关的特定条文

第100AA条 申请

此次分部适用于现场表演录音，如果：

(a) 在本条开始生效之日，该录音的版权仍然存在；且

(b) 至少有一人会根据第100AD条第（1）款（b）项或第100AD第（2）款成为该录音的制作者。

第100AB条 定义

在该次分部领域：

现场表演的录音的版权的"前所有人"指第100AD条第（1）款（a）项所述的人。

现场表演录音版权的"新所有人"指下列人员：

(a) 根据第100AD条第（1）款（b）项成为录音的制作者的人；

(b) 如第100AD条第（2）款适用，根据该款成为录音制作人的雇主。

注：本条例中使用的其他表达式在第84节中定义。

第100AC条 第100AD条和第100AE条的适用

第100AD和100AE条在第Ⅶ部分及第Ⅹ部分的规定下具有效力。

第100AD条 现场演出开始前录音的制作者

(1) 就第100AE条而言，现场表演录音的制作者是：

(a) 在紧接本条生效日期前拥有该录音所存在的版权的人；且

(b) 在该表演中表演的1名或1名以上的表演者［(a)项已涵盖的表演者除外］。

雇主可能是录音的制造者

(2) 如果：

（a）制作现场表演的录音；且

（b）另一人（雇主）根据服务合同或学徒合同的雇用的条件在该表演中表演的表演者；

则就第（1）款（b）项而言，该雇主被视为制作者而非该表演者。

（3）第（2）款可借表演者与雇主之间的协议（不论是在现场表演之前或之后订立）而予以排除或修改。

第100AE条　制作现场表演录音制品的版权归属

版权的所有权

（1）在本条生效当日及之后，任何现场表演的录音的制作者均为该录音凭借本部分而存在的任何版权的所有人。

版权所有权分割

（2）该版权的前所有人及该版权的新所有人作为共同租户各拥有该版权的一半，按2份相等的份数享有。

（3）前所有人拥有其一半版权的比例，与其在紧接本条生效日期前拥有全部版权的比例相同。

（4）新所有人作为共同承租人，以平等份额拥有其一半的版权。

（5）第（3）款及第（4）款并不限制第196条。

（6）在其他方面，第（3）款并不影响前所有人拥有其一半版权的条款。

如果新的所有者已经离世，版权将移交

（7）如新所有人在本条生效当日已经离世，则为施行第（2）款及第（4）款，由该新所有人在紧接前所有人去世前拥有的该版权本应转予的人取代。

如版权本应转予多于一人，则就第（2）款及第（4）款而言，该人须视为单一新所有人。

第100AF条　前所有者可继续做出与版权有关的任何行为

（1）在本条生效当日及之后，任何现场表演的录音的版权的前所有人可：

（a）做出构成版权的行为；或

（b）做出与版权有关的任何其他行为；

例如版权的每个新所有人已向前所有人授予特许或许可（不论如何描述），以做出该行为。

注：原版权所有人在做出该行为前，可能仍需取得其他原版权所有人的同意。

(2) 第（1）款适用于：

(a) 前所有人的被许可人及所有权继承人；且

(b) 任何获前所有人授权的人；且

(c) 任何由前所有人的被许可人或所有权继承人授权的人；

就像它适用于前所有人一样。

(3) 第（1）款及第（2）款可借前所有人与新所有人之间的协议（不论在本条生效之前或之后订立）而予以排除或修改。

第 100AG 条　版权新所有人的诉讼

如果现场演出录音的版权新所有人根据本法就版权提起诉讼，新所有人无权获得下表中所列的补救措施。

项目	在这个项目……	本法项下的行为 新所有权人无权：
1	该诉讼是为了侵犯第 115 条规定的版权	(a) 损害赔偿（额外损害赔偿除外）；或 (b) 利润账目
2	根据第 116 条的规定，该诉讼是为了转换或拘留	(a) 损害赔偿（额外的除外）；或 (b) 利润账目；或 (c) 任何其他金钱救济（费用除外）；或 (d) 交付侵权复制件
2A	该诉讼是根据第 116AN 条、第 116AO 条或第 116AP 条提起的	(a) 损害赔偿（额外损害赔偿除外）；或 (b) 利润账目；或 (c) 销毁或交付规避装置
3	该诉讼是根据第 116B 条或第 116C 条提起的	(a) 损害赔偿（额外损害赔偿除外）；或 (b) 利润账目

第 100AH 条　对录音版权人的提及

就下列条文而言，现场表演录音的版权新所有人不得视为该版权的所有人：

(a) 第 107 条、第 108 条及第 109 条（第Ⅳ部分）；

(b) 第 119 条及第 133 条（第Ⅴ部分）；

(c) 第 136 条第（1）款及第 150 条、第 151 条、第 152 条、第 153E 条、第 153F 条、第 153G 条、第 159 条及第 163A 条（第Ⅵ部分）中有关"特许及特许人"的定义；

（d）第183条（第Ⅶ部分）。

注：现场表演录音的版权新所有人既不是第113V条第（9）款规定的符合资格权利所有人，也不是第135ZZI条或135ZZZF条规定的相关版权所有人。

第6分部　侵犯作品以外的客体的版权

第100A条　释义

在本分部中，"视听作品"，指录音制品、电影、声音广播或者电视广播。

第101条　做出构成版权的行为而构成侵权

（1）除本法另有规定外，凭借本部分而存在的版权，如任何人不是该版权的所有人，而没有该版权的所有人的特许，在澳大利亚做出或授权在澳大利亚做出任何构成该版权的行为，即属侵犯该版权。

（1A）为施行第（1）款，在决定某人是否已授权在澳大利亚做出凭借本部分而存在的版权所构成的任何行为而无须版权人的特许时，必须考虑的事项包括以下事项：

（a）该人阻止做出有关行为的权力的范围（如有的话）；

（b）该人与做出有关行为的人之间存在的任何关系的性质；

（c）该人是否采取任何其他合理步骤以防止或避免做出该行为，包括该人是否遵守任何有关的行业实务守则。

（2）接下来的两条不影响上一款的一般性。

（3）第（1）款适用于就录音而做出的行为，不论该行为是直接或间接使用载有该录音而做出的。

（4）第（1）款适用于就电视广播或声音广播而做出的行为，不论该行为是接收该广播而做出的，还是借使用任何物品或物件而做出的，而该物品或物件已包含该广播所包含的视觉图像及声音。

第102条　为出售或租用而进口物的侵权行为

（1）除第112A条、112C条、第112D条及第112DA条另有规定外，任何人在没有版权人特许的情况下，为以下目的而将物品进口到澳大利亚，即属侵犯凭借本部分而存在的版权：

（a）为出售或出租该物品，或为出售或出租而以贸易的方式提供或展示该物品；

（b）分发该物品：

(i) 为贸易目的；或

(ii) 作任何其他目的，而该等目的的程度会对版权人造成不利影响；或

(c) 以贸易方式公开展示该物品；

如果进口商知道或理应知道，如果该物品是由进口商在澳大利亚制造的，则该物品的制造将构成侵犯版权。

(2) 就属于或包括凭借本部分而存在版权的客体复制件的物品的附件而言，如该复制件是在没有版权人的特许下在该复制件制造的国家制造的，则第（1）款具有效力，比如省略了"进口商知道或理应知道"等字句一样。

第 103 条　销售及其他交易的侵权行为

(1) 除第 112A 条、第 112C 条、第 112D 条及第 112DA 条另有规定外，任何凭借本部分而存在的版权，如在澳大利亚而无版权人的特许，即属侵权：

(a) 出售、出租或以交易方式提供或公开为出售或出租物品；或

(b) 以商业方式公开展示某物品；

如该人知道或理应知道该物品的制造构成侵犯版权，或如属进口物品，假若该物品是由进口商在澳大利亚制造，则该人会构成侵犯版权。

(2) 就上一款而言，任何物品的分发：

(a) 为贸易目的；或

(b) 为任何其他目的而做出的决定，其程度对有关版权的所有人有不利影响；

应视为该等物品的销售。

(3) 在本条中：

"物品"包括作品或其他客体的复制件或副本，为电子形式的复制件或副本。

第 103A 条　以批评或审查为目的的合理使用

以批评或审查为目的，合理使用视听作品，不论是对首次提及的视听项目、其他视听项目或其他作品，若对首次提及的作品作了充分确认，则不构成侵犯该作品或该作品所包括的任何作品或其他视听作品的版权。

第 103AA 条　以谐仿或讽刺为目的的合理使用

以谐仿或讽刺为目的，合理使用视听作品，不构成侵犯该作品或该作品

所包含的任何作品或其他视听作品的版权。

第 103B 条　为报道新闻而进行的合理使用

（1）在以下情况中，合理使用视听作品并不构成侵犯该项目或该项目所包括的任何作品或其他视听作品的版权：

（a）是为了报纸、杂志或相类似期刊的新闻报道，或与该新闻报道有关联，而该首述视听作品已获得足够的确认；或

（b）是为了以传播方式或在电影中报道新闻，或与报道新闻有关联。

第 103C 条　为研究或学习目的而进行的合理使用

（1）如为研究或学习目的而合理使用视听作品，并不构成侵犯该项目的版权或该项目所包括的任何作品或其他视听作品的版权。

（2）为本法的目的，在确定为研究或学习目的处理视听物品是否构成合理使用时应考虑的事项包括：

（a）处理的目的及性质；

（b）视听作品的性质；

（c）在合理时间内以合理价格获得视听物品的可能性；

（d）该项处理对该视听物品的潜在市场或价值的影响；以及

（e）在只复制该视听作品的部分的情况下，就整个项目而言，所复制的部分的数量和实质。

第 104 条　为司法程序目的而做出的行为

凭借本部分而存续的版权，并不因以下任何事情而被侵犯：

（a）为司法程序或司法程序报告的目的；或

（b）为寻求下列人士的专业意见：

（i）法律执业者；或

（ii）根据 1990 年专利法注册为专利律师的人；或

（iii）根据 1995 年商标法注册为商标律师的人；或

（c）为提供专业意见的目的或在提供专业意见的过程中，由：

（i）法律执业者；或

（ii）根据 1990 年专利法注册为专利律师的人；或

（iii）根据 1995 年商标法。

第104A条　国会图书馆为议员所做的行为

凭借本部分而存续的版权,如仅为协助身为国会议员的人履行该人作为议员的职责而由图书馆的获授权人员做出任何事情,而该图书馆的主要目的是为该国会议员提供图书馆服务,则不属侵权。

第104B条　在安装于图书馆及档案馆的机器上制作的侵犯版权复制件

如果:

(a) 任何人在机器(包括电脑)上制作视听作品或作品的出版版本的侵犯版权复制件或其部分的侵犯版权复制件,而机器是由管理图书馆或档案馆的团体或经其批准而装置于该图书馆或档案馆的处所内,或在该处所外为方便使用该图书馆或档案馆的人而装置的;以及

(b) 在使用机器的人容易看见的地方,或在机器的紧邻处,按照订明格式,贴上订明尺寸的告示;

管理图书馆或档案馆的机构,或管理图书馆或档案馆的人员,都不能仅仅因为该复制件是在该机器上制作的,就被视为授权制作侵犯版权的复制件。

第104C条　为医疗保健或相关目的而共享的录音制品及电影的版权

(1) 在以下情况中,电影或录音制品的版权所包含的行为并不侵犯该电影或录音制品的版权:

(a) 做出或授权做出的行为:

(i) 为2012年我的健康档案法要求或授权收集、使用或披露健康信息的目的;或

(ii) 存在1988年隐私权法第16A条第(1)款表格第1项所允许的一般情况(对生命、健康或安全的严重威胁),或者如果从事该行为的实体为该法目的的应用程序实体,就会存在这种情况;或

(iii) 根据1988年隐私权法第16B条存在允许的健康状况,或者如果从事该活动的实体是该法目的的组织,就会存在这种状况;或

(iv) 条例规定的与保健有关的任何其他目的,或与保健信息的交流或管理有关的任何其他目的;以及

(b) 任何一种:

(i) 该影片或录音基本上由健康信息组成;或

（ii）该影片或录音允许储存、检索或使用健康信息，而在本会侵犯该作品版权的情况下做出该行为或授权做出该行为是合理必要的。

（2）在本条中：

"医疗保健"与2012年我的健康记录法中的含义相同。

"健康信息"与2012年我的健康记录法中的含义相同。

第 105 条　某些录音的版权不会因在公共场所或广播中听到录音而被侵犯

仅凭借第89条第（3）款而存在的录音的版权，并不因安排公开聆听该录音或广播该录音而被侵权。

第 106 条　导致录音在宾馆或俱乐部被听到

（1）凡有人在公众场合听到任何声音记录：

（a）在有人居住或睡觉的场所，作为专为该场所的住客或囚犯或为该住客或囚犯及其客人而提供的便利设施的一部分；或

（b）作为注册慈善机构活动的一部分，或为注册慈善机构的利益而进行；

致使该录音被如此听取的行为不构成对该录音的版权的侵权。

（2）第（1）款不适用于：

（a）就第（1）款（a）项所提及的任何种类的场所而言，如进入该场所内拟聆听记录的部分已缴付特定费用；或

（b）就第（1）款（b）项所提及的任何类别的注册慈善机构而言，如有人就进入聆听该录音的地方而收取费用，而该费用的任何收益并非为该注册慈善机构的目的而应用。

（3）在第（2）款中，凡提及为接纳而做出的特定押记或押记，包括提及部分为入场而做出的特定押记或部分为其他目的而做出的押记。

第 107 条　为广播目的制作录音复制件

（1）凡任何人广播某录音制品（不论是由于转让或特许或本法某条文的施行）不会构成侵犯该录音制品的版权，但该人制作该录音制品的复制件会，除本款外，该人仅为广播与其他事项有关的录音而制作与其他事项有关的录音的复制件，并不构成该等侵权行为，因此并不侵犯该录音的版权。

（2）如录音复制件用于以下目的，则不适用于该复制件：

（a）在不构成侵犯录音版权的情况下（不论是由于转让、许可或本法某条文的实施）播放录音；或

（b）为在该情况下广播该录音而制作该录音的进一步复制件。

（3）如录音复制件是由并非该复制件的制作者的人为广播该录音而使用的，则第（1）款不适用于该复制件，除非该制作者已向该录音的版权人支付他们所同意的金额，或在没有协议的情况下，已向所有人做出书面承诺，向所有人支付版权法庭应其中任何一人的申请而厘定的金额，该金额是就制作该复制件而向所有人支付的合理报酬。

（4）已做出上一款所提及的承诺的人，在版权法庭裁定该承诺所涉及的金额后，有法律责任将该金额支付予该记录内的版权人，而该所有人可在具有司法管辖权的法院向该人追讨该金额，作为欠该所有人的债项。

（5）第（1）款不适用于录音的复制件，除非在按照该款制作的任何复制件首次用于按照广播该录音的日期起计的 12 个月期限届满前，或在复制件制作者与录音版权人商定的进一步期限（如有的话）到期之前，根据该款制作的所有复制件均被销毁，或经澳大利亚国家档案馆馆长同意，移交给澳大利亚国家档案馆保管（在 1983 年档案法的意义内）。

（6）澳大利亚国家档案馆馆长不得同意根据第（5）款将录音复制件移交给澳大利亚国家档案馆保管，除非他或她已证明该录音具有特殊的记录性质。

（7）在本条中：

"广播"不包括联播。

第 108 条　公开表演不侵犯已出版录音的版权，但须支付合理报酬

（1）在以下情况中，任何人安排公开聆听已发表的录音，并不侵犯该录音的版权：

（a）该人已向该录音的版权人支付他们协议的金额，或在没有协议的情况下，已向该所有人做出书面承诺，向该所有人支付版权法庭应他们任何一方的申请而厘定的金额，该金额是就安排该录音公开聆讯而向该所有人支付的合理报酬；且

（b）如属于首次在澳大利亚以外地方发表的录音，该录音已在澳大利亚发表，或该录音首次发表日期后的订明期间已届满。

（2）已做出上一款所提及的承诺的人，在版权法庭裁定该承诺所关乎的

金额后，有法律责任将该金额支付予该录音内的版权人，而该所有人可在具有司法管辖权的法院向该人追讨该金额，作为欠该所有人的债项。

（3）为施行第（1）款（b）项而订明期间的条例，可就不同类别的录音制品订明不同的期间。

第109条 在某些情况下广播不侵犯已出版录音的版权

（1）除本条另有规定外，在以下情况中，制作广播（向制作该广播的人支付费用而传送的广播除外）并不侵权已发表录音的版权：

（a）如版权法庭并无根据第152条有效的命令就该广播的制作时间而适用于该广播的制作者，则该广播的制作者已向该录音的版权人做出书面承诺，向该所有人支付以下所指明的金额（如有的话），或版权法庭根据该条就制作者在该广播的期间内广播其版权由该人拥有并包括该录音的已发表录音做出的命令而裁定；或

（b）凡版权法庭有根据该条做出的有效命令，就该广播的制作时间而适用于该广播的制作者：

（i）该录音的版权由该命令指明的人所拥有，而该命令所指明的金额或按照该命令所厘定的金额须在其中一人中分开的，而该广播的制作者则按照该命令向该人付款；或

（ii）该录音的版权由该命令没有如此指明的人拥有。

（2）如录音的广播是按照广播的制作者与该录音的版权人之间的协议做出的，则不适用于该广播。

（3）第（1）款不适用于尚未在澳大利亚发表的录音的广播，如该广播是在该录音首次发表日期后的订明期间届满前做出的。

（4）为施行上一款而订明期间的条例，可就不同类别的录音订明不同的期间。

（5）在以下情况中，第（1）款不适用于没有在澳大利亚发表的录音的广播：

（a）该录音由或包括有版权存在的音乐作品组成；

（b）该音乐作品是为与戏剧作品一起演出而制作的，或已与戏剧作品一起演出，或已纳入电影；且

（c）该音乐作品的录音并未（不论以出售或其他方式）提供予澳大利亚公众。

(6) 就第（5）款（c）项而言，如提供音乐作品的记录并非由该作品的版权人作出，或并非在该作品的版权人的特许下作出的，则该提供须不予理会。

第109A条　为私人及家庭用途复制录音资料

（1）本条适用于以下情况：

（a）录音的复制件（较早复制件）的所有人使用该较早复制件制作该录音的另一复制件（较晚复制件）；且

（b）制作后一复制件的唯一目的，是拥有者在私人和家庭使用后一复制件的装置，该装置须：

（i）是可用来使录音被听到的装置；且

（ii）他或她拥有；且

（c）先前的复制件不是通过互联网下载无线电广播或类似节目的数字录音而制作的；且

（d）较早的复制件不是该录音、广播或包括在该录音中的文学、戏剧或音乐作品的侵犯版权的复制件。

（2）较后复制件的制作并不侵犯该录音的版权，或该录音所包括的文学、戏剧或音乐作品或其他客体的版权。

（3）如较早的复制件或较后的复制件是以下情况，则第（2）款视为从未适用：

（a）出售；或

（b）出租；或

（c）以贸易方式为出售或出租而提供或展示；或

（d）为贸易或其他目的而分发的；或

（e）用于使该录音在公众场合被听到；或

（f）用于广播录音。

注：如果较早或较晚的复制件是按前述第（3）款所述处理的，不仅可能因制作较晚的复制件而侵权，而且可能因处理该较晚复制件的处理方式而侵权。

（4）为免生疑问，第（3）款（d）项不适用于版权人将较早的复制件或较晚的复制件借予其家庭或住户的成员，以供该成员的私人及家庭用途。

第110条　与电影有关的条文

（1）凡构成电影一部分的视觉图像全部或主要由在其首次出现于某物品

或事物时是传达新闻的手项的图像组成的，则在该影片所描绘的主要事件发生日届满后 50 年，致使该影片在公众面前被观看或听到，或同时被观看和听到，并不侵犯该影片的版权。

（2）凡电影的版权凭借本部分而存在，则任何人在该版权届满后安排公众观看和聆听该影片，或安排公众观看和聆听该影片，并不因这样做而侵犯任何文学、戏剧、音乐或艺术作品凭借第Ⅲ部分而存在的版权。

（3）凡包含在与构成电影一部分的视觉图像相关联的声道中的声音也包含在一张录音中，但该声道或直接或间接源自该声道的录音除外，则对该录音的任何使用并不侵犯该电影的版权。

第 110AA 条　复制不同格式的电影供私人使用

（1）本条适用于以下情况：

（a）包含模拟形式电影的录像带的所有人以电子形式制作该影片的复制件（主要复制件），以供其私人和家庭使用，而不是该录像带；且

（b）录像带本身并不是该影片或广播、录音、作品或作品的出版版本的侵犯版权复制件；且

（c）所有人在制作该主要复制件时，没有制作也没有正在制作另一个以电子形式体现该影片的复制件，该电子形式与在主要复制件中体现该影片的电子形式基本相同。

为此目的，不应将偶然制作的电影临时复制件视为制作主要复制件的技术过程的必要部分。

（2）制作主要复制件并不侵犯电影或该影片所包括的作品或其他客体的版权。

处理主要复制件可能使其成为侵权复制件

（3）如第（2）款的主要文本是：

（a）出售；或

（b）出租；或

（c）以贸易方式为出售或出租而提供或展示；或

（d）为贸易或其他目的而分发的。

注：如果主要复制件是按第（3）款所述处理的，那么版权不仅可能因制作主要复制件而受到侵犯，也可能因处理主要复制件而受到侵犯。

（4）为免生疑问，第（3）款（d）项不适用于出借人将主要复制件借予

其家庭或住户的成员,以供该成员的私人及家庭用途。

处置录像带可使主要复制件成为侵犯版权复制件

(5) 如该录像带的所有人将该录像带处置给另一人,则第(2)款即视为从未适用。

临时复制件的状态

(6) 如第(2)款只因不理会附带制作该电影的临时复制件是制作该主要复制件的技术程序的必要部分,而适用于制作该主要复制件,则:

(a) 如该临时复制件在制作主要复制件期间或之后的第一个切实可行时间被销毁,制作该临时复制件并不侵犯该电影或该电影所包括的任何作品或其他客体的版权;或

(b) 如该临时复制件在当时没有销毁,则该临时复制件的制作始终被视为侵犯了存在于该电影及该电影所包括的任何作品或其他客体的版权(如有)。

第110A条　复制和传播图书馆或档案馆未出版的录音制品和电影

凡在录音或电影制作时间或期间届满后50年以上,该录音或电影仍有版权,但:

(a) 录音或者电影尚未出版的;且

(b) 载有该录音的记录或该电影的复制件保存在图书馆或档案馆的馆藏中,而该馆藏受条例规制,可供公众查阅;

该录音或电影的版权,以及该录音或电影所包括的任何作品或其他客体的版权,均未受侵犯:

(c) 任何人为研究或学习目的或为出版而复制或传播该录音或电影;或

(d) 由图书馆或档案馆的主管人员或其代表制作录音或电影的复制件或将该复制件传送,而该复制件是提供或传送给一个人,而该人使该主管人员确信他或她需要该复制件是为了进行研究或学习,或为了出版,并且他或她不会将该复制件用于任何其他目的的。

第110C条　为联播而制作录音或电影的复制件

(1) 如广播录音或电影不会因任何理由而构成侵犯该录音或影片的版权,但制作该录音或影片的复制件,则除本条外会构成侵犯该版权,则在以下情况下,制作该录音或影片的复制件并不侵犯该版权:

（a）制作该复制件所用的录音或影片是模拟形式的；且

（b）制作该复制件纯粹是为了以数码形式同时转播该录音或影片。

（2）如任何录音或影片的复制件用于以下目的，则第（1）款不适用于该复制件：

（a）在不因任何理由而构成侵犯该录音或影片的版权的情况下，同时转播该录音或影片；或

（b）在该情况下，为同时转播该录音或影片而制作该录音或影片的进一步复制件。

（3）第（1）款不适用于任何录音或影片的复制件，除非根据该款制作的录音或影片的所有复制件在条例所指明的有关日期或之前销毁。

（4）为施行第（3）款，条例可就不同类别的录音制品或电影指明不同的日期。

第 111 条　录制广播，以便在更方便的时间重播

（1）如任何人只为私人及家庭用途而制作电影或广播的录音，而该电影或录音是在较制作广播的时间更方便的时间观看或收听该广播的资料，则本条适用。

注：第 10 条第（1）款将"广播"定义为 1992 年广播服务法所指的广播服务向公众提供的传播。

制作电影或录音并不侵犯版权

（2）制作该影片或录音并不侵犯该广播或该广播所包括的任何作品或其他客体的版权。

注：即使该电影或录音的制作没有侵犯该版权，但如果制作了该电影或录音的复制件，该版权也可能受到侵犯。

处理电影或录音的体现

（3）如载有该影片或录音的物品或物件符合以下情况，则第（2）款即视为从未适用：

（a）出售；或

（b）出租；或

（c）以贸易方式为出售或出租而提供或展示；或

（d）为贸易或其他目的而分发的；或

（e）用于使该电影或录音被公开观看或聆听；或

（f）用于播放该电影或录音。

注：如体现电影或录音的物品或物件是按第（3）款所述处理的，则版权不仅可能因制作该物品或物件而受到侵犯，而且可能因处理该物品或物件而受到侵犯。

（4）为免生疑问，第（3）款（d）项不适用于出借人将该物品或物件借予该出借人的家庭或住户的任何成员，以供该成员私人及家庭使用。

第111A条 传播过程中的临时复制

（1）在制作或接收传播的技术过程中制作视听制品的临时复制件，不侵犯根据本部分存在的版权。

（2）如传送属侵犯版权行为，则第（1）款不适用于作为传送技术过程的一部分而制作视听作品的临时复制件。

第111B条 作为技术使用过程的一部分的临时复制

（1）除第（2）款另有规定外，如某客体的临时复制件是作为使用该客体的复制件的技术过程的必要部分而偶然制作的，则制作该客体的临时复制件并不侵犯该客体的版权。

（2）第（1）款不适用于：

（a）某客体的临时复制件是由下列材料制作而成，

（i）该临时复制件即为该客体的侵权复制件；或

（ii）客体的复制件是在另一国家制作的，但如果制作该复制件的人是在澳大利亚制作的，该复制件将是该客体的侵犯版权复制件；或

（b）制作某客体的临时复制件，作为使用该客体复制件的技术过程的必要部分，该项使用构成侵犯该客体的版权。

（3）第（1）款不适用于任何客体的临时复制件的任何后续使用，但作为制作该临时复制件的技术过程的一部分的使用除外。

第112条 作品的复制件

如复制一个或多个作品的已出版版本，而复制该版本的全部或部分，并不侵犯该版本的版权，但该复制是在下列过程中进行的除外：

（a）某版本只包含一个作品：

（i）对该作品的处理，即根据第40条、第41条、第42条、第43条、第44条或者第113E条并不侵犯该作品的版权；或

（ii）因第 49 条、第 50 条、第 113F 条、第 113H 条、第 113J 条、第 113K 条、第 113M 条、第 113P 条或第 182A 条而使用该作品的全部或部分，不侵犯该作品的版权；或

（b）包含两个以上作品：

（i）对于其中的一个作品或对于部分或全部的作品，由于第 40 条、第 41 条、第 42 条、第 43 条、第 44 条或者第 113E 条，并不侵犯该等作品或该等作品的版权；或

（ii）由于第 49 条、第 50 条、第 113F 条、第 113H 条、第 113J 条、第 113K 条、第 113M 条、第 113P 条或第 182A 条，不侵犯该作品或该等作品的版权的使用，或部分或全部作品的全部或部分的使用。

第 112A 条　图书的进口与销售

（1）任何人如在没有版权人的特许的情况下，为第 102 条第（1）款（a）项、（b）项或（c）项目的。

（2）除本条另有规定外，以下的版权：

（a）在开始日期之前首次出版的海外版；或

（b）作品的已出版版本，而该版本是在开始日期之前、当日或之后首次在澳大利亚出版的；

为第 102 条第（1）款（a）项、（b）项或（c）项所述的目的而将非侵权图书的精装或平装版的复制件（在本条中称为"进口复制件"）进口到澳大利亚的人，在下列情况下，不构成侵权：

（c）该人已书面向版权人或其代理订购该版本的一本或多本图书（并非二手复制件或多于满足该人合理要求所需的复制件）；且

（d）当该人订购进口复制件时，（c）项所述的原始命令并没有由该人或经该人同意撤回或取消，或者虽然撤回或者取消，但是：

（i）自该人发出原始订单后至少 7 日，版权人、特许所有人或代理并没有书面通知该人会在发出原始订单后 90 日内完成该订单；或

（ii）自该人发出原始订单起，最少已过 90 日，而版权人、被许可人或代理人仍未填写该订单。

（3）作品的已出版版本（不论该版本在开始出版日之前、当日或之后首次出版）的版权，未经版权人许可，进口复制的非侵权图书至澳大利亚，如果进口的目的是填补书面订单，并不侵犯该作品的已出版版本的版权：

（a）是书面订单的，该订单载有由客户签署的陈述书；或

（b）是电话订单的，客户须做出一份可核实的声明；

声明大意为：客户并不打算将图书用于第 102 条第（1）款（a）项、(b) 项或（c）项所述的目的。

（4）任何人在没有版权人的特许的情况下，将任何非侵犯版权图书的 2 本以上进口到澳大利亚，以下情况中，该作品的已出版版本（不论该版本是在开始日期之前、当日或之后首次出版）的版权未被侵犯：

（a）进口的目的是填写由图书馆或代表图书馆向该人发出的书面订单或可核实的电话订单，但图书馆为某人或组织（直接或间接）营利的除外；且

（b）就书面订单而言，该订单载有一项由下订单的人签署的声明，大意是图书馆不打算将任何图书用于第 102 条第（1）款（a）项、（b）项或（c）项所述的目的；且

（c）属于电话订购的，发出订购的人做出（b）项所提述的可核实声明；且

（d）如此进口的复制件数目不多于如此订购的复制件数目。

（5）在不限制根据第（3）款或第（4）款发出的电话订单或根据第（3）款（b）项和第（4）款（c）项做出的声明的方式下可以核实，而就本条而言，如接受该订单的人或做出该声明的人在做出该订单或声明（视属何情况而定）时，或紧接其后就该订单或声明的详情做出书面记录，则该订单或声明须视为可予核实。

（6）在下列情况下：

（a）为第 102 条第（1）款（a）项、（b）项或（c）项所述目的而将图书进口到澳大利亚；

（b）根据本条，进口不构成对已出版作品的版权的侵犯；

为任何上述目的而使用本书并不构成对出版作品版权的侵犯，并且第 103 条第（1）款不适用于该图书。

（7）版权人或其许可人及代理人能够在澳大利亚供应足够的平装本图书以填补任何合理订单的，第（2）款不适用于将精装本图书进口到澳大利亚。

（8）版权人或其特许授权人或代理人能够在澳大利亚供应足够的平装本图书以填补任何合理订单的，第（2）款不适用于将精装本图书进口到澳大利亚。

（9）本条中，"图书"不包括：

（a）以一部或多部音乐作品为主要内容的书，包括或不包括任何相关的

文学、戏剧或艺术作品；或

(b) 与计算机软件一起销售，用于该软件使用的说明书；或

(c) 期刊。"生效日"指 1991 年版权法修正案生效之日。

"海外版"指作品的出版版本：

(a) 首次在澳大利亚以外的国家出版的版本；且

(b) 在其他国家首次出版后 30 日内没有在澳大利亚出版的。

注：就本法而言，作品的一个版本可以在澳大利亚"首次出版"，前提是该版本在澳大利亚先于其他地方的一个版本在 30 天内出版。关于"首次出版"的含义，参见第 29 条，特别是第 29 条第（5）款。

第 112B 条　复制化学产品容器的批准标签上的文字

在化学产品容器的标签上复制任何出现在批准标签上的文字，并不侵犯根据第 92 条就该文字而存在的任何版权。

第 112C 条　进口配件等的版权

(1) 以下方面的版权：

(a) 作品的已出版版本，而该作品的复制件位于或包含在某一物品的非侵权附件中；或

(b) 电影，而该电影的复制件是某物品的非侵权配件；或

(c) 录音，而该录音是物品的非侵权配件；

随商品进口配件不构成侵权。

注："配件"的定义见第 10 条第（1）款，配件在某些进口物品方面的扩展含义也参见第 10AD 条。

(2) 第 103 条不适用于：

(a) 作品已出版版本的复制，即在一件物品的非侵权附件上或包含在该附件内的复制；或

(b) 电影的复制件，即属于物品的非侵权配件的复制件；或

(c) 包含录音的唱片，该唱片是一件物品的非侵权附件；

如果进口附件并不侵犯该电影或录音的版权（视情况而定）。

(3) 第 103 条"物品"的定义不影响本条。

第 112D 条　进口非侵权录音复制件不侵犯该录音制品的版权

(1) 以下行为不侵犯该录音制品的版权：

（a）进口该录音制品的非侵权复制件；或

（b）做出第 103 条所述的行为，涉及任何人已进口到澳大利亚的非侵权录音复制件的物品。

（2）本条仅适用于以下情况：当录音复制件进口到澳大利亚时，该录音复制件已在以下情况中出版：

（a）在澳大利亚；或

（b）在另一个国家（出版国），或经以下人士同意；

（i）在出版国的录音的版权或相关权利的所有者；或

（ii）录音制品出版国法律未规定录音制品出版时版权或者有关权利的，该录音制品的版权人或者有关权利的所有人；或

（iii）在录音制品出版时，出版国和原录音国（不论是否不同）的法律均未就录音制品的版权或相关权利做出规定的，为录音制品的制作者。

注：第 29 条第（6）款涉及未经授权的出版物。

（3）在第（2）款中：

录音制品的版权或者有关权利的"所有人"，指录音制品发表时的所有人。

（4）第 103 条"物品"的定义不影响本条。

第 112DA 条　电子文学或音乐作品的复制的进口和销售等

（1）关于作品的已出版版本：

（a）该作品是或属于电子文学或音乐作品的一部分；且

（b）该版本已在澳大利亚或具有资格的国家出版；

（c）向澳大利亚进口含有该电子文学或音乐作品的非侵权复制件的物品；或

（d）做出第 103 条所述的行为，涉及在其中包含电子文学或音乐作品的非侵权复制件并已由任何人进口到澳大利亚的物品。

注：第 130C 条涉及被告在侵犯版权的民事诉讼中所承担的举证责任。

（2）第 103 条"物品"的定义不影响本条。

第 112E 条　利用某些设施进行传播

提供制造或便利制造下列物品的设施的人（包括承运人或运输服务提供者）：传播不会仅仅因为另一人使用该传播所提供的设施去做版权所包含的权

利所做的事，而被视为授权侵犯音像制品的版权。

第 7 分部　其余方面

第 113 条　版权独立存在

（1）除第 110 条第（2）款另有规定外，凡凭借本部分而任何客体存在版权，则本部分的规定不得视为影响第Ⅲ部分就该客体全部或部分源自的文学、戏剧、音乐或艺术作品的施行，而凭借本部分而存在的任何版权，是附加于凭借第Ⅲ部分而存在的任何版权，并独立于凭借第Ⅲ部分而存在的任何版权。

（2）在本部分任何规定下的版权不影响本部分任何其他规定的运作。

第 113A 条　代理人可代表表演者团体行事

（1）本条适用于表演者团体中对现场表演的录音的版权有权益的所有成员。

（2）该团体的所有成员均被视为已向某人授予特许或许可（无论如何描述）：

（a）做出版权范围内的行为；或

（b）做出与版权有关的任何其他行为；

如果团体的代理人在其实际或表面权力范围内行事，已向该人颁发许可证或准许该人从事该行为。

注：有关人士在作出该行为前，仍可能需要取得其他版权所有人的特许或许可。

第 113B 条　同意使用现场表演的录音

在下列情况下，一个人被认为已获得表演者特许或许可（不论描述如何）使用现场表演的录音。

（a）表演者已同意为特定目的录制表演；且

（b）该录音是根据同意条款用于该目的。

注：在使用该现场表演的录音制品之前，该人仍可能需要取得该录音制品的其他版权所有人的同意。

第 113C 条　无法找到使用出版录音制品等的所有者

（1）属于已发表录音的现场表演的录音的版权的所有人（第一所有人），如有以下情况，即视为已获该版权的另一所有人批给特许或许可（无论如何描述），以做出构成该版权的作为，或做出与该版权有关的任何其他行为：

（a）第一所有人已与另一所有人订立协议以进行该行为；且

（b）第一所有人在做出合理查阅后，未能发现另一所有人或其代表的身份或住址。

注：第一个版权所有人仍可能需要取得现场表演录音版权其他所有人的许可。

（2）如第一所有人做出该行为，则该人必须在该协议订立之日起计4年内，以信托方式持有并收取另一所有人任何金额的份额（除非该金额在该日之前已分配予该另一所有人或代该另一所有人分配）。

（3）如果在4年内，确定并找到了其他所有人，第一所有人必须将信托持有的金额分配给其他所有人或代表其他所有人分配。4年结束，其他所有人仍未确认或下落不明时，第一所有人可以保留该数额。

（4）第一所有人在初步作出合理查询后，无须在4年期间内继续做出合理查询。

（5）在协议有效期内，如果确定或找到了其他所有人，其他所有人不能阻止第一所有人作出版权规定的行为。

第ⅥA部分　不侵犯版权的使用

第1分部　本部分简要概述

第113D条　本部分的简要概述

以下内容不侵犯任何版权材料的版权：

（a）障碍者的特定使用；

（b）图书馆、档案和主要文化机构的某些用途；

（c）教育机构的某些用途。

注1：本法的其他条款，包括第Ⅲ部分、第Ⅳ部分、第Ⅴ部分、第Ⅶ部分和第Ⅹ部分，规定对版权材料的某些其他使用不侵犯版权。

注2：任何人可以规避访问控制技术保护措施，使其能够实施在本部分不侵犯版权的行为［如果该行为是为第116AN条第（9）款（c）项的目的所规定的］。

第 2 分部　障碍者可进入或者为障碍者服务

第 113E 条　为障碍者的获得目的的合理使用

（1）如果以使用为目的的一个或多个障碍者获得版权材料（是否通过这些人中的任何一个或由另一个人进行使用），则公平处理版权材料并不侵犯版权材料。

（2）就本条而言，在决定该使用是否属合理使用时，必须考虑的事项包括以下事项：

（a）该使用的目的及性质；

（b）版权资料的性质；

（c）使用对该材料的潜在市场或价值的影响；

（d）如果只处理部分材料，则处理部分的数量和实质，以相对于整个材料而言。

第 113F 条　协助障碍者的机构使用受版权保护的资料

协助障碍者的机构，或代表该机构行事的人，在下列情况下使用受版权保护的资料并不侵犯版权，如果：

（a）使用的唯一目的是帮助障碍者访问一个或多个材料的人因为残疾所需要的格式（无论该访问是由或代表组织或由其他团体或个人）；且

（b）该机构或代表该机构行事的人信纳该材料（或该材料的有关部分）无法在合理时间内以普通商业价格以该格式取得。

第 3 分部　图书和档案

第 A 次分部　公共图书馆、国会图书馆和档案馆

第 113G 条　图书馆

本次分部适用于以下情况，如果：

（a）公众可以直接或通过馆际互借获得图书馆的全部或部分馆藏；或

（b）图书馆的主要目的是为国会议员提供图书馆服务。

注 1：关于国会的参考，参见第 12 条。

注 2：本次分部也适用于档案（如第 10 条所指）。

第113H条 保存

(1) 在下列情况下，图书馆或档案馆的获授权人员在使用受版权保护的资料时，并不侵犯该资料的版权：

(a) 使用该资料是为了保存图书馆或档案馆的馆藏；且

(b) 以下任一项或两项均适用：

(i) 授权人员的图书馆或档案保存的材料是原始形式；

(ii) 获授权人员确信，无法获得该材料的复制件，其版本或格式符合保存该等收藏的最佳做法。

(2) 在下列情况下，图书馆或档案室的获授权人员将保存复制件提供给图书馆或档案室查阅，并不侵犯版权资料（保存复制件）的版权：

(a) 第（1）款适用于制作保存复制件，因为制作该复制件是为了保存包括图书馆或档案的藏书；且

(b) 保存复制件为电子形式；且

(c) 管理图书馆或档案的机构采取合理步骤，确保在图书馆或档案查阅保存本的人不会侵犯保存本的版权。

注：由于本法的其他规定，如第49条（图书馆和档案馆为用户复制和传播作品），对研究复制品的其他使用可能不侵犯版权。

第113J条 研究

(1) 在以下情况中，图书馆或档案馆的获授权人员在使用版权材料时不会侵犯版权：

(a) 该材料构成图书馆或档案馆馆藏的一部分；且

(b) 图书馆或档案馆以原始形式保存资料；且

(c) 该用途是在该图书馆或档案馆或另一图书馆或档案馆进行研究。

(2) 在下列情况下，图书馆或档案馆的获授权人员将受版权保护的资料（研究复制作）提供给图书馆或档案馆查阅，并不侵犯其版权：

(a) 第（1）款适用于研究复制件的制作，因为该复制件是以在图书馆或档案馆进行研究为目的而制作的；

(b) 研究复制件为电子形式；且

(c) 管理图书馆或档案的机构采取合理步骤，确保在图书馆或档案查阅

研究复制件的人没有侵犯该研究复制件的版权。

注：由于本法的其他规定，如第 49 条（图书馆和档案馆为用户复制和传播作品），对研究复制件的其他使用可能不侵犯版权。

第 113K 条 馆藏的管理

如果图书馆或档案馆的获授权人员使用的是与保管或控制由图书馆或档案馆组成的馆藏直接相关的材料，则该材料的使用不侵犯版权。

第 B 次分部　重点文化机构

第 113L 条　"重点文化机构"的含义

如果图书馆或档案馆是一个重点文化的管理机构：

（a）根据澳大利亚联邦、州或领地的法律，具有开发和维护图书馆或档案馆馆藏的职能；

（b）为本项的实行而由条例订明。

第 113M 条　保存

（1）在下列情况下，主要文化机构的获授权人员在使用版权材料时不会侵犯版权：

（a）该材料是主要文化机构收藏的一部分；且

（b）获授权人员确信该材料对澳大利亚具有历史或文化意义；且

（c）该用途是为保存该物料；且

（d）下列任何一项或两项均适用：

（i）重点文化机构保存原始资料的；

（ii）获授权人员信纳无法以符合保存该版权资料的最佳做法的版本或格式取得该资料的复制件。

注：如果版权材料的使用不符合本款要求，获授权人员可以转而依赖第 113H 条第（1）款。

（2）在下列情况下，主要文化机构的获授权人员通过向主要文化机构提供版权资料（保存复制件），不会侵犯版权资料（保存复制件）的版权：

（a）第（1）款适用于制作保存复制件，因为是为了保存构成主要文化机构藏品一部分的版权资料；且

（b）保存复制件为电子形式；且

(c) 管理主要文化机构的机构采取合理步骤，确保在主要文化机构查阅保存本的人不会侵犯保存本的版权。

注：由于本法的其他规定，如第49条（图书馆和档案馆为用户复制和传播作品），对保存复制件的其他使用可能不侵犯版权。

第 4 分部　教育机构——法定许可

第 113N 条　本分部简要概述

教育机构可为教育目的复制或传播某些版权材料，前提是管理该教育机构的团体同意向收款团体支付公平的报酬。

第 113P 条　复制、传播作品和广播作品

作品

(1) 在下列情况下，管理教育机构的团体没有通过复制或传播部分或全部的作品而侵犯作品的版权：

(a) 适用于第113Q条规定的教育机构和工作的报酬通知；

(b) 以下作品除外：

(i) 计算机程序；

(ii) 计算机程序的汇编；

(iii) 广播中包含的作品；

(c) 复制或传播仅出于以下教育目的：

(i) 教育机构；

(ii) 其他教育机构，根据第113Q条的规定，报酬通知适用于该其他教育机构且工作有效的；且

(d) 复制或传播的作品的数量不会不合理地损害版权人的合法利益；且

(e) 复制或传播符合：

(i) 有关的作品集体管理组织与管理该教育机构的团体之间的任何有关协议；且

(ii) 版权法庭根据本条第（4）款做出的有关裁决。

广播

(2) 在以下情况中，管理教育机构的团体复制或传播广播的全部或部分的复制件，并不侵犯版权材料的版权；

(a) 适用于该教育机构的报酬通知，根据第113Q条生效版权材料的版

权；且

（b）该材料是：

（i）广播；

（ii）广播所包含的作品、录音或电影；且

（c）复制或传播仅出于以下教育目的：

（i）教育机构；或

（ii）其他教育机构，报酬通知适用于其他教育机构，且该材料根据第113Q条生效；且

（d）复制或传播符合：

（i）广播集体管理组织与管理教育机构的团体之间的任何有关协议；且

（ii）版权法庭根据本条第（4）款做出的有关裁决。

（3）就第ⅪA部分而言，演出中的每一位表演者均被视为已授权复制或传播：

（a）演出的全部或部分；或

（b）该表演广播的内容；

如第（2）款适用于复制或传播。

注：本款的效力是，在第ⅪA部分（表演者的保护）下，复制或传播不存在诉讼权利，也不存在犯罪。

版权法庭裁定的问题

（4）在下列情况下，版权法庭可裁定第（1）款或第（2）款所述与复制或传播有关的问题：

（a）有关收款团体及有关管理教育机构的团体未能根据第（1）款（e）项（i）目和第（2）款（d）项（i）目以协议方式决定有关问题；且

（b）社团或团体向法庭申请由法庭决定该问题。

注：第153A条订明版权法庭处理有关申请的程序。

用于其他目的的复制和传播

（5）第（1）款、第（2）款及第（3）款不适用于任何管理教育机构的团体复制或传播一份复制件，而该复制件在该团体的同意下是：

（a）用作教育机构的教育目的以外的目的；或

（b）在没有适用于其他教育机构的报酬通知，且有关版权资料根据第113Q条属于有效的情况下，给予管理其他教育机构的团体；或

（c）为赚取财务利润而出售或以其他方式供应。

确定传播的内容

（6）本条适用于广播的内容与以相同方式适用于广播，如果广播的内容是：

（a）与广播同时或基本上同时使用互联网以电子方式传送的；或

（b）若广播是免费广播，由广播机构在广播的同时或之后在网上提供。

第113Q条　报酬通知

（1）"报酬通知"是书面通知：

（a）管理教育机构的团体向集体管理组织发出的书面通知；且

（b）该机构承诺：

（i）向社会支付许可复制或传播的合理报酬；且

（ii）对社会给予合理帮助，使社会能够收取和分配公平的报酬。

注：关于公平报酬，参见第113R条。

（2）第113P条第（1）款和第（2）款所述的复制或传播，如该复制或传播并非仅因第113P条而侵犯版权，则属许可复制或传播。

（3）根据本条向收款协会发出的报酬通知，适用于：

（a）该团体管理的教育机构；且

（b）该协会为集体管理组织的版权资料。

注：参见第113V条第（4）款（a）项。

（4）但是，如果第113P条第（1）款（b）项所适用的团体不是该作品版权的符合资格权利人的作品集体管理组织，则该通知不适用于该作品。

注：参见第113V条第（4）款（b）项。

（5）根据本条发出的报酬通知：

（a）自下列日期起生效：

（i）通知有关催收团体之日；或

（ii）通知中指明的较后日期；且

（b）撤销前仍然有效。

（6）管理教育机构的团体可随时撤销该团体根据本条向收款团体发出的报酬通知。该团体以书面通知该协会，撤销该报酬通知。撤销生效：

（a）向社会发出撤销通知之日起计的3个月期间届满；或

（b）在撤销通知所指明之后的日期。

第113R条　合理报酬

（1）管理教育机构的团体根据第113Q条向收款团体发出报酬通知，承诺为授权复制或传播支付的合理报酬的金额为：

（a）该团体与该团体之间约定的金额；或

（b）由版权法庭根据第（2）款裁定。

（2）下列情况下，版权法庭可裁定合理报酬的金额：

（a）协会和团体未能根据第（1）款（a）项通过协议裁定金额；且

（b）协会或团体向法庭申请，由法庭决定有关金额。

注：第153A条订明版权法庭处理有关申请的程序。

（3）法庭根据第（2）款做出的裁决书，可表示就在做出裁决书当日之前所作的复制或传播而言，具有效力。

第113S条 教育机构必须协助集体管理组织

（1）如果根据第113Q条适用于某一教育机构的报酬通知生效，有关集体管理组织可以书面（进入通知）通知管理该教育机构的团体，在通知所指明的日期，进入该教育机构的场所，以审查该机构是否遵守下列规定：

（a）报酬通知；且

（b）第113P条第（1）款（e）项和第（2）款（d）项所述的任何相关协议和决定。

（2）获集体管理组织书面授权的人士，可在集体管理组织向该团体发出进入通知后，为第（1）款所述目的进入该教育机构的处所。

（3）根据第（2）款进入场所只能发生在：

（a）在教育机构的正常工作时间内；且

（b）在进入通知所指明的日期，该通知不得早于发出进入通知之日后7日。

（4）如下述情况，版权法庭可根据本条裁定与进入教育机构场所有关的问题：

（a）有关的收款团体和管理教育机构的团体未能通过协议就该问题做出裁定；且

（b）社团或团体向版权法庭申请由法庭决定该问题。

注：第153A条订明版权法庭处理有关申请的程序。

（5）管理教育机构的机构必须：

（a）确保根据第（2）款进入该教育机构场所的人获得一切合理和必要的设施及协助，以有效检讨该机构是否遵守第（1）款（a）项及（b）项所述的报酬通知、协议及裁定；且

(b) 遵从版权法庭根据第（4）款做出的任何裁定。
（6）管理教育机构的团体如违反第（5）款，即属犯罪。
处罚：5个罚金单位的罚金。

第113T条　自愿许可

（1）本分部丝毫不影响版权资料的版权人发出许可证，授权管理教育机构的团体使用该等资料的权利。
（2）本分部任何规定均不影响表演者在表演（在第ⅪA部分的含义内）中授权教育机构管理机构的权利：
（a）制作或促使他人制作该表演的录音或电影影片；且
（b）传播或安排传播该录音或电影。

第113U条　代表教育机构管理机构的人士

除第113S条第（6）款第一次提述以外，本分部对管理教育机构的团体的提述包括对代表该团体行事的人的提述。

第5分部　集体管理组织

第A次分部　集体管理组织声明

第113V条　集体管理组织声明

申请
（1）一个机构可以以书面形式向部长申请：
（a）集体管理组织：
（i）所有合格的权利持有人；或
（ii）指定类别的合资格权利持有人；或
（b）广播集体管理组织。

声明
（2）在收到申请后，部长必须做以下一件事：
（a）声明该团体是集体管理组织；
（b）声明该团体不是集体管理组织；
（c）两者：
（i）以条例所订明的方式将申请转介版权法庭；且
（ii）将转介通知团体。

（3）如部长根据第（2）款（c）项向版权法庭提交申请，版权法庭可宣布该团体为集体管理组织。登记官必须将声明通知部长。

注：第153A条订明版权法庭处理转介的程序。

（4）根据本条宣布该团体为集体管理组织的声明必须宣布该团体为集体管理组织：

（a）下列情况中：

（i）就第113P条第（1）款（b）项所适用的工程；或

（ii）第113P条第（2）款（b）项适用的版权材料；且

（b）对于：

（i）如本款（a）项（i）目适用，指明类别的符合资格权利持有人；或

（ii）在任何一种情况下，所有合格的权利持有人。

（5）部长必须以可通知的文书，就根据本条做出的声明发出通知。

现有集体管理组织

（6）如果：

（a）某机构被宣布为符合资格的权利持有人的作品集体管理组织；且

（b）后来宣布另一个机构为符合资格的版权持有人的作品集体管理组织；

第一份声明于第二份声明开始生效前的当日（终止日）停止生效，只要第一份声明与符合资格的权利持有人有关。

（7）如果：

（a）根据第113Q条向第一机构发出的报酬通知：

（i）在终止日生效；

（ii）适用于作品；且

（b）符合资格的版权持有人拥有该作品的版权；如果该通知适用于该作品，则该通知在终止日停止有效。

（8）不能在宣布某一机构为广播集体管理组织的同时，宣布另一机构为广播集体管理组织。

符合资格的版权持有人

（9）在本法中：

"符合资格的版权持有人"，指：

（a）集体管理组织指作品版权的所有人；或

（b）对于作品集体管理组织而言——作品的版权人；

（i）作品、录音或电影的版权人（第100AB条所指现场表演录音的版权

的新所有人除外）；

（ⅱ）表演（如第ⅪA部分所指）中的表演者。

第113W条　对集体管理组织声明的规定

部长和版权法庭不能根据第113V条声明一个团体是一个集体管理组织符合资格的版权持有者，除非：

（a）该机构是一个担保有限公司，并根据澳大利亚联邦、州或领地有关公司的法律注册成立；

（b）所有符合资格的权利持有人或其代理人均有权成为其成员；

（c）其规则禁止向其成员支付股息；

（d）其规则包含条例所规定的其他条款，这些条款是确保作为符合资格权利持有人的集体管理组织成员或其代理人的利益得到充分保护所必需的条款，包括关于：

（ⅰ）根据第113Q条向社会发出的报酬通知收取应支付的合理报酬；且

（ⅱ）从该组织收取的款项中支付该组织的行政费用；

（ⅲ）其收取的款项的分配；

（ⅳ）由社会信托持有非其成员的合格权利持有人的数额；

（ⅴ）会员查阅组织记录。

第113X条　撤销声明

（1）第（2）款适用于部长信纳根据第113V条声明为集体管理组织的机构：

（a）没有充分发挥其作为集体管理组织的职能；或

（b）不按照其规则行事，或不符合其作为符合资格权利持有人或其代理人的成员的总体利益行事；或

（c）已更改其规则，使其不再符合第113W条（c）项及（d）项；或

（d）在无合理辩解的情况下拒绝或未能遵守第113Z条或第113ZA条。

（2）部长可以：

（a）撤销声明；或

（b）按条例所订明的方式，向版权法庭提出是否应撤销声明的问题。

（3）在下列情况下，法庭可撤销声明：

（a）部长根据第（2）款（b）项将问题提交版权法庭；且

(b) 法庭信纳第（1）款（a）项、（b）项、（c）项或（d）项适用于该机构。

登记官必须将撤销通知部长。

注：第153A条订明版权法庭处理转介的程序。

（4）根据本条提出的撤销，必须指明该撤销生效的日期。

（5）部长必须通过可通知的文书，根据本条发出撤销通知。

（6）1901年法律解释法第33条第（3）款不适用于根据本法第113V条作出声明的权力。

第B次分部　集体管理组织的运作

第113Y条　本次分部适用范围

本次分部适用于：

(a) 作品集体管理组织；

(b) 广播集体管理组织。

第113Z条　年度报告及账目

（1）集体管理组织必须在每个财政年度结束后，在切实可行范围内尽快：

(a) 拟备一份有关该财政年度内的运作报告；且

(b) 将报告的复制件送交部长，以便提交议会。

（2）集体管理组织必须保存正确记录和说明该组织的各项使用（包括作为受托人的任何使用）和该组织的财务状况的会计记录。

（3）会计记录的保存方式，必须能够不时地编制真实和公平的社会账目，并能方便和适当地审计这些账目。

（4）集体管理组织必须：

(a) 在每个财政年度结束后，在切实可行范围内尽快安排一名非集体管理组织成员的审计师审核集体管理组织的账目；且

(b) 必须将其经审计的账目复制件送交部长。

（5）集体管理组织必须让其成员合理地查阅根据本条拟备的所有报告和经审计的账目的复制件。

（6）本条不影响集体管理组织根据其成立为组织时所依据的法律而拟备及提交周年申报表或账目的任何义务。

第 113ZA 条　规则的修改

集体管理组织必须在其修改规则后 21 日内，将一份修改后的规则复制件送交部长，并附上一份声明，说明：

(a) 修改的效果；且

(b) 作出该决定的原因。

第 113ZB 条　版权法庭审核分销安排

(1) 集体管理组织或该协会的成员可向版权法庭申请审核该协会已采用或拟采用的安排，以分配其在一项时间内所收集的款项。

注：第 153A 条订明版权法庭处理有关申请的程序。

(2) 在根据第（1）款提出申请后，版权法庭必须做出以下命令：

(a) 确认有关安排；或

(b) 更改安排；或

(c) 代替安排，以分配集体管理组织会在该期间所收取的款项。

(3) 如版权法庭做出命令更改该安排或以另一安排取代该安排，则反映版权法庭命令的安排：

(a) 有效，如同该安排是按照协会规则采用的一样；且

(b) 不影响在做出该命令前开始的分配。

第 113ZC 条　集体管理组织规则的操作

第 4 分部和本分部适用于集体管理组织，尽管协会规则中有其他规定，但只要他们能同这些分部一起运作，就不会影响该规则的适用。

第 V 部分　违法行为及救济

第 1 分部　序　言

第 114 条　释义

(1) 在本部分中，"诉讼"指当事人之间的民事诉讼程序，包括反诉。

(2) 在就反诉的申请中，凡提述原告人及被告人，须分别理解为提述被告人及原告人。

第 2 分部　版权人的诉讼

第 115 条　侵权诉讼

（1）根据本法，版权人可以对侵犯版权的行为提起诉讼。

（2）根据本法，法院在侵犯版权的诉讼中可授予的救济包括禁制令（如法院认为合适，则须遵守该等条款）和损害赔偿金或利润表。

（3）在一项侵犯版权的行为中，已确定有侵权行为，或在侵权行为发生时，被告不知道，也没有合理理由认为其知道，这一行为构成版权侵权，根据本条，原告无权获得与侵权有关的任何损害赔偿，但无论是否根据本条给予任何其他救济，原告均有权获得与侵权有关的利润账目。

（4）在根据本条提起的诉讼中：

（a）侵犯版权；且

（b）法院认为这样做是适当的，考虑到：且

（i）侵权行为的明目张胆；且

（ia）有必要制止类似的侵犯版权行为；且

（ib）被告在侵权行为之后的行为，或者（如果相关的话）被告得知其涉嫌侵犯了原告的版权之后的行为；且

（ii）侵权是否涉及将作品或其他客体从硬拷贝或模拟形式转换为数字或其他机器可读的电子形式；且

（iii）被告因侵权而获得的任何利益；且

（iv）其他有关事项；

法院在评估侵权损害赔偿时，可根据其认为适当的情况判定额外损害赔偿。

电子商务侵权救济的考虑

（5）第（6）款适用于审理侵犯版权诉讼的法院，如果法院信纳以下情况：

（a）发生侵权行为（"已证实的侵权"，不论该侵权行为是由于做出版权所包含的行为、授权做出该等行为或做出另一行为而造成的）；或

（b）已证实的侵权涉及向公众传播作品或其他客体；或

（c）由于该作品或其他客体是向公众传播的，因此很可能存在被告对版权的其他侵权行为（"可能的侵权"），但原告在诉讼中没有证明；或

(d) 综合起来，已证实的侵权行为和可能的侵权行为都具有商业规模。

(6) 法院决定在诉讼中给予何种救济时，可以考虑可能的侵权的可能性（以及已证实侵权的可能性）。

(7) 以第（5）款（d）项为目的，综上所述，在决定已证明的侵权行为和可能的侵权行为合起来是否达到商业规模时，要考虑下列事项：

(a) 任何物品的数量和价值；或

(i) 证明构成侵权的侵权复制件；

(ii) 假设可能发生的侵权行为确实发生时构成该侵权行为的侵权复制件；或

(b) 任何其他有关事宜。

(8) 在第（7）款中：

"物品"包括作品或其他客体的复制或复制件，即电子形式的复制或复制件。

第115A条　与澳大利亚以外的网址有关的禁令

禁令的申请

(1) 版权的所有者可以向澳大利亚联邦法院申请颁发禁令，要求服务提供者采取法院认为合理措施，禁止访问澳大利亚境外的网址：

(a) 侵犯或协助侵犯版权；且

(b) 具有侵犯或协助侵犯版权（无论是否在澳大利亚）的主要目的或效果。

(2) 根据第（1）款提出的申请亦可要求禁令规定线上搜索引擎提供商，[根据第（8B）款做出的声明所涵盖的提供商除外]采取法院认为合理的措施，不提供将用户引介至该网上位置的搜索结果。

授予禁令

(2A) 法院可按其认为适当的条款及条件，授予禁令。

注1：在决定是否颁授禁令时可能考虑的事项，参见第（5）款。

注2：根据第（1）款适用于运输服务提供商的禁令条款及条件，可能与根据第（2）款适用于在线搜索引擎提供商的条款及条件不同。

(2B) 在不限制第（2A）款的情况下，禁令可：

(a) 要求服务提供者采取合理的措施，做到下列任何一项或两项：

(i) 阻止提供对禁令中指定在线位置的域名、统一资源定位符（URLs）和国际互联协议（IP）地址访问；

（ii）禁止服务提供商和版权人书面同意的、在禁令下达后已开始提供对在线位置访问的域名、URLs 和 IP 地址；且

（b）要求线上搜索引擎供应商采取合理措施，做到以下任何一项或两项：

（i）不提供包括禁令所指明的可进入网上地点的域名、URLs 及 IP 地址的搜索结果；

（ii）不提供包括域名、URLs 和 IP 地址的搜索结果，而这些域名、URLs 和 IP 地址是线上搜索引擎供应商和版权人书面同意，在禁令发出后已开始提供进入网址的访问的。

当事方

（3）根据第（1）款提起诉讼的各方为：

（a）版权人；或

（b）运输服务提供者；或

（ba）如果根据第（1）款提出的申请也要求禁令适用于在线搜索引擎供应商——在线搜索引擎供应商；或

（c）运营该网址的人，仅该人申请成为诉讼的当事人。

服务

（4）版权人必须通知：

（a）运输服务提供商；或

（aa）如果根据第（1）款提出的申请亦要求禁令适用于网上搜索引擎供应商——网上搜索引擎供应商；或

（b）运营该网上地点的人；

根据第（1）款提出申请，但如法院信纳版权人虽经合理努力，仍无法确定运营该网上地点的人的身份或地址，或无法向该人发出通知，则法院可按其认为适当的条款，免除根据（b）项须发出的通知。

需要考虑的事项

（5）在决定是否授予禁令时，法院可考虑以下事项：

（a）如第（1）款（b）项所述，明目张胆的侵权行为或助长明目张胆的侵权行为；

（b）该网上地点是否提供或载有侵犯或协助侵犯版权的手项的目录、索引或类别；

（c）有关网上地点的所有人或运营者是否普遍漠视版权；

（d）是否曾因侵犯版权或与侵犯版权有关而被其他国家或地区的法院命

令禁止进入网上地点；

（e）在上述情况下，禁止进入网上地点是否适当的回应；

（ea）是否根据第（1）款提出的申请亦要求禁令适用于网上搜索引擎供应商，在该情况下，不提供引介用户登录的搜索结果是否适当的回应；

（f）对可能因禁令的授予而受影响的任何人或任何类别的人的影响；

（g）禁止进入网上地点是否符合公众利益；

（ga）是否根据第（1）款提出的申请亦要求禁令适用于网上搜索引擎供应商，不提供引介用户登录该网站的搜索结果是否符合公众利益；

（h）版权人是否遵守第（4）款；

（i）根据本法可获得的任何其他救济；

（j）条例规定的其他事项；

（k）任何其他有关事项。

假定该网上地点在澳大利亚境外

（5A）在诉讼过程中，除非有相反的证据，否则推定网上地点在澳大利亚境外。

誓章证据

（6）就法律程序而言，第134A条（誓章证据）适用，就如同第134A条（f）项对某一特定行为的提述包括对某一类行为的提述一样。

补救及变更禁令

（7）法院可：

（a）限制期限；或

（b）根据申请，撤销或更改；

根据本条授予的禁令。

（8）根据第（7）款提出的申请可由下列人士提出：

（a）第（3）款所提述的任何人士；或

（b）条例所订明的任何其他人士。

（8A）根据第（7）款提出的申请不得要求法院更改禁令，以使其适用于根据第（8B）款的声明涵盖的网上搜索引擎提供商。

声明排除网上搜索引擎提供商

（8B）部长可通过立法文书声明：

（a）某一特定的网上搜索引擎提供商；或

（b）属于特定类别的在线搜索引擎提供商；

不是根据第（1）款和第（7）款提出的申请中指明的网上搜索引擎提供商。

费用

（9）运输服务提供商或（如适用）网上搜索引擎提供商无须承担与诉讼有关的任何费用，除非该提供商出庭并参与诉讼。

第 116 条　版权人对侵犯版权复制件的权利

（1）作品或者其他客体的版权人可以就以下物品提起转换或者扣押诉讼：

(a) 侵权复制件；或

(b) 用于或拟用于制造侵权复制件的装置（包括规避装置）。

（1A）在一个转换或扣押诉讼中，法院可以授予版权人所有或任何可用的补救措施，如：

(a) 版权人自复制时即为侵权复制件的所有者；或

(b) 自该设备被用于或打算用于制造侵权复制件之时起，版权人即为该设备的所有人。

（1B）法院在要求转换或扣押的诉讼中给予的任何救济，是法院根据第 115 条可给予的任何救济补充的救济。

（1C）如果法院根据第 115 条已给予或拟给予的救济在法院认为是充分的救济，则法院不应在转换或扣押诉讼中给予版权人任何救济。

（1D）在决定是否在转换或者扣押中授予救济和评估应付赔偿时，法院可以从以下方面考虑：

(a) 被告作为销售或以其他方式处理侵权复制件的人在生产或收购侵权复制件中产生的费用；

(b) 有关费用是否在被告出售或以其他方式处置该侵权复制件之前或之后产生；

(c) 法院认为有关的任何其他事项。

（1E）如果侵权复制件是一件物品，只包括部分侵犯版权的材料，法院在决定是否给予宽慰和评估应付的赔偿时，可考虑以下几点：

(a) 侵犯版权材料的物品对市场价值的重要性；或

(b) 侵犯版权的材料在该物品中所占比例；或

(c) 在何种程度上可将侵犯版权的材料与该物品分开。

（2）根据本款，原告无权获得除诉讼费以外的任何损害赔偿金或任何其他金钱救济，如果有证据证明在转换或扣押时：

（a）被告不知道及无合理理由怀疑有关作品或其他诉讼所涉及的客体有版权；

（b）如被转换或扣押的物品是侵权复制件，则被告相信并有合理理由相信该等物品并非侵权复制件；

（c）凡被转换或者扣押的物品是用于或拟用于制作物品的装置——被告有合理的理由相信如此制作或拟如此制作的物品并非或不会是（视属何情况而定）侵权复制件。

第 116AAA 条　取得补偿

（1）除本条外，如果第 22 条第（3A）款、第 97 条第（2）款和第（2A）款将导致表演者在现场表演中从录音制作者处取得财产，则本条适用。

（2）表演者应向制作者支付双方商定的或经有管辖权的法院确定的补偿金。

（3）在根据本条以外的规定开始的诉讼中，任何损害赔偿、补偿或给予的其他补救，在评估根据本条开始的诉讼中因同一事件或交易而产生的应付赔偿时，应考虑在内。

（4）在根据本条展开的法律程序中应支付的任何赔偿，在评估因同一事件或交易而非根据本条展开的法律程序所判予的任何损害赔偿或补偿或其他救济时，均须考虑在内。

（5）本条中：

"财产的取得"与宪法第 51 条（xxxi）项的含义相同。

"公正条款"与宪法第 51 条（xxxi）项的含义相同。

现场表演录音的"制作者"指第 22 条第（3A）款（a）项所述的人。

现场表演的"表演者"指下列人员：

（a）根据第 22 条第（3A）款（b）项成为录音制作者的人；

（b）如第 22 条第（3B）款适用，即根据该款成为录音制作者的雇主。

第 2AA 分部　限制针对服务提供者的救济

第 A 次分部　序　言

第 116AA 条　本分部的目的

（1）本分部的目的是限制针对服务提供商实施某些在线活动涉及侵犯版

权的补救措施。服务提供者必须满足某些条件才能利用这些限制。

注1A：关于"服务提供者"的含义，参见第116ABA条。

注1：第B次分部载有有关活动的说明。

注2：第C次分部载有救济限制的详细情况。

注3：第D次分部列明服务提供者要利用这些限制必须满足的条件。如果服务提供商遵守相关条件，这些限制将自动生效。

（2）本分部不限制在本分部之外对本法有关确定版权是否被侵犯的条款的适用。

第116AB条　定义

在本分部中：

"高速缓存"，指由服务提供商控制或操作的系统或网络上复制版权材料，以响应用户行动，方便该用户或其他用户有效访问该材料。

"行业代码"指：

（a）符合下列要求的行业代码：

（i）满足任何规定的要求；且

（ii）根据1997年电信法第Ⅵ部分注册的；或

（b）根据法规制定的行业规范。

"服务提供商"具有第116ABA条给出的含义。

第116ABA条　服务提供者定义

（1）以下均为服务提供者：

（a）传输服务提供者；

（b）协助障碍者的机构；

（c）图书馆的管理机构，如：

（i）公众人士可直接或透过馆际互借途径查阅图书馆的全部或部分馆藏；或

（ii）图书馆的主要目的是为国会议员提供图书馆服务；

（d）档案管理机构；

（e）管理主要文化机构的机构；

（f）管理教育机构的机构。

（2）如果服务提供者不是：

(a) 传输服务提供者；或

(b) 协助障碍者的机构；或

(c) 管理教育机构的团体，即属法人团体的教育机构；

本分部只适用于服务提供者因与第（1）款所述的有关图书馆、档案馆、重点文化机构或教育机构的关系而进行的活动。

第 B 次分部　相关活动

第 116AC 条　A 类活动

服务提供商通过提供传输、路由或提供版权材料连接的设施或服务，或在传输、路由或提供连接过程中版权材料的中间和短暂存储来执行"A 类活动"。

第 116AD 条　B 类活动

服务提供商通过自动过程高速缓存版权材料来执行"B 类活动"。服务提供者不能手动选择用于高速缓存的版权材料。

第 116AE 条　C 类活动

服务提供商根据用户的指示，在由服务提供商控制或操作的系统或网络上存储版权材料，从而执行"C 类活动"。

第 116AF 条　D 类活动

服务提供商通过使用信息定位工具或技术将用户介绍到在线位置来进行"D 类活动"。

第 C 次分部　限制与补救

第 116AG 条　补救措施的限制

必须满足相关条件

（1）在适用本条的限制之前，服务提供商必须满足第 D 次分部中所列的相关条件。

一般限制

（2）对于在执行第 B 次分部所列任何类别活动过程中发生的侵犯版权行

为，法院不得批准对服务提供商的救济，救济内容包括：

（a）损害赔偿或利润账户；或

（b）额外损害赔偿；或

（c）其他货币救济。

特定类型的限制

（3）对于在进行 A 类活动过程中发生的侵犯版权的行为，法院可对服务提供商给予的救济仅限于以下一项或多项命令：

（a）要求服务提供商采取合理措施禁止访问澳大利亚以外的在线地点的命令；

（b）要求服务提供者终止指定账户的命令。

（4）对于在执行 B、C 或 D 类活动过程中发生的侵犯版权行为，法院可对服务提供商给予的救济仅限于下列一项或多项命令：

（a）要求服务提供商删除或禁止查阅侵犯版权资料或提及侵犯版权资料的命令；

（b）要求服务提供商终止指定账户的命令；

（c）必要时，其他一些负担较轻但相对有效的非货币命令。

相关事由

（5）法院在决定是否作出第（3）款或第（4）款所提述的类别的命令时，必须顾及：

（a）对版权人或独占被许可人造成的损害；且

（b）作出命令会给服务提供者带来的负担；且

（c）遵从命令的技术可行性；且

（d）该命令的效力；且

（e）是否有其他一些相对有效的命令会减轻负担。

法院可以考虑其认为有关的其他事项。

第 D 次分部　条　件

第 116AH 条　条件

（1）下表列出每一类活动的条件。

项目	活动	条 件
1	所有类别	1. 服务提供者必须采取并合理地实施一项政策，规定在适当的情况下终止重复侵权人的账户。 2. 如果具备有效的相关行业规范，服务提供者必须遵守该规范中有关适应和不干涉用于保护和识别版权材料的标准技术措施的相关规定
2	类别A	1. 在执行此活动时，任何版权材料的传播必须由服务提供商以外的人发起或在其指示下进行。 2. 服务提供者不得对所传播的版权材料作出实质性修改。这不适用于作为技术过程一部分的修改
3	类别B	1. 如果缓存的版权材料受原始网站用户访问条件的限制，服务提供商必须确保只有满足这些条件的用户才能访问缓存的版权材料的大分部。 2. 如果具备有效的相关行业守则，服务提供者必须遵守该守则有关以下方面的规定： (a) 更新储存的版权资料；且 (b) 不干扰原网站使用的技术以获取有关使用版权材料的信息。 3. 服务提供者必须迅速删除或禁用缓存版权材料，在规定的形式通知材料已删除或访问它已在原始网站被禁用。 4. 在缓存版权资料传送给后续用户时，服务提供者不得对该资料作出实质性修改。这不适用于作为技术过程一部分的修改
4	类别C	1. 如果服务提供者有权利和能力控制侵权活动，则服务提供者不得获得直接归因于侵权活动的经济利益。 2. 服务提供者在收到以规定形式发出的被法院认定侵权的通知后，必须迅速删除或禁止访问其系统或网络上的版权资料。 2A. 在以下情况中，服务提供商必须迅速采取行动，删除或禁止访问其系统或网络上的版权材料： (a) 意识到该材料侵权；或 (b) 意识到使该材料明显可能侵权的事实或情况。 在与本分部有关的诉讼中，服务提供商不承担证明（a）项或（b）项所述事项的任何责任。 3. 服务提供者必须遵守有关删除或禁止访问其系统或网络上的版权材料的规定程序

续表

项目	活动	条　件
5	类别 D	1. 如果服务提供商有权利和能力控制侵权活动，则服务提供商不得获得直接归因于侵权活动的经济利益。 2. 服务提供商在收到以订明格式发出的通知，表明其所引用的版权材料被法院裁定为侵犯版权后，必须迅速删除或禁止对其系统或网络上的引用的访问。 2A 如果服务提供商： （a）知悉其所提述的版权材料是侵犯版权的；或 （b）知悉事实或情况，而事实或情况显示其所提述的版权材料相当可能是侵犯版权的。 在与本分部有关的诉讼中，服务提供者不承担证明（a）项或（b）项段所提述事项的任何责任。 3. 服务提供商必须遵守有关删除或禁用驻留在其系统或网络上的引用的规定程序

（2）条件中没有被要求服务提供者监视其服务或寻求事实表明侵权活动，除在第（1）款的表格中的第1项的第2条所述标准技术措施所要求的范围外。

（3）在作出决定时，就第（1）款的表格中的第4项及第5项的第1条而言，不论该经济利益是否可直接归因于该条件所提述的侵权活动，法院必须考虑：

（a）服务提供者收取服务费用的行业惯例，包括按活动水平收取费用；且

（b）经济利益是否大于按照公认的行业惯例收取费用通常会产生的利益。法院可以考虑其认为有关的其他事项。

（4）服务提供者遵从第（1）款表格中的第4项的第3条所述的订明程序的行为，并不构成未能满足该项条件2A。

第116AI条　符合条件的证据

如果服务提供商在与本分部有关的诉讼中指出，根据规定的证据表明服务提供商已遵守某一条件，法院必须在没有相反证据的情况下推定服务提供商已遵守该条件。

第 E 次分部　条　例

第 116AJ 条　条例

（1）条例可规定，服务提供商对因善意遵守某一条件而采取的行动造成的损害赔偿或任何其他民事救济不承担责任。

（2）该条例可以就有关当事人的行为就条件规定民事救济。

（3）该条例可以对根据该条例发出通知的人的行为作出违法规定，并对违反该条例的处罚作出规定。处罚不得超过 50 个单位。

注：如果一个法人团体被判违反了本分部规定的条例，则违反了 1914 年刑法典第 4B 条第（3）款。

第 2A 分部　与技术保护措施和电子权利管理信息有关的诉讼

第 A 次分部　技术保护措施

第 116AK 条　定义

在本次分部中，"计算机程序"具有与第 47AB 条相同的含义。

第 116AL 条　本次分部与第 V AA 部分的交互

本次分部不适用于（在第 V AA 部分含义内的）编码广播。

第 116AM 条　地域应用

（1）本次分部适用于在澳大利亚完成的行为。

（2）本条不潜在地影响对本法任何其他条款的解释。

第 116AN 条　规避访问控制技术保护措施

（1）在以下情况中，作品或其他主题的版权人或独占被许可人可以对某人提起诉讼：

（a）该作品或其他主题受到访问控制技术保护措施的保护；且

（b）该人的行为导致规避访问控制技术保护措施；且

（c）该人知道或应该合理地知道该行为会产生该结果。

例外——许可

（2）如有关人士已获得版权人或独家被特许人的许可，以规避有关的访问控制技术保护措施，则第（1）款不适用。

例外——互操作性

（3）在以下情况中，第（1）款不适用：

(a) 该人规避访问控制技术保护措施以使其能够采取行动；且

(b) 该行为：

(i) 涉及计算机程序（原始程序）的复制件，该复制件并非侵权复制件，并且是合法获得的；且

(ii) 不会侵犯原始程序的版权；且

(iia) 涉及当规避发生时，当事人无法轻易获得的原始程序元素；且

(iii) 仅为实现独立创建的计算机程序与原始程序或任何其他程序的互操作性而进行。

例外——加密技术研究

（4）在以下情况中，第（1）款不适用：

(a) 该人规避访问控制技术保护措施以使：

(i) 该人；或

(ii) 如该人是法人团体，则为该人的雇员；

做某事；且

(b) 该行为：

(i) 涉及并非侵权复制件的作品或其他主题的复制件，而该复制件是合法获得的；且

(ii) 不会侵犯作品或其他主题的版权；且

(iii) 将仅为识别和分析加密技术的缺陷和漏洞而进行；且

(c) 个人或雇员：

(i) 在加密技术领域的教育机构从事研究课程的；或

(ii) 在加密技术领域受雇、受训或有经验；且

(d) 个人或雇员：

(i) 已获得版权人或独占被许可人的许可来进行该行为；或

(ii) 已作出或将作出善意努力以获得该等许可。

在本款中，"加密技术"指使用数学公式或算法对信息进行加扰和解扰。

例外——计算机安全测试

（5）在下列情况下，第（1）款不适用于该人：

(a) 该人规避访问控制技术保护措施以使该人能够采取行动；

（b）该行为：

（i）涉及并非侵权复制件的计算机程序的复制件；且

（ii）不会侵犯该计算机程序的版权；且

（iii）仅为测试、调查或校正计算机、计算机系统或计算机网络的安全性而进行；且

（iv）将在计算机、计算机系统或计算机网络所有者的许可下进行。

例外——网络隐私权

（6）在以下情况中，第（1）款不适用于该人，如果：

（a）该人规避访问控制技术保护措施以使该人能够采取行动；且

（b）该行为：

（i）涉及非侵权复制件的作品或其他主题的复制件；且

（ii）不会侵犯作品或其他主题的版权；且

（iii）将仅用于识别和禁用收集或传播自然人在线活动的个人识别信息的未公开能力；且

（iv）不影响本人或者其他任何人接触作品或者其他客体或者其他作品或者客体的能力。

例外——执法与国家安全

（7）第（1）款不适用于由联邦、州或领地，或这些机构之一的当局或其代表为以下目的而合法作出的任何事：

（a）执法；或

（b）国家安全；或

（c）履行法定职能、权力或职责。

例外——图书馆等

（8）在下列情况下，第（1）款不适用于该人：

（a）该人规避访问控制技术保护措施以使该人能够采取行动；且

（b）该人是：

（i）图书馆（直接或间接为一名或多名个人营利而经营的图书馆除外）；或

（ii）第10条第（1）款或第（4）款中"档案"定义（a）项所述的机构；且

（iii）教育机构；且

（c）该行为的唯一目的是就有关作品或其他主题作出收购决定；且

(d) 当该行为完成时,该人将无法获得该作品或其他客体。

注:为营利而经营业务的人所拥有的图书馆本身可能不能为营利而经营(参见第18条)。

例外——法律规定的行为

(9) 在以下情况中,第(1)款不适用于该人:

(a) 该人规避访问控制技术保护措施以使该人能够采取行动;且

(b) 该行为不会侵犯作品或其他主题的版权;且

(c) 该人的行为是由条例订明的。

注:关于制定规定某人采取行为的条例,参见第249条。

举证责任

(10) 被告有责任确定第(2)款至第(9)款所述事项。

第116AO条 制造技术保护措施的规避装置

(1) 在下列情况下,作品或其他客体的版权人或独占被许可人可以对某人提起诉讼:

(a) 该人用设备做出以下任何行为:

(i) 为提供给他人而制造的;

(ii) 为提供给他人而将其进口到澳大利亚;

(iii) 将其分发给他人;

(iv) 向公众提供;

(v) 提供给他人;

(vi) 将其传达给他人;

(b) 该人知道,或应合理地知道该装置是用于技术保护措施的规避装置;

(c) 作品或者其他客体受到技术保护措施的保护。

例外——没有推广、广告等

(2) 在下列情况下,第(1)款不适用于该人:

(a) 该装置只是因为其被推广、广告或营销为具有规避该技术保护措施的目的,而成为规避该技术保护措施的装置;且

(b) 以下两项均适用:

(i) 该人没有进行上述推广、广告或营销活动;

(ii) 该人未指示或要求(明示或默示)另一人进行该等推广、广告或营销。

例外——互操作性

(3) 在下列情况下，第（1）款不适用于该人：

(a) 该规避装置将被用来规避为实施某项行为而采取的技术保护措施；且

(b) 该行为：

(i) 涉及计算机程序（原始程序）的复制件，该复制件并非侵权复制件，并且是合法取得的；且

(ii) 不会侵犯原始程序的版权；且

(iia) 涉及当规避发生时，实施该行为的人无法轻易获得的原始程序元素；且

(iii) 仅为实现独立创建的计算机程序与原始程序或任何其他程序的互操作性而进行。

例外——加密研究

(4) 在下列情况下，第（1）款不适用于该人：

(a) 该技术保护措施是一项访问控制技术保护措施；且

(b) 该规避装置将用于规避访问控制技术保护措施，使某人（研究人员）能够采取行动；且

(c) 该行为：

(i) 涉及非侵权复制件且合法获得的作品或其他客体的复制件；且

(ii) 不会侵犯作品或其他客体的版权；且

(iii) 将仅为识别和分析加密技术的缺陷和漏洞而进行；且

(d) 研究人员是：

(i) 在加密技术领域的教育机构从事研究课程的；或

(ii) 在加密技术领域受雇、受训或有经验；且

(e) 研究人员：

(i) 已获得版权人或独占被许可人的许可而采取上述行为；或

(ii) 已作出或将作出善意努力以获得该等许可。

在本条中，"加密技术"指使用数学公式或算法对信息进行加扰和解扰。

例外——计算机安全测试

(5) 在下列情况下，第（1）款不适用于该人：

(a) 该技术保护措施是一项访问控制技术保护措施；且

(b) 规避装置将用于规避访问控制技术保护措施，以使某项行为得以

进行；

（c）该行为：

（i）涉及非侵权复制件的计算机程序复制件；且

（ii）不会侵犯该计算机程序的版权；且

（iii）仅为测试、调查或校正计算机、计算机系统或计算机网络的安全性而进行；且

（iv）将在计算机、计算机系统或计算机网络所有者的许可下进行。

例外——执法与国家安全

（6）第（1）款不适用于由联邦、州或地区，或这些机构之一的当局或其代表为以下目的而进行的任何合法行为：

（a）执法；或

（b）国家安全；或

（c）履行法定职能、权力或职责。

（7）被告负有证明第（2）款至第（6）款所述事项的责任。

第116AP条　为技术保护措施提供规避服务等

（1）在下列情况下，作品或其他客体的版权人或独占被许可人可以对某人提起诉讼，如果：

（a）该人：

（i）向他人提供服务；或

（ii）向公众提供服务；且

（b）该人知道或有理由知道该服务是为技术保护措施而提供的规避服务；且

（c）作品或者其他客体受到技术保护措施的保护。

例外——没有推广、广告等

（2）第（1）款不适用于以下情况，如果：

（a）该服务是技术保护措施的规避服务，只是因为该服务被推广、广告或营销为具有规避技术保护措施的目的；且

（b）以下两项均适用：

（i）该人没有进行上述推广、广告或营销活动；

（ii）该人未指示或要求（明示或默示）另一人进行该等推广、广告或营销。

例外——互操作性

(3) 在下列情况下，第（1）款不适用于该人，如果：

(a) 规避服务将用于规避一项技术保护措施，以使某行为得以进行；且

(b) 该行为：

(i) 涉及计算机程序（原始程序）的复制件，该复制件并非侵权复制件，并且是合法获得的；且

(ii) 不会侵犯原始程序的版权；且

(iia) 涉及当规避发生时，实施该行为的人无法轻易获得的原始程序元素；且

(iii) 仅为实现独立创建的计算机程序与原始程序或任何其他程序的互操作性而进行。

例外——加密研究

(4) 在下列情况下，第（1）款不适用于以下人员，如果：

(a) 技术保护措施是一种访问控制技术保护措施；且

(b) 规避服务将用于规避访问控制技术保护措施，使某人（研究人员）能够采取行动；且

(c) 该行为：

(i) 涉及非侵权复制件且合法获得的作品或其他客体的复制件；

(ii) 不会侵犯作品或其他客体的版权；且

(iii) 将仅为识别和分析加密技术的缺陷和漏洞而进行；且

(d) 研究人员是：

(i) 在加密技术领域的教育机构从事研究课程的；或

(ii) 在加密技术领域受雇、受训或有经验；且

(e) 研究人员：

(i) 已获得版权人或独占被许可人的许可而采取上述行为；或

(ii) 已作出或将作出善意努力以获得该等许可。

在本条中，"加密技术"指使用数学公式或算法对信息进行加扰和解扰。

例外——计算机安全测试

(5) 在下列情况下，第（1）款不适用于该人：

(a) 该技术保护措施是一项访问控制技术保护措施；且

(b) 规避服务将用于规避访问控制技术保护措施，以使某项行为得以实施；且

（c）该行为：

（i）涉及非侵权复制件的计算机程序复制件；且

（ii）不会侵犯该计算机程序的版权；且

（iii）仅为测试、调查或校正计算机、计算机系统或计算机网络的安全性而进行；且

（iv）将在计算机、计算机系统或计算机网络所有者的许可下进行。

例外——执法或者国家安全

（6）第（1）款不适用于由联邦、州或地区，或这些机构之一的部门或其代表为以下目的而进行的任何合法行为：

（a）执法；或

（b）国家安全；或

（c）履行法定职能、权力或职责。

举证责任

（7）被告承担证明第（2）款至第（6）款所述事项的责任。

第116AQ条　根据本次分部提起诉讼的救济

（1）在不限制法院在本款项下诉讼中授予的救济的情况下，该救济可包括：

（a）禁令，但须符合法院认为适当的条款（如有的话）；且

（b）损害赔偿或利润账目；且

（c）如果作为该诉讼客体的行为涉及规避装置，即按照该指令指明销毁或处理规避装置的命令。

（2）在评估损害赔偿时，法院可以根据以下情况判定适当的额外损害赔偿：

（a）被告的行为是诉讼的主体；且

（b）有必要制止类似行为；且

（c）被告在该等行为之后的行为，（如相关）被告得知其涉嫌所做的行为将成为根据本次分部提起诉讼的对象后的行为；且

（d）被告因该等行为而获得的任何利益；且

（e）其他有关事项。

（3）如果：

（a）已根据本次分部对某人提起诉讼；且

(b) 作为该诉讼对象的人所做的行为涉及一项装置；且

(c) 该装置在法院看来是一项规避装置；

在法院认为适当的条件下，法院可命令将该装置送交法院。

(4) 本条不潜在地影响对本法任何其他条款的解释。

第 B 次分部　电子权利管理信息

第 116B 条　删除或更改电子权利管理信息

(1) 本条适用于以下情况：

(a) 任何一种：

(i) 任何人从具有版权的作品或其他客体的复制件中，删除与该作品或其他客体相关的任何电子权利管理信息；且

(ii) 任何人更改与存在版权的作品或其他客体有关的任何电子权利管理信息；且

(b) 该人在没有获得版权人或独占被许可人的许可下；且

(c) 该人知道，或应当合理地知道，删除或更改将导致、促成、便利或隐藏对该作品或其他客体的版权的侵犯。

(2) 如适用本条，版权人或独占被许可人可对该人提起诉讼。

(3) 在第（2）款下的诉讼中，除非被告另有证明，否则必须假定被告知道或应当合理地知道与该诉讼有关的删除或更改会产生第（1）款（c）项所述的效果。

第 116C 条　电子版权管理信息被删除、变更的作品向公众发布等

(1) 本条适用，如果：

(a) 任何人未经版权的所有人或独占被许可人许可，就存在版权的作品或其他客体作出以下任何作为：

(i) 向公众分发该作品或其他客体的复制件；

(ii) 向澳大利亚进口作品或其他客体的复制件，以便向公众发行；

(iii) 向公众传播该作品或其他客体的复制件；

(b) 任何一种：

(i) 与该作品或其他客体有关的任何电子权利管理信息已从该作品或客体的复制件中删除；

(ii) 与作品或其他客体有关的电子权利管理信息被更改；且

(c) 该人知道有关电子版权管理资料，已在未经版权人或独占被许可人许可的情况下，被删除或更改；且

(d) 该人知道，或应当合理地知道，在（a）项中所述的行为将便利或隐藏对该作品或其他客体的版权的侵犯。

(2) 如适用本条，版权人或独占被许可人可对该人提起诉讼。

(3) 在根据第（2）款提起的诉讼中，必须假定被告：

(a) 拥有第（1）款（c）项所述的知识；且

(b) 知道或应当合理地知道，该诉讼所涉及的行为的实施将会产生第（1）款（d）项所述的效果；

除非被告有其他证据。

第116CA条　已被删除或更改的电子权利管理信息的分发和进口

(1) 本条适用，如果：

(a) 某人就与存在版权的作品或其他客体相关的电子权利管理信息采取了以下任一行为：

(i) 分发电子权利管理信息；

(ii) 向澳大利亚进口电子权利管理信息以供分发；且

(b) 该人没有获得版权人或独占被许可人的许可；

(c) 任何一种：

(i) 未经版权人或独占被许可人的许可，该等信息已从作品或客体的复制件中删除；或

(ii) 在获得版权人或独占被许可人许可的情况下，已从该作品或客体的复制件中删除有关信息，但未经该版权人或独占被许可人许可而更改有关信息；且

(d) 该人知道该信息已在未经许可的情况下被删除或更改；且

(e) 该人知道，或应当合理地知道（a）项所述的该人所作的行为将导致、促成、便利或隐瞒侵犯版权的行为。

(2) 如适用本条，版权人或独占被许可人可对该人提起诉讼。

(3) 在第（2）款下的诉讼中，必须假定被告：

(a) 拥有第（1）款（d）项所述的知识；且

(b) 知道或应当合理地知道，作出与该诉讼有关的行为会产生第（1）

款（e）项所述的效果；

除非被告有其他证据。

第 116CB 条　涉及国家安全和执法的例外

第 116B 条至第 116CA 条不适用由以下机构或其代表澳大利亚为执法或国家安全目的而进行的任何合法行为：

（a）联邦或州或地区；或

（b）联邦或州或地区的当局。

第 116D 条　根据本次分部提出的诉讼中的救济

（1）法院在根据本次分部提出的诉讼中可给予的救济，包括禁令（但须受法院认为适当的条款所规限，如有的话）及损害赔偿或利润账目。

（2）如果在本次分部的诉讼中，法院可以因以下情况认定是适当的：

（a）被告作为诉讼主体的行为是公开的；且

（b）被告因该等行为而获得的任何利益；且

（c）其他有关事项；

法院在评估损害赔偿时，可判予其认为在当时情况下适当的额外损害赔偿。

第 3 分部　版权受独占许可限制的诉讼程序

第 117 条　释义

在本分部内：

"如该许可是一项转让"，则意味着，相较于授予许可，这是一项授予（但须符合与授予许可的条件尽可能相符的条件下）关于其适用的版权转让，即在许可授权的地点和时间进行该版权的适用。

"另一方"指：

（a）就版权人而言——独占被许可人；且

（b）就独占被许可人而言——版权的所有者。

第 118 条　适用

本分部适用于与版权有关的诉讼，在诉讼所涉及的事件发生时，该版权已获发有效的独占许可。

第119条 独占被许可人的权利

除本分部后面各条的规定外：

（a）除非针对版权人，否则独占被许可人所享有的诉讼权利与他或她凭借第115条或115A条本应享有的诉讼权利相同，并有权享有与他或她凭借第115条或第115A条本应享有的救济措施相同（如果该许可是一项转让，而该等权利及救济措施与版权人根据该条所享有的权利及救济措施相同）；

（b）除针对版权人外，独占被许可人在该许可是转让的情况下，根据第116条，享有与他或她应有的相同的诉讼权利，并有权享有与他或她应有的相同的补救措施；且

（c）版权人并无凭借第116条而不具有的任何诉讼权利，亦无权享有假若该许可是转让而凭借第116条而不具有的任何补救。

第120条 版权人或独占被许可人作为当事人的共同诉讼

（1）在下列情况下：

（a）版权人或独占被许可人提起诉讼；且

（b）就根据第115条或第115A条提起的侵权诉讼而言，该诉讼全部或部分涉及所有人和被许可人根据该条同时享有诉讼权利的行为；

所有人或被许可人，视情况而定，除非经法院许可，否则无权根据该条提出与侵权行为有关的诉讼，除非另一方在诉讼中作为原告或增加为被告加入诉讼。

（2）本条不影响对版权人或独占被许可人的申请发出中间禁令。

第121条 针对独占被许可人的抗辩

在独占被许认可人凭借本分部而提出的诉讼中，如该诉讼是由版权人提出的，则被告可根据本法对独占被许可人提出抗辩。

第122条 在授予独家许可的情况下的损害评估

凡提出第120条所适用的诉讼，而版权人和独占被许可人并非诉讼的原告，法院在评估该条所述侵权的损害赔偿时应：

（a）如果原告是独占被许可人，则应考虑许可所涉及的任何有关许可使用费或其他方面的责任；且

（b）不论原告是版权人或独占被许可人，须考虑根据第 115 条已就该侵权行为判给另一方的任何金钱救济，或根据该条就该侵权行为行使的任何诉讼权利（视情况需要而定）。

第 123 条　所有人与独占被许可人之间的利益分配

（a）就根据第 115 条提起的侵权诉讼而言，该诉讼全部或分部涉及版权人和独占被许可人根据该条同时享有诉讼权利的行为；且

（b）在该诉讼中，不论版权人及独占被许可人是否为双方当事人，均仅就该侵权行为收取利润账目；

然后，在法院知悉的任何协议的约束下，该等利润的使用由版权人和独占被许可人决定，法院须以公正的方式分配利益，并发出适当的指示，以使分配生效。

注：然而，并不是所有的版权所有人都有权获得利润账户，参见第 100AG 条。

第 124 条　就同一侵权行为提起的独立诉讼

在版权人或独占被许可人所提起的诉讼中：

（a）如已就侵犯版权作出另一方胜诉的最终判决或命令，并根据第 115 条就同一侵犯版权行为交出所得的利润，则不得根据该条作出支付损害赔偿的判决或命令；且

（b）如就同一侵犯版权行为，已根据该条作出另一方胜诉的最终判决或命令，判给损害赔偿或指示交出所得利润，则不得根据该条作出要求交出所得利润的判决或命令。

注：然而，并不是所有的版权所有人都有权获得损害赔偿或利润说明（额外损害赔偿除外），参见第 100AG 条。

第 125 条　费用责任

凡在第 120 条所适用的诉讼中，不论是由版权人或独占被许可人提出，另一方当事人并未作为原告加入（不论是在诉讼开始时或之后），而是加入为被告，另一方不承担诉讼中的任何费用，除非他或她出庭参与诉讼。

第 4 分部　民事诉讼中的事实证明

第 126 条　关于版权的存在及其所有权的推定

在依据本分部提起的诉讼中：

（a）如被告没有就版权是否存在于该作品或其他客体的问题提出争议，则推定版权存在于该诉讼所涉及的作品或其他客体中；且

（b）凡版权的存续得以确立，如原告声称是版权人，而被告并无就其所有权的问题提出争议，则推定原告为版权人。

第126A条　与版权存在有关的推定

（1）本条适用于根据本分部进行的诉讼，而在该诉讼中，被告就版权是否存在于该诉讼所涉及的作品或其他客体提出异议。

标签或标记

（2）如作品或其他客体的复制件，或包装或盛放该复制件的包装或容器上附有标签或标记，注明该作品或其他客体首次出版或制作的年份和地点，除非存在相反证据，该版权存在即被推定为标签或标记上所注明的年份和地点。

外国证书

（3）如果符合条件的国家根据该国法律颁发的证书或其他文件，述明作品或其他客体的首次出版或制作的年份和地点，除非存在相反证据，该版权存在即被推定为外国证书上所注明的年份和地点。

（4）就本条而言，任何文件符合第（3）款所指的证书或文件，除非存在相反证据，否则须视为该证书或文件。

第126B条　与版权主体有关的推定

（1）本条适用于根据本分部进行的诉讼，而在该诉讼中，被告就原告对该诉讼所涉及的作品或其他客体的版权主体的问题提出异议。

标签或标记

（2）如该作品或其他客体的复制件，或包装或盛放该复制件的包装或容器，附有标签或标记，注明某人在某一时间是该作品或其他客体的版权人，则除非存在相反证据，否则须推定该人当时是该版权人。

外国证书

（3）如在符合资格的国家根据该国法律发出的证书或其他文件，注明某人在某一特定时间是该作品或其他客体的版权人，则除非存在相反证据，否则须推定该人当时是该版权人。

（4）就本条而言，任何看来是第（3）款所提述的证书或文件，除非存

在相反证据，否则须视为该证书或文件。

所有权链

（5）如果：

（a）第（2）款或第（3）款适用；且

（b）原告提供一份文件，说明以下内容：

（i）诉讼主体版权的每位继受人（包括原告的所有权）；

（ii）每名继受人拥有该版权的日期；

（iii）导致每名继受人成为版权人的交易的描述；

则除非存在相反证据，否则（b）项（i）目、（ii）目和（iii）目所述事项须推定为该文件所述事项。

（6）如果：

（a）第（2）款和第（3）款均不适用；且

（b）原告出示一份文件，说明以下内容：

（i）版权的原始所有人，诉讼的主体；

（ii）该版权的每位继受人（包括原告的所有权）；

（iii）每位继受人成为该版权人的日期；

（iv）导致每位继受人成为该版权人的交易的描述；

则除非存在相反证据，否则（b）项（i）目、（ii）目、（iii）目和（iv）目所述的事项须推定为该文件所述事项。

犯罪

（7）任何人如有下列行为即属犯罪：

（a）根据第（5）款或第（6）款出示文件；且

（b）该人罔顾该文件是否虚假或具误导性。

处罚：30个罚金单位的罚金。

第127条　与作者身份有关的推定

（1）凡文学、戏剧、音乐或艺术作品的作者的姓名出现在已出版作品的复制件上，或声称是艺术作品作者的姓名在制作时出现在作品上，则在凭借本分部提起的诉讼中，姓名如该人的真名或他或她的通常姓名出现在作品上的人，须推定其为作为作品的作者。除非存在相反情况，并在第35条第（4）款、第（5）款和第（6）款不适用的情况下制作作品。

（2）凡被指称为合作作品的作品，前款适用于被指称为该作品作者之一的每个人，犹如该款中提及的作者指作者之一一样。

（3）凡在凭借本分部就摄影作品提起的诉讼中：

（a）确定在拍摄照片时，某人是拍摄作品的材料的所有人，或该材料在当时的所有权并未确立，即某人是拍摄该摄影作品的器具的所有人；或

（b）在拍摄照片时，所用的材料或设备所有权尚未得到确认，但在某人死亡时，该摄影作品由该人持有，或是摄影作品的所有权在拍摄时未确认，但由该人占有或保管；除非存在相反证据，否则该人被推定为摄影作品的作者。

（4）然而，如该材料或器具的所有人是法人团体，则第（3）款（a）项只在需要作出推定以决定该摄影作品的版权的所有权的情况下适用。

注：例如，如果需要确定摄影作品中版权的持续时间，则该推定不适用。

第128条 与作品出版者有关的推定

如果在根据本分部就文学、戏剧、音乐或艺术作品提起的诉讼中，上述最后一条不适用，但事实证明：

（a）该作品最初是在澳大利亚出版的，并在提起诉讼的日历年开始之前的70年期间出版；且

（b）在首次出版的作品复制件上出现了出版者的名称；

除非存在相反证据，否则版权须推定存在于该作品中，而如此出现的姓名须推定为该版权在该作品发表时的所有人。

第129条 作者死亡后的推定

（1）凡在凭借本分部就文学、戏剧、音乐或艺术作品提起的诉讼中，确定作者已死亡：

（a）除非存在相反证据，否则该作品须推定为原创作品；且

（b）如原告在指称中指明的某次出版是该作品的首次出版，而该项出版是在其指明的国家及日期进行的，除非存在相反证据，否则该次发表须推定为该作品的首次发表，在其指明的国家和那个日期发生。

（2）凡：

（a）文学、戏剧、音乐或艺术作品已出版；且

（b）该出版物是匿名的或原告声称是假名的；且

（c）不能确定该作品曾以作者的真实姓名或以其广为人知的姓名发表，或作者的身份广为人知；

第（1）款（a）项及（b）项适用于凭借本分部就该作品提出的诉讼，其适用方式与在作者已证实死亡的情况下该两项的适用方式相同。

第 129A 条　与计算机程序有关的推定

（1）本条适用于根据本分部提起的与作为计算机程序的文学作品的版权有关的诉讼，如果：

（a）体现该程序的全部或部分内容的物品或载体已向公众提供（通过销售或其他方式）；且

（b）在供应该等物品或东西时，该等物品或东西或其容器附有标签或其他标记，该标签或标记由圆圈内的字母"C"组成，并附有指明的年份及人名。

（2）推定：

（a）计算机程序是原创文学作品；且

（b）该计算机程序在该年首次发行；且

（c）在该等物品、东西或容器加上标签或标记的时间和地点，该人是该程序的版权人；除非存在相反证据。

（3）根据第（2）款作出的关于某人的推定，并不当然表明该人在该等物品、东西或容器加上标签或标记的时间和地点是该程序的版权的唯一所有人。

第 130 条　与录音制品有关的推定

（1）本条适用于根据本分部提起的与录音制品版权有关的诉讼，如果：

（a）收录全部或分部录音制品的记录（以出售或其他方式）已向公众提供；且

（b）在提供时，记录或其容器上有标签或其他标记。

（2）如果标签或标记包含下表中某一项中所述的声明，则推定该项中所述的事项为真，除非存在相反证据。

假定的陈述和事项，除非存在相反证据		
项目	陈述	推定事项
1	指明的人是录音的制作人	首次发表录音的人是录音的制作人
2	指明的时间是录音首次出版的时间	录音在指明的年份首次发表
3	指明的国家是录音首次出版的国家	录音在该国首次发表

（3）如果标签或标记由字母"P"组成，并附有指明的年份和人名，则推定：

（a）录音在该年首次发表；且

（b）该人名（某时某地标记在唱片或容器上的）正是版权人；

除非存在相反证据。

（4）根据本条对某人的推定并不意味着该人是：

（a）录音的唯一制作人；或

（b）在该等记录或容器贴上标签或加上标记的时间及地点，该等记录的唯一版权人。

第 130A 条　与进口录音制品复制件有关的行为

（1）在第 37 条、第 38 条、第 102 条或第 103 条所述的侵犯版权的诉讼中，如果诉讼涉及的物品是录音制品的复制件，则必须推定该复制件不是非侵权复制件，除非被告证明该复制件是非侵权复制件。

注1：第 37 条和第 38 条涉及通过商业进口和涉及物品的交易侵犯文学、戏剧和音乐作品（除其他事项外）的版权。

注2：第 102 条和第 103 条涉及因商业进口和涉及物品的交易而侵犯录音（除其他事项外）版权的问题。

（2）第 38 条及第 103 条中"物品"的定义并不影响本条。

第 130B 条　与计算机程序的进口复制件有关的行为

（1）在原告就侵犯第 37 条或第 38 条所述的版权而提出的诉讼中：

（a）与原告在属于计算机程序的文学作品中的版权有关；且

（b）涉及包含程序复制件的物品；

除非被告存在相反证据，否则在该复制件涉及原告的版权的范围内，必须推定该复制件为版权侵权复制件。

注：第 37 条和第 38 条涉及通过商业进口和涉及物品的交易侵犯文学作品（除其他事项外）版权的问题。

（2）第 38 条中"物品"的定义并不影响本条。

第 130C 条　与电子文学或音乐作品的进口复制件有关的行为

（1）在原告就第 37 条、第 38 条、第 102 条或第 103 条所述版权侵权提起的诉讼中：

（a）关于原告在某作品或某作品的已出版版本中的版权的，而该作品或该已出版版本是电子文学或音乐作品或其部分；且

（b）涉及载有该电子文学或音乐作品复制件的物品；

除非被告存在相反证据，否则必须推定该复制件在涉及原告版权的范围内不是非侵权复制件。

注1：第37条和第38条涉及商业进口和涉及物品的交易侵犯版权的问题。

注2：第102条和第103条涉及商业进口和涉及物品的交易侵犯已出版作品（除其他事项外）版权的问题。

（2）第38条和第103条对"物品"的定义不影响本条。

第131条　与电影有关的推定

（1）如果一个人的姓名出现在向公众提供的电影胶片复制件上，暗示该人是该电影的制作人，并且如果是法人团体以外的人，则该姓名是他的真实姓名或他或她为人所熟知的姓名，除非存在相反证据，否则在凭借本分部提起的诉讼中，该人须推定为该电影的制作人，并在第98条第（3）款不适用的情况下制作该电影。

（2）第（3）款适用于根据本分部提出的与电影版权有关的诉讼，前提是

（a）体现该电影的商品或物品已在商业上提供；且

（b）在供应时，商品或物品或其容器上有一个标签或其他标记，由字母"C"组成，圆圈内附有注明的年份和人名。

（3）推定：

（a）该年度首次拍摄电影；

（b）在该等商品、物品或容器加上标签或标记的时间和地点，该人是该电影的版权人；除非另有规定。

（4）第（3）款所指的关于某人的推定，并不默示该人在该等商品、物品或容器加上标签或标记的时间和地点是该电影的版权的唯一所有人。

第4A分部　管辖权和上诉

第131A条　管辖权的行使

（1）州或地区最高法院在根据本分部提起的诉讼中的管辖权应由法院的一名法官行使。

（2）尽管有1903年澳大利亚司法条例第39条第（2）款的规定，澳大利亚州或地区的最高法院对根据本法第115A条（与澳大利亚境外的在线位置有关的禁令）提出的申请没有管辖权。

第131B条 上诉

（1）除第（2）款另有规定外，州或地区法院（无论其如何组成）根据本分部作出的裁决是最终和决定性的。

（2）根据本分部，对州或地区法院的判决提出上诉：

（a）向澳大利亚联邦法院提出；或

（b）经澳大利亚高等法院特别许可，向高等法院提出上诉。

第131C条 澳大利亚联邦法院的管辖权

澳大利亚联邦法院对本分部规定的诉讼具有管辖权。

第131D条 澳大利亚联邦巡回法院和家庭法院的管辖权（第2分部）

澳大利亚联邦巡回法院和家庭法院（第2分部）对根据本分部（第115A条除外）提起的民事诉讼具有管辖权。

第5分部 犯罪和简易诉讼程序

第A次分部 引 言

第132AA条 定义

在本分部中：

"物品"包括作品或其他客体的拷贝或复制件，即电子形式的拷贝或复制件。

"分发"，除第E次分部外，包括通过通信方式分发。

"公众娱乐场所"包括主要作为公众娱乐以外的用途，但不时出租作为公众娱乐用途的处所。

"利润"不包括：

（a）个人获得的任何好处、利益或收益；且

（b）因该人在私人或家庭使用任何受版权保护的材料而产生的，或与该人在私人或家庭使用任何受版权保护的材料有关的任何好处、利益或收益。

第 132AB 条　地域适用

（1）第 B 次分部、第 C 次分部、第 D 次分部、第 E 次分部及第 F 次分部仅适用于在澳大利亚实施的行为。

（2）尽管存在澳大利亚刑法典第 14.1 条（标准地域管辖权）的规定，本条仍然有效。

第 B 次分部　商业规模的实质性侵权

第 132AC 条　损害版权人利益的商业规模侵权

可公诉罪

（1）任何人如有下列行为即属犯罪：

（a）该人从事某种行为；且

（b）该行为侵犯了一项或多项作品或其他客体的版权；且

（c）一项或多项侵权行为对版权人造成实质性不利影响；且

（d）侵权行为具有商业规模。

（2）违反第（1）款的罪行，一经定罪，可处不超过 5 年的监禁或不超过 550 个单位的罚金，或两者并处。

注：公司可被处以最高罚款数额 5 倍的罚款，参见 1914 年澳大利亚刑法典第 4B 条第（3）款。

即决犯罪

（3）任何人如有下列行为即属犯罪：

（a）该人从事行为；且

（b）该行为侵犯了一项或多项作品或其他客体的版权；且

（c）该项或该等侵权对该版权人造成实质的不利影响，而该人对该事实存在过失；且

（d）侵权行为以商业规模发生，而该人对该事实存在过失。

处罚：监禁 2 年或 120 个罚金单位，或两者并处。

（4）尽管有 1914 年澳大利亚刑法典第 4G 条的规定，违反第（3）款的罪行是即决犯罪。

确定侵权是否以商业规模发生

（5）根据第（1）款（d）项或第（3）款（d）项的规定，确定一项或多项侵权是否以商业规模发生时，应考虑以下事项：

（a）构成一项或多项侵权的侵权复制件的数量和价值；

(b) 任何其他有关事宜。

与执法和国家安全有关的辩护

(6) 本条不适用于由下列人员或其代表为执法或国家安全目的而合法进行的任何行为：

(a) 联邦或州地区；或

(b) 联邦当局或州地区当局。

注：被告就第（6）款中的事项承担举证责任，参见澳大利亚刑法典第 13.3 条第（3）款。

某些公共机构的辩护等

(7) 本条不适用于以下人士在履行其职能时所合法做出的任何行为：

(a) 图书馆（直接或间接为个人的利润而经营的图书馆除外）；

(b) 以下所述的团体：

(i) 第 10 条第（1）款中档案定义的（a）项；或

(ii) 第 10 条第（4）款；

(c) 教育机构；

(d) 公营非商业性广播机构，包括：

(i) 提供 1992 年澳大利亚广播服务法所指的国家广播服务的机构；且

(ii) 持有该法所指的社区广播许可证的机构。

注 1：由从事营利性业务的人所拥有的图书馆本身可能不是为营利性业务而经营（见第 18 节）。

注 2：被告对第（7）款所述事项承担举证责任，参见澳大利亚刑法典第 13.3 条第（3）款。

(8) 在以下情况中，本条不适用于任何人就作品或其他客体而合法做出的任何事情：

(a) 根据 1983 年澳大利亚档案法第 64 条所述的安排，该人拥有对作品或其他客体的保管权；

(b) 根据第（7）款，澳大利亚国家档案馆做出该事是合法的。

注：被告就第（8）款中的事项承担举证责任，参见澳大利亚刑法典第 13.3 条第（3）款。

第 C 次分部　侵权复制件

第 132AD 条　制作商业侵权复制件

可公诉罪

(1) 任何人如有以下行为即属犯罪：

(a) 该人制作物品，目的是：

(i) 出售该物品；或

(ii) 出租；或

(iii) 获得商业利益或利润；

(b) 该物品是作品或其他客体的侵权复制件；以及

(c) 在该物品制作时，该作品或其他客体中存在版权。

(2) 违反第（1）款的罪行一经定罪，可处不超过 5 年的监禁或不超过 550 个罚金单位的罚金，或两者并处。

注1：公司可被处以最高罚款金额 5 倍的罚款，参见 1914 年澳大利亚刑法典第 4B 条第（3）款。

注2：如果侵权复制件是将作品或其他客体以硬拷贝或模拟形式转换成数字或其他电子机器可读的形式，则根据第 132AK 条，最高刑罚将会更高。

即决犯罪

(3) 任何人如有下列行为即属犯罪：

(a) 该人制作物品，目的是：

(i) 出售；且

(ii) 出租；且

(iii) 获得商业利益或利润；且

(b) 该物品是某作品或其他客体的版权侵权复制件，而该人对该事实存在过失；且

(c) 在该物品制作时，该作品或其他客体存在版权，而该人对该事实是有过失的。

处罚：监禁 2 年或 120 个罚金单位的罚金，或两者并处。

(4) 尽管有 1914 年澳大利亚刑法典第 4G 条的规定，违反第（3）款的罪行属于即决犯罪。

严格责任罪

(5) 任何人如有下列行为即属犯罪：

(a) 该人为下列目的做准备或在下列过程中制造物品：

(i) 出售；或

(ii) 出租；或

(iii) 获得商业利益或利润；且

(b) 该物品是作品或其他客体的版权侵权复制件；且

(c) 该作品或其他客体在该物品制作时已存在版权。

处罚：60个罚金单位的罚金。

（6）第（5）款属于严格法律责任的罪行。

注：关于严格责任罪，参见澳大利亚刑法典第6.1条。

第132AE条　出售或出租侵权复制件

可公诉罪

（1）任何人如有下列行为即属犯罪：

(a) 该人出售物品或出租物品；且

(b) 该物品是作品或其他客体的版权侵权复制件；且

(c) 该作品或其他客体在出售或出租时存在版权。

（2）违反第（1）款的罪行，一经定罪，可处以不超过5年的监禁或550个罚金单位的罚金，或两者并处。

注1：公司可被处以最高罚款金额5倍的罚款，参见1914年澳大利亚刑法典第4B条第（3）款。

注2：如果侵权复制件是将作品或其他客体以拷贝或模拟形式转换成数字或其他电子机器可读的形式，则根据第132AK条，最高刑罚将会更高。

即决犯罪

（3）任何人如有下列行为即属犯罪：

(a) 该人出售物品或出租物品；且

(b) 该物品是某作品或其他客体的版权侵权复制件，而该人对该事实存在过失；且

(c) 该作品或其他客体在售卖或出租时存在版权，而该人对该事实存在过失。

处罚：监禁2年或120个罚金单位的罚金，或两者并处。

（4）尽管有1914年澳大利亚刑法典第4G条的规定，违反第（3）款的罪行属于即决犯罪。

严格责任罪

（5）任何人如有下列行为即属犯罪：

(a) 该人出售物品或出租物品；且

(b) 该物品是作品或其他客体的版权侵权复制件；且

(c) 该作品或其他客体在出售或出租时已存在版权。

处罚：60个罚金单位的罚金。

（6）第（5）款属于严格法律责任的罪行。

注：关于严格责任罪，参见澳大利亚刑法典第6.1条。

第132AF条 提供侵权复制件以供出售或出租

可公诉罪

（1）任何人如有下列行为即属犯罪：

（a）该人以商业方式提供或展示物品以供出售或出租；且

（b）该物品是作品或其他客体的版权侵权复制件；且

（c）在提供或展示时该作品或其他客体中存在版权。

（2）任何人如有下列行为即属犯罪：

（a）为获取商业利益或利润，该人提供或展示物品以供出售或出租；且

（b）该物品是作品或其他客体的版权侵权复制件；且

（c）在提供或展示时该作品或其他客体中存在版权。

（3）违反第（1）款或第（2）款的罪行，一经定罪，可处不超过5年的监禁或不超过550个罚金单位的罚金，或两者并处。

注1：公司可被处以最高罚款金额5倍的罚款，参见1914年澳大利亚刑法典第4B条第（3）款。

注2：如果侵权复制件是将作品或其他主题以硬拷贝或模拟形式转换成数字或其他电子机器可读的形式，则根据第132AK条，最高刑罚将会更高。

即决犯罪

（4）任何人如有下列行为即属犯罪：

（a）该人以要约方式出售或出租物品，或为出售或出租而展示该物品；且

（b）该物品是某作品或其他客体的版权侵权复制件，而该人对该事实存在过失；且

（c）该作品或其他客体中在提供或展示时存在版权，而该人对该事实存在过失。

处罚：监禁2年或120个罚金单位的罚金，或两者并处。

（5）任何人如有下列行为即属犯罪：

（a）为获取商业利益或利润，该人提供或展示物品以供出售或出租；且

（b）该物品是某作品或其他客体的版权侵权复制件，而该人对该事实存

在过失;且

(c) 该作品或其他客体中在提供或展示时存在版权,而该人对该事实存在过失。

处罚:监禁 2 年或 120 个罚金单位的罚金,或两者并处。

(6) 尽管有 1914 年澳大利亚刑法典第 4G 条的规定,违反第(4)款或第(5)款的罪行属于即决犯罪。

严格责任罪

(7) 任何人如有下列行为即属犯罪:

(a) 该人以交易方式要约出售或出租物品或为出售或出租而展示该物品;且

(b) 该物品是作品或其他客体的版权侵权复制件;且

(c) 在提供或展示时该作品或其他客体中存在版权。

处罚:60 个罚金单位的罚金。

(8) 任何人如有下列行为即属犯罪:

(a) 该人在准备或正获取商业利益或利润的过程中,为出售或出租而提供或展示物品;且

(b) 该物品是作品或其他客体的版权侵权复制件;且

(c) 在提供或展示时该作品或其他客体中存在版权。

处罚:60 个罚金单位的罚金。

(9) 第(7)款、第(8)款是严格法律责任罪行。

注:关于严格责任罪,参见澳大利亚刑法典第 6.1 条。

第 132AG 条　商业性公开展示版权侵权复制件

可公诉罪

(1) 任何人如有下列行为即属犯罪:

(a) 该人以商业方式公开展示物品;且

(b) 该物品是作品或其他客体的版权侵权复制件;且

(c) 该作品或其他客体在展览时存在版权。

(2) 任何人如有下列行为即属犯罪:

(a) 该人为取得商业利益或利润而公开展示物品;且

(b) 该物品是作品或其他客体的版权侵权复制件;且

(c) 在展览时该作品或其他客体中存在版权。

(3) 违反第（1）款或第（2）款的罪行，一经定罪，可处不超过 5 年的监禁或不超过 550 个罚金单位的罚金，或两者并处。

注 1：公司可被处以最高罚款金额 5 倍的罚款，参见 1914 年澳大利亚刑法典第 4B 条第（3）款。

注 2：如果侵权复制件是将作品或其他主题以硬拷贝或模拟形式转换成数字或其他电子设备可读的形式，则根据第 132AK 条，最高刑罚将会更高。

即决犯罪

(4) 任何人如有下列行为即属犯罪：

(a) 该人以贸易方式公开展示物品；且

(b) 该物品是某作品或其他客体的版权侵权复制件，而该人对该事实存在过失；且

(c) 在展示时该作品或其他客体中存在版权，而该人对该事实存在过失。

处罚：监禁 2 年或 120 个罚金单位的罚金，或两者并处。

(5) 任何人如有下列行为即属犯罪：

(a) 该人为取得商业利益或利润而公开展示物品；且

(b) 该物品是某作品或其他客体的版权侵权复制件，而该人对该事实存在过失；且

(c) 在展示时该作品或其他客体中存在版权，而该人对该事实存在过失。

处罚：监禁 2 年或 120 个罚金单位的罚金，或两者并处。

(6) 尽管有 1914 年澳大利亚刑法典第 4G 条的规定，违反第（4）款或第（5）款的罪行属于即决犯罪。

严格责任罪

(7) 任何人如有下列行为即属犯罪：

(a) 该人以贸易方式公开展示物品；且

(b) 该物品是作品或其他客体的版权侵权复制件；且

(c) 在展示时该作品或其他客体中存在版权。

处罚：60 个罚金单位的罚金。

(8) 任何人如有下列行为即属犯罪：

(a) 该人在准备或正获取商业利益或利润的过程中，公开展示物品；且

(b) 该物品是作品或其他客体的版权侵权复制件；且

(c) 在展示时该作品或其他客体中存在版权。

处罚：60 个罚金单位的罚金。

（9）第（7）款、第（8）款属于严格责任罪行。

注：关于严格责任罪，参见澳大利亚刑法典第6.1条。

第132AH条　商业性进口版权侵权复制件

可公诉罪

（1）任何人如有下列行为即属犯罪：

（a）该人将某物品进口到澳大利亚，目的是对该物品作下列任何一项处理：

（i）出售；

（ii）出租；

（iii）以交易方式要约或公开出售或出租；

（iv）为获取商业利益或利润而公开出售或出租；

（v）为贸易而分发；

（vi）为获取商业利益或利润而进行分发；

（vii）将其分发至会对该物品的作品或其客体的版权侵权复制件的版权所有人造成不利影响的程度；

（viii）以贸易方式公开展示；

（ix）公开展示以获取商业利益或利润；且

（b）该物品是作品或其他客体的版权侵权复制件；且

（c）在进口时该作品或其他客体中存在版权。

（2）违反本条的罪行一经定罪，可处不超过5年的监禁或不超过650个罚金单位的罚金，或两者并处。

注1：公司可被处以最高罚款金额5倍的罚款，参见1914年澳大利亚刑法典第4B条第（3）款。

注2：如果侵权复制件是将作品或其他客体以硬拷贝或模拟形式转换成数字或其他电子机器可读的形式，则根据第132AK条，最高刑罚将会更高。

即决犯罪

（3）任何人如有下列行为即属犯罪：

（a）将物品进口到澳大利亚，目的是对该物品实施以下任何行为：

（i）出售；

（ii）出租；

（iii）以交易方式要约或公开出售或出租；

（iv）为获取商业利益或利润而公开出售或出租；

（v）为贸易而分发；

（vi）为获取商业利益或利润而进行分发；

（vii）将其分发至会对该物品的作品或其他客体的版权侵权复制件的版权人造成不利影响的程度；

（viii）以贸易方式公开展示；

（ix）公开展示以获取商业利益或利润；且

（b）该物品是作品或其他客体的侵权复制件，且该人对该事实存在过失；且

（c）在进口时该作品或其他客体中存在版权，且该人对该事实存在过失。

处罚：监禁2年或120个罚金单位的罚金，或两者并处。

（4）尽管1914年澳大利亚刑法典第4G条有规定，但违反第（3）款的犯罪属于即决犯罪。

严格责任罪

（5）任何人如有下列行为即属犯罪：

（a）该人将物品进口到澳大利亚，以准备或正对该物品进行以下任何操作的过程中：

（i）出售该物品；

（ii）出租；

（iii）以交易方式要约或公开出售或出租；

（iv）为获取商业利益或利润而公开出售或出租；

（v）为贸易而分发；

（vi）为获取商业利益或利润而进行分发；

（vii）将其分发至会对该物品版权的作品或其他客体的侵权复制品的版权人造成不利影响的程度；

（viii）以贸易方式公开展示；

（ix）公开展示以获取商业利益或利润；且

（b）该物品是作品或其他客体的侵权复制件；且

（c）在进口时该作品或其他客体中存在版权。

处罚：60个罚金单位的罚金。

（6）违反第（5）款属于严格法律责任的罪行。

注：关于严格责任罪，参见澳大利亚刑法典第6.1条。

第132AI条 分发版权侵权复制件

可公诉罪

(1) 任何人如有下列行为即属犯罪：

(a) 该人为以下目的分发物品：

(i) 交易；或

(ii) 获得商业优势或利润；且

(b) 该物品是作品或其他客体的版权侵权复制件；且

(c) 在分发时该作品或其他客体中存在版权。

(2) 任何人如有下列行为即属犯罪：

(a) 该人分发物品；且

(b) 该物品是作品或其他客体的版权侵权复制件；且

(c) 在分发时该作品或其他客体中存在版权；且

(d) 发行的范围对版权人产生不利影响。

(3) 违反第（1）款或第（2）款的罪行，一经定罪，可处不超过5年的监禁或不超过550个罚金单位的罚金，或两者并处。

注1：公司可被处以最高罚款金额5倍的罚款，参见1914年澳大利亚刑法典第4B条第（3）款。

注2：如果侵权复制件是将作品或其他客体以硬拷贝或模拟形式转换成数字或其他电子机器可读的形式，则根据第132AK条，最高刑罚将会更高。

即决犯罪

(4) 任何人如有下列行为即属犯罪：

(a) 该人为以下目的分发物品：

(i) 交易；或

(ii) 获得商业利益或利润；且

(b) 该物品是作品或其他客体的版权侵权复制件，而该人对该事实存在过失；且

(c) 在分发时该作品或其他客体中存在版权，而该人对该事实存在过失。

处罚：监禁2年或120个罚金单位的罚金，或两者并处。

(5) 任何人如有下列行为即属犯罪：

(a) 该人分发物品；且

(b) 该物品是作品或其他客体的版权侵权复制件，而该人对该事实存在

过失；且

（c）在分发时该作品或其他客体中存在版权，而该人对该事实存在过失；且

（d）分发的范围对版权人造成不利影响，而该人对该事实存在过失。

处罚：监禁2年或120个罚金单位的罚金，或两者并处。

（6）尽管有1914年澳大利亚刑法典第4G条的规定，违反第（4）款或第（5）款的罪行属于即决犯罪。

严格责任罪

（7）任何人如有下列行为即属犯罪：

（a）该人为准备或进行下列活动的过程中分发物品：

（i）交易；或

（ii）获得商业利益或利润；且

（b）该物品是作品或其他客体的版权侵权复制件；且

（c）在分发时该作品或者其他客体的中存在版权。

处罚：60个罚金单位的罚金。

（9）第（7）款属于严格责任罪。

注：关于严格责任罪，参见澳大利亚刑法典第6.1条。

第132AJ条　为商业目的持有侵权复制件

可公诉罪

（1）任何人如有下列行为即属犯罪：

（a）该人持有物品，目的是对该物品进行以下任何行为：

（i）出售；

（ii）出租；

（iii）以交易要约方式或公开出售或出租；

（iv）为获取商业利益或利润而公开出售或出租；

（v）为贸易而分发；

（vi）为获取商业利益或利润而进行分发；

（vii）将该物品分发至会对该物品的作品或其他客体的侵权复制件的版权人造成不利影响的程度；

（viii）以商业方式公开展示；

（ix）公开展示以获取商业利益或利润；且

（b）该物品是作品或其他客体的侵权复制件；且

（c）在持有时该作品或其他客体中存在版权。

（2）违反第（1）款的罪行一经定罪，可处不超过 5 年的监禁或不超过 550 个罚金单位的罚金，或两者并处。

即决犯罪

（3）任何人如有下列行为即属犯罪：

（a）该人持有物品，目的是对该物品作出以下任何行为：

（i）出售；

（ii）出租；

（iii）以交易要约方式或公开出售或出租；

（iv）为获取商业利益或利润而公开出售或出租；

（v）为贸易而分发；

（vi）为获取商业利益或利润而进行分发；

（vii）将该物品分发至会对该物品的作品或其他客体的侵权复制件的版权人造成不利影响的程度；

（viii）以商业方式公开展示；

（ix）公开展示以获取商业利益或利润；且

（b）该物品是作品或其他客体的版权侵权复制件，而该人对该事实存在过失；且

（c）在持有时该作品或其他主题中存在版权，而该人对该事实存在过失。

处罚：监禁 2 年或 120 个罚金单位的罚金，或两者并处。

（4）尽管有 1914 年澳大利亚刑法典第 4G 条的规定，违反第（3）款的罪行属于即决犯罪。

严格责任罪

（5）任何人如有下列行为即属犯罪：

（a）该人持有物品，以准备或正对该物品进行下列任何一项操作：

（i）出售；

（ii）出租；

（iii）以交易要约方式或公开出售或出租；

（iv）为获取商业利益或利润而公开出售或出租；

（v）为贸易而分发；

（vi）为获取商业利益或利润而进行分发；

（vii）将该物品分发至会对该物品的作品或其他客体的侵权复制件的版权人造成不利影响的程度；

（viii）以商业方式公开展示；

（ix）公开展示以获取商业利益或利润；且

（b）该物品是作品或其他客体的侵权复制件；且

（c）在持有时该作品或其他客体中存在版权。

处罚：60个罚金单位的罚金。

（6）第（5）款属于严格责任罪。

注：关于严格责任罪，参见澳大利亚刑法典第6.1条。

第132AK条　严重罪行——作品等转换为数字形式

（1）违反本次分部（第132AL条和第132AM条除外）有关侵权复制件的规定（基本犯罪规定）的可公诉罪，如果侵权复制件是通过将作品或其他客体从硬拷贝或将模拟形式转换为数字或其他电子机器可读形式，属于严重罪行。

（2）严重罪行一经定罪，可处不超过5年的监禁或不超过850个罚金单位的罚金，或两者并处。

注：公司可被处以最高罚款金额5倍的罚款，参见1914年澳大利亚刑法典第4B条第（3）款。

（3）要证明严重犯罪，控方必须证明被告在将作品或其他客体从硬拷贝或模拟形式转换为数字或其他电子机器可读形式的情况下，对侵权复制件的制作是不计后果的。

注：控方还必须根据基本犯罪条款证明犯罪的所有主观和客观要素。

（4）如控方拟证明严重罪行，控罪必须指称版权侵权复制件是通过将作品或其他客体从硬拷贝或模拟形式转换为数码或其他电子机器可读形式而制成的。

第132AL条　制作或持有制作侵权复制件的装置

可公诉罪

（1）任何人如有下列行为即属犯罪：

（a）该人制作装置，目的是将其用于制作作品或其他客体的版权侵权复制件；且

（b）在制作该装置时，该作品或其他客体中存在版权。

（2）任何人如有下列行为即属犯罪：

（a）该人持有装置，并拟将该装置用于制作作品或其他客体的版权侵权复制件；且

（b）在持有该作品或其他客体时已存在版权。

（3）违反第（1）款或第（2）款的罪行，一经定罪，可处不超过 5 年的监禁或不超过 550 个罚金单位的罚金，或两者并处。

注：公司可被处以最高罚款数额 5 倍的罚款，参见 1914 年澳大利亚刑法典第 4B 条第（3）款。

即决犯罪

（4）任何人如有下列行为即属犯罪：

（a）该人制造了一个装置；且

（b）该装置将用作复制作品或其他客体；且

（c）该复制件将属版权侵权复制件，而该人对该事实存在过失；且

（d）在制作该装置时，该作品或其他客体中存在版权，而该人对该事实存在过失。

处罚：监禁 2 年或 120 个罚金单位的罚金，或两者并处。

（5）任何人如有下列行为即属犯罪：

（a）该人持有一个装置；且

（b）该装置将用作复制作品或其他客体；且

（c）该复制件将属版权侵权复制件，而该人对该事实存在过失；且

（d）在持有时，该作品或其他客体中存在版权，而该人对该事实存在过失。

处罚：监禁 2 年或 120 个罚金单位的罚金，或两者并处。

（6）为避免争议，在第（4）款（b）项、第（5）款第（b）项所述的情况下，疏忽大意是该装置将被用于复制作品或其他客体的过失要素。

（7）尽管有 1914 年澳大利亚刑法典第 4G 条的规定，违反第（4）款或第（5）款的罪行属于即决犯罪。

严格责任罪

（8）任何人如有下列行为即属犯罪：

（a）该人制造了一个装置；且

（b）该装置将会用作复制作品或其他客体；且

(c) 该复制件将属版权侵权复制件；以及

(d) 在制作该装置时，该作品或其他客体中存在版权。

处罚：60个罚金单位的罚金。

(10) 第（8）款属于严格责任罪。

注：关于严格责任罪，参见澳大利亚刑法典第6.1条。

无需证明作品或其他客体被复制

(11) 在就违反本条的罪行而提出的检控中，无须证明拟使用或将使用该装置复制某一作品或其他客体。

第132AM条 广告供应侵权复制件

即决犯罪

(1) 任何人如有下列行为即属犯罪：

(a) 该人以任何方式发布或安排发布广告，以求在澳大利亚供应作品或其他客体的复制件（无论来自澳大利亚境内或境外）；且

(b) 该复制件是或将会是版权侵权复制件。

处罚：监禁6个月或30个罚金单位的罚金，或两者并处。

通过通信提供复制品的位置创建复制品

(2) 就本条而言，作品或其他客体，在接收和记录后将导致产生该作品或其他客体的复制件的通信，被视为构成在将产生复制件的地方提供该作品或其他客体的复制件。

第D次分部 作品、录音制品及电影的播放

第132AN条 导致作品被公开表演

可公诉罪

(1) 任何人如有下列行为即属犯罪：

(a) 该人导致文学、戏剧或音乐作品被表演；且

(b) 该表演是在公众娱乐场所公开进行；且

(c) 该表演侵犯该作品中的版权。

(2) 违反第（1）款的罪行，一经定罪，可处不超过5年的监禁或不超过550个罚金单位的罚金，或两者并处。

注：公司可被处以最高罚款数额5倍的罚款，参见1914年澳大利亚刑法典第4B条第（3）款。

即决犯罪

（3）任何人如有下列行为即属犯罪：

（a）安排表演文学、戏剧或音乐作品；且

（b）该表演是在公众娱乐场所公开进行的；且

（c）该表演侵犯该作品中的版权，而该人对该事实存在过失。

处罚：监禁 2 年或 120 个罚金单位的罚金，或两者并处。

（4）尽管有 1914 年澳大利亚刑法典第 4G 条的规定，违反第（3）款的罪行属于即决犯罪。

第 132AO 条　导致在公众场合中听到或看到录音作品或影片

可公诉罪

（1）任何人如有以下行为即属犯罪：

（a）该人导致：

（i）录音作品被听到；或

（ii）电影胶片的图像被看到；或

（iii）电影胶片的声音被听到；或

（b）在公共娱乐场所公开听到或看到；且

（c）导致该听到或看到侵犯了该录音作品或影片中的版权。

（2）违反第（1）款的罪行，一经定罪，可处以不超过 5 年的监禁或不超过 550 个罚金单位的罚金，或两者并处。

注：公司可能会被处以最高金额 5 倍的罚款，参见 1914 年澳大利亚刑法典第 4B 条第（3）款。

即决犯罪

（3）任何人如有以下行为即属犯罪：

（a）该人导致：

（i）录音作品被听到；或

（ii）电影胶片的图像被看到；或

（iii）电影胶片的声音被听到；或

（b）在公共娱乐场所公开听到或看到；且

（c）导致该听到或看到侵犯该录音作品或影片中的版权，而该人对该事实存在过失。

处罚：监禁 2 年或 120 个罚金单位的罚金，或两者并处。

（4）尽管有 1914 年澳大利亚刑法典第 4G 条的规定，违反第（3）款的罪行属于即决犯罪。

严格责任罪

（5）任何人如有以下行为即属犯罪：

(a) 该人导致：

(i) 录音作品被听到；或

(ii) 电影胶片的图像被看到；或

(iii) 电影胶片的声音被听到；或

(b) 该看到或听到是在公众娱乐场所公开进行；且

(c) 导致该听到或看到侵犯该录音作品或影片中的版权。

处罚：60 个罚金单位的罚金。

（6）第（5）款属于严格责任的罪行。

注：关于严格赔偿罪，参见澳大利亚刑法典第 6.1 条。

第 E 次分部　技术保护措施

第 132APA 条　定义

在本次分部中，计算机程序，具有与第 47AB 条中相同的定义。

第 132APB 条　本分部与第 VAA 部分的相互关系

本分部不适用于（在第 VAA 部分的定义内）加密广播。

第 132APC 条　规避访问控制技术保护措施

（1）任何人如有以下行为即属犯罪：

(a) 该人从事有关行为；且

(b) 该行为导致规避技术保护措施；且

(c) 该技术保护措施是访问控制技术保护措施；且

(d) 该人为获取商业利益或利润而从事有关行为。

处罚：60 个罚金单位的罚金。

抗辩——许可

（2）如果该人获得版权人或独占许可人的准许，以规避访问控制技术保障措施，则第（1）款不适用于该人。

注：被告对第（2）款有关事项负有举证责任，参见澳大利亚刑法典第 13.3 条第（3）款。

抗辩——互操作性

（3）第（1）款不适用于下列人，如果：

（a）该人规避访问控制技术保障措施，使该人能够做出某项行为；且

（b）该行为：

（i）所涉及的该计算机程序（源程序）的复制件并非侵犯版权复制件，而该复制件是合法取得的；且

（ii）并不侵犯源程序的版权；且

（iia）涉及源程序的元素，在规避行为发生时，该人并不容易取得；且

（iii）只为使独立制作的计算机程序与源程序或任何其他程序互用。

注：被告对第（3）款有关事项负有举证责任，参见澳大利亚刑法典第13.3条第（3）款。

抗辩——加密研究

（4）第（1）款不适用于下列人，如果：

（a）该人规避控制技术保护措施，使：

（i）该人；或

（ii）（如该人是法人团体）该人的雇员；

实施某项行为；且

（b）该行为：

（i）所涉及的作品或其他客体的复制件并非侵犯版权复制件，而该复制件是合法取得的；且

（ii）并不侵犯该作品或其他客体的版权；且

（iii）只为查明和分析加密技术的缺陷和弱点；且

（c）该人或雇员：

（i）在加密技术领域的教育机构从事研究课程的；或

（ii）在加密技术领域受雇、受训或有经验；且

（d）该人或雇员：

（i）已获得版权人或独占被许可人的许可可以进行该行为；或

（ii）已作出或将作出善意努力以获得该等许可。

在本次分部中，加密技术指使用数学公式或算法对信息进行加扰和解扰。

注：被告对第（4）款有关事项负有举证责任，参见澳大利亚刑法典第13.3条第（3）款。

抗辩——计算机安全测试

（5）在下列情况下，第（1）款不适用于该人，如果：

（a）该人规避访问控制技术保护措施，使该人能够采取行动；且

（b）该行为：

（i）所涉及的计算机程序的复制件并非侵犯版权复制件；且

（ii）并不侵犯该计算机程序的版权；且

（iii）只会为测试、调查或校正计算机、计算机系统或计算机网络的安全性而作出；且

（iv）将在计算机、计算机系统或计算机网络的所有者的许可下进行。

注：被告对第（5）款有关事项负有举证责任，参见澳大利亚刑法典第13.3条第（3）款。

抗辩——网络隐私权

（6）在下列情况下，第（1）款不适用于该人，如果：

（a）该人规避访问控制技术保护措施，使其能够实施一项行为；且

（b）该行为：

（i）所涉及的作品或其他客体的复制件并非侵犯版权的复制件；且

（ii）不会侵犯该作品或其他客体的版权；且

（iii）仅为识别和禁止收集或传播自然人在线活动的个人识别信息的未披露能力而进行；且

（iv）不会影响该人或任何其他人访问该作品或其他客体，或任何其他作品或客体的能力。

注：被告对第（6）款有关事项负有举证责任，参见澳大利亚刑法典第13.3条第（3）款。

抗辩——执法和国家安全

（7）第（1）款不适用于由联邦、州或领地，或这些机构之一的当局或其代表为以下目的合法做出的任何行为：

（a）执法；或

（b）国家安全；或

（c）履行法定职能、权力或职责。

注：被告对第（7）款有关事项负有举证责任，参见澳大利亚刑法典第13.3条第（3）款。

抗辩——图书馆等

（8）第（1）款不适用于下列团体在履行其职能时合法做出的任何行为：

（a）图书馆（不包括为一个人或多于一个人直接或间接牟利而经营的图书馆）；

（b）以下所述的团体：

（i）第10条第（1）款中"档案"定义的（a）项；或

（ii）第10条第（4）款；

（c）教育机构；

（d）公共非商业性广播公司（包括1992年澳大利亚广播服务法所指的提供国家广播服务的机构，以及该法所指的持有社区广播许可证的机构）。

注1：由以营利为目的开展业务的人拥有的图书馆本身可能不以营利为目的，参见第18条。

注2：被告对第（8）款有关事项负有举证责任，参见澳大利亚刑法典第13.3条第（3）款。

（8A）在下列情况下，本条不适用于某人在与作品或其他客体有关事项合法做出的任何行为：

（a）根据1983年澳大利亚档案法第64条规定，该人拥有作品或其他客体的保管权；且

（b）根据第（8）款，澳大利亚国家档案馆实施该行为有合法依据。

注：被告对第（8A）款有关事项负有举证责任，参见澳大利亚刑法典第13.3条第（3）款。

抗辩——法律规定的行为

（9）在下列情况下，第（1）款不适用于该人：

（a）该人规避访问控制技术保护措施，使其能够实施某一行为；且

（b）该行为不会侵犯作品或其他客体的版权；且

（c）该人所做的行为是由条例规定的。

注1：被告对第（9）款有关事项负有举证责任，参见澳大利亚刑法典第13.3条第（3）款。

注2：关于制定规定人所做的行为的条例，参见第249条。

第132APD条　制造等关于技术保护措施的规避装置

（1）任何人如有以下行为即属犯罪：

（a）利用装置实施以下任何行为：

（i）为向另一人提供该装置而制造该装置；

（ii）将其进口到澳大利亚，目的是提供给他人；

（iii）分发给另一人；

（iv）向公众提供；

（v）向另一人提供；

（vi）将其传达给另一人；且

（b）该人做出该行为的目的是获取商业利益或利润；且

（c）该装置是技术保护措施的规避装置。

处罚：5年监禁或550个罚金单位的罚金，或两者并处。

抗辩——不作推广、广告等

（2）在下列情况下，第（1）款不适用于该人，如果：

（a）该装置是技术保护措施的规避装置，只是因为其被推广、广告或者推销为具有规避技术保护措施的目的；且

（b）以下两者均适用：

（i）该人没有进行该推广、广告或推销；

（ii）该人并无（明示或默示）指示或要求另一人进行该推广、广告或推销。

注：被告对第（2）款有关事项负有举证责任，参见澳大利亚刑法典第13.3条第（3）款。

抗辩——互操作性

（3）在下列情况下，第（1）款不适用于该人，如果：

（a）该规避装置将用于规避技术保护措施，目的是使某一行为得以实施；且

（b）该行为：

（i）所涉及的计算机程序（源程序）的复制件并非侵权复制件，而是合法取得的；且

（ii）不会侵犯源程序中的版权；且

（iia）涉及在规避行为发生时，实施行为的人不会随时获得原始程序的元素；且

（iii）仅是为实现独立创建的计算机程序与源程序或任何其他程序的互操作性而进行。

注：被告对第（3）款有关事项负有举证责任，参见澳大利亚刑法典第13.3条第（3）款。

抗辩——加密研究

（4）在下列情况下，第（1）款不适用于该人，如果：

（a）该技术保护措施为访问控制技术保护措施；且

（b）该规避装置将被用于规避访问控制技术保护措施，以使一个人（研究人员）能够做出行为；且

（c）该行为：

(i) 涉及的作品或其他客体的复制件并非侵权复制件,且该复制件是合法取得的;且

(ii) 并不侵犯该作品或其他客体的版权;且

(iii) 只为查明和分析加密技术的缺陷和弱点;且

(d) 研究人员:

(i) 在加密技术领域的教育机构从事研究课程的;或

(ii) 在加密技术领域受雇、受训或有经验;且

(e) 研究人员:

(i) 已获得版权人或独占被许可人做出该行为的许可;或

(ii) 已作出或将作出善意努力以获得该等许可。

在本次分部中,加密技术指使用数学公式或算法对信息进行加扰和解扰。

注:被告对第(4)款有关事项负有举证责任,参见澳大利亚刑法典第13.3条第(3)款。

抗辩——计算机安全测试

(5) 在下列情况下,第(1)款不适用于该人,如果:

(a) 该技术保护措施为访问控制技术保护措施;且

(b) 该规避装置将用于规避访问控制技术保护措施,以使某一行为得以实施;且

(c) 该行为:

(i) 涉及的计算机程序复制件并非侵犯版权复制件;且

(ii) 并不侵犯该计算机程序中的版权;且

(iii) 只为测试、调查或校正计算机、计算机系统或计算机网络的安全性;且

(iv) 将在计算机、计算机系统或计算机网络所有人的许可下进行。

注:被告对第(5)款有关事项负有举证责任,参见澳大利亚刑法典第13.3条第(3)款。

抗辩——执法和国家安全

(6) 第(1)款不适用于由联邦、州或领地,或这些机构之一的当局或其代表为以下目的而合法做出的任何行为:

(a) 执法;或

(b) 国家安全;或

(c) 履行法定职能、权力或职责。

注：被告对第（6）款有关事项负有举证责任，参见澳大利亚刑法典第13.3条第（3）款。

抗辩——图书馆等

（7）第（1）款不适用于下列团体在执行其职能时合法做出的任何行为：

（a）图书馆（不包括为一个人或多于一个人直接或间接牟利而经营的图书馆）；

（b）以下所述的团体：

（i）第10条第（1）款中"档案"定义的（a）项；或

（ii）第10条第（4）款；

（c）教育机构；

（d）公共非商业性广播公司（包括1992年澳大利亚广播服务法所指的提供国家广播服务的机构，以及该法所指的持有社区广播许可证的机构）。

注1：由以营利为目的开展业务的人拥有的图书馆本身可能不以营利为目的，参见第18条。

注2：被告对第（7）款有关事项负有举证责任，参见澳大利亚刑法典第13.3条第（3）款。

（8）本条不适用于任何人就任何作品或其他客体而合法做出的任何行为，如果：

（a）根据1983年澳大利亚档案法第64条的规定，该人拥有作品或其他客体的保管权；且

（b）根据第（7）款，澳大利亚国家档案馆做出该行为是合法的。

注：被告对第（8）款有关事项负有举证责任，参见澳大利亚刑法典第13.3条第（3）款。

第132APE条　提供等关于技术保护措施的规避服务

（1）任何人如有以下行为即属犯罪：

（a）该人：

（i）向另一人提供服务；或

（ii）向公众提供服务；且

（b）该人这样做的目的是获取商业利益或利润；且

（c）该服务是规避技术保护措施的服务。

处罚：5年监禁或550个罚金单位的罚金，或两者并处。

抗辩——不作推广、广告等

（2）第（1）款不适用于该人，如果：

（a）该服务是技术保护措施的规避服务，只是因为其被推广、广告或者推销为具有规避技术保护措施的目的；且

（b）下列两项均适用：

（i）该人没有进行该推广、广告或推销；

（ii）该人没有（明示或暗示地）指示或要求他人进行该推广、广告或推销。

注：被告对第（2）款有关事项负有举证责任，参见澳大利亚刑法典第13.3条第（3）款。

抗辩——互动性

（3）第（1）款不适用于该人，如果：

（a）规避服务会被用来规避技术保护措施，以便做出某项行为；且

（b）该行为：

（i）涉及的计算机程序（源程序）的复制件并非侵权复制件，而且该复制件是合法取得的；且

（ii）不会侵犯源程序的版权；且

（iia）涉及在规避行为发生时，实施行为的人不会随时获得源程序的元素；且

（iii）仅为实现独立创建的计算机程序与源程序或任何其他程序互操作性而进行。

注：被告对第（3）款有关事项负有举证责任，参见澳大利亚刑法典第13.3条第（3）款。

抗辩——加密研究

（4）第（1）款不适用于该人，如果：

（a）技术保护措施是访问控制技术保护措施；且

（b）规避服务将用于规避访问控制技术保护措施，使某人（研究人员）能够采取行动；且

（c）该行为：

（i）涉及的作品或其他客体的复制件不是侵权复制件，并且该复制件是合法获得的；且

（ii）不会侵犯该作品或其他客体的版权；且

（iii）将仅为查明和分析加密技术的缺陷和弱点；且

（d）研究人员：

（i）在加密技术领域的教育机构从事研究课程的；或

（ii）在加密技术领域受过雇用、受训或经验丰富；且

(e) 研究人员：

(i) 已获得版权人或独占被许可人的许可从事该行为；或

(ii) 已作出或将作出善意努力以获得该等许可。

在本次分部中，加密技术指使用数学公式或算法对信息进行加扰和解扰。

注：被告对第（4）款有关事项负有举证责任，参见澳大利亚刑法典第13.3条第（3）款。

抗辩——计算机安全测试

(5) 第（1）款不适用于该人，如果：

(a) 该技术保护措施是访问控制技术保护措施；且

(b) 规避服务将用于规避访问控制技术保护措施，以便能够采取行动；且

(c) 该行为：

(i) 涉及的计算机程序的复制件不是侵权复制件；且

(ii) 不会侵犯该计算机程序的版权；

(iii) 仅为测试、调查或校正计算机、计算机系统或计算机网络的安全而进行；且

(iv) 将在计算机、计算机系统或计算机网络的所有者的许可下进行。

注：被告对第（5）款有关事项负有举证责任，参见澳大利亚刑法典第13.3条第（3）款。

抗辩——执法和国家安全

(6) 第（1）款不适用于由联邦、州或领地，或这些机构之一的当局或其代表为以下目的合法做出的任何行为：

(a) 执法；或

(b) 国家安全；或

(c) 履行法定职能、权力或职责。

注：被告对第（6）款有关事项负有举证责任，参见澳大利亚刑法典第13.3条第（3）款。

抗辩——图书馆等

(7) 第（1）款不适用于下列团体在执行其职能时合法做出的任何行为：

(a) 图书馆（不包括为一个人或多于一个人直接或间接牟利而经营的图书馆）；

(b) 以下所述的团体：

(i) 第10条第（1）款中"档案"定义的（a）项；或

(ii) 第10条第（4）款；

(c) 教育机构；

（d）公共非商业性广播公司（包括1992年澳大利亚广播服务法所指的提供国家广播服务的机构，以及该法所指的持有社区广播许可证的机构）。

注1：由以营利为目的开展业务的人拥有的图书馆本身可能不以营利为目的（见第18条）。

注2：被告对第（7）款有关事项负有举证责任，参见澳大利亚刑法典第13.3条第（3）款。

（8）本条不适用于任何人就任何作品或其他客体而合法做出的任何行为，如：

（a）根据1983年澳大利亚档案法第64条规定，该人拥有作品或其他客体的保管权；且

（b）根据第（7）款，澳大利亚国家档案馆做出该行为是合法的。

注：被告对第（8）款有关事项负有举证责任，参见澳大利亚刑法典第13.3条第（3）款。

第F次分部　电子权利管理信息

第132AQ条　删除或更改电子权利管理信息

可公诉罪

（1）任何人如有以下行为即属犯罪：

（a）作品或其他客体中存在版权；且

（b）存在以下任一情况的：

（i）该人从该作品或客体的复制件中删除与该作品或客体有关的任何电子权利管理信息；或

（ii）该人更改任何与该作品或客体有关的电子权利管理信息；且

（c）该人未获该版权人或独占被许可人准许而更改该信息；且

（d）该项删除或更改会诱使、促成、便利或者隐瞒对版权的侵犯。

（2）违反第（1）款的罪行一经定罪，可处以不超过5年监禁或不超过550个罚金单位的罚金，或两者并处。

注：公司可能会被处以最高金额5倍的罚款，参见1914年澳大利亚刑法典第4B条第（3）款。

即决犯罪

（3）任何人如有以下行为即属犯罪：

（a）作品或其他客体中存在版权；且

（b）存在以下任一情况的：

(i) 该人从该作品或客体的复制件中删除任何与作品或客体有关的电子权利管理信息；或

(ii) 该人更改任何与该作品或客体有关的电子权利管理信息；且

(c) 该人未经版权人或独占被许可人的许可下如此行事；且

(d) 该项删除或更改会诱使、促成、便利或隐瞒对版权的侵犯，而该人对该结果是过失的。

处罚：监禁2年或120个罚金单位的罚金，或两者并处。

(4) 尽管有1914年澳大利亚刑法典第4G条，违反第（3）款的犯罪属于即决犯罪。

严格责任罪

(5) 任何人如有以下行为即属犯罪：

(a) 作品或其他客体中存在版权；且

(b) 存在以下任一情况的：

(i) 该人从该作品或客体的复制件中删除与该作品或其他客体有关的任何电子权利管理信息；或

(ii) 该人更改任何与该作品或客体有关的电子权利管理信息；且

(c) 该人在没有该版权人或独占被许可人的许可下如此行事；且

(d) 该项删除或更改会诱使、促成、便利或隐瞒对版权的侵犯。

处罚：60个罚金单位的罚金。

(6) 第（5）款属于严格责任罪。

注：关于严格赔偿责任，参见澳大利亚刑法典第6.1条。

第132AR条　在删除或更改电子权利管理信息后分发、进口或传播复制件

可公诉罪

(1) 任何人如有以下行为即属犯罪：

(a) 作品或其他客体中存在版权；且

(b) 该人该作品或客体做出就以下任何行为：

(i) 分发作品或客体的复制件，目的是交易或获取商业利益或利润；

(ii) 将作品或客体的复制件进口到澳大利亚，目的是交易或获取商业利益或利润；

(iii) 向公众传播作品或客体的复制件；且

(c) 该人未经版权人或独占被许可人的许可下如此行事；且

（d）未经版权人或独占被许可人许可存在以下任一情况的：

（i）与作品或客体相关的任何电子权利管理信息已从作品或客体的复制件中删除；或

（ii）与作品或客体相关的任何电子权利管理信息已被更改；或

（e）该人知道该信息已在未经该许可的情况下被删除或更改；且

（f）本款（b）项所述的行为会诱使、促成、便利或隐藏版权的侵犯。

（2）违反第（1）款的罪行，一经定罪，可处以不超过5年监禁或不超过550个罚金单位的罚金，或两者并处。

注：公司可能会被处以最高金额5倍的罚款，参见1914年澳大利亚刑法典第4B条第（3）款。

即决犯罪

（3）任何人如有以下行为即属犯罪：

（a）作品或其他客体中存在版权；

（b）该人就该作品或客体做出以下任何行为：

（i）分发该作品或客体的复制件，以进行交易或获取商业利益或利润；

（ii）出于交易或获取商业利益或利润的目的，将作品或客体的复制件进口到澳大利亚；

（iii）向公众传播作品或客体的复制件；且

（c）该人未经版权人或独占被许可人的许可下如此行事；且

（d）未经版权人或独占被许可人许可存在以下任一情况的：

（i）与作品或客体相关的任何电子权利管理信息已从作品或客体复制件中删除；或

（ii）与作品或客体相关的任何电子权利管理信息已被更改；

（e）本款（b）项所述的行为会诱使、促成、便利或隐藏版权的侵犯，该人对此结果疏忽大意。

处罚：监禁2年或120个罚金单位的罚金，或两者并处。

（4）尽管1914年澳大利亚刑法典第4G条有规定，但违反第（3）款的犯罪属于即决犯罪。

严格责任罪

（5）任何人如有以下行为即属犯罪：

（a）作品或其他客体中存在版权；

（b）该人就该作品或客体做出以下任何行为：

（i）分发该作品或客体的复制件，以准备或正在交易过程中为了获取商业利益或利润；

（ii）将作品或客体的复制件进口到澳大利亚，以准备或正在交易过程中，或准备或正在获取商业利益或利润过程中；

（iii）向公众传播作品或客体的复制件；且

（c）该人未经版权人或独占被许可人的许可下如此行事；且

（d）存在以下任一情况的：

（i）与该作品或客体有关的任何电子权利管理信息已从该作品或客体的复制件中删除；或

（ii）与该作品或客体有关的任何电子权利管理信息已被更改；

（e）本款（b）项所提的行为会诱使、促成、便利或隐瞒版权的侵权。

处罚：60个罚金单位的罚金。

（6）第（5）款属于严格责任罪。

注：关于严格赔偿责任，参见澳大利亚刑法典第6.1条。

第132AS条 分发或进口电子权利管理信息

可公诉罪

（1）任何人如有以下行为即属犯罪：

（a）作品或其他客体中存在版权；且

（b）该人就与该作品或客体有关的电子权利管理信息做出以下任何一种行为：

（i）分发电子权利管理信息，目的是交易或获取商业利益或利润；

（ii）将电子权利管理信息进口到澳大利亚，目的是交易或获取商业利益或利润；且

（c）该人未经版权人或独占被许可人的许可下如此行事；且

（d）存在以下任一情况的：

（i）未经版权人或独占被许可人的许可，已从作品或客体的复制件中删除该信息；或

（ii）在版权人或独占被许可人的许可下，该信息已从该作品或客体的复制件中删除，但未经该许可，该信息已被更改；且

（e）该人知道该信息已在未经该许可的情况下被删除或更改；且

（f）本款（b）项所述的行为会诱使、促成、便利或隐藏版权的侵权。

（2）违反第（1）款的罪行一经定罪，可处以不超过 5 年监禁或不超过 550 个罚金单位的罚金，或两者并处。

注：公司可能会被处以最高金额 5 倍的罚款，参见 1914 年澳大利亚刑法典第 4B 条第（3）款。

即决犯罪

（3）任何人如有以下情况即属犯罪：

（a）作品或其他客体中存在版权；且

（b）该人就与该作品或客体相关的电子权利管理信息做出以下任一行为：

（i）出于交易或获取商业利益或利润的目的分发电子权利管理信息；

（ii）出于交易或获取商业优势或利润的目的，将电子版权管理信息进口澳大利亚；且

（c）该人未经版权人或独占被许可人的许可下如此行事；且

（d）存在以下任一情况的：

（i）未经版权人或独占被许可人的许可，已从该作品或客体的复制件中删除该信息；或

（ii）在版权人或独占被许可人的许可下，已从该作品或客体的复制件中删除该信息，但未经许可，该信息已被更改；且

（e）本款（b）项所述的行为会诱导、促成、便利或隐瞒版权的侵权，该人对该结果疏忽大意。

处罚：监禁 2 年或 120 个罚金单位的罚金，或两者并处。

（4）尽管有 1914 年澳大利亚刑法典第 4G 条的规定，违反第（3）款的罪行属于即决犯罪。

严格责任罪

（5）任何人如有以下情况即属犯罪：

（a）作品或其他客体中存在版权；且

（b）该人就与该作品或客体有关的电子权利管理信息做出以下任何作为：

（i）在准备或正在交易过程中，或在准备或正在获取商业利益或利润的过程中，分发该电子权利管理信息；

（ii）将电子权利管理信息进口到澳大利亚，以准备或正在交易过程中，或准备或正在获得商业利益或利润的过程中；且

（c）该人未经版权人或独占被许可人的许可下如此行事；且

（d）存在以下任一情况的：

（i）未经版权人或独占被许可人的许可，已从该作品或客体的复制件中删除该信息；或

（ii）在版权人或独占被许可人的许可下，已从该作品或客体的复制件中删除该信息，但未经许可，该信息已被更改；且

（e）本款（b）项所述的行为会诱使、促成、便利或隐瞒版权的侵权行为，而该人对该结果是有过失的。

处罚：60个罚金单位的罚金。

（6）第（5）款属于严格法律责任罪。

注：关于严格赔偿责任，参见澳大利亚刑法典第6.1条。

第132AT条　抗辩事由

执法和国家安全

（1）本次分部不适用于由以下机构或其代表为执法或国家安全的目的而合法做出的任何行为：

（a）联邦、州或领地；或

（b）联邦、州或领地的当局。

注：被告对第（1）款有关事项负有举证责任，参见澳大利亚刑法典第13.3条第（3）款。

某些公共机构等

（2）本次分部不适用于下列人员在执行其职能时合法做出的任何行为：

（a）图书馆（不包括为一个人或多于一个人直接或间接牟利而经营的图书馆）；

（b）以下所述的团体：

（i）第10条第（1）款中"档案"定义的（a）项；或

（ii）第10条第（4）款；

（c）教育机构；

（d）公营非商业性广播机构，包括：

（i）提供1992年澳大利亚广播服务法意义内的国家广播服务机构；且

（ii）持有该法所指的社区广播许可证的机构。

注1：由以营利为目的开展业务的人拥有的图书馆本身可能不以营利为目的（见第18条）。

注2：被告对第（2）款有关事项负有举证责任，参见澳大利亚刑法典第13.3条第（3）款。

（3）在以下情况中，本次分部不适用于任何人就作品或其他客体而合法做出的任何行为：

（a）根据1983年澳大利亚档案法第64条规定，该人拥有作品或其他客体的保管权；且

（b）根据第（2）款，澳大利亚国家档案馆做出该行为是合法的。

注：被告对第（3）款有关事项负有举证责任，参见澳大利亚刑法典第13.3条第（3）款。

第G次分部 证 据

第132AU条 检方证明牟利

（1）如果在起诉针对本次分部的罪行时，下列任何一个问题是相关的，则本条适用：

（a）被告是否打算获取利润；

（b）被告是否在准备或正在获得利润的过程中。

（2）控方须负举证责任，证明任何利益、利润或收益并非因任何版权材料的私人或家庭使用而产生，或与任何版权材料的私人或家庭使用无关。

注：就本次分部而言，第132AA条将利润定义为包括以下任何利益、利润或收益：

（a）由个人接收；且

（b）由私人或家庭使用任何版权材料。

第132A条 与版权的存续和所有权有关的推定

（1）本条适用于就任何作品或其他客体而侵犯犯本次分部罪行的检控，但第132AM条除外。

标签或标记

（2）如果作品或其他客体的复制件，或包装或容纳复制件的包装或容器上有标签或标记，说明作品或其他客体首次出版或制作的年份和地点，则该年份和地点应视为标签或标记上所述，除非存在相反证据。

（3）如果作品或其他客体的复制件，或包装或容纳该复制件的包装或容器上有标签或标记，表明某人在特定时间是该作品或其他客体的版权所有人，则该人被推定为当时的版权所有人，除非存在相反证据。

外国证书

（4）如果在符合资格的国家根据该国法律颁发的证书或其他文件，表明了作品或其他客体首次出版或制作的年份和地点，则该年份和地点应被推定

为证书或文件中所述的年份和地点，除非存在相反证据。

（5）如果在符合资格的国家根据该国法律颁发的证书或其他文件，表明某人在某一时间是该作品或其他客体的版权所有人，则推定该人是当时的版权所有人，除非存在相反证据。

（6）就本条而言，除非存在相反证据，否则声称是第（4）款或第（5）款所述的证书或文件，须视为该证书或文件。

第132AAA条　与计算机程序有关的推定

（1）除第132AM条外，本条适用于就属于计算机程序的文学作品的版权有关的本分部确定罪行而提出的检控，如果：

（a）载有该程序的全部或部分的商品或物品（以出售或其他方式）已向公众提供；且

（b）在供应时，该等商品或物品或其容器附有标签或其他标记，该等标签或标记由附有指明年份和人名的圆圈内的字母"C"组成。

（2）除非存在相反证据，可以推定：

（a）该计算机程序是原创文学作品；且

（b）该计算机程序是在该年首次发表的；且

（c）该人是该程序的版权所有人，而该等商品、物品或容器有标签或标记。

（3）根据第（2）款对某人作出的推定，并不暗示该人在商品、物品或容器被加上标签或标记的时间及地点是该程序的唯一版权所有人。

第132B条　与录音制品有关的推定

（1）除第132AM条外，本条适用于就与录音制品版权有关的本分部罪行而提出的指控，如果：

（a）载有全部或部分录音制品的记录（以出售或其他方式）已向公众提供；且

（b）在供应时，该记录或其容器上有标签或其他标记。

（2）如标签或其他标记载有下表内某项陈述，则除非有相反证据，否则须推定该项所述的事宜。

除非有相反证据，否则须推定的陈述及事宜		
项目	陈述事项	推　定
1	指明的人是该录音制品的制造者	该人是该录音制品的制造者
2	录音制品首次发表于指定年份	录音制品首次发表于该年份
3	录音制品首次在指定国家出版	录音制品首次在该国出版

（3）如标签或标记由圆圈内的字母"P"组成，并附有指明年份及人名，除非有相反证据，则推定：

（a）录音制品在当年首次出版；且

（b）在该录音制品或容器被贴上标签或标记时间及在该地点，该人是该录音制品的版权所有人。

（4）根据本条作出的关于某人的推定，并不暗示该人是：

（a）该录音制品的唯一制作者；或

（b）在该录音制品或容器被贴上标签或标记时间及地点，该录音制品的唯一版权所有人。

第132C条　与影片有关的推定

关于影片制作人的推定

（1）除第132AM条外，第（2）款适用于对违反本分部的罪行的检控，该罪行与电影胶片的版权有关，如果：

（a）该影片的复制件已向公众提供；且

（b）某人的姓名出现在该复制件上的方式，暗示该人是该影片的制作人；且

（c）如果该人不是法人团体——姓名为其真实姓名或通常使用的姓名。

（2）除非存在相反证据，可以推定：

（a）该人是影片的制作者；且

（b）在第98条第（3）款不适用的情况下制作该影片的人。

关于制作时间和版权所有人的推定

（3）第（4）款适用于对违反本分部（第132AM条除外）的与电影胶片版权有关的罪行的起诉，如果：

（a）体现该影片的商品或物品是商业供应的；且

（b）在供应时，该商品或物品或其容器附有标签或其他标记，该标签或

标记由圆圈内的字母"C"组成，并附有指明年份及人名。

（4）除非存在相反证据，可以推定：

（a）该年度首次拍摄该影片；

（b）在该等商品、物品或容器加上标签或标记的时间和地点，该人是该影片的版权所有人。

（5）根据第（4）款对某人作出的推定并不意味着该人是在该商品、物品或容器被贴上标签或标记的时间和地点该影片的唯一版权所有人。

第 H 次分部　额外法庭命令

第 133 条　销毁或交付侵权复制件等

（1）本条适用于，如果：

（a）任何人在法庭上被指控犯有违反本分部的罪行，但第 132AM 条除外，无论该人是否被判有罪；且

（b）该人所拥有的物品在法院看来是以下任何一种物品：

（i）在构成违反第 E 次分部的罪行的行为中使用或目的是使用的规避手段；

（ii）侵权复制件；

（iii）用于或拟用于制作侵权复制件的装置或设备。

（2）法院可命令将该物品销毁、交付有关版权所有人或按法院认为适当的方式处理。

第 I 次分部　程序和管辖权

第 133A 条　可起诉犯罪行为的法院

（1）针对本分部犯罪的起诉可在澳大利亚联邦法院或任何其他具有管辖权的法院提起。

（2）然而，尽管 1901 年澳大利亚法律解释法第 15C 条规定，澳大利亚联邦法院无权审理或裁定对可公诉罪的起诉。

（3）澳大利亚联邦法院有权审理和裁定针对本分部的下列罪行的起诉：

（a）即决犯罪；

（b）严格责任罪。

第133B条 侵权通知

（1）该条例可作出规定，使被指控犯下本分部严格责任罪的人能够采取以下两种行动，以避免被起诉：

（a）向联邦支付罚款；

（b）上交联邦：

（i）被指控为作品或其他客体的侵权复制件且被指控参与犯罪的每件物品（如有）；且

（ii）被指称用于制作作品或其他客体的侵权复制件并被指称参与犯罪的每个装置（如有）。

注：为此目的制定的条例将规定，如果被指控的罪犯向联邦支付罚金，并向联邦没收所有相关物品和装置（如有），则避免对被指控的罪犯进行起诉。

（2）罚金必须等于法院可以对该人处以的最高罚金的1/5。

第6分部 杂 项

第134条 关于侵犯版权的诉讼时效

（1）自侵权行为发生，或侵权复制件、用于或目的是用于制作侵权复制件的装置（包括规避装置）制作之日起满6年后，不得就侵权提起诉讼，也不得就转换或扣留侵权复制件、转换或扣留用于或目的是用于制作侵权复制件的装置提起诉讼（视情况而定）。

（2）根据第116AN条、第116AO条、第116AP条、第116B条、第116C条或第116CA条就某人做出的行为提出的诉讼，如自做出该行为的时间起已超过6年，则不得提出。

注：为此目的制定的条例将作出大意如下的规定，如果被指控的罪犯被指控违法者既向英联邦支付罚款，且没收联邦所有相关物品和设备（如果有）。

第134A条 誓章证据

（1）除第（2）款另有规定外，在法律程序的审讯中，指：

（a）凭借本分部提出的诉讼；或

（b）因违反本法而被起诉；

如下证据可根据誓章作出：

（c）在某一特定时间，该程序所关乎的作品或其他客体的证据存在版

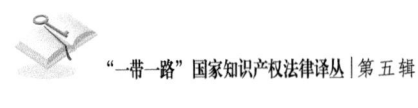

权；或

（d）在某一特定时间，该作品或客体的版权由某一特定的人所拥有，或以排他方式特许某一特定的人；或

（e）在某一特定时间，该作品或客体的版权并非由某一特定的人所有，或以排他方式特许某一特定的人；或

（f）某一特定行为是未取得该作品或客体的版权所有人或版权的独占被许可人的许可做出的。

（2）如第（1）款所提述的法律程序的一方真诚地意欲就誓章中的事宜，质证作出该款所提述的拟在法律程序中使用的誓章的人，誓章不得在诉讼中使用，除非该人在这种质证中作为证人出庭，或者审判诉讼的法院酌情允许在该人不出庭的情况下使用誓章。

第 7 分部　版权材料进口复制件的扣押

第 134B 条　解释

在本分部中：

"诉讼期限"，就特定的扣押复制件而言，指根据第 135AED 条向异议人发出要求放行复制件的通知后，条例规定的期限。

"申请期限"，就特定的扣押复制件而言，指根据第 135AC 条向进口商发出扣押复制件的通知后，条例规定的期限。

"海关总署署长"，指根据 2015 年澳大利亚边境部队法第 11 条第（3）款或第 14 条第（2）款担任海关总署署长的人。

"复制件"，就版权材料而言，指：

（a）如果版权材料是作品——包含该作品的物品；或

（b）如果版权材料是录音，或录音中录制的声音广播——包含录音的记录；或

（c）如果版权材料是电影胶片或录制在电影胶片中的电视广播——包含构成影片的视觉图像或声音的物品；或

（d）如果版权材料是作品的出版版本——包含该版本的物品。

"进口商"，就受版权保护的材料的复制件而言，包括是或自认为是复制件所构成的货品的所有人或进口商的人。

"异议人"，就特定扣押的复制件而言，指根据第 135 条第（2）款发出通

知的人，该通知是作为扣押复制件的结果而发出的。

"所有人"，就版权材料的版权而言，包括该材料版权的独占被许可人。
"个人信息"的含义与1988年澳大利亚隐私法中的含义相同。

"扣押复制件"，指根据第135条第（7）款扣押的复制件。

"工作日"，指不属于下列日期的时间：

（a）星期六；或

（b）星期日；或

（c）澳大利亚首都领地的公共假日。

第135条 进口作品等复制件的限制

（1）在本条中：

（a）提及澳大利亚不包括提及外部领土；

（b）对澳大利亚进口的提及不包括对该领土进口的提及。

（2）任何人可向海关总署署长发出书面通知，说明：

（a）该人是版权材料的版权所有人；且

（b）该人反对将本条适用的版权材料的复制件进口到澳大利亚。

（3）根据第（2）款发出的通知：

（a）需连同任何订明文件一并发出；且

（b）需附有订明费用（如有）。

（4）本条适用于版权材料的复制件，前提是该复制件的制作是由进口该复制件的人在澳大利亚进行的，且构成侵犯该版权材料的版权。

（5）除非根据第（6）款被撤销或根据第（6A）款被宣布无效，否则第（2）款所指的通知仍然有效，直至：

（a）自通知发出之日起4年期限结束；或

（b）通知所涉及的版权材料的版权存续期间终结；

以较早者为准。

（6）根据第（2）款发出的通知，可由发出首次提及通知的人或该通知所涉及的版权材料的版权的其后所有人，向海关总署署长发出书面通知予以撤销。

（6A）如果海关总署署长有合理的理由认为，根据第（2）款发出的通知不再适合生效，海关总署署长可以书面宣布该通知无效。

注：第195B条第（3）款规定海关总署署长可以通知发出判决通知的人并宣布该通知

无效。

（7）如果：

（a）已根据第（2）款就版权材料发出通知；且

（b）该通知未被宣布无效或撤销；且

（c）任何人将本分部适用的版权材料的复制件进口到澳大利亚，目的是：

（i）出售、出租或通过贸易方式为出售或出租提供展示复制件；或

（ii）为贸易目的分发复制件；或

（iii）为任何其他目的分发复制件，从而对版权材料的版权所有人造成不利影响；或

（iv）以商业方式公开展示复制件；且

（d）根据澳大利亚1901年海关法，复制件受海关管制；

海关总署署长可没收复制件。

（8）该条例可就以下事宜制定条文：

（a）根据本条发出的通知的格式；且

（b）发出通知的时间及方式；且

（c）向海关总署署长提供信息和证据。

（9）条例可能包含与本分部有关版权材料复制件进口到外部领土（从澳大利亚或其他此类领土进口除外）的规定类似的规定。

（10）本分部不适用于因第44A条、第44D条、第44E条、第44F条、第112A条、第112D条或第112DA条的规定而进口不构成侵犯版权的版权材料复制件进入澳大利亚。

（10A）本分部不适用于因第44C条或第112C条的规定而进口不构成侵犯版权的版权材料复制件进入澳大利亚。

第135AA条　除非支付费用，否则扣押的决定

（1）除第（2）款另有规定外，海关总署署长可决定不根据第135条第（7）款扣押复制件，除非异议人（一名或多名异议人）已向海关总署署长作出一份可为海关总署署长接受的书面承诺，向联邦偿还扣押复制件的费用。

（2）根据第（2）款的规定，海关总署署长可以决定根据第135条第（7）款不扣押复制件，除非异议人（或一名或多名异议人）向他或她提供海关总署署长认为足以向联邦偿还扣押这些复制件的费用替代承诺，如果：

（a）根据异议人（一名或多名异议人）就其他复制件作出的承诺应支付

的金额没有按照承诺支付；且

（b）海关总署署长认为在所有情况下要求提供担保都是合理的。

（3）如果海关总署署长书面同意异议人的书面请求，可以撤回或更改承诺。

（4）在本条中：

"扣押复制件的费用"，指如果复制件被扣押，联邦可能产生的费用。

第135AB条 安全存储被扣押的复制件

被扣押的复制件必须被带到海关总署署长指示的安全地点。

第135AC条 扣押通知

（1）在根据第135条第（7）款扣押复制件后，海关总署署长必须在切实可行的范围内尽快通过任何通信手段（包括电子手段）向进口商和异议人发出通知（扣押通知）确认复制件，并说明已查封确认的复制件。

（2）扣押通知必须说明，在以下情况中，该复制件会发还进口商：

（a）进口商在申请期内就该等复制件的放行提出申请；且

（b）异议人在诉讼期结束时没有：

（i）就侵犯该等复制件的版权提起诉讼；且

（ii）向海关总署署长发出该诉讼的书面通知。

（3）扣押通知还必须：

（a）规定复制件的申请期限；且

（b）列出复制件的诉讼期，并说明只有进口商提出放行复制件的申请时，诉讼期才会开始；且

（c）如果向异议人发出通知，说明进口商（如已知）的名称及其营业地或居住地的地址，除非海关总署署长出于保密原因认为不适宜这样做；且

（d）如果向进口商发出通知，则须说明下列人士的名称及其营业地或居住地的地址：

（i）异议人；或

（ii）如异议人已为本分部的目的提名某人为异议人的代理人或代表，则是该人；

除非海关总署署长出于保密原因认为不适宜这样做。

（8）海关总署署长可在复制件被扣押后的任何时间，向异议人提供：

（a）代表进口商作出安排的任何个人或机构（无论在澳大利亚境内还是

境外）的名称和营业地或居住地的地址，提交给澳大利亚的复制件或海关总署署长拥有，并且基于合理理由认为可能有助于识别和定位此类人员或机构的任何信息；且

（b）海关总署署长拥有并基于合理理由认为可能与识别和定位进口商有关的任何信息（包括个人信息）。

第135AD条　被扣押的复制件的检查、解除等

（1）海关总署署长可允许异议人或进口商检查被扣押的复制件。

（2）如果异议人向海关总署署长作出必要的承诺，海关总署署长可允许异议人从海关总署署长保管的扣押复制件中取出一个或多个样品供异议人检查。

（3）如果进口商向海关总署署长作出必要的承诺，海关总署署长可以允许进口商从海关总署署长保管的扣押复制件中取出一个或多个样品供进口商检查。

（4）必要的承诺是书面承诺，作出承诺的人将：

（a）在海关总署署长满意的特定时间将复制件样品归还海关总署署长；且

（b）采取合理的谨慎措施防止复制件样品损坏。

（5）如果海关总署署长允许异议人根据本分部检查扣押的复制件或移走复制件样品，联邦不对进口商因以下原因遭受的任何损失或损害承担责任：

（a）在检查期间对任何被扣押的复制件造成的损害；或

（b）异议人或任何其他人对从海关总署署长保管的复制件样品，或异议人的任何使用所做的任何事情，或异议人对其的任何使用。

第135AE条　经同意没收扣押的复制件

（1）根据第（2）款，进口商可以书面通知海关总署署长，同意将扣押的复制件没收给联邦。

（2）必须在提起与复制件有关的侵犯版权诉讼之前，发出通知。

（3）如果进口商发出此类通知，复制件将被没收给联邦。

第135AEA条　扣押复制件解除申请

（1）进口商可向海关总署署长提出扣押复制件解除申请。

（2）必须在复制件的申请期结束前提出申请。

（3）申请必须：

（a）采用条例规定的格式（如有）；且

（b）包括条例所规定的资料。

注：澳大利亚刑法典第137.1条和第137.2条规定，对下列行为构成犯罪：提供虚假或误导性信息或文件。

第135AEB条 未申请的扣押复制件将被没收

（1）如果未在复制件申请期内提出货物解除申请，则扣押复制件将被联邦没收。

（2）但是，海关总署署长允许复制件的延迟申请的，复制件不会被没收，参见第135AEC条。

第135AEC条 扣押复制件放行延迟申请

（1）海关总署署长可允许进口商在复制件申请期结束后，向海关总署署长提出扣押复制件解除申请（延迟申请）。

（2）只有在以下情况中，海关总署署长才可允许延迟申请：

（a）尚未提起与复制件有关的版权侵权诉讼；且

（b）海关总署署长认为在这种情况下是合理；且

（c）该等复制件尚未根据第135AI条处置。

第135AED条 异议人需要收到申请通知

（1）如果进口商提出关于解除扣押复制件的申请，海关总署署长必须尽快向异议人发出申请通知。

（2）通知：

（a）必须采用书面形式；且

（b）可包括海关总署署长拥有的，并基于合理理由认为可能相关的任何信息，以便识别和定位以下一项或两项：

（i）复制件的进口商；

（ii）安排将复制件带至澳大利亚的任何其他个人或机构（无论是在澳大利亚境内还是境外）。

第 135AF 条　向进口商解除扣押复制件

（1）在下列情况下，海关总署署长必须向进口商解除扣押复制件：

（a）异议人向海关总署署长发出书面通知，说明异议人同意解除扣押复制件；且

（b）该复制件并未根据第 135AI 条予以处置。

（2）在下列情况下，海关总署署长可随时向进口商解除扣押的复制件：

（a）海关总署署长在考虑到复制件被扣押后了解的信息后，确信没有合理理由相信复制件的进口侵犯了版权；且

（b）异议人没有就该等复制件提起侵权诉讼。

（3）在下列情况下，海关总署署长必须向进口商解除扣押的复制件：

（a）进口商已提出解除扣押复制件的要求；且

（b）在诉讼期结束时，异议人没有：

（i）就侵犯复制件的版权提起诉讼；且

（ii）将该诉讼书面通知海关总署署长。

（4）在下列情况下，海关总署署长必须向进口商解除扣押的复制件：

（a）进口商已提出解除扣押复制件的要求；

（b）已就该等复制件提起侵权的诉讼；且

（c）自提起诉讼之日起 20 个工作日结束时，提起诉讼的法院没有有效的命令阻止扣押复制件的解除。

（5）本条在第 135AH 条的规限下具有效力。

第 135AFA 条　已解除但未被收集的复制件将会被没收

在下列情况下，被扣押的复制件将被联邦没收：

（a）海关总署署长向进口商解除扣押复制件；且

（b）进口商在解除扣押后 90 日内没有接管复制件。

第 135AG 条　关于侵权诉讼的条文

（1）在本条中，侵权诉讼指因进口被扣押的复制件而构成的侵权的诉讼。

（2）侵权诉讼待决的法院，可应在诉讼标的物中有足够权益的人的申请，准许该人作为被告人加入该诉讼。

（3）海关总署署长长有权在审理侵权诉讼时发表意见。

（4）除本条可批予的任何救济外，法院可：

（a）在法院认为合适的条件（如有的话）规限下，随时命令解除扣押的复制件给进口商；或

（b）命令在指定期限结束前不得向进口商解除扣押的复制件；或

（c）命令没收货物归联邦所有。

（5）如根据联邦任何其他法律，海关总署署长须保留或准许保留对被检取的复制件的控制权被信纳，法院则不得根据第（4）款（a）项作出命令。

（6）海关总署署长必须遵守根据第（4）款发出的命令。

（7）如果：

（a）法院裁定被扣押的复制件的进口并未侵犯有关版权；且

（b）侵权诉讼的被告使法院确信他或她因复制件的扣押而遭受损失或损害；

则法庭可命令该异议人向该被告人支付法庭所裁定的金额，作为补偿该损失或损害中可归因于该诉讼展开当日或之后开始的期间的任何部分。

第 135AH 条　保留对被扣押复制件的控制权

尽管有第 135AF 条的规定，但在没有根据第 135AG 条第（4）款对扣押的复制件作出指令的情况下，如果根据联邦任何其他法律要求或允许海关总署署长保留对复制件的控制权，海关总署署长没有义务解除扣押或处置复制件。

第 135AI 条　处置联邦没收的扣押复制件

(1) 没收归联邦的扣押复制件必须以下列方式处置：

(a) 按照法律规定的方式处置；或

(b) 如果没有规定任何处置方式，可以依照海关总署署长指示。

(2) 但是，根据第 135AEB 条，被没收的复制件必须在没收后 30 日内处置。

(3) 第（1）款并不要求处置侵权诉讼的复制件。

特定情况下的赔偿权

(4) 尽管扣押的复制件已被联邦没收，但任何人可以根据本条向有管辖

权的版权法庭提出申请,要求赔偿处置这些复制件的损失。

(5) 在下列情况下有权获得赔偿:

(a) 有关复制件并没有侵犯异议人的版权;且

(b) 该人确立了令版权法庭信赖的以下事由:

(i) 在复制件被没收前,他或她是该等复制件的所有人;且

(ii) 有合理理由,未能就放行复制件提出申请。

(6) 如果根据第(4)款有赔偿权,版权法庭必须指令联邦向该人支付相当于该复制件处置时市场价值的金额。

第 135AJ 条　未能支付联邦的扣押费用

(1) 如果根据第 135 条发出的通知,其所涵盖的复制件有关的承诺项下应付的金额未按承诺支付,则海关总署署长可决定在支付所欠款项之前不扣押该通知所涵盖的复制件。

(2) 未根据承诺支付的金额:

(a) 是单一异议人或异议人共同或分别欠联邦的债务;且

(b) 可以通过在有管辖权的版权法庭提起诉讼来收回。

(3) 如果就根据第 135 条发出的通知所涵盖的复制件而言,根据承诺支付的金额与承诺相符,但不足以支付联邦因海关总署署长采取的行动而产生的费用,则这些费用与承诺支付金额之间的差额:

(a) 属于单一异议人或异议人共同或各自应付的债务;且

(b) 可以通过在有管辖权的版权法庭提起诉讼来收回。

(4) 如果根据第 135 条发出通知的异议人,或根据第 135AA 条第(2)款提供的担保不足以支付联邦因海关总署署长采取行动而产生的费用,则这些费用与担保额之间的差额:

(a) 是异议人或异议人共同或各自应付的债务;且

(b) 可以通过在有管辖权的版权法庭提起诉讼来收回。

第 135AK 条　联邦豁免权

对于由以下原因造成个人遭受的任何损失或损害,联邦不承担任何责任:

(a) 由于扣押复制件或海关总署署长的失误而导致的损失或损害;或

(b) 解除任何被扣押的复制件。

第ⅤAA部分 未经授权获取编码广播

第1分部 序 言

第135AL条 释义

在本部分中：

"诉讼"，指当事人之间的民事诉讼，包括反诉。

"广播者"，指根据1992年澳大利亚广播服务法获得许可提供广播服务（如该法所定义）的人，其通过该服务传送编码广播。

"频道提供者"，指以下人员：

（a）包装频道的人（可能包括制作节目的人）；且

（b）向广播者提供该频道的人；且

（c）经营提供频道业务的人；

除为传送附带事项而作出的中断外，该频道是作为编码广播服务的一部分而广播的。

"解码器"，指设计或改装用于解密或协助解密编码广播的装置（包括计算机程序）。

"编码广播"，指：

（a）订阅广播；或

（b）由1992年澳大利亚广播服务法意义上的商业广播服务或国家广播服务提供的加密广播（无线电广播或订阅广播除外）。

"订阅广播"，指经加密的广播，广播者只向经广播者授权人提供该广播，其他未经授权人无法接收。

"未获授权解码器"，指未经广播者授权而设计或改装用于解密或协助解密编码广播的解密装置（包括计算机程序）。

第135AM条 反诉

在对反诉适用本分部时，被告的陈述应视为原告的陈述。

第135AN条 本分部不适用于执法行为等

本分部不适用于由下列人员或其代表为执法或国家安全的目的而合法做

出的任何行为：

（a）联邦、州或领地；或

（b）联邦、州或领地的当局。

注：被告在就违反本分部的罪行进行诉讼时，须承担与本分部所述事项有关的证据责任，见澳大利亚刑法典第13.3（3）条。

第2分部 诉 讼

第A次分部 与未授权解码器有关的诉讼

第135AOA条 制造或处理未授权解码器

（1）频道提供者或任何对编码广播或编码广播内容的版权中拥有利害关系的人，可对下列人士提起诉讼：

（a）该人使用未经授权的解码器做出第（2）款所述的任何行为；且

（b）该人知道或应该知道，未经授权的解码器会被用于在未经广播公司授权的情况下访问编码广播。

（2）使用未经授权解码器的行为如下：

（a）制造未经授权的解码器；

（b）出售或出租未经授权的解码器；

（c）以贸易方式，或以获取商业利益或利润为目的，提供或公开未经授权的解码器供销售或出租；

（d）以贸易方式或为了获取商业利益或利润而公开展示未经授权的解码器；

（e）为贸易目的分发未经授权的解码器（包括从澳大利亚出口），或为对频道提供者或对任何编码广播或编码广播内容的版权有利害关系的人产生不利影响的目的分发未经授权的解码器。

（f）将未经授权的解码器进口到澳大利亚，以作以下用途：

（i）出售或出租未经授权的解码器；或

（ii）以贸易方式或为获取商业利益或利润的目的，为出售或出租提供或公开未经授权的解码器；或

（iii）以贸易方式或为获取商业利益或利润的目的，公开展示未经授权的解码器；或

（iv）以交易为目的或以对频道提供者、对编码广播或编码广播内容的版

权享有利害关系的人产生不利影响为目的分发未经授权的解码器；

（g）在网上提供未经授权的解码器，其程度会对频道提供者或编码广播内容的版权有利害关系的人造成不利影响。

（3）诉讼只能在行为发生后 6 年内提出。

（4）在根据本条提起的诉讼中，除非被告另有证明，否则必须假定被告知道或应当知道未经授权的解码器将按第（1）款（b）项所述方式使用。

第 B 次分部 　 与订阅广播的解码器有关的诉讼

第 135AOB 条 　 在网上提供解码器的服务

（1）如有下列情况，本条准许提出诉讼：

（a）由订阅广播的广播方（提供广播方）或在其授权下（向该人或其他人）提供解码器；且

（b）该人在网上提供该解码器，以致对下列任何人（受影响方）造成不利影响：

（i）任何与提供广播方订阅广播的版权有利害关系的人；

（ii）任何与提供广播方订阅广播内容的版权有利害关系的人；

（iii）向提供广播方提供频道以供订阅广播的频道提供者；且

（c）该人知道或应当知道，该解码器将会被用于使第三人能够在未经广播方授权的情况下访问订阅广播。

（2）诉讼可由任何受影响方提起，但只能在第（1）款（b）项所述的人首次在网上提供解码器后 6 年内提起。

（3）在根据本条提出的诉讼中，除非被告另有证明，否则必须假定被告知道或应当知道该解码器将按第（1）款（c）项所述的方式使用。

第 C 次分部 　 未经授权查阅编码广播的诉讼

第 135AOC 条 　 使他人未经授权访问编码广播

（1）本条准许在以下情况中对任何人提起诉讼：

（a）在未获广播公司授权进行编码广播的情况下，该人做出某种行为，致使该人或其他任何人以可识别的形式获得该广播或广播中的声音或图像；且

（b）获得广播或广播中的声音或图像会对下列任何人（受影响方）产生

不利影响：

（i）任何与广播机构编码广播的版权有利害关系的人；

（ii）任何与广播机构编码广播内容的版权有利害关系的人；

（iii）向广播机构提供用作编码广播的频道提供者；且

（c）该人知道或应当知道，该访问未获广播机构授权。

注：（a）款——使某人获得广播或广播中的声音或图像包括：

（a）使用或授权使用解码器，使该人受益访问广播、声音或图像；和

（b）分发或授权分发声音或从广播中获取图像后给该人的图像使用解码器。

（2）任何受影响方都可以提起诉讼，但只能在行为发生后6年内提起。

（3）第（1）款不适用于：

（a）仅包含下列一项或多项的行为：

（i）在设备上开始播放广播中或广播外的声音或图像（例如打开设备）；

（ii）收听广播内或广播外的声音和/或从广播中看到图像；

（iii）在由一个家庭居住的单一住宅内传播声音或图像，并且由该住宅的一名成员就获取该广播取得了广播公司的私人授权；或

（b）获得来自以下方面的声音或图像：

（i）由编码广播制作的电影胶片或录音；或

（ii）此类影片或录音的复制件。

注：（b）款——制作此类电影、录音或复制件可以是侵权复制件：参见第87条第（a）款和（b）款和第101条。

第135AOD条　未经授权将订阅广播作商业用途

（1）本条准许在以下情况中对任何人提起诉讼：

（a）未经订阅广播的广播机构的授权，使用广播或获取广播中的声音或图像，进行贸易或获取商业利益或利润；且

（b）使用广播对下列任何人造成不利影响（受影响方）：

（i）任何与广播的版权有利害关系的人；

（ii）任何与广播内容的版权有利害关系的人；

（iii）向广播机构提供频道进行广播的频道提供者；且

（c）该人知道或应当知道，该使用未获广播方授权。

（2）任何受影响的当事人都可以提起诉讼，但只能在使用广播行为后6年内提起。

第 D 次分部　版权法庭的指令

第 135AOE 条　救济

（1）版权法庭可根据本分部在诉讼中给予受损害方救济：禁令（如有的话，须受版权法庭认为合适的条款限制）、损害赔偿或以所得利益公平补偿。

（2）在评估损害赔偿时，版权法庭可在考虑到以下因素的情况下，判给其认为适当的额外损害赔偿：

（a）被告人做出有关行为的恶意程度；且

（b）对类似行为进行威慑的必要性；且

（c）在第 A 次分部或第 B 次分部下的诉讼中，被告因制造或处理解码器而获得的任何利益；且

（d）在第 C 次分部下的诉讼中，被告获得的任何利益，或由被告经营或与被告联合经营的任何商业贸易的获益；且

（e）所有其他有关事项。

第 135AOF 条　销毁解码器

在根据本分部作出的诉讼中，版权法庭可以指令销毁或处理裁决中指明的有关解码器（如果有的话）。

第 E 次分部　管辖权及上诉

第 135AP 条　行使司法管辖权

州或领地最高法院在本次分部下的诉讼中的管辖权由该法院的一名法官行使。

第 135AQ 条　上诉

（1）除第（2）款规定外，州或领地法院（无论其构成如何）根据本次部作出的裁决为终局裁决。

（2）根据本分部的规定，可对州或领地法院的裁决提出上诉：

（a）向澳大利亚联邦法院提出上诉；或

（b）经澳大利亚高等法院特别许可，交由澳大利亚高等法院审理。

第 135AR 条　澳大利亚联邦法院的管辖权

澳大利亚联邦法院对根据本分部规定的诉讼具有管辖权。

第 135AS 条　澳大利亚联邦巡回法院和家庭法院的管辖权（第 2 分部）

澳大利亚联邦巡回法院和家庭法院（第 2 分部）被授予对本分部规定的诉讼的管辖权。

第 3 分部　侵犯版权的犯罪

第 A 次分部　侵犯版权的犯罪

第 135ASA 条　制造未经授权的解码器

（1）任何人如有以下行为即属犯罪：

（a）该人制造未经授权的解码器；且

（b）在未经广播方授权的情况下，将未经授权的解码器用于访问编码广播。

（2）违反第（1）款的罪行，一经定罪，可处以不超过 5 年监禁或不超过 550 个罚金单位的罚金，或两者并处。

注：公司可被处以最高罚款金额 5 倍的罚款，见 1914 年澳大利亚刑法典第 4B 条第（3）款。

第 135ASB 条　出售或出租未经授权的解码器

（1）任何人如有以下行为即属犯罪：

（a）该人出售或出租未经授权的解码器；且

（b）该人可能使用未经授权的解码器在未获广播方授权的情况下访问编码广播。

（2）违反第（1）款的罪行，一经定罪，可处以不超过 5 年监禁或不超过 550 个罚金单位的罚金，或两者并处。

注：公司可被处以最高罚款金额 5 倍的罚款，参见 1914 年澳大利亚刑法典第 4B 条第（3）款。

第 135ASC 条　提供未经授权的解码器以供出售或出租

（1）任何人如有以下行为即属犯罪：

（a）该人出于获取商业利益或利润的目的，提供或公开未经授权的解码器以供出售或出租；且

（b）该人可使用未经授权的解码器在未经广播方授权的情况下访问编码广播。

（2）任何人如有以下行为即属犯罪：

（a）该人提供或公开未经授权的解码器以供出售或出租；且

（b）该提供或公开是通过交易方式进行的；且

（c）该人可使用未经授权的解码器在未经广播方授权的情况下访问编码广播。

（3）违反第（1）款或第（2）款的罪行，一经定罪，可处以不超过 5 年监禁或不超于 550 个罚金单位的罚金，或两者并处。

注：公司可被处以最高罚款金额 5 倍的罚款，见 1914 年澳大利亚刑法典第 4B 条第（3）款。

第 135ASD 条　在公共场所商业展示未经授权的解码器

（1）任何人如有以下行为即属犯罪：

（a）该人公开展示未经授权的解码器以获取商业利益或利润；且

（b）该人可使用未经授权的解码器在未经广播方授权的情况下访问编码广播。

（2）任何人如有以下行为即属犯罪：

（a）该人公开展示未经授权的解码器；且

（b）展示是以交易方式进行的；且

（c）该人可使用未经授权的解码器在未经广播方授权的情况下访问编码广播。

（3）违反第（1）款或第（2）款的罪行，一经定罪，可处以不超过 5 年监禁或不超过 550 个罚金单位的罚金，或两者并处。

注：公司可被处以最高罚款金额 5 倍的罚款，参见 1914 年澳大利亚刑法典第 4B 条第（3）款。

第 135ASE 条　进口未经授权的解码器

（1）任何人如有以下行为即属犯罪：

（a）该人进口未经授权的解码器，意图使用未经授权的解码器进行下列

任何一项行为：

（i）出售未经授权的解码器；

（ii）出租未经授权的解码器；

（iii）以交易或获取商业利益或利润的方式提供或披露未经授权的解码器以供出售或出租；

（iv）以交易或获取商业利益或利润的方式公开展示未经授权的解码器；

（v）以交易目的分发未经授权的解码器；

（vi）分发未经授权的解码器以获取商业利益或利润；

（vii）在准备进行或正在进行的活动中分发未经授权的解码器，而该活动将对与频道提供者，或编码后的广播或编码后的广播内容的版权的有利害关系的人产生不利影响；且

（b）该人可使用未经授权的解码器在未经广播方授权的情况下访问编码广播。

（2）违反第（1）款的罪行，一经定罪，可处以不超过 5 年监禁或不超过 550 个罚金单位的罚金，或两者并处。

注：公司可被处以最高罚款金额 5 倍的罚款，参见 1914 年澳大利亚刑法典第 4B 条第（3）款。

第 135ASF 条　分发未经授权的解码器

（1）任何人如有以下行为即属犯罪：

（a）该人分发（包括从澳大利亚出口）未经授权的解码器，以下列目的：

（i）贸易；或

（ii）取得商业利益或利润；或

（iii）从事任何其他会对与频道提供者或任何对与编码广播或编码广播内容的版权有利害关系的人造成不利影响的活动；且

（b）该人可使用未经授权的解码器在未经广播方授权的情况下访问编码广播。

（2）违反第（1）款的罪行，一经定罪，可处以不超过 5 年监禁或不超过 550 个罚金单位的罚金，或两者并处。

注：公司可被处以最高罚款金额 5 倍的罚款，参见 1914 年澳大利亚刑法典第 4B 条第（3）款。

第135ASG条　在网上提供未经授权的解码器

（1）任何人如有以下行为即属犯罪：

（a）该人网上提供未经授权的解码器；且

（b）该人网上提供未经授权的解码器，以致对与频道提供者或任何对与编码广播或编码广播内容的版权有利害关系的人造成不利影响；且

（c）该人可使用未经授权的解码器在未经广播方授权的情况下访问编码广播。

（2）违反第（1）款的罪行，一经定罪，可处以不超过5年监禁或不超过550个罚金单位的罚金，或两者并处。

注：公司可被处以最高罚款金额5倍的罚款，参见1914年澳大利亚刑法典第4B条第（3）款。

第135ASH条　为订阅广播提供在线解码器

（1）任何人如有以下行为即属犯罪：

（a）由订阅广播的广播者或其授权的广播者（向该人或其他人）提供解码器；且

（b）该人网上提供该解码器；且

（c）未经广播方授权而在网上提供该解码器；且

（d）该解码器将用于使任何人在未经该广播方授权的情况下访问订阅广播；且

（e）在网上提供该解码器，其程度对以下任何人产生不利影响：

（i）任何与广播公司订阅广播的版权中有利害关系的人；

（ii）任何与广播公司订阅广播内容的版权有利害关系的人；

（iii）向广播公司提供频道以进行订阅广播的频道提供者。

（2）违反第（1）款的罪行，一经定罪，可处以不超过5年监禁或不超过550个罚金单位的罚金，或两者并处。

注：公司可被处以最高罚款金额5倍的罚款，参见1914年澳大利亚刑法典第4B条第（3）款。

第135ASI条　未经授权访问订阅广播等

任何人如有以下行为即属犯罪：

（a）该人未经授权实施访问订阅广播的行为；且

（b）该行为（单独或与其他行为一起）导致该人以可识别的形式获得收费广播或收费广播的声音或图像；且

（c）该人明知该行为没有得到广播公司的授权；且

（d）该行为包括以下一项或多项内容：

（i）在设备上开始播放广播中的声音或图像（例如打开设备）；

（ii）收听广播的声音和/或看到图像。

（iii）在由一个家庭居住的单一住宅内传播声音或图像，并且该住户的一名成员取得广播公司的私人授权；且

（e）未从以下途径获得该声音或图像：

（i）由编码广播制作的电影或录音；或

（ii）此类电影或录音的复制件。

注：制作此类电影、录音或复制件可能侵犯版权，参见第87条第（a）款和（b）款以及第101条。

处罚：60个罚金单位的罚金。

第135ASJ条　未经授权访问编码广播等

（1）任何人如有以下行为即属犯罪：

（a）该人确系实施了某种行为；且

（b）该行为是通过贸易方式作出的；且

（c）该行为导致该人或其他任何人以可识别的形式获取编码广播或编码广播中的声音或图像；且

（d）该行为未经广播公司授权；且

（e）未从以下途径获取该声音或图像：

（i）由编码广播制成的电影或录音；或

（ii）该影片或录音的复制件。

注：（e）款——制作此类电影、录音或复制件可能侵犯版权；参见第87条第（a）款和（b）款以及第101条。

（2）任何人如有以下行为即属犯罪：

（a）该人实施的行为是为了获取商业利益或利润；且

（b）该行为导致该人或其他任何人以可识别的形式获取编码广播或编码广播中的声音或图像；且

（c）未经广播机构授权访问该声音或图像；且

（d）未从以下途径获取该声音或图像：

（i）由编码广播制成的电影或录音；或

（ii）该电影或录音的复制件。

注：（e）项——制作此类电影、录音或复制件可能侵犯版权：参见第87条第（a）款和（b）款以及第101条。

（3）任何人如有以下行为即属犯罪：

（a）该人未经授权实施访问编码广播的行为；且

（b）该行为导致其他任何人以可识别的形式获取编码广播或编码广播中的声音或图像；且

（c）该人明知未经广播方授权；且

（d）该行为包括下列一项或多项：

（i）在设备上播放声音或图像（例如打开设备）；

（ii）在由一个家庭居住的单一住宅内传播声音或图像，并且是该住户的一名成员取得广播公司的私人授权；且

（e）未从以下途径获取该声音或图像：

（i）由编码广播制作的电影或录音；或

（ii）此类电影或录音的复制件。

注：（e）项——制作此类电影、录音或复制件可能侵犯版权：参见第87条第（a）款和（b）款以及第101条。

（4）违反第（1）款、第（2）款或第（3）款的罪行，一经定罪，可处以不超过5年监禁或不超过550个罚金单位的罚金，或两者并处。

注：公司可被处以最高罚款金额5倍的罚款，参见1914年澳大利亚刑法典第4B条第（3）款。

第B次分部 起 诉

第135ATA条 对犯罪行为有管辖权的法院

（1）对违反本分部犯罪行为的起诉可向澳大利亚联邦法院或任何其他具有管辖权的法院提出。

（2）然而，尽管1901年澳大利亚法律解释法第15C条规定，澳大利亚联邦法院无权审理或裁决对公诉罪行的诉讼。

（3）澳大利亚联邦法院有权审理和裁定针对本条的即决犯罪的诉讼。

（4）此外，1914 年澳大利亚刑法典第 4J 条［第 4J 条第（2）款除外］适用于澳大利亚联邦法院和具有简易管辖权的法院的可起诉的罪行。

注：1914 年澳大利亚刑法典第 4J 条允许具有简易管辖权的法院在某些情况下审理可起诉的罪行，并受法院可以施加的处罚的限制。

第 C 次分部　法庭的进一步指令

第 135AU 条销毁未授权解码器等

（1）审判违反本分部罪行的犯罪嫌疑人，法院可指令销毁该人所拥有的任何在法院认为属于未经授权的解码器的物品，或按指令所指明的其他方式处理该物品。

（2）无论该人是否被定罪，法院均可下达该指令。

第 VC 部分　免费广播的转播

第 1 分部　序　言

第 135ZZI 条　释义

在本部分中：

"集体管理组织"，指暂时根据第 135ZZT 条的规定为集体管理组织的团体。

"延迟转播"，就免费广播而言，指在本地时间完全或部分与原始转播区域不同的区域中，对广播的转播，并且延迟至不迟于等效的当地时间。

"通知持有人"，指根据第 135ZZX 条暂时被委任为通知持有人的人。

"相关集体管理组织"，就报酬通知而言，指与报酬通知所涉及的同类作品或其他客体的版权所有人设立的收费团体。

"相关版权人"，指作品、录音或电影作品的版权所有人，但不包括第 4 章第 5 节 B 分部所指的现场表演录音的新版权人。

"报酬通知"，指第 135ZZL 条所述的通知。

"转播者"，指转播免费广播的人。

第135ZZJ条　集体管理组织的运作

本分部适用于集体管理组织，集体管理组织中的任何规定应当符合该分部的规定，除此之外，集体管理组织享有自治权。

第135ZZJA条　该分部的应用

（1）如果转播是通过互联网进行的，则本分部不适用于免费广播的转播。

（2）本分部不适用于以下情况中的转播：

（a）卫星许可证持有人的转播；且

（b）第135ZZZI条第（1）款或第（2）款适用的转播。

第2分部　免费广播的转播

第135ZZK条　免费广播的转播

（1）在以下情况中，免费广播中包括的作品、录音或电影的版权不会因广播的转播而受到侵犯：

（a）由转播者或其代表向相关集体管理组织发出的报酬通知有效；且

（b）免费广播是由报酬通知所指定的广播公司制作的；且

（c）转播符合第135ZZN条的规定。

（2）若制作免费广播的复制件的唯一目的是延迟转播，该广播并不侵犯免费广播所包括的作品、录音或电影的版权。

（3）如转播该广播会侵犯该广播中的版权，则不适用第（2）款。

（4）为第（2）款所述目的而制作的广播复制件，如在制作后7日内仍未销毁，则第（2）款不适用于该复制件的制作，并被视为从未适用过。

（5）在本条中，制作免费广播的复制件，指制作该广播的电影或录音，或制作此类电影或录音的复制件。

第135ZZL条　报酬通知

（1）转播者可以通过转播者或转播者的代表向相关集体管理组织发出书面通知，承诺为转播者或转播者的代表，在通知生效期间转播指定广播机构的免费广播节目而向该集体管理组织支付公平的报酬。

（2）报酬通知必须具体规定，合理报酬的数额应根据转播者根据第

135ZZN 条保存的记录加以评估。

（3）报酬通知自送达集体管理组织之日起生效，或者自通知中规定的更早日期起生效，并一直有效，直至该通知被撤销为止。

第 135ZZM 条　合理报酬数额

（1）如转播者向集体管理组织发出报酬通知，则转播者或其代表在通知生效期间，每次转播都应支付转播者与集体管理组织之间的协议确定的合理报酬数额，或在未达成协议的情况下，由版权审裁处根据其中一方的申请决定。

（2）如版权审裁处已根据第（1）款作出裁定，则转播者或集体管理组织可在作出裁定之日起 12 个月后的任何时间，根据该款向法庭申请由转播者或转播者的代表，作出的转播应由转播者支付给集体管理组织的新裁定。

（3）就第（1）款而言，可就转播所包括的不同类别的作品、录音或电影，确定不同的金额（不论是经协议或由版权审裁处决定）。

第 135ZZN 条　记录系统

（1）如果转播者或者转播者的代表向集体管理组织发出报酬通知，转播者必须建立和维护记录系统。

（2）记录系统必须对报酬通知中指明的每家广播公司所作每次转播的转播者或其代表所作每次转播所包含的每个节目的名称作出记录。

（3）除第（2）款另有规定外，记录系统必须由转播者与集体管理组织之间协议确定，或在没有协议的情况下，由版权审裁处根据其中一方的申请决定。

第 135ZZP 条　检查记录等

（1）如果报酬通知正在或已经生效，收到该通知的集体管理组织可以书面通知有关转播者，该组织可以在通知中指明的某一日，即通知指明的转播者的一个普通工作日，在通知发出当日后的 7 日内，做出该通知中指明的下列行为：

（a）评估在转播者的场所进行的转播数量；

（b）查阅在有关场所保存的与依据第 135ZZK 条进行转播有关的所有相关记录；

(c) 查阅在有关场所保存的与评估转播者应向社会支付的合理报酬数额有关的其他记录。

（2）除第 135ZZQ 条另有规定外，如集体管理组织发出通知，经集体管理组织书面授权的人可在通知指明的日期的一般工作时间内（但不得在上午 10 点之前或下午 3 点之后），进行评估或查阅与通知有关的记录，并可为此目的进入集体管理组织的场所。

（3）转播者必须采取一切合理的预防措施，并进行合理的审慎监察，以确保第（2）款集体管理组织授权的人能够正常行使权利的一切合理及必要的设施和协助。

（4）转播者如违反第（3）款的规定，即属犯罪，一经定罪，可处以不超过 10 个罚金单位的罚金。

注：公司可能被处以最高罚款金额 5 倍的罚款，参见 1914 年澳大利亚刑法典第 4B 条第（3）款。

第 135ZZQ 条　身份卡

（1）为第 135ZZP 条第（2）款目的，集体管理组织的首席执行官（无论如何描述）必须向每个该协会授权的人发出身份卡。身份卡必须载有获授权人的近照。

（2）为行使第 135ZZP 条第（2）款所赋予的权力而进入场所的获授权人，如未能在明显场所负责人处要求其出示身份卡时出示身份卡，则该获授权人不得进入或逗留该场所内，或根据第 135ZZP 条第（2）款在场处所行使任何其他权力。

（3）任何人如有以下行为，即属犯罪，一经定罪，可惩罚不超过 1 个罚金单位的罚金：

(a) 该人已获身份卡；且

(b) 该人不再是获授权人；且

(c) 该人在不再是获授权人士后，没有立即将身份卡交回相关集体管理组织。

（4）获授权人在行使第 135ZZP 条第（2）款所赋予的权力时，必须时刻随身携带身份卡。

第 135ZZR 条　撤销报酬通知

有关转播者可在任何时候通过向发出报酬通知的集体管理组织发出书面

通知来撤销报酬通知，撤销在通知日期后 3 个月终结时生效，或在通知中规定的较晚日期生效。

第 135ZZS 条　要求支付合理报酬

（1）除本条另有规定外，在报酬通知正在生效或已经生效的情况下，收到通知的集体管理组织可以书面通知有关的转播者，要求转播者在通知发出日期后的合理时间内，向该协会支付通知中指明的合理报酬数额，即根据第 135ZZM 条就转播者或其代表在该报酬通知正在或已经生效期间所做的转播所应支付的数额。

（2）如果根据第（1）款提出的请求中规定的金额没有按照请求支付，集体管理组织可将其作为对该组织的债务向澳大利亚联邦法院或任何其他有管辖权的法院请求转播者支付所欠债款。

第 3 分部　集体管理组织

第 135ZZT 条　集体管理组织

（1）任何团体可向部长申请被宣布为所有相关版权人，或特定类别的相关版权人的集体管理组织。

（1A）部长在收到申请后，必须执行以下其中一项：

（a）通过公报宣布该团体为集体管理组织；

（b）拒绝宣布该团体为集体管理组织；

（c）按照条例规定的方式将申请提交版权审裁处，并通知该团体。

（1B）根据第（1A）款（a）项作出的声明并非法律文书。

（1C）如部长将申请转交版权审裁处，则审裁处可以宣布该团体为一个集体管理组织。

注：第 153P 条列明版权法庭处理参考的程序。

（1D）成为集体管理组织必须声明宣布该团体为：

（a）所有相关版权人的集体管理组织；或

（b）该声明中所指明的相关版权人类别的集体管理组织。

（2）如某团体被宣布为某一特定类别的版权人的集体管理组织，而其后又有另一团体被宣布为该类别的版权人的集体管理组织：

（a）在作出其后声明的当日，前述集体管理组织不再是该类别版权人的

集体管理组织；且

（b）向该集体管理组织发出的任何报酬通知，只要在该类别相关版权人的范围内，不再有效。

（3）部长及版权审裁处不得宣布任何团体为集体管理组织，除非：

（a）它是一家有担保的有限公司，根据与公司有关的州或领地的现行法律注册成立；且

（b）声明中指明的相关版权人类别中的所有人或其代理人均有权成为其成员；且

（c）其规则禁止向其成员支付股息；且

（d）其规则包含规定的其他条款，这些条款是确保作为相关版权人或其代理人的集体管理组织成员的利益得到充分保护的必要条款，特别是包括以下方面的条款：

（i）收取根据第135ZZM条应支付的合理报酬的条款；且

（ii）征收管理费用的支付的条款；且

（iii）集体管理组织收取金额的分配情况的条款；且

（iv）集体管理组织以信托方式为其非会员的有关版权人持有的条款；且

（v）会员查阅集体管理组织的记录的条款。

（4）如果部长或版权审裁处已宣布某一团体为某一特定类别的版权人的集体管理组织，部长和版权审裁处可以拒绝宣布另一个团体为该类版权人的集体管理组织，除非考虑到前述组织的成员人数、其活动范围和其他相关因素，认为宣布为集体管理组织符合这些版权人的利益。

第135ZZU条 撤销声明

（1）本条适用于部长已经宣布为集体管理组织的机构：

（a）没有充分发挥集体管理组织的作用；或

（b）没有按照其规则行事，也没有按照符合作为相关版权人或其代理人的成员的最佳利益的方式行事；或

（c）已改变其规则，使其不再符合第135ZZT条第（3）款（c）项和（d）项规定；或

（d）无合理理由的情况下拒绝或不遵守第135ZZV条或第135ZZW条。

（2）部长可以：

（a）在公报上公告撤销该申请；或

(b) 按条例所规定的方式向版权审裁处提出是否应撤销声明的提议。

(3) 如部长将问题提交版权审裁处，如果审裁处认为第（1）款（a）项、(b) 项、(c) 项和（d）项中的任何一款适用于该团体则法院可撤销该申请。

注：第 153Q 条列明版权法庭处理参考的程序。

第 135ZZV 条　年度报告和账目

(1) 集体管理组织必须在每个财政年度结束后，尽快编写该财政年度的运作报告，并将报告复制件送交部长。

(2) 部长必须在部长收到报告后 15 个会议日内，将根据第（1）款送交部长的报告复制件提交议会各院。

(3) 集体管理组织必须保存会计记录，正确记录和说明该组织的交易情况（包括任何作为受托人的交易）和该组织的财务状况。

(4) 会计记录的保存方式必须能够适时编制向公众公开的真实和公允的账目，并能方便和适当地审计这些账目。

(5) 集体管理组织必须在每个财政年度结束后，尽快安排非组织成员的审计员对其账目进行审计，并且必须将经过审计的账目复制件送交部长审核。

(6) 集体管理组织必须让其会员合理地查阅其根据本条编制的所有报告和审计账目的复制件。

(7) 本条不影响集体管理组织根据其成立所依据的法律编制和提交年度申报表或账目的任何义务。

第 135ZZW 条　规则修订

集体管理组织必须在其修订规则后的 21 日内，将更改后的规则复制件发送给部长，并附上一份陈述更改的效果和更改原因的声明。

第 135ZZWA 条　申请法院审查分配方案

(1) 集体管理组织或其成员可向版权审裁处申请，审查集体管理组织其在一定时期内所采用或拟采用的分配收取金额的方案。

(2) 如果法院根据第 153R 条作出指令，改变该项分配安排或以另一项安排取代该项安排，则反映法院指令的安排与根据集体管理组织的规则作出的安排效力相同，但不影响在该项指令发出之前的分配。

第4分部 临时转播

第135ZZX条 委任通知持有人

部长可通过在公报上刊登公告，为本分部的目的指定一人为通知持有人。

第135ZZY条 在集体管理组织声明之前转播

在下列情况下，转播免费广播所包括的任何作品、录音或电影胶片的版权不因转播而受到侵犯：

（a）在转播时，尚未宣布成立集体管理组织；且

（b）根据第135ZZZ条第（1）款向由转播者或其代表持有人发出通知是有效的；且

（c）转播者符合第135ZZN条的规定。

第135ZZZ条 转播者的通知

（1）在第一个集体管理组织声明之前，转播者可以随时通过转播者或其代表向所有人发出书面通知，承诺向集体管理组织支付合理报酬。在通知有效期间，转播者和其代表可进行转播。

（2）通知必须指明转播者应根据第135ZZN条保存的记录评估的合理报酬的数额。

（3）通知自通知持有人收到通知之日起生效，或者在通知指定的较晚日期生效，通知将一直有效，除非通知被撤销。

（4）通知可随时由转播者通过向通知持有人发出书面通知的方式予以撤销，该撤销自撤销通知发出之日或其中指定的较晚日期生效。

第135ZZZA条 记录保存要求

如转播者根据第135ZZZ条向通知持有人发出通知，则第135ZZM条和第135ZZN条的适用情况如下：

（a）集体管理组织是指通知持有人；且

（b）报酬通知是根据第135ZZZ条发出的通知。

第135ZZZB条 集体管理组织声明的效力

（1）如果：

（a）由于一个或多个集体管理组织的通知，有一个为所有相关版权人服务的组织；且

（b）根据第 135ZZZ 条发出的通知在集体管理组织声明生效之日前有效；

在集体管理组织声明生效之日及之后，根据第 135ZZZ 条发出的通知不再具有效力，但就本部分而言，该通知被视为报酬通知：

（c）由有关的转播者向集体管理组织，或每个集体管理组织（视情况而定）；且

（d）在该通知生效的当日生效。

（2）如果：

（a）一个或多个集体管理组织被宣布为一个或多个类别的版权人，但不为所有类别的版权人服务；且

（b）紧接该日之前已有通知生效；

那么，在该日之后：

（c）该通知不再具有作为与不同类别版权人相关通知的效力，但就本条而言，该通知被视为报酬通知：

（i）由有关的转播者提供给集体管理组织或每个集体管理组织（视情况而定）；且

（ii）于通知生效当日生效；且

（d）该通知继续对所有其他相关版权人具有该类通知的效力。

（3）当通知根据本条被视为报酬通知时，有关转播者必须在该通知生效之日或之后的 21 日内，将根据第 135ZZN 条作出的所有记录的复制件送交相关集体管理组织。

第 5 分部　其他事项

第 135ZZZC 条　有关版权人可授权转播

本部分中的任何内容均不影响免费广播中包含的作品、录音或电影胶片的版权人在不侵犯该版的情况下，发出许可证，授权转播者在不侵犯该版权权的情况下，制作或安排制作免费广播的转播的权利。

第 135ZZZD 条　本部分不赋予版权的情形

尽管本法有任何其他规定，由转播者或其代表进行的免费广播的转播，

不是本部分所述的侵犯版权行为,免费广播也没有将任何作品或其他客体的版权授予任何人。

第 135ZZZE 条　转播许可并不是授权的侵权行为

就本法而言,免费广播的版权人不能仅仅因为其许可转播该广播,而被视为已被授权侵犯该广播中所包括的任何作品、录音或电影胶片的版权。

第 VD 部分　卫星许可证持有者的重播

第 1 分部　序　言

第 135ZZZF 条　释义

在这部分:

"集体管理组织",指暂时根据第 135ZZZO 条被宣布为集体管理组织的团体。

"商业电视广播许可",与 1992 年澳大利亚广播服务法的含义相同。

"适格节目",指具有第 135ZZZG 条赋予的含义。

"实施行为",指:

(a) 做出某一行为;或

(b) 不履行行为。

"通知所有人",指根据第 135ZZZT 条暂时被指定为通知所有人的人。

"原始广播公司"具有第 135ZZZG 条规定的含义。

"相关集体管理组织",就报酬通知而言,指与报酬通知所涉及的同类作品或其他类似标的物的版权人而设立的集体管理组织。

"相关版权人",指作品、录音或电影的版权人,但不包括第Ⅳ部分第 5 分部第 B 次分部所指现场演出录音的新版权人。

"报酬通知",指第 135ZZJ 条中提到的通知。

第 135ZZZG 条　适格节目及原始广播者

(2) 就本部分而言,如果节目符合下列条件:

(a) 该节目由商业电视广播被许可人在地方许可区域广播(属于 1992 年

澳大利亚广播服务法第 43AA 条的含义）；

（b）根据该法第 43AA 条规定，该被许可人必须向卫星 BSA 许可证持有人提供该节目；则：

（c）该节目是适格的节目；且

（d）（a）项所述的被许可人是适格节目的原始广播者。

（3）就本部分而言，如果符合下列与节目有关的条件：

（a）该节目由商业电视广播的被许可人播放的；

（b）根据 1992 年澳大利亚广播服务法第 43AB 条或第 43AC 条的规定，许可人必须向卫星 BSA 许可人提供该节目；则：

（c）该节目是适格节目；且

（d）（a）项所述的被许可人是该适格节目的原始广播者。

第 135ZZZH 条　集体管理组织的运行规则

本部分适用于集体管理组织，该组织的规则不与本部分规则冲突时，则可同时发挥效力。

第 2 分部　卫星 BSA 许可证持有人的重播

第 135ZZZI 条　卫星 BSA 许可证持有人的重播

符合条件的节目中的作品、录音或电影胶片的版权

（1）适格的节目包括作品、录音或电影胶片的版权，在下列情况下不会因节目的重播而受到侵犯：

（a）适格的节目由卫星 BSA 许可证持有人重播；且

（b）卫星 BSA 许可证持有人在卫星 BSA 许可证授权的服务上重播适格节目；且

（c）重播适格节目符合 1992 年澳大利亚广播服务法附表 2 第 7A 条规定的卫星 BSA 许可证持有人的卫星 BSA 许可证条件；且

（d）卫星 BSA 许可证持有人向相关集体管理组织发出的报酬通知生效；且

（e）在报酬通知中指明了适格节目的原始广播机构；且

（f）卫星 BSA 许可证持有人遵守第 135ZZZL 条。

适格节目广播中的版权

（2）在下列情况下，符合条件的节目的重播不侵犯适格节目的版权：

(a) 适格节目由卫星 BSA 许可证持有人重播；且

(b) 卫星 BSA 许可证持有人在卫星 BSA 许可证授权的服务上重播适格节目；且

(c) 适格节目的重播符合卫星 BSA 许可证持有人的卫星 BSA 许可证的条件，这些条件载于 1992 年澳大利亚广播服务法附表 2 第 7A 条；且

(d) 符合下列任何一项条件：

(i) 卫星 BSA 许可证持有人与广播适格节目的版权人之间，就卫星 BSA 许可证持有人在某一特定时期内为重播节目向版权人支付的金额达成有效协议；

(ii) 如果没有协议——版权审裁处可根据第 153RA 条规定，对卫星 BSA 许可证持有人在特定时期为重播节目而向节目的版权人支付的金额进行裁决；

(iii) 如没有协议或裁决——卫星 BSA 许可证持有人已向广播节目的版权人作出书面承诺，向版权人支付由版权审裁处根据第 153RA 条决定的金额，以便在特定期间重播节目；且

(e) 在（d）项（i）目、（ii）目或（iii）目适用的任何一个所述期间内，卫星 BSA 许可证持有人可重播。

为重播目的而制作复制件

(3) 在下列情况下，制作节目的复制件不侵犯节目的广播所包括的作品、录音或电影胶片的版权：

(a) 制作该复制件的唯一目的，是使节目能在日后重播；且

(b) 适用于第（1）款的重播的节目。

(4) 在下列情况下，制作节目的复制件并不侵犯节目的广播版权：

(a) 制作该复制件的唯一目的，是让节目在之后重播；且

(b) 第（2）款将适用于在之后重播该节目的情况。

(5) 如果：

(a) 为第（3）款或第（4）款所提及的目的而制作某适格节目的复制件；且

(b) 根据澳大利亚联邦法律，卫星 BSA 许可证持有人须在复制后保留该复制件超过 7 日；且

(c) 复制件在该期限结束后没有在切实可行的情况下尽快销毁；

第（3）款或第（4）款（视情况需要）不适用，并被视为从未就制作该复制件适用过。

(5A) 如果：

(a) 适格节目复制件是为了上述第（3）款或第（4）款目的而制作；且
(b) 不适用第（5）款；且
(c) 该复制件在复制后 7 日内没有销毁；

第（3）款或第（4）款（视情况需要）不适用，并被视为从未就制作该复制件适用过。

(6) 在本条中，制作适格节目的复制件，指制作适格节目广播的电影或录音，或制作该电影或录音的复制件。

第 135ZZZJ 条　报酬通知

(1) 卫星 BSA 许可证持有人可以书面通知相关集体管理组织，承诺向该组织支付合理报酬，用于重播指定原始广播机构播放的节目，而该节目在通知生效期间由卫星 BSA 许可证持有人重播。

(2) 报酬通知必须指明，合理报酬的数额将根据卫星 BSA 许可证人根据第 135ZZZL 条保存的记录来评估。

(3) 报酬通知在以下日期开始生效：
(a) 向集体管理组织发出通知的日期；或
(b) 在通知载明的较早日期；
以及报酬通知将在被撤销之前都有效。

第 135ZZZK 条　合理报酬的数额

(1) 如卫星 BSA 许可证持有人向集体管理组织发出报酬通知，在通知生效期间，卫星 BSA 许可证持有人为重播符合条件的节目而向集体管理组织支付的合理报酬数额：
(a) 由卫星 BSA 许可证持有人与集体管理组织之间的协议确定；或
(b) 未能达成该协议时，由版权审裁处就双方任何一方提出的申请作出裁决。

(2) 如版权审裁处根据第（1）款作出裁定，以下二者任一：
(a) 卫星 BSA 许可证持有人；或
(b) 集体管理组织；
可在作出决定之日起 12 个月后的任何时间，根据该款向审裁处申请重新裁定卫星 BSA 许可证持有人应向集体管理组织支付的数额，以便卫星 BSA 许可证持有人重播节目。

（3）就第（1）款而言，可就以下各项不同类别确定不同的金额（不论是通过协议由版权审裁处决定）；

（a）作品；或

（b）录音；或

（c）电影胶片；

包括重播中的以上各项。

第135ZZZL条　记录系统

（1）如果卫星BSA许可证持有人向集体管理组织发出报酬通知，则卫星BSA许可证持有人必须建立和维护记录系统。

（2）记录系统必须提供：

（a）记录每个适格节目的名称，即：

（i）由报酬通知载明的原始广播机构所作的广播；且

（ii）由卫星BSA许可证持有人所作的重播；且

（b）集体管理组织可以查阅该记录。

（3）记录系统必须是：

（a）由卫星BSA许可证持有人与集体管理组织之间的协议确定的；或

（b）未能达成该协议时，由版权审裁处就双方任何一方提出的申请作出裁决。

（4）除第（2）款另有规定外，第（3）款具有效力。

第135ZZZM条　撤销报酬通知

（1）有关卫星BSA许可证持有人可随时以书面通知集体管理组织的方式撤销报酬通知。

（2）撤销在下列时间生效：

（a）在通知发出日期后3个月后；或

（b）在通知载明的较晚日期。

第135ZZZN条　要求支付合理报酬

（1）如果报酬通知已经生效或曾经有效，发出通知的集体管理组织可以书面通知有关的卫星BSA许可证持有人，要求卫星BSA许可证持有人在收到通知后的合理时间内向该组织偿付通知所载明的合理报酬。

（2）通知中载明的金额必须是根据第 135ZZZK 条规定，在报酬通知生效期间内，卫星 BSA 许可证持有人重播应支付的金额。

（3）第（1）款在符合第（4）款的情况下具有效力。

（4）如果根据第（1）款提出的请求所指明的金额没有按照请求支付，则集体管理组织可在以下地点向卫星 BSA 许可证持有人主张支付该组织的债务：

（a）澳大利亚联邦法院；或

（b）任何其他有管辖权的法院。

第 3 分部　集体管理组织

第 135ZZZO 条　集体管理组织

（1）符合下列条件，该团体可向部长申请宣布为集体管理组织：

（a）所有相关版权人；或

（b）指明类别的相关版权人。

（2）部长在收到申请后，必须执行下列其中一项：

（a）通过在公报刊登的公告，宣布该团体为集体管理组织；

（b）拒绝宣布该团体为集体管理组织；

（c）两者都需要：

（i）以法律规定的方式将申请提交版权法庭；且

（ii）通知该团体有关移交法庭的情况。

（3）根据第（2）款（a）项作出的声明并非法律文书。

（4）如果部长将申请提交版权法庭，该法院可宣布该机构为集体管理组织。

注：第 153U 条列明版权法庭处理该项提述的程序。

（5）宣布该团体为集体管理组织时必须宣布该团体为：

（a）所有相关版权拥有人的集体管理组织；或

（b）该声明所指明的类别的相关版权人的集体管理组织。

（6）如果：

（a）该团体被宣布为某一特定类别版权人的集体管理组织；且

（b）另一团体随后被宣布为该类别版权人的集体管理组织；

则

（c）在宣布作出后，前述集体管理组织不再是该类别版权人的集体管理组织；且

（d）向该集体管理组织发出的任何报酬通知，在该类别版权人所包括的相关版权人，不再有效。

（7）部长及版权审裁处不得宣布任何团体为集体管理组织，除非：

（a）它是：

（i）根据2001澳大利亚年公司法第2A.2部分注册为公司；且

（ii）有限责任公司；且

（b）声明中指明的一类相关版权人或其代理人均有权成为其成员；

（c）其规则禁止向其成员支付股息；且

（d）其规则载有规定的其他条款，这些条款是确保作为相关版权人或其代理人的集体管理组织成员的利益得到充分保护所必需的，其中应当包括以下条款：

（i）收取根据第135ZZZK条应付的合理报酬数额；且

（ii）从收取的金额中支付集体管理组织的行政费用；且

（iii）公布集体管理组织的财政情况；且

（iv）集体管理组织以信托方式管理并非其会员的相关版权人的财产；且

（v）集体管理组织会员有权查阅集体管理组织的记录。

（8）如果部长或版权审裁处宣布该团体为某一特定类别的版权人的集体管理组织，部长和版权权法庭可拒绝宣布另一团体为该类别的版权人的集体管理组织，除非认为这样做符合所有版权人的利益，但须考虑：

（a）前述集体管理组织的成员人数；且

（b）其活动范围；且

（c）其他相关因素。

第135ZZZP条　撤销声明

（1）本条适用于部长已经宣布为集体管理组织的机构：

（a）没有充分发挥集体管理组织的作用；或

（b）没有按照其规则行事或没有以最佳方式维护其成员作为有关版权人或其代理人的利益；或

（c）修改规则，不再符合第135ZZZO条第（7）款（c）项和（d）项规定；或

（d）无合理理由拒绝或不遵守第 135ZZZQ 条或第 135ZZZR 条。

（2）部长可以：

（a）通过在公报上刊登公告，撤销该声明；或

（b）以条例规定的方式向版权审裁处提出是否应撤销声明的提议。

（3）如部长将提议提交版权审裁处，如果审裁处认为第（1）款（a）项、（b）项、（c）项和（d）项中的任何一项适用于该团体，可撤销该声明。

注：第 153V 条列明版权法庭处理该项提述的程序。

第 135ZZZQ 条　年度报告及账目

（1）集体管理组织必须在每个财政年度结束后，尽快编写该财政年度的运作报告，并将报告复制件提交部长。

（2）部长必须在收到报告后 15 日内，将根据第（1）款提交部长的报告复制件提交议会各院。

（3）集体管理组织必须正确记录和说明会计记录的以下各项：

（a）集体管理组织的交易（包括作为受托人的任何交易）；且

（b）集体管理组织的财政状况。

（4）会计记录的保存方式必须能够做到：

（a）随时保障编制的社会账目真实及公平；且

（b）保障这些账目能方便及适当地审计。

（5）集体管理组织必须在每个财政年度结束后，尽快：

（a）安排其账目由非集体管理组织成员的审计师进行审计；且

（b）向部长提交一份经审计的账目复制件。

（6）集体管理组织必须让其会员合理地查阅其根据本条编制的所有报告和审计账目的复制件。

（7）本条不排除集体管理组织根据 2001 年澳大利亚公司法编制和提交年度报表或账目的任何义务。

（8）就本条而言，期间指：

（a）自本条生效日期起；且

（b）截至 2010 年 6 月 30 日；

被视为一个财政年度。

第 135ZZZR 条　规则的修订

集体管理组织必须在其规则修改后的 21 日内，向部长提交一份修改的规则复制件，并附上一份声明，说明：

（a）修改的结果；且

（b）修改的原因。

第 135ZZZS 条　向审裁处申请审查分配方案

（1）集体管理组织或者其成员可以向版权审裁处申请，在一定期限内，对该集体管理组织分配款项的方案或者将拟采用的分配款项的方案进行复审。

（2）如果审裁处根据第 153W 条作出指令，改变该项方案或以另一项方案取代该项方案，则视为审裁处指令的方案与集体管理组织作出的方案具有同等效力，但不影响在该项指令发出之前的方案的效力。

第 4 分部　临时重播

第 135ZZZT 条　指定通知持有人

部长可通过在公报刊登的公告，为本分部目的，委任一人为通知持有人。

第 135ZZZU 条　在集体管理组织声明之前的重播

在下列情况下，重播节目并不侵犯该节目中所包括的作品、录音或电影胶片的版权：

（a）由卫星 BSA 许可证持有人重播适格节目；

（b）卫星 BSA 许可证持有人在卫星 BSA 许可证授权的服务上重播适格节目；

（c）重播适格节目符合 1992 年澳大利亚广播服务法附表 2 第 7A 条规定的卫星 BSA 许可证持有人的卫星 BSA 许可证条件；

（d）在重播时，尚未宣布成立集体管理组织；

（e）卫星 BSA 许可证持有人根据第 135ZZZV 条第（1）款向通知所有人发出的通知；和

（f）卫星 BSA 许可证持有人遵守第 135ZZZL 条规定。

第 135ZZZV 条　卫星 BSA 许可证持有人发出的通知

（1）卫星 BSA 许可证持有人可以在第一个集体管理组织宣布成立之前的任何时候，通过向通知持有人发出书面通知，承诺在宣布成立集体管理组织时，卫星 BSA 许可证持有人会支付合理报酬，以便卫星 BSA 许可证持有人在通知有效期间转播节目。

（2）通知必须具体规定，应根据卫星 BSA 许可证持有人根据第 135ZZZL 条保存的记录来评估合理报酬的数额。

（3）通知于下列时间生效：

（a）向通知持有人发出通知的日期；或

（b）通知载明的较后日期；

通知在被撤销前均有效。

（4）卫星 BSA 许可证持有人可随时以书面形式通知持有人撤销通知。

（5）撤销生效日期：

（a）撤销通知发出日期；或

（b）撤销通知载明的较晚日期。

第 135ZZZW 条　记录保存要求

如果卫星 BSA 许可证持有人根据第 135ZZZV 条向通知持有人发出通知，则第 135ZZZK 条和第 135ZZZL 条的适用情况如下：

（a）集体管理组织指通知持有人；且

（b）报酬通知指根据第 135ZZZV 条发出的通知。

第 135ZZZX 条　集体管理组织声明的效力

（1）如果：

（a）由于一个或多个集体管理组织的声明，出现了一个为所有相关版权人服务的协会；且

（b）根据第 135ZZZV 条发出的通知在该声明生效之日前有效；

那么，在该日之后，该通知不再具有效力，但就本分部而言，该通知被视为报酬通知，即：

（c）该通知由有关卫星 BSA 许可证持有人发给集体管理组织，或视情况发给每个集体管理组织；且

（d）于通知生效的当日生效。

（2）如果：

（a）一个或多个集体管理组织被宣布为一个或多个类别的相关版权人，但不是所有类别的相关版权人服务；且

（b）通知在声明生效日期之前是有效的；

则在当天或之后：

（c）该通知不再对宣布为集体管理组织的一个或多个类别的有关版权人具有这种通知的效力，但为本分部的目的，该通知被视为报酬通知：

（i）由有关卫星BSA许可证持有人向集体管理组织或每个集体管理组织（视情况而定）发出的报酬通知；且

（ii）于该通知生效的当日生效；且

（d）该通知继续作为这种通知对所有其他相关版权人具有效力。

（3）如根据本条发出的通知被视为报酬通知，有关卫星BSA许可证持有人必须在该通知生效当日或之后的21日内，将根据第135ZZZL条所作的所有记录的复制件提交相关集体管理组织。

第5分部　其他事项

第135ZZZY条　相关版权人可授权重播

（1）本分部的任何规定均不影响适格节目广播的版权人授权卫星BSA许可证持有人在不侵犯该版权的情况下重播该适格节目的权利。

（2）本分部的任何规定均不影响适格节目广播所包括的作品、录音或电影胶片的版权人，授权卫星BSA许可证持有人在不侵犯该版权的情况下重播该适格节目的权利。

第135ZZZZ条　本部分不赋予版权

尽管本法有任何其他规定，但对适格节目的重播，不是本部分所述的侵犯版权行为，也没有将任何作品或其他客体的版权授予任何人。

第135ZZZZA条　重播许可不属于版权侵权行为

就本法而言，广播中的版权人不得仅仅因为所有人许可重播节目而被认为侵犯节目中包含的任何作品、录音或电影胶片的版权。

第Ⅶ部分　澳大利亚版权审裁处

第1分部　序　言

第136条　释义

(1) 在本部分中，除非出现相反的规定：

"副庭长"，指审裁处的副庭长。

"法官"，指：

(a) 联邦法院、州或领地最高法院的法官；或

(b) 联邦法院中与法官具有相同地位的人。

"许可证"，指由作品或其他客体的版权人或准版权人或其代表发出的许可证，用以作出授予版权的行为。

"许可证制度"，指由许可人制订的方案（包括具有方案性质的任何内容，不论是称为方案或收费表，还是称为任何其他名称），其中规定了许可人或多个许可人或由许可人或多个许可人的代表愿意授予许可的情况类别，以及在这些类别的情况下支付的费用和授予许可的条件（如果有的话）。

"许可人"，指符合下列两项条件的法人团体：

(a) 该团体是根据州或领地有关公司现行的法律成立的；

(b) 该团体的章程：

(i) 赋予任何版权人或任何特定种类的版权人成为该机构成员的权利；且

(ii) 规定该团体保护其成员与版权有关的利益；且

(iii) 规定该团体的主要业务是授予许可证；且

(iv) 要求该团体将该团体颁发许可证的收益（在扣除该团体的行政费用后）分配给其成员；且

(v) 禁止该团体支付股息。

"成员"，指审裁处的成员，包括审裁长及副审裁长。

"指令"，包括临时指令。

"组织"，指法人或非法人团体的组织或协会。

"审裁长"，指审裁处审裁长。

（2）在本部分中：

（a）条件，指与支付费用有关的条件以外的任何条件；

（b）给予个人或组织陈述案情的机会，指根据该人或该组织的选择，给予该人或该组织提交书面申述或接受听证的机会，或提交书面申述和接受听证的机会；

（c）需要特定类别许可证的人，包括持有该类别许可证的人，如果该人在许可证发放期限届满时要求续发该类别许可证或再发放同类别许可证；且

（d）侵犯版权的法律程序，包括对第Ⅴ部分第5分部第D次分部的罪行的起诉。

（3）就本部分而言，任何人不得仅因第108条的实施而被视为不需要许可证让录音在公众场合公开。

第137条 适用许可证制度的案件

（1）就本部分而言，如果根据暂时实施的许可证制度，某一个案将获得许可证，则该个案须视为适用许可证制度的个案，但须符合下一款的规定。

（2）就本部分而言，按照许可证制度：

（a）被授予的许可证将受到一些条件的限制，根据这些条件，某些事项将被排除在许可证之外；且

（b）若某一个案涉及属于这种例外的一个或多个事项；

则该个案应被视为不属于该许可证制度所适用的个案。

第2分部　版权审裁处组成

第138条 审裁处的组成

1982年澳大利亚成文法（其他事项修正案）（第1号）第138条取代本条所设立的版权审裁处，作为澳大利亚的版权审裁处继续存在，但应由一名庭长以及根据本条任命的副庭长和其他成员组成。

第139条 版权审裁处成员的任命

法院的成员须由总督任命。

第140条 版权法庭成员资格

（1）除非是澳大利亚联邦法院的法官，否则不得被任命为庭长。

（1A）除非某人是或曾经是某一州或领地的最高法院或联邦法院的法官，否则不得被任命为副庭长。

（2）任何人不得被委任为审裁处成员（审裁长或副审裁长），除非：

(a) 他或她是或曾经是法官；

(b) 他或她被注册成为高等法院的、另一联邦法院或州或领地最高法院的执业律师，并且注册时间不少于 5 年；

(c) 在工业、商业、工商业、公共行政、教育或专业实践方面具有不少于 5 年的高级经验；

(d) 在法律、经济或公共行政领域学习后获得大学学位或类似地位的教育资格；或

(e) 庭长认为他或她具有与成员的职责有关的专门知识或技能。

第 141 条　任期

（1）在符合本条规定的情况下，任何成员的任期不超过任命文书所规定的 7 年，但有资格获得连任。

（2）除非某人是或曾经是联邦法院或州或领地最高法院的法官，否则不得被任命为副审裁长。

（3）总督可以因成员身体或精神上无行为能力而终止对成员（法官成员除外）的任期。

（4）在下列情况下，总督应终止对成员（非法官成员）的任期：

(a) 该成员有不当行为；或

(b) 该成员破产，申请享受任何救济破产或破产债务人的法律的利益；该成员与他或她的债权人达成和解，或为债权人的利益转让成员报酬。

第 141A 条　副庭长的资历

（1）副庭长的资历以其首次被任命为法庭成员的日期为准，如果 2 名或 2 名以上的副庭长在同一日被任命，则以其任命书中指定的先后次序为准。

（2）在只有一人担任副庭长的时候，本部分提及的"高级副庭长"应视为副庭长。

第 142 条　代理庭长

总督可在以下情况任命高级副庭长代理庭长履行职务：

（a）在该职位空缺期间；或

（b）在担任该职务的人缺席或离开澳大利亚，或因任何其他原因不能履行该职务的任何期间。

第 143 条　报酬及津贴

（1）在不违反本条规定的情况下，成员应获得报酬法庭所确定的报酬，但如法庭未能确定该项报酬，则成员应获得规定的报酬。

（2）成员有权获得规定的津贴。

（3）第（1）款和第（2）款受 1973 年澳大利亚报酬法庭法约束。

（4）担任法官的成员在作为法官领取薪资或年度津贴期间，无权根据本法获得报酬。

第 144 条　宣誓或就职确认

（1）成员在开始履行其职责之前，应按照本法附表中的宣誓书或与宣誓书相同形式的申明书进行宣誓或申明。

（2）应在联邦法院或州或领地的最高法院的法官面前宣誓或申明。

第 144A 条　利益相关成员的信息披露

（1）如果成员是或将是法庭成员，为某一程序目的而组成的，并且该成员拥有或获得的任何利益如金钱或其他任何形式，将可能与该成员公正履行程序中的职能产生冲突；

（a）他或她应向程序各方履行披露程序；且

（b）除非得到程序各方的同意，否则不得参与该程序。

（2）如庭长知悉某一成员是或将来是法庭的成员，为某一程序之目的而组成的法庭的成员，并知悉该成员在该程序中具有第（1）款所述的利害关系：

（a）如果庭长认为该成员不应参与或不应继续参与该程序——他或她应相应地向该成员发出指示；或

（b）在任何其他情况下——他或她应使该成员的利益向该程序的当事各方披露。

（3）在本条中，程序包括通过申请程序，或根据本法向法庭提起诉讼的程序。

第144B条　因未能披露利益相关者而被免职

如总督确信某成员（非法官成员）在无合理辩解的情况下未能根据第144A条第（1）款的规定须作出披露，总督应将该成员免职。

第145条　辞职

成员可以通过向庭长签署辞职通知的方式辞去成员职务。

第146条　法庭开庭

（1）法院的开庭应在庭长决定的地点和时间进行。

（2）除下一款另有规定外，法庭应由一名法官组成。

（3）如果申请或提交资料的一方为申请或提交资料的目的要求法庭由一名以上法官组成，则为申请或提交资料的目的，法庭必须由不少于2名法官组成，其中一人必须是庭长或副庭长。

（3A）第（3）款的任何规定均不妨碍任何一名成员就程序事项行使法庭的权力。

（4）在法庭由多于一名成员组成的法律程序中：

（a）如果庭长是组成法庭的成员之一，他或她须主持庭审工作；且

（b）在任何其他情况下，由在场的高级副庭长主持工作。

（5）凡由一名以上法官组成的法庭对某一问题的意见出现分歧，如果有多数意见，则应根据多数意见的决定对该问题作出裁决，但如果组成的法庭的意见出现等额分歧，则应根据庭长的意见对该问题作出裁决，如果庭长不是组成法庭的法官之一，则应根据出席的高级副庭长的意见作出裁决。

（6）由一名或多名成员组成的法庭可以开庭并行使法庭的权力，尽管由另一名或其他成员组成的法庭正在开庭并行使这些权力。

（7）法庭行使权力不受法庭成员空缺的影响。

（8）如果由2名或2名以上法官组成的法庭已开始审理任何程序，而其中一名或2名以上法官已不再是法官，或不再能为该程序的目的提供服务，其余的一名或多名成员可继续审理该程序。如果剩下的成员或剩下的成员之一是庭长或副庭长，则剩下的一名或多名成员可以继续审理该程序。

第 147 条　庭长负责安排法庭事务

庭长可就法庭事务的安排作出指示,并在符合第 146 条第（2）款或第（3）款规定的情况下,就特定法律程序的法庭的组成作出指示。

第 3 分部　向法庭提出的申请和申诉

第 B 次分部　与第Ⅲ部分和第Ⅳ部分有关的申请

第 149 条　向法庭申请确定录制或摄制作品的报酬

（1）本条适用于根据第 47 条第（3）款或第 70 条第（3）款向法庭提出申请,要求裁定为制作该作品的录音、电影或改编作品而向版权人支付的合理报酬。

（2）本条适用的申请的当事人是：

（a）作品的版权人；且

（b）录音或电影的制作人。

（3）如向法庭提出本条适用的申请,法庭须考虑有关申请,并在给予申请各方陈述案情的机会后,裁定认为对录音或电影制作的版权人的合理报酬的数额。

第 150 条　向法庭提出申请以确定制作录音复制件而须支付给录音版权人的报酬

（1）本条适用于根据第 107 条第（3）款向法庭提出申请,要求法庭裁定须向录音版权人支付合理报酬,以供制作录音复制件的情况。

（2）本条适用的申请的当事人是：

（a）录音的版权人；且

（b）录音复制件的制作者。

（3）如向法庭提出就本条适用的申请,法庭须考虑该申请,并在给予申请各方陈述案情的机会后,发出指令,裁定法庭认为应给予版权人合理报酬的数额,以供制作录音复制件。

第 151 条　向法庭申请确定就公开播放录音而向录音版权人支付的报酬

（1）本条适用于根据第 108 条第（1）款向法庭提出申请,要求裁定应向版权人支付的公开播放录音的合理报酬，以便录音被公众听到。

（2）本条适用的申请的当事人是：

（a）录音的版权人；且

（b）导致录音公开发表的人。

（3）向法庭提出如就本条适用的申请，法庭须考虑有关申请，并在给予申请各方陈述其案情的机会后，发出指令，裁定其认为应向版权人支付的合理报酬的数额，以便录音被公众听到。

第 152 条　向法庭申请确定播放已出版的录音而向录音版权人支付的报酬

（1）在本条中，除非出现相反的规定：

"澳大利亚"，不包括诺福克岛以外的领土。

"广播机构"，指：

（a）澳大利亚广播公司；或

（aa）特别广播服务公司；或

（b）澳大利亚通信和媒体管理局根据 1992 年澳大利亚广播服务法分配的许可证持有人；或

（c）澳大利亚通信和媒体管理局根据 1992 年澳大利亚广播服务法确定的类别许可证授权进行广播的人。

广播不包括通过向广播者支付费用的传输方式进行的转播。

（1A）就本条适用于本款生效前的时期而言，本条的效力犹如澳大利亚广播委员会在该时期所做的任何行为或事情是由澳大利亚广播公司所做，澳大利亚广播委员会在该时期的任何收益是澳大利亚广播公司的收益。

（1B）在适用于本款生效前的时期时，本条的效力犹如澳大利亚特别广播局在该时期所做的任何行为或事情是由澳大利亚特别广播局公司所做的，而澳大利亚特别广播局在该时期的任何收益是澳大利亚特别广播局公司的收益。

（2）在符合本条规定的情况下，申请人可向法庭提出申请，要求明确广播机构在申请书指明的期限内，就广播已出版的录音制品，向已出版的录音制品的版权人支付报酬的数额，或作出规定。

（3）广播机构或已出版录音制品的版权人可根据前款规定提出申请。

（4）根据第（2）款提出申请的当事人包括：

（a）提出申请的人；且

（b）向法庭提出申请的组织或人，并根据下一款成为申请人的人。

（5）任何组织（不论是否声称代表广播机构或已发表录音的版权人）或任何人（不论是否声称代表已发表录音的广播机构或版权人）向法庭申请成为申请人，法庭认为该组织或人与申请所涉事项有重大利害关系，法庭可在其认为适当的情况下，让该组织或人成为申请人。

（6）法庭须考虑根据第（2）款提出的申请，并在给予申请各方陈述其案情的机会后，作出指令：

（a）在该指令适用的期间内，确定广播机构就广播机构播放已出版的录音制品向其版权人应支付的金额，或作出规定；

（b）指明将分配该金额的申请人，这些人是法庭确信作为已出版的录音制品的版权人的申请的当事方，或其代表；且

（c）指明该金额在各申请人之间的份额以及给付时间，这些份额和时间由各申请人商定，如果没有商定，则由法庭公平确定。

（7）在作出与广播机构有关的指令时，法庭应考虑所有相关事项，包括广播机构为广播目的使用申请的当事方或其代表所拥有的生效版权的录音制品（第105条适用的记录除外）的程度。

（8）法庭不得作出指令，要求以下广播机构是：

（a）澳大利亚通信和媒体管理局根据1992年澳大利亚广播服务法分配的许可证持有人，该许可证授权该持有人广播电台节目；或

（b）由澳大利亚通信和媒体管理局根据该法确定的类别许可证授权广播节目的人；

就该指令所涵盖期间的已出版录音的广播，支付超过法庭确定的广播机构在相当于该指令所涵盖期间的总收入的1%的金额，而该金额是该指令所涵盖期间之前的最后6月30日结束的期间内的总收入。

（9）如果一个广播机构是：

（a）澳大利亚通信和媒体管理局根据1992年澳大利亚广播服务法分配许可证持有人，该许可证授权该持有人播放广播节目；或

（b）由澳大利亚通信和媒体管理局根据该法确定的类别许可证授权广播节目的人；

经澳大利亚通信和媒体管理局的许可，采用了6月30日以外的日期结束的一个会计期间，第（8）款中提及的6月30日，就该广播机构而言，指其他日期。

（10）第（8）款不适用于与广播机构有关的指令，除非：

（a）广播机构确定并使法庭确信该广播机构在需要确定其收入的时期内的收入总额；且

（b）广播机构在整个期间以声音广播方式播出节目。

（11）如根据第（2）款就澳大利亚广播公司向法院提出申请，法院：

（a）应就公司对已出版的录音制品的声音广播和公司对此类录音制品的电视广播分别作出指令；且

（b）不得作出要求公司在该指令适用期间就已出版录音的声音广播支付超过以下数额的款项的指令：

（i）就该期间所包括的每一整年而言，其数额是用 1 美分的 1/2 乘以相当于联邦统计员在作出该指令之前所公布的、最后一次列明的澳大利亚估计人口的人数而确定的金额；且

（ii）就该期间所包括的每一整年的每一部分而言——属于该期间的每一部分，其数额与根据上一日确定的有关一整年的数额的比例，与该部分在一整年中的比例相同。

（12）没有在根据第（6）款生效的指令中被指明为，将在该指令中指明或按照该指令确定的款项中分配的人之一的人，可在该指令所适用的期限届满之前，向法庭申请修改该指令，以指明他或她为这些人之一。

（13）根据上述最后一款提出修订指令申请的当事人为：

（a）提出申请的人；

（b）该指令所适用的广播机构；

（c）指令所指明的人，即指令所指明或根据指令所确定的款项需分给他们的人；且

（d）向法庭申请成为申请当事方，以及根据第（5）款成为申请的当事方的组织或人。

（14）法庭应根据第（12）款审议申请：根据第（6）款（在本款中称为"主要指令"）修改生效的指令，并在给予申请各方陈述案情的机会后，如确信申请人是一段或多段已发表录音的版权人，则须作出修改主要指令的指令，以便：

（a）指明申请人为主要指令中指定的或按照主要指令确定的款项的分配对象之一；且

（b）指明申请人在该款项中的比例和支付该份额的时间，该份额和时间由申请人和分得该款项的其他人商定，如无协议，则由法庭认为公平的方式确定，并对这些其他人的份额作出任何相应的调整。

（15）法庭根据第（6）款对广播机构发出的指令，适用于从指令中规定的日期开始到下一年6月30日截止的期间。

（16）法庭根据第（6）款就某一广播机构作出的指令中可能指定的日期，可以在作出指令的日期之前或提出申请的日期之前，但不得是法庭根据该款就该广播公司作出的上一个指令（如有），适用期满的日期之前或本法生效日期之前的日期。

（17）法庭根据第（14）款的规定，修改第（6）款作出的法庭指令，适用于自作出修改指令之日起至正在修改的指令所适用的期间届满之日止的期间。

（18）如法庭的指令根据本条而生效，则该指令所适用的广播机构有责任向该指令所指明的每一个人支付该指令所指明的款项，而该指令所指明的数额或根据该指令所确定的数额将分配给该人所指明的份额，并有责任在指明的时间支付该份额，该人可向该广播机构追讨未根据具有管辖权的法院的指令支付的任何数额，作为广播公司欠该人的债务。

（19）就本条而言，广播公司在某一时期的总收入指，该广播机构在该时期内因播放广告或其他事项而获得的总收入，包括该广播机构在该段期间内就该广播机构所广播的事宜而提供的收入总额，或就该广播机构所广播的事宜而获得的总收入。

（20）如果在一项交易中，以现金以外的方式支付或给予任何对价，就上一款而言，该对价的货币价值应视为已经支付或给予。

（21）如法庭认为：

（a）广播机构以外的任何人在任何期间所赚取的款项或款项的一部分，如该广播机构与该人是同一人，则该收入或收入的一部分将构成该广播机构在该期间就本条而言的总收入的一部分；且

（b）广播机构与另一人之间存在的关系（无论是由于任何股份或协议或安排，或由于任何其他原因），就本条而言，该款项或该款项的一部分（视情况而定）应视为该广播机构在该期间的总收入的一部分。

第152A条　向法庭申请确定录制音乐作品的版权费

（1）在本条中：

"制造商"，具有与第55条相同的含义。

（2）在符合本条规定的情况下，可向法庭申请一项指令，以决定或规定

音乐作品的录音制造商在申请书所指明的期限内须向作品的版权人支付的版权费。

（3）制造商或制造商所录音乐作品的版权人可提出申请。

（4）申请各方为：

(a) 音乐作品的录音制作者及版权人；且

(b) 任何成为该申请当事方的组织或个人。

（5）如根据第（2）款提出申请，法庭须考虑有关申请，并在给予当事人陈述案情的机会后，作出指令，以决定或作出规定：音乐作品的录音制作者在该指令所指明的期限内须向作品的版权人支付合理数额的版权费。

（6）任何组织（无论是否声称代表制造商或音乐作品的版权所有者）或任何人（无论是否为制造商或音乐作品的版权人）向法庭申请成为根据本条提出的申请的一方；法院如认为该组织或个人在该申请中具有重大利害关系，可将该组织或个人认定为申请人。

（7）根据第（5）款发出的指令中可就某制造商指明的期限，可以是在作出指令的日期之前或在提出申请的日期之前开始，但不得是在以下日期之前开始的期间：

(a) 根据该款就该制造商作出的上一个指令（如果有的话）中所指明的结束期限；或

(b) 本条的生效日期。

（8）凡是根据本条规定生效的指令，该指令所适用的制造商有责任在规定的时间向该指令所指定的人支付所指定的许可费数额，如果没有按照该指令支付，该人可以在有管辖权的法庭向该制造商追讨该数额，作为制造欠该人的债务。

第152B条　向法庭申请确定支付版权费的方式

（1）在本条中：

"制造商"，具有与第55条相同的含义。

（2）可向法庭申请一项指令，以决定音乐作品的录音制作者或版权人支付版权费的方式。

（3）录音制造商或录音制造商所录制的音乐作品的版权人可提出申请。

（4）申请各方为：

(a) 该音乐作品的录音制造者和版权人；且

（b）任何成为该申请当事方的组织或个人。

（5）任何机构（不论是否声称代表音乐作品的录音制造者或版权人）或任何人（不论是否代表音乐作品的录音制造者或版权人）向法庭申请成为根据本条提出的申请的一方，法庭如认为该机构或人与该申请有重大利害关系，法庭可在认为适当的情况下，将该机构或人列为申请人。

（6）如根据第（2）款提出申请，法庭须考虑有关申请，并在给予当事方陈述案情的机会后，作出指令，以决定制造有关音乐作品的录音制品须向该作品的版权人支付的版权费。

第 153 条　向法庭申请分摊录音作品的版权费

（1）本条适用于根据第 59 条第（3）款（b）项向法庭申请，就音乐作品的版权人与文学或戏剧作品的版权人之间的录音制品分摊应付款项的情况。

（2）本条适用的申请的当事方是：

（a）音乐作品的版权人；且

（b）文学或戏剧作品的版权人。

（3）凡向法庭提出本条适用的申请，法庭应审议该申请，并在给予申请各方陈述其案情的机会后，作出指令，以其认为公平的方式在各方之间分摊该申请所涉的款项。

第 C 次分部　与第 ⅣA 部分有关的申请和移送法庭的事项

第 153A 条　与第 ⅣA 部分第 4 分部有关的申请和移送法庭的事项

（1）本条适用于第（4）款表格中的该项目第 1 栏中提到的申请或移送法庭的事项。

（2）申请或移送法庭的当事方是该项目第 2 栏中提到的当事方。

（3）法庭必须：

（a）考虑该申请或移送；且

（b）给予当事方陈述案件的机会；且

（c）遵守该项目第 3 栏的规定。

（4）表格如下：

项目	与特许复制和传播有关的申请和移送		
	第1栏：申请或转送法庭	第2栏：当事方	第3栏：法庭必须
1	根据第113P条第（4）款（b）项或第113S条第（4）款（b）项的规定决定问题的申请	(a) 相关集体管理组织；及 (b) 管理有关教育机构	在顾及条例所订明的任何事宜后，根据第113P条第（4）款或113S条第（4）款处理有关问题
2	根据第113R条第（2）款（b）项提出的申请，以决定合理报酬的数额	(a) 相关集体管理组织；及 (b) 管理有关教育机构的团体	经考虑该规例所订明的任何事宜后，根据第113R条第（2）款决定合理报酬的数额
3	根据第113V条第（2）款（c）项的规定，由宣布为集体管理组织的团体（申请人）提交申请	(a) 申请人； (b) 根据本条第（5）款成为申请人的任何人	(a) 根据第113V条第（3）款宣布申请人为集体管理组织；或 (b) 拒绝宣布申请人为集体管理组织
4	根据第113X条第（2）款（b）项提出的关于是否应撤销某团体为集体管理组织的声明的问题移交法庭	(a) 部长； (b) 团体； (c) 根据本条第（5）款成为申请人的任何人	(a) 撤销根据第113X条第（3）款作出的声明；或 (b) 拒绝撤销该声明
5	根据第113ZB条第（1）款提出的申请，要求审查集体管理组织为分配其在某一时期内收取的款项而采用或拟采用的方案	(a) 复审申请人； (b) 集体管理组织（如果不是申请人）； (c) 根据本条第（5）款成为申请人的任何成员或组织	根据第113ZB条第（2）款作出指令

（5）为表格第 3 项目、第 4 项目或第 5 项目第 2 栏的情况下，如以下人或组织要求成为该移交法庭或申请的一方，法庭可将该人或组织列为该转介或申请的一方：

（a）如第 3 项目或第 4 项目的情况下，法庭认为与该事项有相当利害关系的人；

（b）如第 5 项目的情况下，该人或者组织

（i）法庭认为与该项安排有重大利害关系；且

（ii）是该集体管理组织的成员，或是声称代表该集体管理组织成员的组织。

第 E 次分部　与第ⅣA 部分有关的申请

第 153DF 条　受版权保护材料的含义
在本次分部中：受版权保护的材料，与第Ⅶ部分第 2 分部中的含义相同。

第 153E 条　根据第 183 条第（5）款向法庭提出的申请
（1）根据第 183 条第（5）款向法庭提出申请，要求确定为联邦或国家服务而做出版权所包含的行为的条件的当事方如下：
（a）联邦或州，视情况而定；且
（b）版权人。
（2）如根据第 183 条第（5）款向法庭提出申请，法庭会考虑该申请，并在给予各申请方陈述案情的机会后，作出指令，订明行为的条款。

第 153F 条　集体管理组织向法庭申请索取政府文本
（1）担保有限公司可向法庭申请声明该公司为第Ⅶ部分第 2 分部所指的集体管理组织。
（2）申请的当事方为申请人及任何被法庭视为当事方的人。
（3）在下列情况下，法庭可使其成为当事方：
（a）该人要求成为当事方；且
（b）法庭认为该人与下列任何一个或两个问题有重大利益关系：
（i）申请人是否应被宣布为一个集体管理组织；
（ii）有关公司作为集体管理组织的当下声明是否应撤销。
（4）法庭在给予每一方陈述其案情的机会后，必须：
（a）就第Ⅶ部分第 2 分部而言，宣布申请人为一个集体管理组织；或
（b）拒绝申请。
（5）就第Ⅶ部分第 2 分部而言，公司作为集体管理组织的声明可涉及以下方面的声明：
（a）所有政府文本；或
（b）指定类别的政府文本。
（6）只有在以下情况中，法庭才可宣布申请人为集体管理组织：
（a）申请人是一家担保有限公司，是根据州或领地与公司有关的有效法

律成立的；且

（b）如申请就所有的政府文本作出声明，申请人的规则允许任何受版权保护材料的版权人或版权人的代理人成为其成员；且

（c）如申请就某一类的政府文本作出声明，申请人的规则允许依照第 183 条规定的某一类受版权保护材料的版权人或版权人的代理人成为其成员；且

（d）申请人的规则禁止向其成员支付股息；且

（e）申请人的规则载有关于下列所有事项的条文，足以保障其成员：

（i）根据第 183A 条收取应支付的报酬；

（ii）集体管理组织从征收的报酬中支付行政费用；

（iii）集体管理组织报酬的分配；

（iv）集体管理组织对非组织成员的版权资料收取信托报酬；

（v）其成员可查阅集体管理组织的记录；和

（f）申请人的规则载有条例要求为保护组织成员而列入的其他规定。

（7）声明必须载明生效日期。

（8）如法庭根据本条作出声明，版权法庭的登记官必须在公报刊登该声明。

第 153G 条　向法庭申请撤销集体管理组织声明

（1）以下任何人可根据第 153F 条向法庭申请撤销声明：

（a）集体管理组织；

（b）集体管理组织成员；

（c）政府。

（2）申请的当事方是：

（a）撤销声明的申请人；且

（b）集体管理组织不是撤销声明的申请人的——该集体管理组织；且

（c）任何被法庭列为当事方的组织。

（3）在下列情况下，法庭可让某人成为当事人：

（a）该人要求成为当事人；且

（b）法庭认为该人有是否撤销集体管理组织的声明有重大的利益关系。

（4）法庭在给予每一方陈述其案情的机会后，必须：

（a）撤销集体管理组织的声明；且

（b）拒绝申请。

（5）在满足以下条件时，法庭才可撤销该公司作为集体管理组织的声明：

（a）该公司未能充分发挥其作为集体管理组织的职能；或

（b）不按照其规则行事，或不符合受版权保护材料的所有人或版权人的代理人的最大利益；或

（c）已更改其规则，使其不再符合第153F条第（6）款（b）项至第（f）项的任何一项或多项；或

（d）违反第183D条或第183E条的规定（涉及报告、账目及更改规则）。

（6）撤销必须写明生效日期。

（7）如法庭撤销集体管理组织的声明，版权法庭的登记官必须在公报刊登撤销该声明的公告。

第153H条 根据第153F条或第153G条判决申请的时限

（1）法庭必须在审理结束后的6个月内，就根据第153F条或第153G条提出的申请作出判决。

（2）如法庭认为有关事宜因其复杂性或其他特殊情况而不能在6个月内妥善处理，则第（1）款所定的6个月时限并不适用。

（3）如第（2）款适用，法庭必须在6个月期限届满前，告知申请人有关事宜不能在该期限内妥善处理。

第153J条 修订及撤销另一集体管理组织的声明

（1）如果：

（a）一项声明（"先前的声明"）根据第153F条生效；且

（b）法庭根据本条宣布另一公司为第Ⅶ部分第2分部就该类政府文本（包括先前声明所涉及的部分政府文本）而言的集体管理组织；

法庭必须修订上一份声明，以排除（b）项所涉及的公司声明所涉及的所有政府文本。

（2）根据第（1）款作出的声明的修订，在第（1）款（b）项所述公司的声明生效时生效。

（3）如果：

（a）一项声明（"先前的声明"）根据第153F条生效；且

（b）法庭根据本条作出另一项声明涉及：

(i）所有政府文本；或

(ii）某一类政府文本，包括与先前声明有关的所有政府文本；

法庭必须撤销先前的声明。

（4）第（3）款（b）项所涉的声明生效时，根据第（3）款作出的撤销声明即生效。

（5）版权法庭的登记官须在公报刊登根据本条作出的修订或撤销的公告。

第 153K 条　向法庭申请支付政府文本费用的方法

（1）集体管理组织或政府可向法庭申请裁决，根据第 183A 条第（2）款为政府在某一特定期间的服务而印制的复制件应支付的报酬的计算方法。

（2）申请当事人是集体管理组织和政府。

（3）法庭在给予各申请方陈述其案情的机会后，必须作出计算方法的判决。

注：第 183A 条第（3）款规定了该方法必须规定的事项；第 183A 条第（4）款规定了该方法可能规定的事项。

（4）判决还可以指明使用所确定的方法计算出的支付金额的时间和方式。

第 153KA 条　集体管理组织分配安排的复核

（1）如集体管理组织根据第 183F 条向法庭提出申请，要求复核其已采纳或拟采纳的安排，以分配其在一段期间内所收取的款项，则本条生效。

（2）申请的当事方是：

(a）申请人；且

(b）集体管理组织（如其不是申请人）；且

(c）集体管理组织的成员，或法庭使其成为申请当事方的组织，其声称为集体管理组织成员的代表。

（3）在下列情况下，法庭可使集体管理组织的成员或声称其为集体管理组织成员代表的组织成为申请的当事人：

(a）该成员或组织要求成为申请的当事方；且

(b）法庭认为该成员或组织在该安排中有重大利益。

（4）法庭必须考虑申请，给各当事方机会陈述他们的情况，然后作出判决：

(a）确认安排；或

(b) 改变安排；或

(c) 用另一种安排来代替该安排，以分配集体管理组织在该期间所收取的款项。

(5) 本条中：

"集体管理组织"的定义与第Ⅶ部分第2分部相同。

第G次分部　与第ⅤC部分相关的申请和规定

第153M条　根据第135ZZM条第（1）款向法庭提出的申请

(1) 根据第135ZZM条第（1）款向法庭提出申请，要求确定转播者或其代表转播者转播免费广播应当支付给集体管理组织的合理报酬。

(2) 对于根据第135ZZM条第（1）款向法庭提出的申请，法庭必须考虑该申请，并在给予各当事方陈述其案情的机会后，重新裁定免费广播的合理报酬的金额。

(3) 法庭在作出判决时，需顾及已约定的事项（如有的话）。

(4) 在第135ZZK条产生效力前，所作的免费广播的转播具有效力。

(5) 在本条中，"集体管理组织"和"转播者"的定义与第ⅤC部分的定义相同。

第153N条　根据第135ZZN条第（3）款向法庭的申请

(1) 根据第135ZZN条第（3）款向法庭提出申请，要求确定记录系统的当事方为集体管理组织和相关转播者。

(2) 对于根据第135ZZN条第（3）款向法庭提出的申请，法庭必须考虑该申请，并在给予各当事方陈述其案情的机会后，作出判决采用何种记录系统。

(3) 在本条中，"集体管理组织"和"转播者"的定义与第ⅤC部分相同。

第153P条　集体管理组织声明的规定

(1) 如部长根据第135ZZT条向版权法庭提交某团体被宣布为集体管理组织的申请，则本条生效。

(2) 材料提及的当事方是申请人及由法庭确定其为当事方的人。

（3）在下列情况下，法庭可确定其为当事方的人：

（a）该人要求成为当事方；且

（b）法庭认为相关人员对下列问题任何一项有重大利益：

（i）申请人是否应被宣布为所有相关版权人的集体管理组织（如第ⅤC部分所界定）或某类相关版权人的集体管理组织；

（ii）如申请人被宣布为集体管理组织，另一团体是否应停止成为任何有关版权人的集体管理组织（第ⅤC部分所界定）。

（4）在给予各当事方陈述其情况的机会后，法庭必须：

（a）根据第135ZZT条宣布申请人为集体管理组织；或

（b）拒绝其申请。

（5）如果法庭根据第135ZZT条宣布申请人为集体管理组织，版权法庭的登记官必须在公报刊登有关声明的公告。

第153Q条　关于撤销集体管理组织声明的条款

（1）如果部长根据第135ZZU条向版权法庭提交集体管理组织是否应被撤销的声明，则本条生效。

（2）相关方为：

（a）部长；且

（b）集体管理组织；且

（c）被法庭确定的当事方。

（3）在下列情况下，法庭可确定该人为当事方：

（a）该人要求成为当事方；且

（b）法庭认为该人对是否撤销集体管理组织的声明有重大利益。

（4）在给予各当事方陈述其案情的机会后，法庭必须：

（a）根据第135ZZU条撤销集体管理组织的声明；或

（b）拒绝撤销声明。

（5）如法庭撤销集体管理组织的声明：

（a）撤销声明必须注明生效日期；且

（b）版权法庭的登记官必须在公报刊登撤销通知。

第153R条　审查集体管理组织的分配安排

（1）如果根据第135ZZWA条向法庭提出申请，要求审查一个集体管理组织为分配其在一段时间内收取的款项而通过或拟通过的安排,则本条具有效力。

(2) 申请当事方是:

(a) 申请人;且

(b) 集体管理组织(如不是申请人);且

(c) 集体管理组织的成员,或是集体管理组织成员的代表,而法庭使其为申请的当事方。

(3) 在下列情况下,法庭可让一名集体管理组织成员或集体管理组织的代表成为申请的当事方:

(a) 该成员或组织要求成为申请的当事方;且

(b) 法庭认为该成员或组织在该安排中有重大利益。

(4) 法庭必须考虑申请,给各当事方机会陈述他们的情况,然后作出判决:

(a) 确认安排;或

(b) 改变安排;或

(c) 用另一种安排来代替该安排,以分配集体管理组织在该期间所收取的款项。

(5) 本条中,"集体管理组织"的定义与第VC部分中的定义相同。

第GA次分部 与第VD部分有关的申请及规定

第153RA条 向法庭申请裁定应就广播向版权人支付的金额

(1) 以下二者任一:

(a) 卫星BSA许可证持有人;或

(b) 是或将是广播适格节目的版权人;

如果适格节目的广播属版权人所有,则可向法庭申请,裁定卫星BSA许可证持有人须向版权人支付的金额,以供卫星BSA许可证持有人在申请所指明的期间内重播适格节目。

(2) 根据第(1)款提出的申请的当事方为:

(a) 卫星BSA许可证持有人;且

(b) 版权所有人。

(3) 在根据第(1)款向法庭提出申请时,法庭必须考虑有关申请,并在给予当事人陈述情况的机会后,作出判决,确定在判决所指明的期间内,在版权人拥有适格节目播放的版权的情况下,重新播放适格节目所得的合理报酬。

(4) 在本条中:

"适格节目"的定义与第 5D 部分中的定义相同。

第 153S 条　根据第 135ZZZK 条第（1）款（b）项向法庭提出的申请——合理报酬

(1) 根据第 135ZZZK 条第（1）款（b）项向法庭提出申请,以确定卫星 BSA 许可证持有人就重播适格节目应向集体管理组织支付的合理报酬的金额的,申请方为:

(a) 集体管理组织;且

(b) 卫星 BSA 许可证持有人。

(2) 对于根据第 135ZZZK 条第（1）款（b）项向法庭提出的申请,法庭必须考虑该申请,并在给予双方陈述其情况的机会后,裁定其认为合理的重播适格节目的报酬数额。

(3) 法庭在作出判决时,可顾及订明的事项（如有）。

(4) 对于第 135ZZZI 条生效前的重播的适格节目,依然有效。

(5) 本条中:

"集体管理组织"的定义与第 VD 部分中的定义相同。

"适格节目"的含义与第 VD 部分中的定义相同。

第 153T 条　根据第 135ZZZL 条第（3）款（b）项向法庭提出的申请——记录系统

(1) 根据第 135ZZZL 条第（3）款（b）项向法庭提出申请,要求裁定记录系统的当事方为:

(a) 集体管理组织;且

(b) 相关卫星 BSA 许可证持有人。

(2) 对于根据第 135ZZZL 条第（3）款（b）项向法庭提出的申请,法庭必须考虑该申请,并在给予各当事方机会陈述其情况后,作出采用记录系统的判决。

(3) 本条中:

"集体管理组织"的定义与第 VD 部分中的定义相同。

第153U条　与集体管理组织声明有关的规定

（1）如部长根据第135ZZZO条向版权法庭提交某团体被宣布为集体管理组织的申请，则本条生效。

（2）规定的当事人是申请人及由法庭确定其为当事方的人。

（3）在下列情况下，法庭可确定其为当事方：

（a）该人要求成为当事方；且

（b）法庭认为相关人员对下列问题任何一项有重大利益：

（i）申请人是否应被宣布为相关版权人（按第VD部分的定义）或某一类相关版权人的集体管理组织；

（ii）如申请人被宣布为集体管理组织，其他团体是否不应再被认定为任何相关版权人（按第VD部分的定义）的集体管理组织。

（4）在给予各当事方陈述其情况的机会后，法庭必须：

（a）根据第135ZZZO条，宣布申请人为集体管理组织；或

（b）拒绝申请。

（5）若法庭根据第135ZZZO条宣布申请人为集体管理组织，版权法庭的登记官必须在公报刊登有关声明的公告。

第153V条　有关撤销集体管理组织声明的规定

（1）若部长根据第135ZZZP条第（2）款（b）项向版权法庭提交关于某团体是否应撤销其作为集体管理组织的声明的问题，则本条生效。

（2）相关方为：

（a）部长；且

（b）集体管理组织；且

（c）任何被法庭确认为当事方的人。

（3）在下列情况下，法庭可确认其为当事方：

（a）该人要求成为当事方；且

（b）法庭认为相关人员对是否撤销集体管理组织的声明的问题有重大利益。

（4）在给予各当事方机会陈述其情况后，法庭必须：

（a）根据第135ZZZP条第（3）款撤销集体管理组织的声明；或

（b）拒绝撤销该声明。

（5）如法庭撤销集体管理组织的声明：

（a）撤销声明必须注明生效日期；且

（b）版权法庭的登记官必须在公报刊登撤销通知。

第153W条　集体管理组织分配安排的复核

（1）若根据第135ZZZS条向法庭提出申请，要求复核集体管理组织已采用或拟采用的安排，以分配其在一段期间内收取的款项，则本条生效。

（2）申请的当事方是：

（a）申请人；且

（b）集体管理组织（如不是申请人）；且

（c）集体管理组织的成员，或是集体管理组织成员的代表，而法庭使其成为申请的当事方。

（3）法庭可在下列情况下，使集体管理组织的成员或集体管理组织成员的代表成为申请的当事方：

（a）该成员或组织要求成为申请的当事方；且

（b）法庭认为该成员或组织对该安排有重大利益。

（4）法庭必须考虑该申请，给各当事方机会陈述其情况，然后作出判决：

（a）确认安排；或

（b）改变安排；或

（c）用另一种安排来代替该安排，以分配集体管理组织在该期间所收取的款项。

（5）在本条中：

"集体管理组织"的定义与第ⅤD部分中的定义相同。

第H次分部　与许可证和许可证方案有关的申请规定

第154条　向法庭提交申请许可证方案的条款

（1）如果许可证所有人建议实施许可证方案，其可将该方案提交法庭。

（2）根据本条引用的当事方包括：

（a）提交方案的许可人；且

（b）向法庭申请成为上述当事方的组织或人（如有），根据下一款，该等组织或人已成为上述当事方；且

（c）澳大利亚竞争与消费者委员会（ACCA）（如果法庭根据第157B条的规定将该委员会列为涉及的一方）。

（3）如果一个组织（不论是否声称是需要许可证的人的代表）或个人（不论是否需要许可证）向法庭申请成为规定的一当事方，而法庭确认该组织或个人对所涉方案的生效具有重大利益，法庭可在其认为合适的情况下，将该组织或个人作为规定的当事方。

（4）法庭应考虑本条所述的确认，并在给予该方案的当事人陈述其情况的机会后，作出该项判决，确认或更改该方案，或以另一当事方提出的方案代替，如法庭认为在有关情况下是合理的。

（5）法庭根据本条作出的判决（临时判决除外），尽管与该判决有关的许可证方案载有任何内容，均可无限期或在法庭认为适当的期间内有效。

（6）凡许可证已根据本条移交法庭，许可人可采取以下其中一项或两项措施：

（a）在法庭根据有关条款作出判决前，实施有关方案。

（b）法庭根据该条款作出判决前，不论方案是否已实施，随时撤回规定。

（7）反映法庭判决的方案：

（a）在判决发出时开始生效，但交付法庭的方案尚未开始生效；且

（b）只要判决处于生效期间。

无论提交给法庭的方案有任何规定，本款仍然有效。

注：取决于法庭的判决，反映法庭判决的方案，将是该判决所确认的方案，经该判决修改的方案，或者提交给法庭的方案被该判决所代替而形成的方案。

第155条 将现有许可证方案提交法庭的规定

（1）在许可证方案生效期间的任何时候，运行该方案的许可人与下列人士就该方案的规定发生争议：

（a）声称代表在方案适用的类别个案中需要许可证的人的组织；或

（b）在方案适用的类别个案中需要许可证的个人；

许可人、有关组织或个人可将该方案提交法庭，但该方案须与该类别所包括的案情有关。

（2）本条规定的当事方包括：

（a）规定该方案的许可方、组织或个人；且

（b）若该方案并非由运营该方案的许可人作出，则为该许可人；且

（c）向法庭提出申请，拟成为条款所指当事方的其他组织或个人（如有），以及按照下一款的规定，已成为方案当事方的其他组织或人；且

（d）澳大利亚竞争与消费者委员会（如果法庭根据第157B条的规定将该委员会列为条款的一方）。

（3）如果一个组织（无论是否声称是需要许可证的人的代表）或个人（无论是否需要许可证）向法庭申请成为当事方，而法庭确认该组织或个人与争议事项有重大利益关系，法庭可以在其认为合适的情况下，将该组织或个人定为当事方。

（4）法庭不得开始审议该组织根据本条提出的申诉，除非法庭确认该组织合理地代表其声称所代表的那一类人。

（5）法庭必须考虑有争议的事项，给予双方陈述案情的机会，然后作出法庭认为合理的判决，就有关类别而言，对该方案作出下列其中之一的处理：

（a）确认；

（b）否决；

（c）以其中一方提出的另一方案代替。

本款对第（4）款具有效力。

（6）法庭根据本条作出的判决（临时判决除外），不论与该判决有关的许可证方案内有何规定，均可无限期或在法庭认为适当的期限内生效。

（7）法庭根据本条作出判决前，不论方案是否已实施，可随时撤回规定。

（8）根据本条将许可证方案交由法庭处理，则该方案仍继续生效，直至法庭根据该方案作出判决为止。

（9）上述最后一款不适用于在方案被撤回或法庭根据第（4）款拒绝开始考虑该方案后的任何期间内的方案。

（10）符合法庭判决的方案，无论提交给法庭的方案中有什么内容，只要该判决仍然有效，该方案就继续生效。

注：取决于法庭的判决，反映法庭判决的方案，将是该判决所确认的方案，经该判决修改的方案，或者提交给法庭的方案被该判决所代替而形成的方案。

第156条 关于向法庭提交的许可证方案的进一步规定

（1）如法庭已根据前两条中的任何一款就许可证方案作出判决（临时判决除外），则在该判决有效期间的任何时间内，在不违反下一条的情况下：

（a）运营该方案的许可人；

（b）在判决适用的个案类别中需要许可证的人的代表；或

（c）在该类中个案需要许可证的个人；

可将反映该判决的方案送交法庭，只要该方案与列入该类别的案情有关。

（2）除经法庭许可外，方案不得在下列时间之前根据上一款提交法庭：

（a）相关判决是无限期有效或有效期超过15个月的——该判决发出之日起12个月届满；或

（b）如有关判决的有效期不超过15个月的——该判决有效期届满日起的3个月期间。

（3）根据本条涉及的当事方为：

（a）涉及该方案的许可人、组织或个人；且

（b）如该方案并非由运营该方案的许可人作出，则为该许可人；且

（c）向法庭申请成为方案当事方的其他组织或个人（如有），根据第（5）款就该等组织或个人适用的规定，成为方案当事人；且

（d）澳大利亚竞争与消费者委员会（如果法庭根据第157B条的规定将该委员会列为涉及的一方）。

（4）法庭必须考虑所争议的事项，给予各当事方陈述其案情的机会，然后作出法庭认为合理的判决，对根据第（1）款提交法庭的方案采取以下措施之一：

（a）确认；

（b）否决；

（c）以其中一方提出的另一方案代替。

本款对第（5）款具有效力。

（5）第155条第（3）款、第（4）款和第（6）款至第（10）款适用于本款。

（6）本条上述各款对根据本条作出的判决的效力，与对根据前两条中的任何一条作出的判决的效力相同。

（7）本条的任何规定均不得阻止已根据前两条中的任何一条作出判决的许可证方案根据该条再次提交法庭：

（a）就方案所涉及的个案而言，该判决在任何时间均不适用；且

（b）就该方案与该判决在有效期间适用于的类别个案所包括的个案有关而言，该方案是在该判决届满后实施的。

第157条 就许可证向法庭提出的申请

拒绝发出或未能根据许可证方案发出许可证

(1) 任何人声称,在适用许可证方案的个案中,运营许可证方案的许可人拒绝或没有按照许可证方案向其发放许可证,或声称其获得了许可证,可根据本条向法庭提出申请。

(2) 在适用特殊许可证方案的个案中,如需要特殊许可证,在该个案中,根据特殊许可证方案发给特殊许可证须缴付费用,或如果在有关个案的情况下须遵守不合理的条件,可根据本条向法庭提出申请。

没有许可证方案及许可人拒绝或未能给予合理的许可证

(3) 在许可证方案并不适用的情况下(包括许可证方案尚未制订或尚未实施的情况)声称需要许可证的人,且:

(a) 许可人拒绝或未能给予许可证,或未能促使给予许可证,而在这种情况下不给予许可证是不合理的;或

(b) 许可人认为发放许可证是在缴付不合理的费用或条件的情况下;

可根据本条向法庭提出申请。

(4) 声称在许可证方案不适用的情况下(包括许可证方案尚未制订或尚未实施的情况下)须申领许可证的人士的代表机构,且:

(a) 许可人拒绝或未能给予许可证,或未能促使给予许可证,而在这种情况下不给予许可证是不合理的;或

(b) 许可人认为发放许可证是在缴付不合理的费用或条件的情况下;

可根据本条向法庭提出申请。

申请的其他当事方

(5) 凡任何组织(无论是否声称需要许可证)或个人(无论是否需要许可证)向法庭申请成为根据本条任何一款提出的申请的一方,而法庭信任该组织或人在争议事项中有重大利益,若法庭认为适当,可使该组织或人成为申请的当事方。

注:根据第157B条,法庭也可以让澳大利亚竞争与消费者委员会成为申请的一方。

让当事方陈述其案情

(6) 法庭必须给予申请人、有关的许可人及申请的当事方(如有的话)陈述其案情的机会。

处理第（1）款申请的判决

（6A）若法庭信任申请人根据第（1）款提出的申诉有充分理由，法庭必须：

（a）作出判决，就该判决所指明的事项，指明法庭认为根据许可证方案对申请人适用的费用（如有的话）及条件；或

（b）判决以申请人、有关许可人或申请的另一方所建议的条款授予申请人许可证。

处理根据第（2）款或第（3）款申请的判决

（6B）若法庭信任申请人根据第（2）款或第（3）款提出的申请有充分理由，法庭必须：

（a）作出判决，就该判决所指明的事项，指明法庭认为就申请人的情况而言合理的费用（如有的话）和条件；或

（b）判决以申请人、有关的许可人或申请的另一方所建议的条款授予申请人许可证。

处理第（4）款申请的判决

（6C）若法庭信任申请人根据第（4）款提出的申请有充分理由，则法庭必须：

（a）作出判决，就判决所涉及的事项，向下列人员说明法庭认为在有关情况下合理的费用（如有的话）和条件：

（i）在该判决中指明的人（无论被涉及的是具有相同诉讼利益的人数众多的当事方还是其他人）；且

（ii）申请者的代表或者申请的当事方；或

（b）判决以申请人、有关的许可人或申请的另一方所建议的条款，将许可证授权：

（i）在判决中指明的每一个人（无论被涉及的是具有相同诉讼利益的人数众多的当事方还是其他人）；且

（ii）申请者的代表或者申请的当事方。

拒绝或不发给许可证的定义

（7）本条涉及未能颁发许可证，或者获得许可证的授予，应理解为授予许可证失败，或者视情况而定，获得许可证的授权失败，在申请后合理期限内。

第 157A 条　法庭必须根据要求考虑澳大利亚竞争与消费者委员会的准则

（1）在根据本次分部就举证或申请作出判决时，如果举证或申请的一方提出要求，法庭必须考虑澳大利亚竞争与消费者委员会制定的相关指南（如有）。

（2）为免生疑问，第（1）款并不妨碍法庭在根据本条作出的举证或申请作出判决时顾及其他有关事项。

第 157B 条　法庭可提请澳大利亚竞争与消费者委员会为当事方的申诉或申请

在以下情况中，法庭可将澳大利亚竞争与消费者委员会作为根据本分部提出的申诉或申请的当事方：

（a）该委员会要求作为申诉或申请的当事方；且

（b）法庭认为该委员会成为提出申诉或申请的当事方是合理的。

第 158 条　在法庭作出判决前，许可证方案持续有效

（1）如某特殊许可证方案根据本款而实施，以待本款就某一条款作出判决，而在该特殊许可证方案适用的个案中，任何人所做的任何行为，除本款外，会构成侵犯版权，但如果该人是根据该特殊许可证方案的特殊许可证所有人，而该特殊许可证方案与该条款所涉及的个案有关，则不会构成侵犯版权，而该人如已遵从有关规定，则应在任何侵犯该版权的法律程序中处于相同的地位，法律地位等同于特殊许可证所有人。

（2）就上一款而言，有关规定是：

（a）在所有重要时间内，相关人已按照许可证方案遵守有关个案适用于许可证的条件；且

（b）凡根据方案就该许可证须缴付的费用，即相关人在该提交材料的时间内已将该等费用支付给运营该方案的许可人，或者，如当时未能确定应付金额，则已向许可人书面承诺，在确定费用后支付。

（3）任何人就第（1）款适用的事项做出任何行为，均有义务向运营有关许可证方案的许可人支付任何费用，如果其为根据该方案授予的许可的所有人，只要该行为与运营许可证方案有关，而且许可人可在有管辖权的法院向该人收回该笔费用，作为许可人的债权。

第159条　关于许可证的法庭判决的效力

根据第154条、第155条或第156条的判决

（1）如某特殊许可证方案根据本款而实施，以待本款就某一条款作出判决，而在该特殊许可证方案适用的个案中，任何人所做的任何行为，除本款外，会构成侵犯版权，但如果该人是根据该特殊许可证方案的特殊许可证所有人，而该特殊许可证方案与该条款所涉及的个案有关，则不会构成侵犯版权，而该人如已遵从有关规定，则应在任何侵犯该版权的法律程序中处于相同的地位，法律地位等同于特殊许可证所有人。

（2）就上一款而言，有关规定是：

（a）在所有提交材料的时间内，相关人已按照反映该判决的方案，遵守将适用于有关个案的许可证的条件；且

（b）凡根据方案就该许可证须缴付的费用，即相关人在提交材料的时间内已将该等费用支付给运营该方案的许可人，或者，如当时未能确定应付金额，则已向许可人书面承诺，在确定费用后支付。

（3）任何人在第（1）款适用的情况下做出任何行为，都有义务向运营有关许可方案的许可人支付任何费用，如果其是根据该方案授予的许可证持有人，只要该方案与运营该项许可有关，而且许可人可以在有管辖权的法院向该人收回该笔费用，作为许可人的债权。

根据第157条订明条件及费用的判决

（4）若法庭根据第157条第（1）款、第（2）款或第（3）款提出的申请作出判决，就该判决所指明的事宜，指明与申请人有关的费用（如有的话）和条件，则：

（a）申请人符合条件中指定的顺序；且

（b）在判决指明费用的情况下——其已向许可人支付了这些费用，或者因无法确定应支付的数额，已向许可人作出书面承诺，在确定后支付费用；

申请人在任何与上述任何事项有关的侵犯版权法律程序中，必须与许可证持有人处于相同的地位，如同其在提交材料的时间内持有由有关版权人根据判决所指明的条件批出的特殊许可证，并须缴付指明的费用（如有的话）。

（5）若法庭已对根据第157条第（4）款提出的申请，就该判决所指明的事项，就该判决所指明的人或该裁决所指明的相关人作出判决，指明费用（如有的话）和条件，则：

（a）以上相关人已遵守该判决所指明的条件；且

（b）在判决指明费用的情况下——该人已向许可人缴付该等费用，或如应付金额无法确定，已向许可人作出书面承诺，在确定费用后支付该等费用；

在任何与上述事项有关的侵犯版权法律程序中，该人须与许可证持有人处于相同的地位，如同其在提交材料的时间内均持有由有关版权拥有人根据判决所指明的条件授权的特许，并须缴付判决所指明的费用（如有的话）。

（6）凡第（4）款或第（5）款中方案的判决所适用的人，就该判决所指明的任何事项，除该款外，可构成侵犯版权，但如该人是有关版权人根据该判决所指明的条件及须缴付有关费用（如有的话）而作出相关事项的许可证持有人，则不构成侵犯版权，如该人是版权许可证的持有人，有责任向版权所有人支付费用，而版权所有人可在具有管辖权的法院向该人追讨该笔费用，作为版权所有人的债权。

（7）为免生疑问，第（4）款及第（5）款并不适用于向该人发出许可证的判决：

根据第157条发出的裁决，该人获发许可证

（8）根据第157条，法庭判决按照申请人、有关许可人或该申请的另一方根据该条所规定的条件给予许可：

（a）对侵犯版权诉讼的目的，已获得许可证的条件；且

（b）有责任向有关版权人支付如该人已按该条款获得许可证而须支付的任何费用。

注：（a）项——如该等条款使许可证受条件限制，而该人没有遵守这些条件，则该人不得以许可证为抗辩事由。

（9）版权人可将第（8）款（b）项所述金额作为欠版权人的债务，在有管辖权的法院向该人追讨。

第Ⅰ次分部　一般规定

第160条　临时判决

凡根据本法向法庭提出的申请或申诉，法庭可作出临时判决，判决生效直至法庭对该申请或申诉作出最终判决。

第161条　将法律问题提交澳大利亚联邦法院

（1）法庭可自行商议或应一当事方的请求，将诉讼程序中出现的法律问

题提交澳大利亚联邦法院裁定。

（2）根据法庭在诉讼程序中作出裁决之日后提出的请求，不得根据前面最后一款将问题提交澳大利亚联邦法院，除非请求是在规定的期限届满之前提出的。

（3）如法庭在程序中作出裁决后，拒绝将问题提交澳大利亚联邦法院的请求，提出请求的一方可在规定的期限内，向澳大利亚联邦法院申请，指示该法庭将该问题移交澳大利亚联邦法院。

（4）凡根据本条提交澳大利亚联邦法院审理的任何诉讼，并且根据前面最后一款就任何此类诉讼提出申请的，法庭审理的诉讼的各当事方均有权出庭并接受审理。

（5）在法庭对任何诉讼作出裁决之后，如果法庭根据本条诉讼过程中出现的法律问题提交澳大利亚联邦法院，而澳大利亚联邦法院裁定法庭错误地确定了该问题：

（a）法庭应重新审议所争议的事项，如果法庭认为执行澳大利亚联邦法院的裁决而有必要重新审议，则应使诉讼各方有进一步陈述其案情的机会；且

（b）如果法庭认为这样做是适当的，并且符合澳大利亚联邦法院的判决，法庭应下令撤销或修改其以前在诉讼程序中下达的任何判决，或者在根据第157条进行的诉讼程序中，如果法庭拒绝下达判决，法庭应根据该条下达法庭认为适当的判决。

（6）法庭根据本条将问题提交澳大利亚联邦法院，其方式应是陈述案情，澳大利亚联邦法院发表意见。

（7）授予澳大利亚联邦法院管辖权，以审理和确定根据本条提交给它的法律问题。

（8）为本条的目的，法律问题不包括是否有足够证据证明法庭的事实结论是正当的问题。

第162条 协议或裁决不受影响

无论该协议或裁决是在本法开始之前或之后作出的，本法的任何规定均不影响该协议或法官作出的任何裁决的实施。

第 4 分部 程序和证据

第 163 条 除特殊情况外，诉讼程序应公开进行

(1) 除符合本条规定外，法庭的审理程序须公开进行。

(2) 如果法庭认为涉及的证据或事项具有机密性质或出于任何其他原因，法庭可：

(a) 指示审理或部分审理应私下进行，并就可能出席的人发出指示；或

(b) 发出指示，禁止或限制公开或非公开地公布在法庭提供的证据或向法庭提交的文件所载的事项。

第 163A 条 版权人的代理人可向法庭提出申请

(1) 版权人的代理人可根据本法向法庭提出申请。

(2) 2 名或 2 名以上的版权人可由同一代理人向法庭共同就同一人或组织提出一项申请。

第 164 条 程序

在法庭的诉讼程序中：

(a) 在遵守本法和条例的情况下，法庭的程序由法庭酌情决定；

(b) 法庭不受证据规则的约束；且

(c) 诉讼程序应按照本法的要求，尽可能简单、迅速地进行，并对法庭审理的事项进行适当审议。

第 165 条 法庭判决有误

法庭可按法庭的判决更正因意外疏忽或遗漏而引致的文书错误或失误。

第 166 条 关于程序的规定

(1) 条例可就向法庭提出证明和申请，以及规范法庭的诉讼程序或与此有关的程序作出规定，并可规定就这些证明和申请应付的费用以及这些诉讼程序中证人的费用和支出。

(2) 条例包括以下条款：

(a) 要求根据第 154 条、第 155 条或第 156 条发出拟向法庭提交的通知，

并按照规定予以公布；

（b）要求将根据第161条第（3）款拟向澳大利亚联邦法院提出的申请通知法庭和诉讼程序的其他当事方，并限制发出任何此类通知的时间；

（c）在法庭作出判决后又将法律问题提交澳大利亚联邦法院的案件中，暂停、授权或要求法庭暂停执行法庭的判决；

（d）就暂停执行的法庭判决而言，修改本部分中关于根据本部分作出的判决的效力的任何规定的实施。

（e）公布通知或作出任何其他判决，须确保将暂停法庭的判决通知受影响的人；且

（f）根据第161条要求、申请、裁决或判决而附带或相应而生的任何其他事宜。

第167条 宣誓作证的权力

（1）法庭可以要求宣誓或确认后作证，为此目的，法官可以主持宣誓或确认。

（2）法官或登记官可传召某人到法庭出庭作证。

（3）法官或登记官传召某人在特定的时间及地点向特定的人出示特定的文件或物品，使该人向法庭提交特定的文件或物品。

第168条 书面形式陈述的证据

法庭如认为适当，可准许出庭的证人提交一份书面陈述，并以宣誓或誓词核实该书面陈述。该书面陈述须送交版权法庭的登记官存档。

第169条 代表

在法庭的诉讼程序中：

（a）法人或非法人组织以外的一当事方可亲自出庭或由经法庭批准的一当事方的代理人出庭；

（b）法人的当事方，可由经法庭批准的当事方的董事或其他高级人员或雇员代表；

（c）非法人组织或该组织的成员的当事方，可由经法庭批准的该组织的一名成员或一名管理者或雇员代表；且

（d）任何一方均可由州或领地的高等法院或最高法院的高级律师或初级律师代表。

第 4A 分部　替代争端解决机制

第 169A 条　移交替代争端解决机制的程序

（1）如果向法庭提出申请或申诉，庭长或副庭长可以：

（a）指示各当事方或其代表召开与该程序，或与该程序引起的其他事项有关或部分有关的会议；或

（b）指示将与该程序有关或部分有关的事项提交给特定的替代争端解决机制（会议程序除外）。

（2）如果向法庭提出的申请或申诉的内容属于指定内容，庭长也可指示召开当事方会议或其代表会议。

（3）庭长还可指示，如果向法庭提出的申请或内容属于指明的事项，则应将诉讼程序转交给特定的替代争端解决机制（会议程序除外）。

（4）可根据第（1）款的某一项作出指示：

（a）无论先前是否根据该款的同一项或另一项就该程序作出指示；且

（b）根据第（2）款或第（3）款作出的指示是否适用。

（5）如果本条下的指示适用于：

（a）程序；或

（b）程序的一部分；或

（c）由程序引起的事项；

各当事方必须就有关的替代争端解决机制的进行本着诚意行事。

第 169B 条　庭长或副庭长的指示

（1）庭长或副庭长可就替代争端解决机制程序作出指示。

（2）第（1）款下的指示可能涉及：

（a）进行替代争端解决机制程序时应遵循的程序；且

（b）进行替代争端解决机制程序的人员；且

（c）替代争端解决机制结束时应遵循的程序。

（3）第（2）款不限制第（1）款。

（4）庭长或副庭长可随时更改或撤销第（1）款下的指示。

（5）一个人无权进行替代争端解决机制，除非该人符合下列条件：

（a）成员；或

（b）登记官；或

（c）根据登记官和澳大利亚联邦法院的首席执行官及首席登记官作出的安排，可提供服务以进行该程序的人；或

（d）根据第169G条聘用的人员。

第169C条　关于判决条款等的协议

（1）如果：

（a）在本分部的替代争端解决机制中，当事方或其代表就法庭裁决的条件达成协议：

（i）在诉讼中；或

（ii）与诉讼的一部分有关；或

（iii）与该程序所产生的事项有关；

这对双方均可接受；且

（b）将协议条款简化为书面形式，由各当事方或其代表签署并送交法庭；且

（c）在交付法庭后7日内，没有任何一方以书面方式通知法庭其希望退出该协议；且

（d）法庭确信根据协议条款作出的判决或符合这些条款的判决属于法庭的权力范围；

法庭在认为适当的情况下，可根据第（2）款或第（3）款中与个别案件有关的任何一款采取行动。

（2）若所达成的协议是就法庭在诉讼过程中所作裁决的条款达成的协议，法庭可在不给予双方陈述其案情机会的情况下，根据该条款作出裁决。

（3）如果该协议涉及下列事项：

（a）诉讼程序的一部分；或

（b）由该程序引起的事项；

法庭可在诉讼程序中作出判决，使协议的条款生效，但只要这些条款仅涉及协议所涉及的部分或事项，则无须给予当事各方陈述其案情的机会。

第169D条　证据不被接受

（1）在本分部规定的替代争端解决机制中所说的任何内容或所做的任何行为的证据不得作为证据：

（a）在任何法院；或

（b）在由联邦或州或领地法律授权的人面前进行的任何诉讼中听取证据；或

（c）在任何诉讼程序中，由当事方同意授权的人听取证据。

免责条款

（2）第（1）款的适用并不妨碍在法庭的诉讼听证会中接受特定的证据，如果各方同意该证据在听证会上被接受。

（3）第（1）款的适用并不妨碍在法庭审理某项程序时，接受以下证据：

（a）根据本分部进行替代争端解决机制的人士所准备的个案评估报告；或

（b）由在本分部下进行替代争端解决机制的人编写的中立评估报告；

除非诉讼程序的一方在审理前通知法庭，其反对在审理时接受该报告。

第 169E 条　进行替代争端解决机制的人员作为法庭成员的资格

如果：

（a）本分部就某一诉讼而采用的替代争端解决机制由法庭一名法官进行；且

（b）诉讼一方（反对方）在任何诉讼方有机会陈述其案情之前，通知法庭，反对方反对参与诉讼的法官；

该法官无权成为以诉讼为目的而组成的法庭的法官。

第 169F 条　电话参与等

在本分部下进行替代争端解决机制的人员可允许某人通过以下方式参与：

（a）电话；或

（b）闭路电视；或

（c）任何其他通信方式。

第 169G 条　让人员参与替代争端解决机制

（1）登记官可代表联邦聘请人员担任顾问，在本分部进行一种或多种替代争端解决机制。

（2）登记官不得根据第（1）款聘用任何人，除非版权法庭的登记官在考虑该人的资格和经验后，信任该人是根据本分部进行有关替代争端解决机制的合适人选。

第 5 分部 其他事项

第 170 条 登记官

（1）版权法庭设有登记官。

（2）版权法庭的登记官应是根据 1999 年澳大利亚公共服务法聘用的人，或根据 1999 年澳大利亚公共服务法作出的安排提供服务的人，由部长以书面文件任命为版权法庭的登记官。

公务员报酬

（3）根据 1973 年报酬法庭法，版权法庭的登记官不是公职。

辞职

（4）版权法庭的登记官可向部长递交书面辞呈，辞去其任命。

终止任命

（5）部长可书面签署，终止对版权法庭的登记官的任命。

（6）如版权法庭的登记官不再根据 1999 年澳大利亚公共服务法受聘，或不再根据 1999 年澳大利亚公共服务法的安排提供服务，则版权法庭的登记官的任命即告终止。

代理任命

（7）庭长可任命根据 1999 年澳大利亚公务员法聘用的人员，或根据该法作出的安排提供服务的人员担任版权法庭的登记官：

（a）在版权法庭的登记官出现空缺期间（不论是否以前曾经对该职位作出任命）；或

（b）在版权法庭的登记官缺勤或离开澳大利亚，或因任何原因不能履行该职位职责的任何期间或所有期间。

注：关于适用于临时任命的规则，参见 1901 年法律解释法第 33A 条。

第 170A 条 法庭的其他工作人员

协助法庭所需的任何工作人员必须是根据 1999 年澳大利亚公共服务法聘用的人员，或根据该公共服务法作出的安排提供服务的人员。

第 171 条 保护与法庭诉讼有关的人

（1）法官在履行法官职责时享有与高等法院法官相同的保护和豁免。

（1A）替代争端解决从业人员在履行其根据本法作为替代争端解决从业人员的职责时，享有与高等法院法官相同的保护和豁免。

（1B）版权法庭的登记官根据第 167 条、第 174 条或第 175 条履行其作为版权法庭的登记官的职责时，享有与高等法院法官相同的保护和豁免。

（2）代表当事人在法庭出庭的高级律师、初级律师或其他人士，享有与在高等法院诉讼中代表当事人出庭的高级律师相同的保护及豁免。

（3）作为证人被传唤到法庭的人，除本法规定的处罚外，在任何民事或刑事诉讼中，作为高等法院诉讼中的证人，应受同样的保护，并承担同样的责任。

（4）在本条中：

"替代争端解决从业人员"指根据第 4A 分部执行替代争端解决机制的人员。

第 172 条　证人的罪行

未到庭

（1）任何人如有以下行为即属犯罪：

（a）该人已被传召以证人身份到法庭出庭；且

（b）已向该人支付一笔款项，金额最少等于该人在作为证人出庭时可合理预期导致的开支；且

（c）该人没有遵从传票出庭。

处罚：监禁 6 个月或 30 个罚金单位的罚金，或两者并处。

未出示被传唤的文件或物品

（2）任何人如有以下行为即属犯罪：

（a）该人已被传召向法庭出示文件或物品；且

（b）已向该人支付最少等于该人在合理预期下因出示该文件或物品而需要的开支款项；且

（c）该人未能出示该文件或物品。

处罚：监禁 6 个月或 30 个罚金单位的罚金，或两者并处。

拒绝宣誓或确认

（3）任何人如有以下行为即属犯罪：

（a）该人在法庭出庭；且

（b）拒绝宣誓或确认。

处罚：监禁6个月或30个罚金单位的罚金，或两者并处。

拒绝按要求回答问题或出示文件

（4）任何人如有以下行为即属犯罪：

（a）该人在法庭上出庭；且

（b）法庭要求该人回答问题或出示文件或物品；且

（c）该人拒绝回答该问题或出示该文件或物品。

处罚：监禁6个月或30个罚金单位的罚金，或两者并处。

合理辩解的一般抗辩

（5）如该人有合理辩解，则第（1）款、第（2）款、第（3）款或第（4）款不适用。

注：被告对第（5）款的事项负有举证责任，见刑法典第13.3条第（3）款。

第173条 与法庭有关的罪行

侮辱法官

（1）任何人如有以下行为即属犯罪：

（a）该人做出行为；且

（b）该人的行为侮辱或干扰了法官行使其作为法官的权力或职能。

处罚：监禁6个月或30个罚金单位的罚金，或两者并处。

中断法庭的诉讼程序

（2）任何人如有以下行为即属犯罪：

（a）该人做出行为；且

（b）该人的行为中断法庭的诉讼程序。

处罚：监禁6个月或30个罚金单位的罚金，或两者并处。

使用侮辱性语言

（3）任何人如有以下行为即属犯罪：

（a）对另一人使用侮辱性语言；且

（b）该另一人是法官。

处罚：监禁6个月或30个罚金单位的罚金，或两者并处。

制造骚乱

（4）任何人如有以下行为即属犯罪：

（a）该人从事行为；且

（b）该人的行为在法庭所在的地方或其附近造成骚乱。

处罚：监禁6个月或30个罚金单位的罚金，或两者并处。

参与制造或持续骚乱

（5）任何人如有以下行为即属犯罪：

（a）参与制造或持续骚乱；且

（b）该骚乱发生在法庭所在的地方或其附近。

处罚：监禁6个月或30个罚金单位的罚金，或两者并处。

违反限制公布证据的指示

（6）任何人如有以下行为即属犯罪：

（a）该人做出行为；且

（b）该行为违反法庭根据第163条第（2）款（b）项发出的指示。

处罚：监禁6个月或30个罚金单位的罚金，或两者并处。

藐视法庭罪

（7）任何人如有以下行为即属犯罪：

（a）该人做出行为；且

（b）如法庭属于记录法庭，该人的行为会构成藐视该法庭。

处罚：监禁6个月或30个罚金单位的罚金，或两者并处。

做出行为的定义

（8）在本条中：

"做出行为"指：

（a）实施某项行为；或

（b）不实施某项行为。

第174条 诉讼费用

（1）法庭可裁决任何一方之前产生的任何诉讼程序的全部费用或部分费用，由任何其他一方负担，并可就这些费用的数额进行征收或结算，或指明应以何种方式征收。

（1A）在根据第（1）款对任何一方在法庭进行的诉讼程序的费用或部分费用进行征收或结算时，如果诉讼是在澳大利亚联邦法院进行的，而且费用是根据澳大利亚联邦法院规则征收的，则法庭或对这些费用进行征收或结算的人（视情况而定）只允许根据法庭或个人的意见征收这么多的费用。

（2）法庭指示支付给一方的费用可由该方在任何有管辖权的法院追讨。

（2A）在法院根据第（2）款为收回法庭指示支付给当事方的费用而进行

的任何诉讼中,由版权法庭的登记官签署的法院证明,其中说明费用已经征收或费用数额已经结算,并列出如此征收或结算的费用数额,是法院证明中所述事项的初步证据。

第 175 条 法庭判决的证明

在不影响法庭判决的任何其他法律证明方法的情况下,在任何诉讼程序中,声称为该判决的副本并经版权法庭的登记官证明为该判决真实副本的文件即为该判决的证据。

第Ⅶ部分 官 方

第 1 分部 官方版权

第 176 条 在官方指导下创作的原创作品的版权

(1)除本条外,如果由联邦或州制作或在其指导或控制下的原创文学、戏剧、音乐或艺术作品无版权,则凭借本条而获得版权。

(2)除本部分和第 X 部分另有规定外,联邦或州是在其(视情况而定)制作、指导或控制的原创文学、戏剧、音乐或艺术作品的版权人。

第 177 条 在官方的指导下首次在澳大利亚出版的原创作品的版权

根据本部分和第 X 部分的规定,如果最初由联邦或州(视情况而定)出版,或在联邦或州(视情况而定)的指导或控制下出版,则联邦或州是首次在澳大利亚出版的原创文学、戏剧、音乐或艺术作品的版权人。

第 178 条 在官方指导下制作的录音和电影的版权

(1)除本条外,如果联邦或州制作的或在其指导下制作的录音或电影胶片无版权,则凭借本条而获得版权。

(2)联邦或州在本部分和第 X 部分的规定下,是联邦或州制作、指导或控制的录音或电影胶片的版权人。

第 179 条 关于版权所有权的规定可以通过协议进行修改

前 3 条的效力取决于联邦或州与作品作者或与录音或电影胶片制作者

（视情况而定）达成的任何协议，其中商定作品、录音或电影胶片的版权归属于作者或制作者，或归属于协议中规定的另一人。

第 180 条　原创作品、录音和电影的官方版权期限

受版权保护材料的版权在其制作之日起的 50 年内有效，如果：

(a) 该材料是作品、录音或电影胶片；且

(b) 联邦或州：

(a) 是版权材料所有人；或

(b) 如无第 179 条所适用的协议，是版权材料所有人。

第 182 条　第Ⅲ部分及第Ⅳ部分对凭借本部分而存在的版权的适用

(1) 第Ⅲ部分（该部分有关版权的存续、存续期或所有权的条文除外）适用于凭借本部分而存在于文学、戏剧、音乐或艺术作品中的版权，其适用方式与该部分适用于凭借该部分而存在于该作品中的版权的方式相同。

(2) 第Ⅳ部分（该部分有关版权的存续、存续期或所有权的条文除外）适用于凭借本部分而存在于录音或电影胶片中的版权，其适用方式与适用于凭借该部分而存在于该录音或电影胶片中的版权的方式相同。

第 182A 条　法律文书和判决等的版权

(1) 法定作品的版权，包括官方在版权性质上的任何特权，不会因由代表某人为某一特定目的复制该作品的全部或部分的复制件而受到侵犯。

(2) 第 (1) 款不适用于制作和提供该作品的全部或部分复制件而收取费用的情况，除非该费用不超过制作和提供该复制件的费用。

(3) 在第 (1) 款中，"法定作品"指：

(a) 联邦法案或州法案、州立法机关的法令或根据联邦法案、州法案或此类法令制定的文书（包括条例或规则、规章或细则）；

(b) 联邦法院或州或领地法院作出的判决、指令或裁决；

(c) 根据联邦、州或领地的法或其他法令成立的法庭（非法院）作出的判决或裁决；

(d) 本款 (b) 项所提述的法院或 (c) 项所提述的法庭作出判决的理由，由该法院或该法庭提供；或

(e) 本款 (b) 项所述法院的大法官、裁判员或法庭其他人员，或 (c)

项所述法庭的法官,就其作为独任法官或者该法院或法庭的唯一成员或其中一名成员作出的判决所给出的理由。

第2分部 使用官方版权保护的材料

第182B条 定义

(1)除第(2)款另有规定外,在本分部中:

"集体管理组织"指根据第153F条声明有效的公司。

"受版权保护的材料"指:

(a)作品;或

(b)作品的出版版本;或

(c)录音;或

(d)电影胶片;或

(e)电视或广播;或

(f)包含在录音、电影胶片、电视或广播中的作品。

"政府"指联邦或州。

注:州包括澳大利亚首都地区和北部地区,参见第10条第(3)款(n)项。

"政府文本"指根据第183条第(1)款以实质形式复制受版权保护的材料。

(2)第(1)款中对作品的提及,不包括对由计算机程序或计算机程序汇编组成的文学作品的提及。

第182C条 相关集体管理组织

如根据第Ⅵ部分第3分部,有关公司已声明为本分部的集体管理组织,则该公司是政府文本的相关集体管理组织:

(a)所有政府文本;或

(b)一类政府文本,包括第一次提到的政府文本。

第183条 使用为官方服务的受版权保护的材料

(1)文学、戏剧、音乐或艺术作品或此类作品的出版版本,或录音、电影胶片、电视广播或声音广播的版权不受联邦或州的侵犯,也不受联邦或州书面授权的人的侵犯,如果行为是为了联邦或州的服务而进行的,则进行版权中包含的任何行为。

(2) 凡联邦政府与其他国家的政府订立协议或安排，向该国供应该国国防所需的物品：

(a) 根据该协议或安排作出与供应该等货物有关的任何行为；且

(b) 向任何人出售协议或安排中不需要的货物；

就上一款而言，应视为为联邦服务。

(3) 根据第（1）款，授权可在授权所涉及的行为完成之前或之后授予，也可授予任何人，尽管他或她已获得版权人授予的或对版权人具有约束力的许可证来执行这些行为。

(4) 如果版权中的行为已根据第（1）款做出，除非联邦或州认为这样做会违反公共利益，否则联邦或州应尽快按照规定通知版权人，并应向其提供其随时合理要求的与行为相关的信息。

(5) 如果版权中的行为已根据第（1）款做出，则做出该行为的条款指在该行为做出之前或之后，由联邦或州与版权人商定的条款，或在未达成协议的情况下，由版权法庭确定的条款。

(6) 根据第（1）款规定，协议或许可（无论是在本法生效之前或之后制定或授予的）固定了除联邦或州以外的人可以实施版权所包含的行为的条款，在本法生效之后，该协议或许可对于这些行为的实施不起作用，除非该协议或许可证已由以下人员批准：

(a) 就联邦而言，为部长；或

(b) 如果是国家，则为负责版权的国家部长。

(7) 如果出售一件物品，而该项出售根据第（1）款并不侵犯版权，则该物品的购买者和通过其提出索赔的人有权处理该物品，如同该联邦或州是该版权的所有者一样。

(8) 根据第（1）款做出的行为不构成作品或其他客体的出版，在适用本法任何与版权期限有关的条款时，不得考虑该行为。

(9) 凡独占许可就任何版权而有效，则本条前述各款具有效力，犹如在前述各款中凡提述版权人，即提述独占被许可人一样。

(11) 就本条而言，为澳大利亚联邦、州、首都领地或北部领地的教育机构或受其控制的教育机构的教育目的而复制或传播作品或其他客体的全部或部分，应被视为不是为提供服务而做出的行为。

第183A条 为政府服务而复制的特别安排

（1）如果就本条而言，某公司是与政府文本相关的集体管理组织，且该公司并未停止作为该集体管理组织的运营，则第183条第（4）款和第（5）款不适用于政府文本（无论何时制作）。

（2）如果第183条第（5）款不适用于在特定时期内为政府服务而制作的政府文本，则政府必须就这些文本（被排除在外的文本除外）向相关集体管理组织支付在该时期内使用以下方法计算的合理报酬：

（a）经集体管理组织和政府同意；或

（b）如法庭没有根据第153K条裁定协议。

（3）在一段时期内，就政府文本（被排除在外的文本除外）向集体管理组织支付的合理报酬的计算方法必须：

（a）考虑该时期内相关集体管理组织为政府服务而制作的复制件的估计数量；且

（b）为（a）项的目的，指明用于估计份数的抽样系统。

（4）计算应支付的合理报酬的方法可规定对不同种类或类别的政府文本的不同处理。

（5）第（3）款和第（4）款适用，无论该方法是由集体管理组织和政府商定的，还是由法庭判决的。

（6）在本条中：

"被排除在外的文本"，指有关政府认为披露有关文本制作的信息会违反公众利益。

第183B条 支付和收回政府文本应支付的合理报酬

（1）根据第183A条第（2）款支付给集体管理组织的合理报酬必须：

（a）按照集体管理组织和政府商定的方式和时间支付；或

（b）如法庭已根据第153K条第（3）款作出判决，指明如何以及何时付款——以该判决所指明的方式和时间付款。

（2）如果没有按照协议或法庭的判决支付合理报酬，集体管理组织可以在有管辖权的法院将报酬作为欠该组织的债务收回。

第183C条 集体管理组织进行采样的权力

（1）如果为政府服务而制作的政府文本根据第183A条第（2）款计算应支付的合理报酬的方法已由政府和相关集体管理组织商定，或已由法庭确定，则本条适用。

（2）集体管理组织可向政府发出书面通知，表示该组织希望在指定期间内在政府指定场所按照该方法进行采样。指定期限不得早于发出通知之日后7日。

（3）政府可基于合理理由，就在通知所指明的期间内或在通知所指明的处所进行抽样的建议，向集体管理组织提出书面反对。如果政府这样做，反对通知必须提出可进行取样的替代期间或替代场所（视情况而定）。

（4）如果政府向集体管理组织提出异议，除非异议被撤回，否则不得在异议所涉期间或在异议所涉场所进行抽样。

（5）若政府在指明期间之前或期间内没有提出反对，或已撤回其提出的任何反对，则获该组织书面授权的人可在该期间，进入通知所指明的处所，并在正常工作日按照抽样方式进行抽样。

（6）政府必须采取合理步骤，确保在该处所的人员获得进行采样所需的一切合理和必要的设施和协助。

第183D条 集体管理组织的年度报告和账目

（1）在每个财政年度结束后，在该年度的任何部分作为集体管理组织的公司必须尽快编制一份报告，说明其在该年度作为集体管理组织的运营情况，并向部长发送一份报告复制件。

（2）集体管理组织必须保留正确记录和解释组织交易（包括作为受托人的任何交易）和组织财务状况的会计记录。

（3）会计记录的保存方式必须确保能够随时编制真实、公平的社会账目，并方便、适当地进行审计。

（4）在每个财政年度结束后，在该年度的任何部分作为集体管理组织的公司必须在切实可行的范围内尽快：

(a) 由非组织成员的审计员审计其账目；且

(b) 向部长提供一份审计账目和审计报告的副本。

（5）部长必须在收到第（1）款或第（4）款（b）项规定的文件后的15个会议日内，将该文件的副本提交议会各院。

（6）集体管理组织必须向其成员提供以下文件的合理使用权：

（a）其根据本条编制的所有报告和审计账目；且

（b）所有审计员关于账目审计的报告。

（7）本条不影响集体管理组织根据其成立所依据的法律所承担的与编制和提交年度申报表或账目有关的任何义务。

第183E条　更改集体管理组织的规则

如果集体管理组织修改其规则，则必须在修改之日起21日内向部长和法庭提供一份修改后的规则文本，以及修改的结果和原因说明。

第183F条　向法庭申请审查分配安排

（1）集体管理组织或集体管理组织成员可向版权法庭申请，复核集体管理组织就其在某段期间内所收取的款项的分配而采纳或拟采纳的安排。

（2）如法庭根据第153KA条作出判决，更改该项安排或以另一项安排取代该项安排，则反映法庭判决的安排具有效力，就像该项安排是按照该组织的规则采纳的一样，但并不影响在该项判决作出前开始的分配。

第Ⅷ部分　本法实施的扩展或限制

第1分部　外　国

第184条　本法对澳大利亚以外国家的适用

（1）根据本条的规定，条例可通过以下一种或多种方式，对条例中规定的国家（澳大利亚除外）适用本法的任何规定（第ⅪA部分的规定除外）：

（a）使这些规定适用于在该国首次出版的文学、戏剧、音乐或艺术作品或客体，或在该国制作、首次出版的录音或电影胶片，其适用方式与这些规定适用于在澳大利亚首次出版的文学、戏剧、音乐或艺术作品或客体的方式相同，或首次制作或出版的录音或电影胶片；

（b）因此，这些规定适用于位于该国的建筑物或附属于该国的建筑物或构成该国建筑物一部分的艺术作品，其适用方式与这些规定适用于位于澳大利亚的建筑物或附属于澳大利亚的建筑物或构成澳大利亚建筑物一部分的艺术作品的适用方式相同；

（c）使这些规定适用于在关键时刻是该国公民或国民的人，其适用方式与这些规定适用于在该时刻是澳大利亚公民的人的方式相同；

（d）因此，这些规定适用于在关键时刻居住在该国的人员，其适用方式与这些规定适用于在该时刻居住在澳大利亚的人员的方式相同；

（e）使这些规定适用于根据该国法律成立的组织，其适用方式与这些规定适用于根据澳大利亚联邦或州法律成立的团体的方式相同；

（f）因此，这些规定适用于根据该国法律有权进行该等广播的人员在该国某地进行的电视广播和声音广播，其方式与这些规定适用于澳大利亚广播公司、特别广播服务公司、澳大利亚通信和媒体管理局根据1992年澳大利亚广播服务法分配的许可证所有人或根据该法确定的类别许可证授权进行广播的人员在澳大利亚进行的电视广播和声音广播的方式相同。

（2）根据上一款，将本法的某项规定适用于澳大利亚以外的国家的条例：

（a）可毫无例外地适用该规定，或在符合条例规定的例外或修改的情况下适用该规定；且

（b）可一般地或就条例所指明的作品或其他客体类别，或其他类别的个案，适用该条文。

（3）在总督为第（1）款的目的制定一项条例，将本法的规定适用于澳大利亚以外的国家之前：

（a）该国家必须是一项国际条约的缔约方，该国际条约与本法的规定有关，由本项规定的条例规定；或

（b）部长必须确信，根据国家法律，已经或将要对本法下与本法规定相关的作品或其他客体类别的版权人提供充分的保护。

（4）其中：

（a）未出版作品的作者身份不明，但有合理理由相信该作品的作者在作品制作时或作品制作期间的大部分时间是澳大利亚以外国家的公民或国民；且

（b）根据该国法律，授权某人代表作者，或保护和行使作者与该作品有关的权利；且

（c）适用本法任何规定的条例对该国公民或国民的作品作出规定；

就适用的条款而言，该人应被视为该作品的作者。

第185条 拒绝给予澳大利亚作品充分保护的国家公民的版权

（2）在遵守第（3）款的前提下，条例可以规定，无论是一般情况还是在条例中规定的各类情况下，如果在条例中规定的日期（可能是条例生效前或本法生效前的日期）后首次发表的作品，在这些作品首次发表时，作品的作者曾经是或仍然是下列主体，则本法规定的版权不存在。

（a）条例中规定的国家的公民或国民，不是当时居住在澳大利亚的人；或

（b）如果作品是录音或电影胶片，则根据条例中规定的国家法律成立的机构。

（3）在总督为第（2）款的目的就某个国家制定法规之前：

（a）部长必须确信该国家的法律：

（i）未对澳大利亚作品提供充分保护；或

（ii）未对此类作品的一个或多个类别提供充分保护；（缺乏保护是否与作品的性质或作者的国籍、公民身份或居住国有关，或与所有这些事项均有关）；且

（b）部长必须考虑缺乏保护的性质和程度。

（4）在本条中：

"澳大利亚作品"，指在作品制作时，其作者是本法相关条款规定的符合资格的人员。

"作者"，就录音或电影胶片而言，指录音或电影胶片的制作者。

"本法的相关规定"，指：

（a）就文学、戏剧、音乐或艺术作品而言，指第32条；

（b）就录音或电影胶片而言，指第Ⅳ部分。

"作品"，指文学、戏剧、音乐或艺术作品、录音或电影胶片。

第2分部 国际组织

第186条 本法对国际组织的适用

（1）除第（1A）款另有规定外，条例可宣布一个组织：

（a）其中2个或2个以上国家或2个或2个以上国家的政府为成员；或

（b）由代表2个或多个国家或代表2个或多个国家政府的人员组成；

成为本法适用的国际组织。

（1A）在总督为第（1）款的目的就某一组织制定条例之前，部长必须确信本法适用于该组织是可取的。

（2）本法适用的国际组织，在其他方面不具备法人组织的法律行为能力，或在某些重要时间不具备法人组织的法律行为能力，且在所有重要时间均应被视为具有法人组织的法律行为能力，处理和执行版权，以及所有与版权相关的法律程序。

第187条　国际组织制作或首次出版的原创作品

（1）如果原创文学、戏剧、音乐或艺术作品由本法适用的国际组织制作，或在本法适用的国际组织的指导或控制下制作，在以下情况中，除本款外，版权不会存在于作品中：

（a）版权存在于作品中；且

（c）除第Ⅴ部分另有规定外，该组织是该版权的所有人。

（2）如果原创文学、戏剧、音乐或艺术作品由本法适用的国际组织首次出版，或在其指导或控制下出版，在以下情况中，除本款外，在作品首次出版后，其版权不会立即存在于该作品中：

（a）版权存在于作品中，或者如果作品的版权在其首次出版之前即存在，则继续存在于作品中；且

（c）除第Ⅴ部分另有规定外，该组织是该版权的所有人。

（3）第Ⅲ部分（该部分有关版权的存续、存续期或所有权的条文除外）适用于依据本条而存在的版权，其适用方式与该部分适用于依据该部分而存在的版权的方式相同。

（4）本条的效力受第188A条的约束。

第188条　国际组织制作或首次出版的除原创作品以外的客体

（1）如果录音或电影胶片由本法适用的国际组织制作，或在本法适用的国际组织的指导或控制下制作，在以下情况中，除本款外，版权不会存在于录音或电影胶片中：

（a）版权存在于录音或电影胶片中；且

（c）除第Ⅴ部分另有规定外，该组织是该版权的所有人。

（2）如果本法适用的国际组织首次出版的录音或电影胶片，或在其指导

或控制下首次出版录音或电影胶片,除本款外,在该录音或电影胶片首次出版后,其版权不会立即存在于该录音或电影胶片中:

(a)版权存在于该录音或电影胶片中,或者如果该录音或电影胶片的版权在其首次出版之前即存在,则继续存在于该录音或电影胶片中;且

(c)除第Ⅴ部分另有规定外,该组织是该版权的所有人。

(3)凡文学、戏剧、音乐或艺术作品的某一版本或2部或2部以上的文学、戏剧、音乐或艺术作品的某一版本(复制相同作品或作品的前一版本的版本除外)由本法适用的国际组织出版或在其指导或控制下出版,在以下情况下,除本款外,在版本首次出版后,版权不会立即存在于版本中:

(a)版权存在于版本中;且

(c)除第Ⅴ部分另有规定外,该组织是该版权的所有人。

(4)第Ⅳ部分(该部分有关版权的存续、存续期或所有权的条文除外)适用于依据本条而存在的版权,其适用方式与该部分适用于依据该部分而存在的版权的方式相同。

(5)本条的效力受第188A条的约束。

第188A条 国际组织版权的期限

(1)本条适用于根据第187条或第188条存在于受版权保护材料中的版权。

2019年1月1日前首次公开的受版权保护材料

(2)根据第(4)款的规定,如果该材料在2019年1月1日前首次公开,则版权继续存在,直至受版权保护材料首次公开日历年后70年。

受版权保护材料从未公开,且在2019年1月1日或之后首次公开的材料

(3)如果受版权保护材料在2019年1月1日之前未首次公开,则根据第(4)款,下表具有效力。

2019年1月1日之前未首次公开的受版权保护材料的期限		
项目	第1栏:如果……	第2栏:如果版权继续存在,直到……
1	受版权保护材料首先在制作该材料的日历年结束后50年内公布	受版权保护材料首次公开后的70年
2	项目1不适用	受版权保护材料首次完成后的70年

版本

（4）如果受版权保护材料是第 188 条第（3）款适用的版本，则版权持续存在，直至该版本首次公开之日后 25 年。

第IX部分 文学、戏剧、音乐或艺术作品及电影胶片的作者或表演者的精神权利

第 1 分部 序　言

第 189 条　释义

在本部分中，除非出现相反的意图：

"错误归属行为"：

（a）就作者的精神权利而言，具有第 195AC 条第（2）款给出的含义；

（b）就表演者的精神权利而言，具有第 195AHA 条第（2）款赋予的含义。

"艺术作品"，指有版权的艺术作品。

"可归属行为"：

（a）就作者的精神权利而言，具有第 193 条第（2）款赋予的含义；

（b）就表演者的精神权利而言，具有第 195ABA 条第（2）款赋予的含义。

"归属者"：

（a）就作者的精神权利而言，具有第 195AC 条第（2）款赋予的含义；

（b）就表演者的精神权利而言，具有第 195AHA 条第（2）款赋予的含义。

就电影而言，"作者"指电影的制作者。

"电影胶片"，指有版权的电影胶片的完整和最终版本。

"复制记录"，指某记录体现了：

（a）记录的表演；或

（b）记录的表演的实质部分；

直接或间接从演出的原始记录中衍生出来的记录。

"交易"指出售、出租、通过为出售或出租目的贸易要约、公开展览或分

发，在第 3 分部和第 3A 分部中，包括出版。

"贬损处理"：

（a）就作者的精神权利而言，具有第 4 分部所赋予的相关含义；且

（b）关于表演者的精神权利，具有第 195ALB 条给出的含义。

"导演"，就电影而言，具有受第 191 条影响的含义。

"戏剧作品"，指版权存续的戏剧作品

"侵权物品"：

（a）就作者的精神权利而言；或

（i）体现文学、戏剧、音乐或艺术作品或电影胶片的物品，无论该物品是否载有或包含其他材料；或

（ii）文学、戏剧或音乐作品的复制件或改编品；或

（iii）艺术作品的复制件；或

（iv）电影胶片的复制件；

作者的精神权利受到侵犯的作品或影片，但不涉及对该作品或影片进行实质性歪曲、修改或毁损的贬损处理除外；且

（b）关于现场表演中表演者的精神权利：

（i）现场表演的复制记录，复制记录的制作侵犯了表演者的表演归属权；或

（ii）包含现场表演的记录，其中在记录上插入或粘贴了某人的姓名，并且插入或粘贴侵犯了表演者不被错误归属于表演的权利；或

（iii）包含现场表演的记录，其中该记录还包含声音，其制作侵犯了表演者不被错误地归属于表演的权利；或

（iv）包含现场表演的记录，即受贬损处理影响的现场表演，该贬损待遇侵犯了表演者的表演完整权；且

（c）关于录制表演中表演者的精神权利：

（i）录制表演的复制记录，复制记录的制作侵犯了表演者的表演归属权；或

（ii）包含已录制表演的记录，其中在记录上插入或粘贴某人的姓名，且插入或粘贴侵犯了表演者不被错误归因于表演的权利；或

（iii）记录表演的复制件记录，如果将该复制件作为未经更改的记录表演的复制件进行处理侵犯了表演者不被错误归属于表演的权利；或

（iv）包含已录制表演的记录，该记录包含贬损处理，侵犯了表演者的完

整权。

"文学作品",指有版权的文学作品。

"制作者",就电影而言,指电影的导演、制片人和编剧。

"精神权利":

(a) 就作者而言,指:

(i) 作者身份归属权;或

(ii) 不被错误地归属于作者身份的权利;或

(iii) 作者身份完整的权利;且

(b) 就表演者而言,指:

(i) 表演者身份的归属权;或

(ii) 不被错误地归属于表演的权利;或

(iii) 表演完整权。

"音乐作品",指具有版权的音乐作品。

在第 3 分部和 3A 分部中,"姓名"包括笔名、首字母缩写或花押字。

"原始唱片",指现场演出录音后制作的唱片。

注:电影的声轨被视为不是声音录制,参见第 23 条。

"表演",指第ⅨA 部分含义范围内的表演,只要表演包含声音。

"表演中的表演者":

(a) 指对表演声音作出贡献的每个人;且

(b) 对于在澳大利亚境外进行的演出,不包括演出时不符合资格的人员。

注:另见第 191B 条,该条涉及音乐表演的指挥。

"表演资格",指作为表演者或其中一名表演者参与表演。

"代表作者的人",与可能侵犯作者的任何精神权利有关作品,根据第 195AN 条第（1）款或第（2）款有权行使和执行相关精神权利的人。

"代表表演者的人",指根据第 195ANB 条第（1）款或第（2）款有权行使和执行表演者精神权利的人。

"制片方",就电影胶片而言,具有第 191 条赋予的定义。

"符合资格人员"的定义与第ⅨA 部分中的定义相同。

"录制演出",指包含在唱片中可以构成录音的表演。

"体现表演的记录",指:

(a) 表演的原始记录;或

(b) 表演的副本记录。

"表演者身份不被错误归属的权利",具有第3A分部赋予的含义。
"作者归属权",具有第2分部赋予的含义。
"表演者身份的归属权",具有第2A分部赋予的含义。
"作品作者的身份完整权",具有第4分部赋予的含义。
"表演者的表演完整权利",具有第4A分部赋予的含义。
"不将作者身份错误归属的权利",具有第3分部赋予的含义。
"编剧",就电影而言,指编写电影剧本或剧本的人,其定义受第191条的影响。
"录音",指在之上存在版权的录音。
"舞台表演",就现场表演而言,具有第191A条赋予的含义。
"作品",指文学、戏剧、音乐、艺术作品或电影胶片。

第190条 赋予个人的精神权利

只有个人才有精神权利。

第191条 电影胶片导演、制片人和编剧

(1) 在本部分中,凡涉及2名或多于2名个人的电影导演,即该电影的主要导演,而不包括任何附属导演,不论该附属导演是否被描述为副导演、执行导演、助理导演或任何其他方式。

(2) 在本部分中,凡电影制片人,是指:

(a) 曾是电影制片人的个人;或

(b) 若有2名或多于2名人士参与该影片的制作,则指该影片的主要制片人;

且不包括提及任何附属制作人,无论其被描述为行政制作人、副制作人、执行制作人、助理制作人或任何其他方式。

(3) 由于只有个人才有精神权利(参见第190条),如果电影制片人是法人组织,那么与电影有关的唯一精神权利就是导演和编剧的精神权利。

(4) 在本部分中,凡提及有2名或2名以上个人参与剧本或剧本创作的电影的编剧,即指主要编剧。

注:如果一部电影胶片有2名或2名以上的主要导演,2名或2名以上的主要制片人、2名或2名以上的主要编剧,则适用第195AZJ条、第195AZK条或第195AZL条。

第191A条　舞台表演

就本部分而言，现场表演由为舞台（包括表演中不包括声音的部分）作出必要安排的人进行。

第191B条　被视为表演者的指挥家

如果音乐作品的表演是由指挥家指挥的，那么表演的声音将被视为指挥家（以及实际发出这些声音的人）发出的。

注：因此，指挥将被视为表演者之一。然而，请注意，应符合第189条中表演者定义中的有资格的人的要求。

第192条　其他权利之外的权利

（1）作品的作者的精神权利是作者或任何其他人根据本法享有的与作品有关的任何其他权利的补充。

（2）现场表演或录音表演中表演者的精神权利是表演者或任何其他人根据本法享有的与表演有关的任何其他权利的补充。

第2分部　作者身份的归属权

第193条　作者的署名权

（1）作品的作者对作品享有署名权。

（2）如果第194条中提到的任何行为（可归属行为）是与作品相关的，则作者的权利是根据本分部被认定为作品的作者的权利。

第194条　产生作者归属权的行为

（1）如果该作品是文学、戏剧或音乐作品，以下行为为可归属行为：

（a）以物质形式复制该作品；

（b）出版该作品；

（c）公开表演该作品；

（d）向公众传播该作品；

（e）改编该作品。

（2）如果该作品是艺术作品，以下行为为可归属行为：

（a）以物质形式复制该作品；

（b）出版该作品；

（c）向公众表演该作品；

（d）向公众传播该作品。

（3）如果作品是电影，以下行为为可归属行为：

（a）制作电影复制件；

（b）公开放映该电影；

（c）向公众传播该电影。

第195条　作者身份确认的方式

（1）除第（2）款另有规定外，作品的作者可借任何合理的身份确认形式进行确认。

（2）如果：

（a）作品的作者已向一般人，或向根据本部分应识别该作者的人表明，希望以某一特定方式确认其身份；且

（b）在当时情况下以该种方式确认作者的身份是合理的；

则应以该种方式确认作者身份。

第195AA条　明确且合理突出作者的身份证明

作品作者的身份证明必须明确且合理突出。

第195AB条　合理突出的身份证明

当文学、戏剧、音乐或艺术作品以物质形式复制，文学、戏剧或音乐作品改编，或电影胶片以复制件形式复制时，如果作者的身份证明包含在该作品或改编作品的每一个复制件或电影复制件（视属何情况而定）上，而取得该复制件的人能够注意到作者的身份，则被视为合理突出。

第2A分部　表演者身份的归属权

第195ABA条　表演者的身份归属权

（1）现场表演或录制表演的表演者就其表演有表演者身份归属权。

（2）若第195ABB条提及的任何行为（可归属行为）与表演相关，则表

演者的权利是按照本分部被确认为该表演中的表演者的权利。

注：如果一场演出有不止一个表演者，那么每个表演者都有表演身份归属权；参见第195AZQ 条第（2）款。

第195ABB 条　产生表演者身份归属权的行为

（1）现场表演的可归属行为如下：

（a）向公众传播现场表演；

（b）公开进行现场表演。

注：有关"舞台表演"的定义，参见第191A 条。

（2）录制表演的可归属行为如下：

（a）制作录制表演的复制件记录；

（b）向公众传播录制表演。

第195ABC 条　表演者身份证明的方式

（1）除本条另有规定外，表演者可借任何合理的身份确认形式进行确认。

（2）如果：

（a）任何表演者已向一般人或向根据本部分须识别该表演者的人表明，希望以某一特定方式确认其身份；且

（b）在这种情况下以这种方式识别表演者是合理的；

则应以该种方式确认表演者身份。

（3）如果表演是由使用团体名称的表演者表演的，那么使用团体名称的身份证明就是对团体表演者的充分确认。

第195ABD 条　表演者的身份证明应清晰且合理突出的或可听的

表演者的身份证明必须清楚、合理地突出或合理地可听。

第195ABE 条　合理突出的身份证明

对录制的表演制作复制件记录时，如果在录制的表演的每个复制件记录上都包括表演者或表演者团体的身份证明，以使获取复制件记录的人获知该表演者或表演者团体的身份，则该身份证明被视为合理突出。

第3 分部　作品的作者身份不被错误归属的权利

第195AC 条　作品的作者身份不被错误归属的权利

（1）作品的作者有权不让作品的作者身份被错误归属。

（2）作者的权利是不要求任何人（归属人）就作品做出本条所述的任何行为（错误归属行为）的权利。

第195AD条 文学、戏剧或音乐作品作者身份的错误归属行为

如果该作品是文学、戏剧或音乐作品，则下列行为属于与该作品作者有关的错误归属行为：

（a）在该作品或该作品的复制件内插入或粘贴，或授权插入或粘贴他人的姓名，其方式如下：

（i）错误地暗示该人是该作品的作者或一个作者；或

（ii）错误地暗示该作品是该人作品的改编；或

（b）若归属人知道某人并非该作品的作者，或该作品并非该人作品的改编（视属何情况而定），而在处理该作品时插入或粘贴该人姓名；或

（c）若归属人知道某人并非该作品的作者，或该作品并非对该人作品的改编（视属何情况而定），而处理该作品的复制件时，在复制件内插入或粘贴该人的名字；或

（d）若归属人知道某人不是该作品的作者或该作品不是该人作品的改编（视属何情况而定），而将该作品作为该人的作品或该人作品的改编公开表演或向公众传播。

第195AE条 艺术作品作者身份的错误归属行为

（1）本条适用于艺术作品。

（2）下列行为属于与作品的作者有关的错误归属行为：

（a）在该作品或在其复制件内插入或粘贴，或授权插入或粘贴某人的姓名，或在与该作品有关的情况下，或在与该作品的复制件有关的情况下，使用或授权使用某人的姓名，以错误地暗示该人是该作品的作者；或

（b）若归属者知道某人并非该作品的作者，而在处理作品时插入或粘贴该人的姓名；或

（c）若归属人知道某人并非该作品的作者，则处理该作品的复制件时在该复制件内插入或在其上粘贴该人的姓名；或

（d）若归属人知道某人不是该作品的作者，而将该作品署名为该人向公众传播。

第195AF条　电影的作者身份的错误归属行为

(1) 本条适用于电影作品。

(2) 下列行为属于与该电影的导演、制片人或编剧有关的错误归属行为：

(a) 在该电影或该电影的复制件内插入或粘贴，或授权插入或粘贴某人的姓名，其方式可错误地暗示该人是该电影的导演、制片人或编剧（视属何情况而定）；或

(b) 在处理该电影或该电影的复制件时，如某人的姓名已如此插入或粘贴在该电影或该电影的复制件（视属何情况而定）上，并且该归属人知道该人并非该电影的导演、制片人或编剧（视属何情况而定）；或

(c) 如归属人知道某人并非该电影的导演、制片人或编剧（视属何情况而定），而将该人当作该电影的导演、制片人或编剧向公众传播。

第195AG条　文学、戏剧、音乐或艺术作品的改编作品的作者身份错误归属行为

(1) 如果文学、戏剧、音乐或艺术作品被该作品的作者以外的人改编，则是一个关于作品作者的错误归属行为：

(a) 将经改编的作品当作作者未经改编的作品处理；或

(b) 将经改编的作品的复制件处理为对作者未经改编的作品的复制件；

对于归属人而言，它不是作者未经改编的作品或其复制件（视情况而定）。

(2) 第(1)款不适用于以下情况：

(a) 改编的影响是非实质性的；或

(b) 改编是根据法律规定作出的，或为避免违反任何法律而必需的。

第195AH条　电影的改编作品的作者身份的错误归属行为

(1) 如果该作品是由电影制作人以外的人改编的，则对于导演、制片人和编剧而言，将改编的电影的复制件视为未改编的电影的复制件处理是一种错误的归属行为。前提是，该归属人明知这部电影的复制件不是未改编的电影的复制件。

(2) 第(1)款不适用于以下情况：

(a) 改编的影响是非实质性的；或

(b) 改编是法律规定作出的，或为避免违反任何法律而必需的。

第3A分部 表演者身份不被错误归属的权利

第195AHA条 表演者的身份不被错误归属的权利

（1）在现场表演或录制表演中的表演者有权让其身份不被错误归属。

（2）表演者的权利是要求任何人（归属人）就现场表演或录制表演（视属何情况而定）不作出第195AHB条和第195AHC条所述的任何作为（错误归属行为）的权利。

注：如果一场演出中有多个表演者，则每个表演者都有权不被错误地认为表演者：参见第195AZQ条第（3）款。

第195AHB条 表演者身份的错误归属行为
现场表演的错误归属行为

（1）就现场表演而言，舞台表演者或其授权的人在表演前向观众或预期观众错误地陈述或暗示以下事项，即属错误归属作为：

（a）某人是或将是该表演的表演者；或

（b）该表演正由或将由一队特定的团体表演者表演

注：有关"舞台表演"的定义，参见第191A条。

例1：由X和Y演出的现场表演被归属于A和B。这是一种关于X和Y的错误归属行为。

例2：由X和Y演出的现场表演被归属于X和A。这是一种关于X和Y的错误归属行为（即使在归属时提到了X）。

（2）就现场表演而言，表演的舞台演员或其授权的人在表演过程中向观众错误陈述或错误暗示以下事项，即属错误归属行为：

（a）某人现在是、曾经是或将是该表演的表演者；或

（b）该表演正在、曾经或将由某一队特定团体表演者表演。

（3）就现场表演而言，舞台表演者或其授权的人在表演结束后向观众错误陈述或错误暗示以下事项，即属错误归属行为：

（a）某人是该表演的表演者；或

（b）某一队特定的团体表演者在刚刚的演出中表演。

（4）然而，做出第（1）款、第（2）款或第（3）款所述的行为，只有在公开进行或向公众传播的情况下，才属错误归属作为。为此，任何未经授权的向公众传播的行为都不用在意。

录制表演中的错误归属行为——个人表演者

（5）对于录制表演，下列行为均为错误归属行为：

(a) 在载有该表演的录制品内插入或粘贴，或授权插入或粘贴某人的姓名，而其方式可错误地暗示该人是该表演的表演者；

(b) 在下列情况下处理含有表演的录制品：

(i) 某人的姓名已如（a）项所述插入该录制品内或粘贴在该录制品上；且

(ii) 归属人知道该人不是表演中的表演者；

(c) 如果归属人知道该人不是该表演的表演者，而将该人作为该表演的表演者向公众传播。

录制表演中的错误归属行为——团体表演者

（6）对于录制表演，下列行为均为错误归属行为：

(a) 在载有该表演的录制品内插入或粘贴，或授权插入或粘贴某团体名称，以错误地暗示该团体是该表演的表演者；

(b) 在下列情况下处理包含该表演的录制品：

(i) 如（a）项所述，在录制品内插入或在其上粘贴某团体的名称；且

(ii) 归属人知道该团体并非表演中的表演者；

(c) 如果归属人知道某团体在表演中不是表演者，而将该团体作为表演的表演者向公众传播。

沉默的表演者

（7）陈述一个表演者默默参与表演，并不是一个表演者身份的错误归属行为。

例如：X 和 Y 一起表演了一场歌舞表演，其中 X 唱歌，Y 默默地跳舞。就本条而言，"表演"只包括 X 所发出的声音。陈述或暗示 Y 也是表演者，并不是对表演的错误归属行为。

第 195AHC 条　录制表演的改编作品的表演者身份的错误归属行为

（1）若该作品是由表演中的表演者以外的人改编的录制表演，且归属人知道该录制演出的复制件不是未改编的录制演出的复制件，则将经如此改编的录制表演的复制件处理为未经改编的录制表演的复制件，即属于错误地将表演者身份归属于该表演者的行为。

（2）第（1）款不适用于以下情况：

(a) 改编的影响是非实质性的；或

(b) 改编是根据法律规定作出的，或为避免违反任何法律而必需的。

第 4 分部　作品的作者身份的完整权

第 195AI 条　作品的作者身份的完整权
（1）作品的作者就其作品享有作者身份完整的权利。
（2）作者的权利是不使作品受到贬损处理。

第 195AJ 条　文学、戏剧或音乐作品的贬损处理
在本部分中：
对文学、戏剧或音乐作品的"贬损处理"指：
（a）做任何与作品有关的事情并导致作品出现实质性扭曲、破坏或者实质性改变，有损于作者的荣誉或声誉；或
（b）与作品相关的任何其他有损作者荣誉或声誉的行为。

第 195AK 条　艺术作品的贬损处理
在本部分中：
与艺术作品有关的"贬损处理"指：
（a）做任何与艺术作品相关的行为并导致作品出现实质性歪曲、破坏或实质性改动，损害作者荣誉或声誉的行为；或
（b）作品公开展览的方式或地点有损于作者的荣誉或者声誉。
（c）与作品相关的任何其他有损作者荣誉或声誉的行为。

第 195AL 条　电影的贬损处理
在本部分中：
与电影胶片有关的"贬损处理"，指：
（a）与电影有关的任何导致电影的实质性扭曲、破坏或者实质性改变的行为，有损于制片人的荣誉或者声誉的行为；或
（b）与电影有关的其他任何有损电影制片人的荣誉或者声誉的行为。

第 4A 分部　表演者的身份完整权

第 195ALA 条　表演者的身份完整权
（1）现场演出或录制演出的表演者就其表演享有身份完整权。

（2）表演者的权利是其表演不受到任何贬损处理的权利。

注：如果一场表演中有不止一个表演者，那么每个人都享有完整的表演权，参见第195AZQ条第（4）款。

第195ALB条　表演的贬损处理

在本部分中：

对现场表演或录制表演中的表演者"贬损处理"指，对表演进行的任何导致表演实质性歪曲、破坏或者实质性该表，损害表演者声誉的行为。

第5分部　精神权利的期限和行使

第A次分部　作者精神权利的期限和行使

第195AM条　作者精神权利的期限

（1）作者对电影胶片的身份完整权继续有效，直至作者死亡。

（2）作者对电影胶片以外的作品的身份完整权继续有效，直至该作品的版权消失。

（3）作者对作品的精神权利（除作者身份完整性权利外）继续有效，直至作品中版权消失。

第195AN条　作者精神权利的行使

（1）如果作品的作者死亡，作者的精神权利（电影胶片作品的作者身份完整权除外）可由其法定代理人行使和执行。

（2）如果作品的作者的事务由另一人合法管理（根据救济法破产或资不抵债的债务人除外），则作者的精神权利可由管理其事务的人行使和执行。

（3）在符合本条规定的情况下，与作品有关的精神权利不得通过转让、遗嘱或法律的实施而转移。

（4）如果：

（a）电影胶片；或

（b）包含在电影胶片里的文学、戏剧、音乐或艺术作品，有2位及2位以上的作者，则作者们可签订书面合作协议，根据该协议，双方同意不就电影或作品（视情况而定）行使其作者完整性权利，但其他作者共同行使的除外。

（5）合作协议根据其条款生效。

第 B 次分部　表演者精神权利的期限和行使

第 195ANA 条　表演者对录制演出的精神权利的期限

（1）表演者对其录制演出的表演权持续有效，直至录制演出中的版权消失。

（2）表演者在录制演出中其身份不被错误归属的权利持续有效，直至录制演出中的版权消失。

（3）表演者对录制演出享有的表演完整权持续有效，直至其死亡。

第 195ANB 条　表演者精神权利的行使

（1）现场演出或者录制演出的表演者死亡的，表演者对该表演的精神权利可以由其法定代理人行使和执行。

（2）如果现场演出或录制演出的表演者的事务由他人合法管理（根据救济法破产或资不抵债的债务人除外），表演者的精神权利可以由管理其事物的人行使和执行。

（3）根据本条规定，与现场演出或录制演出有关的精神权利不得通过出让、遗嘱或者法律的实施进行转让。

（4）如果现场演出或录制演出中有 2 人或 2 人以上的表演者，则表演者们可以签订书面合作表演协议，根据该协议，表演者们都同意不就其现场演出或录制演出行使其完整的表演权（视情况而定），但其他表演者共同行使的除外。

（5）合作协议根据其条款生效。

第 6 分部　侵犯精神权利

第 A 次分部　侵犯作者精神权利

第 195AO 条　侵犯作者身份归属权利

根据本次分部规定，行为人在没有根据第 2 分部确认作者身份的情况下做出或者授权做出与作者有关的归属行为，则其侵犯了作者对其作品的身份归属权。

第 195AP 条　侵犯作者的身份不被错误归属的权利

根据本次分部规定，如果行为人就某作品做出了错误归属行为，则其侵犯作者的身份不被错误归属的权利。

第 195AQ 条　侵犯作者身份完整的权利

（1）本条的效力受本次分部约束。

（2）如果行为人使得或者授权他人使得该作品受到贬损，则其侵犯了作者对作品的身份完整权。

（3）如果文学、戏剧、音乐作品受到第 195AJ 条（a）项所述的"贬损处理"，行为人对作品进行了下列任何一种"贬损处理"，则侵犯了作者对该作品的身份完整权：

（a）以一种物质形式复制；

（b）出版；

（c）公开表演；

（d）向公众传播；

（e）对其进行改编。

（4）如果艺术作品受到第 195AK 条（a）项所述的"贬损处理"，行为人对作品进行了下列任何一种"贬损处理"，则侵犯了作者对该作品的身份完整权：

（a）以一种物质形式复制；

（b）首次公开；

（c）向公众传播。

（5）如果电影受到第 195AL 条（a）项所述的"贬损处理"，行为人对作品进行了下列任何一种"贬损处理"，则侵犯了作者对该作品的身份完整权：

（a）制作复制件；

（b）公开展示；

（c）向公众传播。

第 195AR 条　如果有合理的理由不指明作者身份，则不侵犯其作者身份归属权

（1）如果一个人证明在所有情况下不指明作者是合理的，那么，就一部作品而言，做出或授权做出归属行为的人不会因为作品作者未被确认而侵犯作者对作品的身份归属权。

（2）在为第（1）款目的而确定在特定情况下不指明文学、戏剧、音乐或艺术作品的作者是否合理时需考虑的事项包括：

（a）作品的性质；

（b）使用作品的目的；

（c）使用作品的方式；

（d）使用作品的背景；

（e）在使用该作品的行业中，与该作品或该作品的使用相关的任何惯例；

（f）在使用该作品的行业中，包含在与该作品或该作品的使用相关的自愿行为守则中的任何惯例；

（g）因确认作者可能会产生的任何困难或费用；

（h）作品在下列情况下是否完成：

（i）在作者受雇期间；或

（ii）根据作者为他人提供服务的合同。

（i）如果有 2 名及 2 名以上的作者，且他们未能确定一致的观点。

（3）在为第（1）款目的而确定在特定情况下不注明电影胶片作品制片人是否合理时需考虑的事项包括：

（a）电影的性质；

（b）制作电影的主要目的是否为在电影院放映、电视广播或其他目的；

（c）电影的用途；

（d）使用电影的方式；

（e）使用电影的背景；

（f）在使用该电影的行业中，与该电影或该电影的使用相关的任何惯例。

（g）在使用该电影的行业中，与该电影或该电影的使用相关的任何自愿行为守则中的任何惯例；

（h）因确认制片人可能会产生的任何困难或费用；

（i）该电影作品是否在雇用导演、制片人或编剧的过程中制作的。

第 195AS 条　如果贬损处理或其他行为是合理的，则不侵犯作者身份完整权

（1）如果行为人能证明在所有情况下对作品进行贬损处理是合理的，则

其对作品的贬损处理或其他行为并不侵犯作者对其作品的身份完整权。

（2）在为第（1）款目的而确定在特定情况下对文学、戏剧、音乐或艺术作品实施贬损处理是否合理时需考虑的事项包括：

（a）作品的性质；

（b）使用作品的目的；

（c）使用作品的方法；

（d）使用作品的背景；

（e）在使用该作品的行业中，与该作品或该作品的使用相关的任何惯例；

（f）在使用该作品的行业中，包含在与该作品或该作品的使用相关的自愿行为守则中的任何惯例；

（g）作品是否在下列情况下作出：

（i）在作者受雇期间；或

（ii）根据作者为他人提供服务的合同。

（h）该处理是否为法律要求的或者是避免违法所必需的；

（i）如果作品有 2 名及 2 名以上的作者——他们对处理的看法。

（3）在为第（1）款的目的而确定在特定情况下对电影胶片实施贬损处理是否合理需考虑的事项包括：

（a）电影的性质；

（b）制作电影的主要目的是否为在电影院放映、电视广播或其他目的；

（c）电影的用途；

（d）使用电影的方式；

（e）使用电影的背景；

（f）在使用该电影的行业中，与该电影或该电影的使用相关的任何惯例。

（g）在使用该电影的行业中，与该电影或该电影的使用相关的任何自愿行为守则中的任何惯例；

（h）该电影受到的贬损处理是否在雇用导演、制片人或编剧制作过程中；

（i）该处理是否为法律要求的，或者是避免违法所必需的。

（4）任何人如就某作品做出第 195AQ 条第（3）款、第（4）款或第（5）款所提述的任何行为，而该作品曾受到该款所述的贬损处理，如果该人证明在所有情况下作出该行为是合理的，则该人不会因作出该行为而侵犯该作品的作者的身份归属权。

第 195AT 条　对作品的某些处理不构成对作者身份完整权的侵犯

（1）如果销毁可移动艺术作品的人给予作者或其代表从作品所在地移走该作品的合理机会，则销毁可移动艺术作品不构成对作者身份完整权的侵犯。

（2）在以下情况中，建筑物的更改或搬迁、拆除或毁坏不侵犯作者对固定在建筑物上或构成建筑物一部分的艺术作品的作者身份完整权：

（a）建筑物的所有人经合理查询后，无法查明作者或作者的代理人的身份和其所在地；或

（b）如果（a）项不适用，建筑物所有人就遵守第（2A）款更改、搬迁、拆除或毁坏建筑物。

（2A）建筑物的所有人因建筑物的更改、搬迁、拆除或者毁坏而应遵守本款，如果：

（a）业主已根据条例或在更改、搬迁、拆除或者毁坏之前，向作者或作者的代理人发出书面通知说明其有意进行更改、搬迁、拆除或破坏；且

（b）通知注明收到通知的人可以在收到之日起3周之内，为以下任一目的寻求接触该作品：

（i）对作品进行记录；

（ii）与业主就更改、搬迁、拆除或毁坏建筑物的相关事宜进行真诚协商；且

（c）该通知载有订明的其他资料及详情；且

（d）收到通知的人应当在3周内通知所有权人希望为了（b）项所提及的两个目的中的一个或两个而获得作品——所有权人给予其在接下来3周内有机会获得此类访问的权限；且

（e）如果在更改或搬迁的情况下，收到通知的人通知所有者，该人以作品作者的身份要求从作品中移除作者的身份，房屋所有人已遵守该要求。

（3）在以下情况中，对建筑物的更改、搬迁、拆除或毁坏，并不侵犯作者就该建筑物或就建造该建筑物或该建筑物的一部分所使用的任何计划或指示而享有的作者身份完整权：

（a）建筑物的拥有人在进行合理的查询后，无法发现作者或代表作者的人，或任何作者或作者的代理人（视情况而定）的身份和其所在地；或

（b）如果（a）项不适用——所有权人就更改、搬迁、拆除或毁坏遵守第（3A）款。

（3A）建筑物的所有人就建筑物的更改、搬迁、拆除或毁坏而遵守本款，如果：

（a）所有人按照条例，在更改、搬迁、拆除或者毁坏前，已经给予作者或者其代表，或者所有权人知道的身份和所在地进行书面通知，表达所有权人进行更改、搬迁、拆除或毁坏的意图；且

（b）该通知表明，收到通知的人可以在收到之日起 3 周内出于以下目的寻求接触该作品：

（i）对艺术作品进行记录；

（ii）与业主就更改、搬迁、拆除或毁坏建筑物的相关事宜进行真诚协商；且

（c）该通知载有订明的其他资料及详情；且

（d）收到通知的人应当在 3 周内通知所有权人希望为了（b）项所提及的两个目的中的一个或两个而获得作品——所有权人给予其在接下来 3 周内有合理的机会获得此类访问权限；且

（e）在更改或搬迁的情况下，收到通知的人通知所有权人要求将作品从建筑物中移走——所有权人已符合要求。

（4）第（2）款、第（2A）款、第（3）款和第（3A）款并不限制第 195AG 条的实施。

（4A）在下列情况下，一个人（"搬迁者"）搬迁或重新安置位于公众可以进入的地方并在该地方安装可移动艺术作品，不属于侵犯作者版权的完整性：

（a）经合理查询，无法查明作者或其代表的身份和所在地；或

（b）如果（a）项不适用，则使用第（4B）款关于搬迁或重新安置的规定。

（4B）搬迁者在搬迁或重新安置可移动的艺术作品时遵守本款，如果：

（a）搬迁者已按照条例或在搬迁或重新安置之前，向作者或其代表发出书面通知，说明其搬迁的意图；且

（b）通知指出，收到通知的人可以在收到之日起 3 周内，出于以下任一目的寻求接触作品：

（i）对作品进行记录；

（ii）与搬迁人就搬迁或搬迁事宜真诚地进行协商；且

（c）该通知载有订明的其他资料及详情；且

（d）如果收到通知的人在（b）项所述的 3 周内通知搬迁人，该人希望

为该段所述的一个或两个目的获得该作品——搬迁者应给予该人在接下来的3周内有合理的机会获得访问权限；且

（e）如果收到通知的人通知搬迁者要求将作者身份从作品中移除——搬迁者已遵守该要求。

（5）为修复或保存作品而善意地所做的任何事情，仅凭该行为，并不侵犯作者对作品的身份完整权。

第195AU条　为销售或其他交易而进口的侵权行为

（1）如果进口商知道或理应知道，该物品是在澳大利亚制造的，则该物品将是侵权物品，则任何人为交易该物品而将该物品进口到澳大利亚，就侵犯了作者在作品方面的精神权利。

（2）在第（1）款中：

"交易"不包括分发，除非分发是以销售为目的的。

第195AV条　销售和其他交易的侵权行为

（1）任何人在澳大利亚交易某物品，而该人知道或理应知道该物品是侵权物品，或就进口物品而言，假若该物品是在澳大利亚制造的，则该物品是侵权物品，该人侵犯了作者在该作品方面的精神权利。

（2）在第（1）款中：

"交易"不包括：

（a）分发，除非分发是以销售为目的的；或

（b）以第195AD条第（b）项、第195AD条第（c）项、第195AE条第（2）款（b）项、第195AE条第（2）款（c）项、第195AF条第（2）款（b）项或第195AG条第（1）款和第195AH条第（1）款规定的方式进行交易；或

（c）以属于第195AO条适用的可归属行为的展览或第195AQ条第（5）款适用的展览的方式交易。

第195AVA条　需要考虑的事项

在确定某人是否已授权实施侵犯作品精神权利的行为时，必须考虑的事项包括：

（a）行为人组织实施有关行为的权利范围（如果有）；

（b）行为人与做出有关行为的人之间存在的所有关系的性质；

（c）该人是否采取了任何合理的步骤来防止或避免该行为的发生，包括行为人是否遵守任何相关的行业守则。

第195AVB条　使用某些设施进行通信

仅因另一人使用提供的设施进行通信，或以通信为目的提供便利的人员（包括承运人或运输服务提供商）不被视为授权进行侵犯作品精神权利的行为。

第195AW条　作者同意作为或不作为电影或电影中的作品

（1A）本条适用于符合以下条件的作品：

（a）电影胶片；或

（b）包括在电影作品中的文学、戏剧、音乐或者艺术作品。

（1）如果作为或不作为在作者或其代理人的书面同意范围内，则不侵犯作者的精神权利。

（2）可以就给予同意之前或之后发生的所有或任何的作为或不作为给予同意。

（3）可以就以下方面给予同意：

（a）获得同意时已存在的特定作品；或

（b）具有特定描述的一部或多部作品：

（i）尚未开始创作的作品；或

（ii）正在制作中的作品。

（4）雇员可以为其雇主的利益就其在受雇期间所做或将要进行的所有作品给予同意。

（5）除非同意书中出现相反的意思表示，否则为与之相关的作品或作品的版权人或潜在所有人的利益而给予的同意被推定为延伸至其权利的被许可人和继承人，以及所有人或潜在所有人授权的任何人，或由该等被许可人或所有权继承人做出版权所包含的作为。

（6）第（2）款至第（5）款不限制第（1）款的实施。

第195AWA条　作者对非电影或包含在电影中的作为或不作为作品的同意

（1）本条适用于文学、戏剧、音乐或艺术作品，但包含在电影胶片中的除外。

（2）如果某作品的作为或不作为在作者或其代表人真正书面同意的范围内，则该作为或不作为不属于侵犯作者在该作品上的精神权利。

（3）除第（4）款另有规定外，除非有以下情况，否则同意不具有任何效力：

（a）就指明的作为或不作为，或指明类别或种类的作为或不作为而言，不论该作为或不作为是在给予同意之前或之后发生的；且

（b）与以下任何一项有关：

（i）在给予同意时存在的指定作品；或

（ii）尚未开始制作或正在制作的指定作品或特定种类的作品。

（4）雇员可为其雇主的利益，就所有或任何作为或不作为（无论是在给予同意之前还是之后发生的），以及雇员在其受雇过程中所做或将要做的所有作品给予同意。

（5）除非同意书中出现相反的意思表示，否则为与之相关的作品或作品的版权人或潜在所有人的利益而给予的同意被推定为延伸至其权利的被许可人和继承人，以及所有人或潜在所有人授权的任何人，或由该等被许可人或所有权继承人做出版权所包含的作为。

第195AWB条　因胁迫或虚假或误导性陈述而无效的同意

（1）如果任何人在为第195AW条或第195AWA条的目的而给予同意时，对作者或代表作者的人施加胁迫，该同意不具有任何效力。

（2）如果：

（a）某人向另一人作出陈述；且

（b）该人作出该项陈述时，明知：

（i）该项陈述在要项上属虚假或具误导性；或

（ii）该陈述遗漏了某一事项或事物，而没有该事项或事物，该陈述在要项上是具有虚假性或误导性的；且

（c）该人作出该项陈述，意图说服另一人为施行第195AW条或第195AWA条而给予或不给予同意；

该同意不具有任何效力。

第 195AX 条　澳大利亚境外的作为或不作为

就作品而言，在澳大利亚境外的作为或不作为并不侵犯作者的精神权利。

第 B 次分部　侵犯表演者精神权利

第 195AXA 条　侵犯表演者身份归属权

除本条另有规定外，任何人如就某一现场表演或录制表演而做出或授权做出可归属的行为，而没有按照第 2A 分部指明其是该表演的表演者，即属侵犯其就该表演的表演者身份归属权。

第 195AXB 条　侵犯表演者身份不被错误归属的权利

根据本次分部的规定，如果某人就表演做出错误归属行为，则该人侵犯了表演者身份不被错误归属的权利。

第 195AXC 条　侵犯表演者身份完整权

（1）本条的效力受本次分部的约束。

（2）任何人如对现场表演或录音表演做出贬损处理，或授权对该表演做出贬损处理，即属侵犯表演者就现场表演或录音表演而享有的表演者身份完整权。

（3）如果受贬损处理影响的现场表演已成为录制的表演，则如果该人就录制的表演做出以下任何行为时，则侵犯了表演者在现场表演的身份完整权：

（a）制作录制的表演的复制件记录；

（b）向公众传播录制的表演；

（c）使录制的表演在公共场合播放。

（4）如录制的表演受到贬损处理，则任何人就录制的表演（受贬损处理影响）做出以下任何一项行为，即属侵犯表演者就录制的表演享有表演者身份完整权：

（a）制作录制的表演的复制件记录；

（b）向公众传播记录的表演；

（c）使录制的表演在公共场合播放。

第 195AXD 条　如果不注明表演者身份是合理的，则不侵犯表演者身份的归属权

（1）任何人就现场表演或录制表演而做出或授权做出可归属行为，但如该人证明在所有情况下不指认该表演中的表演者是合理的，则其并不因没有指认该表演中的表演者而侵犯其作为该表演的表演者身份归属权。

（2）为施行第（1）款，确定在特定情况下不在现场表演或录音表演中注明表演者是否合理时，应考虑以下事项：

(a) 表演的性质；

(b) 表演的目的；

(c) 使用表演的方式；

(d) 使用表演的背景；

(e) 在使用表演的行业中，与表演或表演使用相关的任何惯例；

(f) 在使用表演的行业中，自愿行为准则中包含的与表演或表演使用相关的任何惯例；

(g) 因识别表演者而产生的任何困难或费用；

(h) 表演者是否在聘用中参与演出。

注：例如，一场表演可能会被用来吸引酒店或餐厅的顾客。

第 195AXE 条　如果贬损处理或其他行为是合理的，则不侵犯表演者身份完整权

（1）任何人如证明在所有情况下，对现场表演或录制表演进行贬损处理，或授权将现场表演或录制表演进行贬损处理是合理的，则并不侵犯表演者在该表演方面的表演者身份完整权。

（2）为第（1）款的目的，在特定情况下确定对现场表演或记录的表演给予贬损处理是否合理时应考虑的事项包括：

(a) 表演的性质；

(b) 表演的目的；

(c) 使用表演的方式；

(d) 在使用表演的行业中，与表演或表演使用相关的任何惯例；

(e) 在使用表演的行业中，自愿行为准则中包含的与表演或表演使用相关的任何惯例；

(f) 声称受到贬损处理的表演者是否在受雇期间参与演出；

(g) 该处理是法律要求的,还是避免违反任何法律所必需的。

注:例如,一场表演可能会被用来吸引酒店或餐厅的顾客。

(3) 有人:

(a) 就已受到的贬损处理的现场演出做出第 195AXC 条第 (3) 款所述的行为;或

(b) 做出第 195AXC 条第 (4) 款所提述的作为,涉及一项已受到贬损处理的记录表演;

如果他证明在所有情况下做出该行为是合理的,则其行为不会侵犯其就该表演享有的表演者身份完整权。

第 195AXF 条　为销售或其他交易而进口的侵权行为

(1) 任何人为处理某物品而将该物品进口到澳大利亚,而该进口商知道或理应知道,假若该物品是在澳大利亚制造的,则该物品属于侵权物品,该人就该现场表演或录制表演而享有的精神权利即属侵犯。

(2) 在第 (1) 款中:

"交易"不包括分发,除非分发是以销售为目的。

第 195AXG 条　销售和其他交易造成的侵权

(1) 任何人在澳大利亚处理某物品,而该人知道或理应知道该物品是侵权物品,或就进口物品而言,假若该物品是在澳大利亚制造的,则是侵权物品,该人就现场表演或录制表演而处理该物品,即属侵犯表演者的精神权利。

(2) 在 (1) 款中:

"交易"不包括:

(a) 分发,除非分发是以销售为目的;

(b) 通过第 195AHB 条第 (5) 款 (b) 项或第 (6) 款 (b) 项涵盖的交易方式进行交易。

第 195AXH 条　需要考虑的事项

在确定某人是否授权在现场表演或录音表演中做出侵犯精神权利的行为时,必须考虑以下事项:

(a) 个人阻止相关行为发生的权利范围(如有);

(b) 该人与做出有关行为的人之间存在的任何关系的性质;

（c）该人是否采取任何合理措施防止或避免该行为的发生，包括该人是否遵守任何相关行业行为准则。

第195AXI条　使用某些设施进行通信

任何人（包括承运人或运输服务提供商）为制作或方便通信提供设施，不能仅仅因为另一人使用这样的设施做出这样的行为，被视为授权在现场表演或录音表演中做出侵犯精神权利的行为。

第195AXJ条　表演者对作为或不作为的同意

（1）如某作为或不作为在表演者或其代表所给予的书面同意范围内，则该作为或不作为并不侵犯表演者就现场表演或录制表演而享有的精神权利。

注：一名表演者的同意不影响任何其他表演者的精神权利，参见第195AZQ条第（5）款。

（2）可就在给予同意之前或之后发生的所有或任何作为或不作为给予同意。

（3）可就以下事项给予同意：

（a）在给予同意之前发生的一项或多项指定表演；或

（b）一项或多项特定种类的表演：

（i）尚未发生；或

（ii）正在发生的。

（4）雇员可为其雇主的利益，就其在受雇期间担任表演者的所有表演给予同意。

（5）除非同意书内有相反的意思表示，否则为有关的录制表演或录制表演的版权所有人或准所有人的利益而给予的同意，须推定延伸至其被许可人及所有权继承人，以及任何获该所有人或准所有人或该等被许可人或所有权继承人授权做出该版权所包含的作为的人。

（6）第（2）款至第（5）款不限制第（1）款的实施。

第195AXK条　因胁迫、虚假或误导性陈述而无效的同意

（1）如果任何人在依第195AXJ条目的而给予同意时，对表演者或对其代表施加胁迫，则该同意不具有任何效力。

（2）如果：

（a）某人向另一人作出陈述；

(b) 该人作出该项陈述时,明知:
(i) 该项陈述在要项上属虚假或具误导性;或
(ii) 该陈述遗漏了某一事项或事物,而没有该事项或事物,该陈述在要项上是虚假性的或误导性的;
(c) 该人作出该陈述的目的是说服另一人就第195AXJ条的目的给予或不给予同意;
该同意不具有任何效力。

第195AXL条　澳大利亚境外的作为或不作为

就现场表演或录制表演而言,在澳大利亚境外的作为或不作为并不侵犯表演者的精神权利。

第7分部　对侵犯精神权利的救济

第A次分部　侵犯作者精神权利的救济

第195AY条　释义等

(1) 在本次分部中:
"诉讼",指双方之间的民事性质的诉讼,包括反诉。
(2) 在与反索赔相关的本次分部中,对被告的提及即视为对原告的提及。

第195AZ条　侵犯作者精神权利的诉讼

如果任何人侵犯了作者在作品方面的任何精神权利,该侵权行为虽然不构成犯罪,但作者或代表作者的人可就侵权行为提起诉讼,但须遵守根据第195AN条生效的且包括作者在内的任何合作协议。

第195AZA条　侵犯作者精神权利的救济

(1) 在不违反第203条的情况下,法院可在侵犯作者与作品有关的任何精神权利的诉讼中授予的救济包括以下任何一项或多项:
(a) 禁令(受法院认为合适的任何条款的约束);
(b) 对侵权造成的损失进行的赔偿;
(c) 作者的精神权利受到侵犯的声明;
(d) 命令被告就侵权行为公开道歉;

（e）取消或撤销对作品的任何错误归属或贬损处理的指令。

（2）在行使自由裁量权给予适当救济时，法院可考虑下列任何一项：

（a）被告是否知道或理应知道作者的精神权利；

（b）作品受损对作者荣誉或声誉的影响；

（c）看过或听过该作品的人数和类别；

（d）被告为减轻侵权影响所做的任何事情；

（e）如果被侵犯的精神权利是作者身份归属权，则与确定作者身份相关的任何成本或困难；

（f）删除或撤销作品的任何错误署名或贬损处理的任何成本或困难。

（3）在根据第（1）款决定是否给予禁令的情况下，法院必须考虑当事方是否已进行了协商解决诉讼的决定，是否应延期聆讯或进一步聆讯该诉讼，以使当事方有适当的机会进行谈判和解（无论是通过调解还是其他方式）。

（4）如果：

（a）该作品是电影胶片作品；且

（b）该诉讼是由电影编剧提出；且

（c）在诉讼中给予的救济包括损害赔偿；且

（d）该人已因其作为电影剧本或剧本构成的戏剧作品作者的精神权利受到侵犯而在诉讼中获得损害赔偿救济；

除本款外，在（b）项所述诉讼中判给该人的任何损害赔偿金额应减去在（d）项所述诉讼中判给该人的损害赔偿金额。

（5）如果：

（a）该作品是由电影胶片剧本或剧本构成的戏剧作品；且

（b）该诉讼是由剧本或剧本的作者提起；且

（c）在诉讼中给予的救济包括损害赔偿；且

（d）该人已因其作为电影编剧的精神权利受到侵犯而在诉讼中获得损害赔偿救济；

除本款外，在（b）项所述诉讼中判给该人的任何损害赔偿金额应减去在（d）项所述诉讼中判给该人的损害赔偿金额。

（6）如作者的法定遗产代理人根据本条就作品的作者死亡后所做的行为追讨损害赔偿，则该等损害赔偿须转予，就如该等损害赔偿构成作者遗产的一部分，或如就该行为的做出提起诉讼的权利在紧接作者死亡前已存在并已归属作者一样。

注：第（6）款不适用于在作者死亡时终止的电影作品的作者身份完整权，见第 195AM 条第（1）款。

第 195AZD 条 关于版权存续的推定

在根据本部分就侵犯某作品的精神权利提起的诉讼中，如被告人没有就该作品是否存在版权提出争议，则推定该作品存在版权。

第 195AZE 条 关于作者精神权利存在的推定

在根据本部分就侵犯某作品的精神权利提起的诉讼中，如在指称侵权行为发生时，推定或证明版权存在于该作品中，则该精神权利在当时被推定存在于该作品中。

第 195AZF 条 关于作品作者身份的推定

（1）第 127 条适用于根据本部分提起的诉讼。

（2）如果在电影制作时发行的电影复制件上出现了一个声称是电影胶片导演、制片人或编剧的姓名，则在根据本部分提起的诉讼中，如果该姓名是其真实姓名或众所周知的姓名，除非另有相反规定，否则推定其为电影的导演、制片人或编剧（视情况而定）。

第 195AZG 条 关于文学、戏剧、音乐或艺术作品的其他推定

第 128 条和第 129 条适用于根据本部分提起的诉讼。

第 B 次分部 侵犯表演者精神权利的救济

第 195AZGA 条 释义等

（1）在本次分部中：

"诉讼"，指当事人之间的民事诉讼，包括反诉。

（2）在与反诉相关的本次分部中，对被告的提及被视为对原告的提及。

第 195AZGB 条 侵犯表演者精神权利的诉讼

如果任何人就现场表演或录音表演侵犯了表演者的任何精神权利，则表演者或其代表可以就侵权提起诉讼，但应根据第 195ANB 条规定生效的、表演者为一方的任何表演者合作协议。

第195AZGC条　对侵犯表演者精神权利的救济

（1）根据第203条，法院在就现场表演或录音表演侵犯表演者精神权利的诉讼中可能给予的救济包括以下任何一项或多项：

（a）禁令（除法院认为适当的任何条款另有规定外）；

（b）因侵权行为造成的损失的损害赔偿；

（c）表演者的精神权利受到侵犯的声明；

（d）命令被告人就侵权行为公开道歉；

（e）取消或撤销对表演的任何错误归属或贬损处理的命令。

（2）在行使其自由裁量权给予适当救济时，法院可考虑以下任何一项：

（a）被告是否知道或理应知道表演者的精神权利；

（b）因表演受损而对表演者声誉造成的影响；

（c）听过演出的人数和类别；

（d）被告为减轻侵权影响所做的任何行为；

（e）如果被侵犯的精神权利是表演者身份的归属权，则与确定表演者身份相关的任何成本或困难；

（f）消除或撤销任何错误的表演归属或对表演的贬损处理的任何成本或困难。

（3）在根据第（1）款决定是否给予禁令的情况下，法院必须考虑当事方是否已进行了协商解决诉讼的决定，是否应延期聆讯或进一步聆讯该诉讼，以使当事方有适当的机会进行谈判和解（无论是通过调解还是其他方式）。

（4）如果在表演者死亡后，就现场表演或录音表演中的行为，表演者的法定代理人根据本条要求赔偿损失，这些损害赔偿金的转移就如同它们构成表演者遗产的一部分，且如同与该行为有关的诉讼权利在表演者死亡前立即存在并归属于表演者一样。

注：第（4）款不适用于在表演者死亡时结束的表演者身份完整权，参见第195ANA条。

第195AZGD条　关于版权存续的推定

在根据本部分就侵犯表演记录的精神权利提出的诉讼中，如被告人没有就录制演出是否存在版权提出争议，则推定版权存于录制表演中。

第195AZGE条　关于表演者精神权利存续的推定

（1）在根据本部分就侵犯录制表演的精神权利提起的诉讼中，如果在指称侵权发生时，推定或证明版权已存在于录制演出中，则精神权利被推定为存在于当时的录制演出。

（2）本条效力受第195ANA条第（3）款的约束。

第195AZGF条 关于表演者身份的推定

（1）如果声称是表演者的姓名出现在录制演出上，以表明该人是该表演中的表演者，则在根据本部分提起的诉讼中，该姓名如果是他或她的真实姓名或他或她为人所知的姓名，除非存在相反的证据证明，否则应推定其为表演中的表演者。

（2）如果声称是一个表演者团体的姓名出现在录制演出上，以表明该表演者是在表演中表演的，则在根据本部分提起的诉讼中，如果该姓名是该表演者通常所用的姓名，除非存在相反的证据证明，否则该姓名出现的团体被推定为表演中的表演者。

第C次分部 其他事项

第195AZGG条 其他权利和救济的保留

（1）根据本条规定，本部分不影响根据本部分以外提起的诉讼中的任何民事或刑事诉讼权利或其他救济。

（2）根据本法提起的诉讼中获得的任何损害赔偿，在评估因同一事件或交易而产生的非根据本法以外提起的诉讼中的损害赔偿时，均应考虑在内。

（3）在根据本部分以外提起的诉讼中追讨的任何损害赔偿，须在根据本部分提起并由同一事件或交易引起的诉讼中予以考虑。

第195AZGH条 法院管辖权

（1）州或领地最高法院对根据本部分产生的事项的管辖权由该法院的一名法官行使。

（2）除第（3）款另有规定外，任何州或领地（无论其组成如何）法院根据本部分作出的决定为最终决定。

（3）对州或领地法院根据本部分作出的决定提出上诉：

（a）向澳大利亚联邦法院；或

（b）经高等法院特别许可，提交高等法院。

（4）澳大利亚联邦法院对根据本部分产生的事项具有管辖权。

（5）澳大利亚联邦巡回法院对根据本部分产生的事项具有管辖权。

第 8 分部 其他事项

第 A 次分部 关于作者精神权利的其他事项规定

第 195AZH 条 部分作品

与作品有关的精神权利适用于作品的整体或实质部分。

第 195AZI 条 合作作品

（1）本条适用于作为合作作者的文学、戏剧、音乐或艺术作品。

（2）作品的作者身份归属权是每一位作者被认定为合作作者的权利。

（3）关于作品的错误归属行为侵犯了每一位合作作者不让作品作者身份被错误归属的权利。

（4）作品的作者身份完整权是每一位合作作者的权利。

（5）一位合作作者同意任何影响其作品精神权利的作为或不作为，并不影响其他合作作者或其他联合作者对作品的精神权利。

第 195AZJ 条 有 1 名以上导演的电影胶片

（1）本条适用于拥有 1 名以上导演的电影胶片。

（2）导演对电影胶片的作者身份归属权指每位导演被认定为导演的权利。

（3）关于电影导演的错误归属行为侵犯了每一位导演不让电影导演身份被错误归属的权利。

（4）导演对该影片胶片的身份完整权是每一位导演的权利。

（5）一名导演同意任何影响他或她的电影精神权利的作为或不作为，并不影响其他导演或其他导演的电影精神权利。

第 195AZK 条 有 1 名以上主要制片人的电影胶片

（1）本条适用于拥有 1 名以上主要制片人的电影胶片。

（2）制片人对电影胶片的作者身份归属权指每一位制片人被认定为制片人的权利。

（3）关于电影制作的错误归属行为侵犯了每一位制片人不让电影作品被

错误归属的权利。

（4）制片人对电影胶片的作者身份完整权是每一位制片人的权利。

（5）一位制片人同意任何影响他或她的精神权利的作为或不作为，并不影响其他制片人或其他制片人的精神权利。

第195AZL条　有1名以上主要编剧的电影胶片

（1）本条适用于有1名以上主要编剧的电影胶片。

（2）编剧对电影胶片的作者身份归属权是每一位编剧被认定为编剧的权利。

（3）关于电影剧本或剧本的错误归属行为侵犯了每一位编剧不让电影剧本或剧本的作者被错误归属的权利。

（4）编剧对电影胶片的作者身份完整权是每一位编剧的权利。

（5）一位编剧同意任何影响他或她的电影精神权利的作为或不作为，并不影响其他编剧或其他编剧电影精神权利。

第195AZM条　应用——作者身份归属权

（1）关于下列作品的作者身份的归属权：

(a) 电影胶片；或

(b) 包括在电影中的文学、戏剧、音乐或艺术作品；

只有在本部分生效后制作电影胶片才能继续存在。

（2）文学、戏剧、音乐或艺术作品（电影胶片中所包括的作品除外）的作者身份归属权，在本部分生效日期之前或之后制作的作品中存在，但只适用于在本部分生效日期之后作出的可归属行为。

注：第22条第（1）款解释了何时拍摄文学、戏剧、音乐或艺术作品，第22条第（4）款（a）项解释了何时拍摄电影。

第195AZN条　应用——不将作者身份错误归属的权利

（1）对于在本部分生效之前或之后创作的作品，不被错误认定作者身份的权利存在，但本部分只适用于在本部分生效之后创作的错误归属行为。

（2）第195AD条（b）项或（c）项、第195AE条第（2）款（b）项或（c）项或第195AF条第（2）款（b）项适用于在本部分生效日期后做出的错误归属行为，即使有关名称是在该生效日期前插入或粘贴的。

注：第22条第（1）款解释了何时拍摄文学、戏剧、音乐或艺术作品，第22条第（4）款（a）项解释了何时拍摄电影。

第195AZO条 应用——作者身份完整权

（1）关于以下方面的作者身份完整权：

(a) 电影胶片；或

(b) 包括在电影胶片中的文学、戏剧、音乐或艺术作品；

只有在电影是在本部分生效日期后制作的情况下才存在。

（2）除第（3）款另有规定外，任何文学、戏剧、音乐或艺术作品（包括在电影胶片中的作品除外）的作者身份完整权，在本部分开始之前或之后制作的作品而存在。

（3）本部分只适用于侵犯第（2）款所提述的在本部分生效日期前制作的作品所存在的作者身份完整权，而该侵犯仅在本部分生效日期后发生的情况。但是，如果相关贬损处理发生在该生效日期之前，则第195AQ条第（3）款（a）项、（b）项、（c）项、（d）项或（e）项或第（4）款（a）项、（b）项或（c）项中提及的行为不属于侵权。

注：第22条第（1）款解释了何时拍摄文学、戏剧、音乐或艺术作品，第22条第（4）款（a）项解释了何时拍摄电影。

第B次分部 关于表演者精神权利的其他事项规定

第195AZP条 部分表演者
现场演出或录制演出的精神权利适用于整个或其实质部分的表演。

第195AZQ条 有1名以上表演者的表演

（1）本条适用于有1名以上表演者的现场表演或录制演出。

（2）表演者对表演的归属权是表演者被认定为表演者的权利。

例如：如果X和Y是表演中的表演者，那么他们中的每一人都有被识别的权利。但是，如果Y的身份没有被确认（反之亦然），就没有侵犯X的精神权利。

注：另见第195ABC条第（3）款，该款涉及团体名称的使用。

（3）就表演而言，演员身份的错误归属行为侵犯了每一位表演者不被错误归属的权利。

例如：X 和 Y 是被错误地归属于 X 和 Z 的表演中的表演者。这种错误归属侵犯了 X 和 Y 的精神权利。

（4）就表演而言，表演者身份完整权是每一位表演者的权利。

例如：X 和 Y 是表演中的表演者。该表演受到贬损处理，损害 X 的声誉，但不损害 Y 的声誉。其结果是侵犯了 X 的表演者身份完整权，而不是侵犯了 Y 的表演者身份完整权。

（5）一名表演者同意影响其表演精神权利的任何作为或不作为，并不影响任何其他表演者表演的精神权利。

第 195AZR 条　应用

（1）与现场表演相关的精神权利仅存在于本条生效日期后发生的现场表演中。

（2）就录制的表演而享有的精神权利，只有在有关的现场表演是在本条生效日期后发生的情况下才存在。

第 X 部分　其他事项

第 1 分部　释　义

第 195A 条　释义

（1）在本部分中［第 203H 条第（5）款除外］，"主管人员"指：

（a）就档案而言，在管理档案的机构中担任职位或履行职务的人，其职责涉及直接负责维持档案的人，以及提供与构成档案的馆藏有关的服务；

（b）就中央档案管理局而言，指在管理该局的机构中担任职位或履行职务的人员，其职责涉及直接负责保管和提供与存放在该局的档案有关的服务的人员；

（c）就图书馆而言，指在管理该图书馆的机构的服务中担任职位或履行职务的人员，而其职责涉及对组成该图书馆的馆藏的维持及服务的提供负有直接责任的人。

（3）在本部分中提及教育机构时，包括提及在任何时候曾是教育机构的机构。

（4）本部分所提述的机构，包括提述护理学院、医院内的企业、教师教育中心及管理教育机构的团体内的企业。

第2分部 审 查

第195B条 某些决定的审查

（1）就本条而言，以下决定是可审查的决定：

（ba）海关总署署长根据第135条第（6A）款宣布根据第135条第（2）款发出的通知无效的决定；

（c）海关总署署长根据第135AA条拒绝根据第135条第（7）款扣押复制件的决定；

（ca）海关总署署长根据第135AEC条作出的拒绝允许迟交扣押复制件的决定；

（cb）海关总署署长根据第135AJ条拒绝根据第135条第（7）款扣押复制件的决定；

（d）海关总署署长根据第135AD条第（1）款作出的不给予许可的决定；

（e）部长根据第113V条第（2）款（b）项、第135ZZT条第（1A）款（b）项或第135ZZZO条第（2）款（b）项作出的拒绝宣布机构为募捐协会的决定；

（f）部长根据第113X条第（2）款（a）项、第135ZZU条第（2）款（a）项或第135ZZP条第（2）款（a）项的规定作出的撤销某机构为收款协会的声明的决定。

（3）如果海关总署署长作出第（1）款（ba）项至（d）项所述的可复审决定，海关总署署长必须安排向受该决定影响的异议人或进口商发送一份通知，其中包含：

（a）决定的条款；且

（b）除非1975年澳大利亚行政上诉法庭法第28条第（4）款适用，否则异议人或进口商（视情况而定）可根据该法第28条要求提供声明。

（4）没有在根据第（3）款发出的通知中列入第（3）款（b）项所述种类的陈述，并不影响该通知所涉及的决定的有效性。

（5）可向行政上诉法庭申请复审可复审的决定。

（8）在本条中：

"决定"的含义与1975年澳大利亚行政上诉法庭法中的含义相同。

第3分部 澳大利亚国家图书馆

第195CA条 概述

在澳大利亚出版某些文学、戏剧、音乐或艺术作品的人，必须将作品的复制件交给国家图书馆。国家图书馆也可以要求其提供在线可得的作品。

第195CB条 将送交图书馆的某些资料的复制件

已发表但无法在线获取的材料

（1）任何人如有以下行为即属犯罪：

（a）该人在某一特定日期在澳大利亚出版国家图书馆资料，但其方式不能使该资料在线获取，则该人即属犯罪；且

（b）在自该日起的1个月内，该人未根据第195CC条和第195CD条要求交付材料复制件；且

（c）该人违反第195CD条。

处罚：10个罚金单位的罚金。

可以在线获取的材料

（2）任何人如有以下行为即属犯罪：

（a）该人出版国家图书馆资料；且

（b）该材料可在线获取；且

（c）未根据第195CC条要求该人根据第195CD条交付该材料的复制件；

（d）该人违反第195CD条。

处罚：10个罚金单位的罚金。

严格责任罪

（3）第（1）款和第（2）款属于严格责任罪。

注：关于严格责任，参见1914年澳大利亚刑法典案第6.1条。

非持续性犯罪

（4）1914年澳大利亚刑法典案第4K条第（2）款（关于持续性犯罪）不适用于违反第（1）款或第（2）款的犯罪。

第195CC条 图书馆可索取在线提供材料的复制件

（1）在以下情况中，国家图书馆馆长可书面要求任何人根据第195CD条

交付国家图书馆资料的复制件：

（a）该人出版该材料；且

（b）该材料可在线获取；且

（c）馆长认为应将材料的复制件纳入国家图书馆材料收藏（参见1960年澳大利亚国家图书馆法第6条）

注：国家馆藏包括与澳大利亚和澳大利亚人民有关的图书馆资料的综合馆藏。

（2）可在该人员发表材料后的任何时间提出请求。

（3）为了1999年澳大利亚电子交易法第9条第（2）款（d）项的目的，同意以电子通信方式提出的请求的一种方式是能够自动接收用户代理的请求。

例如：总干事可以使用网络采集器以用户代理请求的形式发出请求。

第195CD条 向图书馆交付材料

（1）任何人违反本条规定，除非该人在国家图书馆材料交付期结束前，向国家图书馆交付一份材料复制件，该材料复制件：

（a）是整个材料的复制件（包括任何插图、图纸、雕刻、照片和视听元素）；且

（b）如果根据第195CC条要求提供复制件，则该复制件应为可在线获取材料的电子形式；且

（c）如果复制件是电子形式的：

（i）没有任何技术保护措施；且

（ii）附有国家图书馆从复制件中获取材料所需的任何软件或附加信息；且

（d）如果复制件为硬拷贝形式：

（i）按照向公众提供材料的最佳复制件的方式，完成并着色，以装订、缝合、缝合或其他方式固定在一起；且

（ii）在印刷材料最佳的纸张上；且

（e）由该人自费交付，但如根据第195CC条要求提供该复制件，而该条要求另有说明，则属例外；且

（f）符合国家图书馆馆长为本项目的规定的要求（如有的话）。

（2）国家图书馆材料的交付日期开始于：

（a）以第195CB条第（1）款（a）项所述方式出版的材料——出版之日；或

（b）根据第 195CC 条要求的材料——在提出要求之日；

并于 1 个月后或国家图书馆馆长允许的较晚日期结束。

注：在以下情况中，本条可以适用两次，使用不同的交付日期，在澳大利亚出版但没有在网上提供的材料后来在网上提供，并在出版后一个多月根据第 195CC 条提出要求。

第 195CE 条　国家图书馆材料的含义

文学、戏剧、音乐或艺术作品或此类作品的版本（无论是否以电子形式），如果有下列情况，即是"国家图书馆材料"：

（a）该作品或版本是：

（i）网站、网页、网络文件、图书、期刊、报纸、小册子、乐谱、地图、平面图、图表或表格；或

（ii）国家图书馆馆长为本条目的规定的；且

（b）根据本法作品或版本中存在的版权；且

（c）该作品或版本不是以视听为主的；且

（d）就版本而言：

（i）该版本包含对文本或其他读物、插图、图纸、雕刻、照片或视听元素的添加或修改；且

（ii）任何早期版本中均未包含至少一项增补或修改的内容；且

（e）国家图书馆馆长未就本项目的规定的该作品或版本。

注：硬拷贝形式和电子形式的相同作品是相同的国家图书馆资料。

第 195CF 条　可在线获取的含义

国家图书馆资料可"在线获取"，如果它是通过以下方式传播的：

（a）在互联网上；或

（b）采用国家图书馆馆长为本项目的规定的电子形式。

第 195CG 条　侵权通知

（1）国家图书馆馆长可规定一项计划，使被指控犯有第 195CB 条第（1）款或第（2）款所述罪行的人能够向联邦支付罚款，作为起诉的替代方案。

（2）罚金必须等于法院可以对该人处以的最高罚金的 1/5。

第 195CH 条　与州和领地法律的关系

本分部无意排除或限制州或领地任何法律的实施（无论是在本分部生效

之前还是之后制定的），该法律就向该州或领地内或其内的特定公众或其他图书馆交付，在该州或领地出版的国家图书馆资料复制件作出规定或与之有关。

第 195CI 条　授权

（1）国家图书馆馆长可以书面形式将本分部规定的馆长权力转授予国家图书馆的一名职员，而该职员是国家图书馆的雇员或代理国家图书馆的雇员。

注：相关权力载于第 195CC 条（关于要求在线提供材料的复制件）和第 195CD 条第（2）款中（关于允许更多的交付时间）。

（2）在授权下行使权力时，被授权人必须遵守馆长的任何书面指示。

第 195CJ 条　立法文书

国家图书馆馆长可通过立法文书规定本分部要求或允许由该馆长规定的事项。

第 4 分部　其他事项

第 196 条　版权的转让和许可

（1）版权属个人财产，在遵守本条规定的前提下，可通过转让、遗嘱和授权性法律行为来进行转移。

（2）版权转让可以任何方式进行限制，包括以下任何一种或多种方式：

（a）适用于根据本法，版权人拥有专有权的一类或一类以上行为（包括本法中未单独规定为版权的行为类别，但属于规定的行为类别的行为）；

（b）适用于澳大利亚境内或部分领地；

（c）适用于版权存续的部分期间。

（3）版权转让（无论是全部还是部分）除非由转让人或其代表以书面形式签署，否则不具有效力。

（4）版权人就版权授予的特许对授予人的版权权益的所有所有权继承人具有约束力，其程度与该特许对授予人具有约束力的程度相同。

第 197 条　版权的预期所有权

（1）如果根据与未来版权有关的协议，和由除本条以外的将成为版权所有者的人或其代表签署的协议，该人声称转让未来版权（全部或部分）给另一个人（在本款中称为"受让人"），那么，如果在版权存在时，受让人或根据他或她提出索赔的人将享有除本款之外的所有其他权利,如果版权归属于他或她(全部或部分,视情况而定),版权在其存在时借本款的效力归属于该受让人或其所有权继承人。

(2)版权存续期间,若该人在世,则享有版权。若该人去世,则版权发生转移。版权发生转移时,如同该版权在该人去世前已存在,且该版权为该人所享有一样。

(3)预期版权人就未来版权授予的特许对许可授予人的预期版权权益的所有所有权继承人具有约束力,其程度与特许对授予人具有约束力的程度相同。

第198条 根据遗嘱转让未发表作品的版权

凡根据某项遗赠(无论是特定的或一般的),某人有权以实益或其他方式享有某文学、戏剧或音乐作品的手稿或艺术作品,而该作品并没有在留有遗嘱的人去世前发表,除非留有遗嘱的人的遗嘱中出现相反的意向,否则该遗赠须理解为包括该作品的版权,只要该留有遗嘱的人在紧接其去世前是该版权的所有人。

第199条 广播的接收

(1)如果在电视广播或声音广播中包含对已出版的文学或戏剧作品的节选或改编作品的阅读或朗诵,并不构成对该作品版权的侵犯,则通过接收广播,使作品或改编作品在公众场合演出,并不因此而侵犯作品的版权。

(2)任何人如因接收电视广播或声音广播而使某项录音在公众地方被听到,并不因此而侵犯第Ⅳ部分所指该录音的版权(如有的话)。

(3)在根据第Ⅳ部分就侵犯该电影的版权(如有的话)而进行的任何诉讼中,任何人借接收获授权的电视广播而安排公众观看或聆听该电影胶片,须被视为犹如该人是该版权所有人认可的被许可人,该许可是借接收该广播而安排公众观看或聆听该电影一样。

(5)如在第(3)款所述的情况下,导致观看或听到该电影胶片的人因该广播并非获授权的广播而侵犯该电影的版权,则不得根据本法就该人侵犯该版权而对该人提起诉讼,但在就该版权对该广播的制作者提起诉讼时,如该版权因制作该广播而被侵犯,则在评定损害赔偿时,须将该侵权行为考虑在内。

(6)就本条而言,与电影胶片有关的广播仅在由电影版权人制作或获得电影版权人许可的情况下才为授权广播。

（7）本条中提及的广播必须理解为澳大利亚广播公司、澳大利亚特别广播服务公司、澳大利亚通信和媒体管理局根据1992年澳大利亚广播服务法分配的被许可人所进行的广播，或由该机构根据该法确定的类别许可证授权进行广播的人员进行的广播。

第200条　为教育目的使用作品和广播

（1）在以下情况中，教师或学生复制作品的全部或部分并不侵犯作品的版权：

（a）复制发生在教育教学过程中；且

（b）复制而非使用：

（i）适于产生多份复制件的装置；或

（ii）能够通过投影复制过程产生一份或多份复制件的装置。

（1A）如果材料是被复制或传播的，复制或传播版权材料的全部或部分并不侵犯材料的版权：

（a）作为考试中要回答的问题的一部分；或

（b）在回答问题时。

（1B）在第（1）款和第（1A）款中：

（a）凡提述复制作品或版权材料，包括提述制作或复制该作品或材料的改编；且

（b）提及传播版权材料包括提及传播材料的改编。

（2）制作拟用于教育目的的声音广播的录制，在以下情况中，不构成对包含在该广播中的作品或录音的版权的侵犯：

（a）该录音是由主管不以营利为目的的教育场所的人或主管当局或其代表作出的；且

（b）除非在该场所的说明过程中，否则不得使用该录音。

（2A）如声音广播的记录是由管理教育机构的团体或其代表制作的，而该记录并非为该机构或另一教育机构的教育目的而使用，则该记录的制作并未侵犯该广播的版权。

（3）就第38条和第103条而言，在确定物品的制作是否构成侵犯版权时，应忽略第（1）款、第（1A）款、第（2）款和第（2A）款。

（4）就本法有关进口物品的任何规定而言，在确定在澳大利亚境外制造

的物品是否构成侵犯版权行为时，应忽略第（1）款、第（1A）款、第（2）款和第（2A）款。

第 200AAA 条　教育机构代理网络缓存

（1）本条适用于以下情况：

（a）计算机系统由管理教育机构的团体或其代表运行；且

（b）该系统的运行主要是为了使该机构的职员和学生能够使用该系统为教育目的在线访问作品和其他客体（无论是通过互联网还是仅通过该系统在线获取）；且

（c）系统自动地：

（i）响应用户的行为，通过系统向系统用户在线提供作品的临时电子复制件；且

（ii）响应用户的行动，通过系统向系统用户在线提供其他客体的临时电子复制件；且

（d）这些复制件和副本由系统制作，只是为了方便系统用户以后有效地访问作品和其他客体。

（2）第（1）款（c）项和（d）项所述由该系统复制或拷贝的作品或其他客体的版权，并不因以下情况而受到侵犯：

（a）该复制件或副本；或

（b）随后使用该复制件或副本将作品或其他客体传达给系统用户。

（3）本条不限制第 28 条、第 43A 条、第 43B 条、第 111A 条或第 111B 条的效力。

（4）在确定作品或其他客体的版权是否因以下行为而受到侵犯时，忽略本条：

（a）涉及类似于第（1）款所述的系统，但该系统并非按照第（1）款（a）项和（b）项所述运作；

（b）与第（2）款（a）项或（b）项所述的行为相对应。

（5）在本条中：

"系统"包括网络。

第 200AB 条　为某些目的使用作品和其他客体

（1）如果存在以下所有条件，则作品或其他客体的使用不会侵犯作品或

其他客体的版权:

(a) 该使用情况［包括(b)项、(c)项和(d)项所述情况］属于特例;

(b) 第(2)款或第(3)款涵盖了该使用;

(c) 该使用不与作品或其他客体的正常利用相冲突;

(d) 该使用不会不合理地损害版权人的合法权益。

管理图书馆或档案馆的使用

(2) 本款涵盖以下使用:

(a) 由管理图书馆、档案馆或其代表进行的使用;且

(b) 为了维护或运营图书馆或档案馆(包括运营图书馆或档案馆以提供通常由图书馆或档案馆提供的服务);且

(c) 不是部分为了团体获得商业利益或利润。

由管理教育机构的机构使用

(3) 本款涵盖以下使用:

(a) 由管理教育机构的团体或其代表使用;且

(b) 为提供教育指导而作出的;且

(c) 不是部分为了团体获得商业利益或利润。

如果根据另一条款,该项使用不侵犯或可能不侵犯版权,则本条不适用

(6) 如果由于本法的另一条规定,第(1)款不适用:

(a) 使用不侵犯版权;或

(b) 如果满足其他条款的条件或要求,则使用不会侵犯版权。

例如:(a)项:学校教师在教育教学过程中复制文学作品时,不使用适合制作多份复制件的设备或可以通过复印复制制作复制件的设备。根据第200条第(1)款的规定,复制并不侵犯作品的版权,因此本条不适用。

(6AA) 为了第113Q条第(2)款(关于"许可复制或通信"的含义)的目的,在确定复制或通信是否仅因第113P条而侵犯版权时,忽略本条。

成本回收而不是商业利益或利润

(6A) 该使用并不仅仅因为收取以下费用而不符合第(2)款(c)项或第(3)款(c)项的条件:

(a) 和使用有关;且

(b) 不超过使用费用所收取的费用。

定义

(7) 本条中：

"正常利用的冲突"的含义和《与贸易有关的知识产权协定》第13条中的含义相同。

"特殊情况"的含义和《与贸易有关的知识产权协定》第13条中的含义相同。

"不合理地损害合法利益"的含义和《与贸易有关的知识产权协定》第13条中的含义相同。

除本条外，"使用"包括任何会侵犯版权的行为。

第202条 与侵犯版权有关的法律程序的无理由威胁

(1) 任何人通过宣传、广告或其他方式，以侵犯版权的诉讼或法律程序威胁某人，则无论作出威胁的人是否为版权所有人或被许可人，受到威胁的人均可向首述的人提起诉讼，并可取得声明该威胁是不合理的，以及禁止该威胁继续进行的禁令，并可追讨他或她所遭受的损害赔偿（如有的话），除非首述的人令法院信纳该诉讼或法律程序所威胁的行为构成侵犯版权，或如作出该等行为构成侵犯版权。

(2) 仅通知版权的存在并不构成本条所指的诉讼或程序的威胁。

(3) 本条中的任何规定均不得使高等法院或州或领地最高法院的大律师或律师，因其以专业身份代表客户所做的行为而承担本条规定的诉讼责任。

(4) 在根据本条提起的诉讼中，被告可通过反诉的方式，就原告侵犯与威胁有关的版权而在单独诉讼中有权申请救济，并且在任何此类情况下，本法关于侵犯版权诉讼的规定，经必要修改后适用于该诉讼。

(5) 本条中对版权侵权诉讼的提及应理解为包括对侵权复制件或用于或拟用于制作侵权复制件的装置的转换或扣留的诉讼。

第202A条 与技术保护措施有关的法律程序的无理由威胁

(1) 如果一个人（第一人）根据第V部分第2A分部第A次分部的规定威胁另一个人，则受到侵害的人可以对第一人提起诉讼。

注：第V部分第2A分部第A次分部确定了与规避门禁技术保护措施（第116A条）、制造技术保护措施规避装置（第116AO条）相关的行动原因以及技术保护措施等提供规避服务（第116AP条）。

（2）无论第一人是否为受威胁诉讼涉及的作品或其他客体的版权人或独占被许可人，都可根据本条提起诉讼，

（3）仅通知作品或其他客体受技术保护措施保护，并不构成本条所指的行动威胁。

（4）在根据本条提起的诉讼中，法院可作出的命令包括以下内容：

（a）宣布威胁不合理的命令；

（b）发出禁止第一人继续进行威胁的禁令的命令；

（c）对受害人因威胁而遭受的损失（如有）判给赔偿的命令。

（5）如果第一人使法院确信第V部分第2A分部第A次分部中的诉讼具有合理的成功前景，则法院不得根据第（4）款作出指令。

（6）本条中的任何规定均不得使高等法院或州或领地最高法院的大律师或律师，就其以专业身份代表客户所做的行为承担本条规定的诉讼责任。

（7）如果根据本条提起诉讼：

（a）第一人可通过反诉的方式，申请他或她在根据第V部分第2A分部第A次分部提起的诉讼中有权获得的救济；且

（b）第V部分条款的规定适用于反诉是第一人根据本条提起诉讼的情况。

第203条 对法院根据本法在诉讼中给予救济的权力的限制

本法中的任何规定均不授权州法院或领土法院通过禁令或利润计算的方式给予救济，但该法院除本法外无权给予此类救济的除外。

第203A条 罪行——没有在图书馆或档案馆备存与复制有关的声明

（1）任何人如有以下行为即属犯罪：

（a）该人在某一时间：

（i）最终负责管理图书馆或档案馆；或

（ii）为图书馆或档案馆的主管人员；且

（b）该时间为：

（i）图书馆或档案馆的获授权人员根据第49条或第50条复印或拷贝作品或其他客体的全部或部分内容后；且

（ii）为施行本条而就复印或拷贝作出书面声明后；且

（iii）在保存声明的条例规定的期限结束之前；且

（c）当时，该声明未保存在图书馆或档案馆的记录中。

处罚：5个罚金单位的罚金。

（2）第（1）款不适用于以下情况：

（a）该人是图书馆或档案馆的主管人员，并证明：

（i）复印或拷贝发生在该人成为主管人员之前；且

（ii）在该日，该声明并非由该图书馆或档案馆的主管人员拥有；或

（b）该人证明其采取了所有合理的预防措施，并进行了尽职调查，以确保该声明保存在图书馆或档案馆的记录中。

注：该人承担与第（2）款所述事项有关的法律责任（参见澳大利亚刑法典第13.4条）

（3）第（1）款属于严格责任罪。

注：关于严格责任罪，参见澳大利亚刑法典第6.1条。

（4）该人不得就一项声明被裁定犯有本条规定的一项以上罪行。

注：第203G条规定声明中的提前销毁或处置为犯罪行为。

第203E条　检查图书馆和档案馆记录中保留的记录和声明

（1）作品、录音或电影的版权人，或其代理人，可以书面形式通知图书馆或档案馆的主管人员，他或她希望在通知中指定的日期进行检查：

（a）图书馆或档案馆记录中保留的与依据第49条或第50条制作的作品或部分作品或其他客体的复制件有关的所有相关声明；或

（b）此类声明：

（i）与依据第49条或第50条制作的作品或部分作品或其他客体的复制件有关；且

（ii）在通知规定的期限内作出。

（2）通知中规定的日期必须是图书馆或档案馆的正常工作日，即通知发出后至少7日。

（4）如果任何人根据第（1）款向图书馆或档案馆主管人员发出通知，表示他或她希望在某一日检查某些声明，则该人可在图书馆或档案馆的正常工作时间内，但不得早于该日上午10点或晚于下午3点。检查与通知相关的声明，如果通知还与图书馆或档案馆馆藏的检查相关，则可在当日的这些时间内检查该馆藏，并可为此目的进入图书馆或档案馆的场所。

（6）任何人如有以下行为即属犯罪：

（a）该人：

（i）最终负责管理图书馆或档案馆；或

(ii) 图书馆或档案馆的主管人员；且

(b) 另一人（检查员）在图书馆或档案馆的场所出席会议，以行使其在第（4）款被赋予的权力；且

(c) 检查员未获得有效行使这些权力所需的所有合理设施和协助。

处罚：5个罚金单位的罚金。

(6A) 第（6）款属于严格责任罪。

注：关于严格责任罪，参见澳大利亚刑法典第6.1条。

(8) 如图书馆或档案馆的主管人员举出证据，证明他或她有合理理由相信曾到本款所述的图书馆或档案馆的场所（视属何情况而定）的人已获提供一切合理便利及协助，以有效行使第（4）款所赋予的权力，而控方并未反驳该证据，则该人员不得被裁定犯第（6）款所订罪行。

(9) 管理图书馆或档案馆的团体如提出证据，证明其已采取一切合理预防措施及做了应尽的努力，以确保如本款所述，曾到图书馆或档案馆的场所（视属何情况而定）的人已获提供一切合理便利及协助，以有效行使第（4）款所赋予的权力，而控方并无反驳证据，则该团体不得被裁定犯第（6）款所订罪行。

(10) 任何人（被告）如有以下行为即属犯罪：

(a) 被告记录信息，或泄露或传达信息；且

(b) 被告在其根据第（4）款进行的检查过程中获得该信息，或者因为该信息被泄露或传达给被告：

(i) 在其根据第（4）款进行的检查过程中获得该信息的另一人；或

(ii) 由不同人员进行的一系列泄露或通信中的一项，该等泄露或通信始于在其根据第（4）款进行的检查过程中获得信息的人员对信息的泄露或通信。

处罚：5个罚金单位的罚金。

(10A) 第（10）款属于严格责任罪。

注：关于严格责任罪，参见澳大利亚刑法典第6.1条。

(11) 如果被告进行记录、泄露或通信的目的是：

(a) 通知作品或其他客体的版权所有人作品或其他客体的复制件已经制作，则第（10）款不适用；或

(b) 执行某人根据本法享有的与版权存在的作品或其他客体相关的权利；或

(c) 确保符合第Ⅲ部分第 5 分部的规定或本部分的规定。

注：被告承担与第（11）款所述事项有关的举证责任［参见澳大利亚刑法典第 13.3 条第（3）款］。

第 203F 条　虚假和误导性声明

任何人如有以下行为即属犯罪：

（a）为施行第 49 条或第 50 条而作出声明；且

（b）该声明在要项上属于虚假或具有误导性。

处罚：5 个罚金单位的罚金。

第 203G 条　处置或销毁某些声明的罪行

任何人如有以下行为即属犯罪：

（a）处置、销毁或安排处置或销毁为施行第 49 条或第 50 条而作出的声明，即属犯罪；且

（b）条例规定的保存声明的期限尚未结束。

处罚：5 个罚金单位的罚金。

第 203H 条　某些复制件的批注等

（1）在针对某人或团体因与机构或其代表复制作品或与部分作品有关的作品侵犯版权而提起的诉讼中，该人或团体无权依赖第 49 条或第 50 条作为制作复制件的理由，除非在复制件制作时或大约制作复制件时，复制件上有一个批注，说明复制件是代表该机构制作的，并指明复制件制作的日期。

（4）任何人如有以下行为即属犯罪：

（a）该人在作品或其部分的复制件上作出第（1）款所述的批注；且

（b）批注中的陈述在要项上属于虚假或具有误导性。

处罚：5 个罚金单位的罚金。

（5）就第（1）款而言：

（a）如某作品的全部或部分的复制件，或某录音或电影的复制件：

（i）由图书馆的获授权人员制作或安排制作；或

（ii）由图书馆主管人员或其代表作出；

如该复印件或复制件是某机构的图书馆，则该复印件或复制件被视为代表该机构制作的；且

（b）如作品的全部或部分复制件，或录音或电影的复制件：
（i）由图书馆的获授权人员制作或安排制作；或
（ii）作为非一个政府机构的图书馆，由图书馆主管人员或其代表制作；
（iii）复印件或复制件被视为代表管理该图书馆的个人或机构制作的；且
（iv）该款适用时，提述机构犹如提述该人或团体一样；且
（c）若作品的全部或部分复制件，或录音或电影胶片的复制件：
（i）由获授权档案馆人员制作或安排制作；或
（ii）由档案主管人员或其代表制作；

然后：

（iii）复印件或复制件被视为由管理档案的个人或机构或其代表制作的；且
（iv）该款适用时，提述机构犹如提述该人或团体一样；且
（d）若管理机构的团体或其代表制作了作品的全部或部分的复制件或包含录音的记录，则该复制件或记录被视为是代表该机构制作的；且
（e）若任何录音或电影胶片的复制件是由管理某机构的团体或代该团体制作的，则该复制件须当作是代表该机构制作的。

第Ⅸ部分　暂行规定

第1分部　序　言

第204条　释义

（1）在本部分中，"照片"一词具有下款所赋予的含义，以代替第10条赋予该词的含义。

（2）就本部分任何条款而言，一种表达将在这一条被赋予新的意义，或者说适用的是本条所定义的表达。

"集合作品"，指：
（a）百科全书、词典、年鉴或类似著作；
（b）报纸、评论、杂志或类似期刊；
（c）由不同作者就不同部分编写的作品，抑或是该作品的一部分由不同作者编写的作品。

"讲演",包括通过机械工具进行的讲演。

"戏剧作品",包括供朗诵的作品、舞蹈作品或哑剧表演,其场景安排或表演形式是以书面或其他形式固定的,以及胶片,其中安排、表演形式或所表现的事件的组合赋予作品独创性。

"演讲",包括正式讲话、个人演说与宗教布道。

"文学作品",包括地图、图表、计划、表格和汇编。

"表演",就本条所界定的戏剧或音乐作品而言,指对作品进行听觉表现或对作品中的戏剧性动作进行视觉表现,包括通过机械手段进行这种表现。

"摄影作品",包括印刷的照片和以类似摄影的方法制作的作品。

第205条 作品、录音和电影的制作

就在本部分中提及的在本法生效之前制作的作品、录音或电影胶片,其制作时间超过一定期限的,应视为在本法生效前未制作,除非在本法生效以前其制作已经完成。

第206条 在其他法律或文书中提及的版权

(1) 在不影响本部分以后各条实施的情况下:

(a) 联邦任何其他法律或任何合同、协议或其他文书中提及的1911年英国版权法的条款,应理解为提及或包括提及本法的相应条款。

(b) 联邦任何其他法律或任何合同、协议或其他文书中提到的版权或具有版权的作品,如果除本法外,根据1911年英国版权法规定它将被解读为版权或享有版权的作品,则应视具体情况将其解读为提及或包括提及本法规定的版权、根据本法规定享有版权的作品或任何其他客体;且

(c) 联邦任何其他法律或任何合同、协议或其他文书中提及关于通过许可授予版权权益的引用,在涉及本法规定的版权时,应解读为就该版权授予许可。

(2) 本条具有效力,除非相反的意图出现在联邦其他法律或合同、协议或其他文书中(视具体情况而定)。

(3) 在本条,"联邦法律"指:

(a) 法律;

(b) 根据法律具有效力的文书(包括规章或条例);

(c) 领地法令或领地内现行有效的其他任何法律;

（d）根据上述法令或法律具有效力的文书（包括规章或条例）；且

（e）根据（b）项或（d）项所述的任何规章或条例而具有效力的文书。

第207条 适用

除非本部分另有明确规定，否则本法既适用于本法生效后存在的事实，也以同样方式适用于本法生效时已存在的事实。

第208条 摄影作品之作者的认定

（1）在本法生效之前创作的摄影作品中，本法所提及的摄影作品之作者应理解为在拍摄时对拍摄所用材料享有所有权的人。

（2）但是，如果拍摄所用材料的所有人是法人团体，那么第（1）款仅在涉及照片版权归属时适用于摄影作品之作者的认定。

注：例如，在涉及摄影作品版权保护时，第（1）款不能用于认定摄影作品的作者。

第209条 出版

（1）为了适用第29条第（5）款以确定在本法生效之前产生的出版物是否为首次出版物，该款中的不超过30日期限的表述应理解为不超过14日期限。

（2）为了就在本法生效之前所做的行为适用第29条第（7）款：

（a）该款中提到的版权包括1905年英国版权法所提及的版权和1911年英国版权法所提及的版权；且

（b）在该款中关于版权所有者的许可，应：

（i）涉及1905年英国版权法规定的版权，应解读为版权者的法律关系；且

（ii）涉及1911年英国版权法规定的版权，应理解为版权者的默许或同意。

第2分部 原创作品

第210条 过期版权不再生效

（1）无论第Ⅲ部分有何规定，在本法生效之前首次发表的作品不因该部分而享有版权，除非根据本法生效不久前的1911年英国版权法之规定作品享

有版权。

（2）上一款不适用于第 5 分部所适用的作品。

第 211 条　有版权保护的原创作品

（1）第 32 条第（1）款适用于本法生效之前的作品，该款规定的适格主体包括英国公民和居住在 1911 年英国版权法所延及的女王领地任何部分的人。

（2）第 32 条第（2）款适用于在本法生效之前首次发表的作品，此时该款的（d）项和（e）项可被忽略。

（3）第 32 条第（2）款适用于本法生效后首次发表且作者在 1948 年澳大利亚国籍和公民身份法生效前死亡的作品，此时第 32 条第（2）款（e）项所述适格主体包括"如果该法在其死亡不久前生效，其本应成为澳大利亚公民"的人员。

（4）第 32 条第（3）款不适用于本法生效之前建造的建筑物或与之有关的建筑物。

（5）本条具有效力，前一条另有规定除外。

第 213 条　版权所有人

（1）第 35 条第（4）款和第（6）款不适用于本法生效之前创作的作品。

（2）第 35 条第（5）款不适用于根据本法生效前达成的协议而创作或正在创作的作品。

（3）如某项作品因上述两款中的任何一款而被排除在第 35 条第（4）款、第（5）款或第（6）款的适用范围之外，则第 35 条第（2）款对该作品具有效力，但须受本条后续各款的约束。

（4）下述 3 款中与某一特定作品有关的任何一款的作用可以根据协议予以排除或修改。

（5）如作品属于照片、肖像或雕刻，则：

（a）以有偿对价与他人订立协议，由该他人拍摄照片、绘制肖像或制作雕刻；且

（b）根据协议创作作品；

首次提及的人是根据第Ⅲ部分而就该作品享有任何版权的人。

（6）如果作品是作者根据服务或学徒合同中其受雇于他人的条件而创作

的作品，该他人即为根据第Ⅲ部分就作品享有任何版权的人。

（7）如果作品是作者根据受雇于报纸、杂志或类似期刊的所有人的服务合同或学徒合同中的雇佣条款而创作的文学、戏剧或艺术作品，并且是为了在报纸、杂志或类似期刊上出版而创作的，则作者有权限制该作品在报纸、杂志或类似期刊以外的其他地方出版。

（8）在前面三款中，第204条所定义的表达具有该条分别给予这些表达的含义，而不具有第Ⅱ部分分别给予这些表达的含义（如有的话）。

第214条 以进口、销售或其他交易而构成的侵权行为

就第37条和第38条而言，根据1911年英国版权法，在行为人明知的情况下，物品的制作即构成版权侵权，或者就进口物品而言，如果该物品是由其进口商在澳大利亚制作的，则构成版权侵权，同理根据本法，在行为人明知的情形下，该物品的制作已构成版权侵权，或者如果该物品是由其进口商在澳大利亚制作的，将构成版权侵权。

第215条 音乐作品的录音

（1）如果一项作品的录音是在本法生效之前由1911年英国版权法所规定的作品版权人制作的，或在其同意或默许下制作的，则第Ⅲ部分第6分部则具有类似的效力，即该作品录音可视为以零售为目的在澳大利亚制作的，并且是由本法授权的有权在澳大利亚制作该作品录音的人或在其许可下制作的。

（2）尽管有本法第5条第（1）款的规定，本法生效前不久生效的1911年英国版权法第19条第（2）款至第（7）款继续适用于本法生效前制作的录音制品，在不违反这些款的情况下，为这些款制定的、在本法生效前不久生效的任何条例继续适用于这些录音制品。

第216条 艺术作品的出版

第68条不适用于在本法生效之日前制作的绘画、素描、雕刻、照片或电影胶片，但是，在其制作之时本法已经生效的情形下，如果根据第65条或第66条，制作该绘画、素描、雕刻、照片或电影胶片并不会侵犯本法所规定的艺术作品的版权，则该绘画、素描、雕刻、照片或电影胶片的制作不构成版权侵权。

第217条　建筑物的重建

第73条第（2）款提及的，由建筑图纸或建筑设计的版权人或在其许可下进行的建筑物的建造，应解读为包括根据当时在建造建筑物的国家或领地有效的有关版权的法律，对建筑图纸或建筑设计享有版权之人及在其许可下进行的建造。

第218条　工业设计

（1）第Ⅲ部分第8分部不适用于本法生效之前的艺术作品。

（2）在本法生效之前制作的艺术作品，如在作品制作之时能够根据1906年澳大利亚外观设计法或根据当时修订并生效的法律构成可被注册的外观设计，并已被用作或拟被用作一种模型或图案，以供在工业过程中量产，则该艺术作品的版权不依据本法存在。

第219条　支付许可使用费后的作品复制

（1）在以下情形，复制本法生效前已出版的文学、戏剧、音乐或艺术作品以供出售，不侵犯该作品的版权：

（a）复制发生在25年期满之后，或者，对于在1911年英国版权法生效时拥有版权的作品，复制发生在作者死亡之日后30年期满之后；且

（b）复制作品的人证明：

（i）在本法生效之前，他或她以书面形式发出通知，表示他或她意图复制1911年英国版权法第3条但书规定的作品；且

（ii）他或她已按该但书所订明的方式或按本条所订明的方式，就其所出售的作品的所有复制件向版权所有人支付版权使用费，或为版权所有人的利益而支付版权使用费，而版权使用费的计算方法是以他或她发表该复制件的价格的10%计算的。

（2）条例可为第（1）款（b）项（ii）目的就支付许可使用费的方式和时间作出规定，并可包括要求预付许可使用费或以其他方式确保支付许可使用费的规定。

（3）在紧接本法生效前根据1912—1966年澳大利亚版权法生效的版权条例第38条至第42条（包括第42条），在本条中继续有效，就好像它们是根据本法制定的一样，但可以根据本法制定的条例加以修正或废除。

(4) 第（1）款（a）项中所述的自作品作者死亡之日起一定年数届满后的时间，对于合作作者，应理解为：

(a) 自先死亡的作者死亡之日起相同年数届满后的时间；或

(b) 最后死去的作者死亡日期；

以较后日期为准。

(5) 在以下情形，文学、戏剧或音乐作品或雕刻的版权在作者去世之日产生，或者如果是合作作品，则在最后去世的作者去世之日不久前产生：

(a) 作品尚未发表；

(b) 就戏剧或音乐作品而言——尚未公开演出；且

(c) 对于演讲——尚未公开演讲；

在该日期之前，对第（1）款的适用，视为作者在下列日期去世：

(d) 对于文学作品（演讲除外）或雕刻——该作品首次发表的日期；

(e) 就戏剧或音乐作品而言——作品首次出版或首次公开演出之日，以先发生者为准；或

(f) 就演讲而言——演讲首次发表或首次公开演讲之日，以先发生者为准。

(6) 在本条中，第204条所定义的表达具有该条分别给予这些表达的含义，而不具有第Ⅱ部分分别给予这些表达的含义（如有的话）。

第3分部 作品以外的权利客体

第220条 录音

(1) 第89条第（1）款适用于本法生效之前制作的录音，该款中提到的适格主体包括英国公民和居住在1911年英国版权法扩大适用范围的女王领地任何部分的人。

(2) 第89条第（2）款不适用于本法生效之前制作的录音。

第221条 电影胶片

根据第90条，在本法生效之前拍摄的电影胶片不具有版权。

第222条 对电影胶片中戏剧作品和画面的适用

(1) 如果在本法生效之前摄制的电影胶片是第204条所定义的原创戏剧

作品，则本法（除了本款）对该电影具有效力，该电影视为第 10 条所定义的原创戏剧作品，且依据 1911 年英国版权法为该作品作者的人应视为依据本法本条的规定而成为该作品的作者。

（2）本法对于不构成电影胶片组成部分的画面具有效力，类推而言，本法也对在本法生效之前摄制的电影胶片的组成部分的画面具有效力。

第 223 条　电视广播与声音广播

根据第 91 条，下列作品不具有版权：

（1）在本法生效之前制作的电视广播或者声音广播；或

（2）本法生效后制作的电视广播或声音广播，是对本法生效前的电视广播或声音广播的重复。

第 224 条　作品的出版版本

根据第 92 条的规定，一个或多个作品的出版版本的版权不存在，如果该版本的首次出版发生在本法生效之前。

第 225 条　以进口、销售及其他交易而构成的侵权行为

就第 102 条和第 103 条而言，根据 1911 年英国版权法，在行为人明知侵权的情况下，该物品的制作即构成版权侵权，或者就进口物品而言，如果该物品是由其进口商在澳大利亚制作的，则构成版权侵权，同理，根据本法，在行为人明知侵权的情形下，该物品的制作已构成版权侵权，或者如果该物品是由其进口商在澳大利亚制作的，构成版权侵权（视情况而定）。

第 4 分部　其他事项

第 226 条　侵权诉讼

第 115 条不适用于 1911 年英国版权法规定的版权侵权行为，也不影响根据该法提起的任何诉讼，无论该诉讼在本法生效之前还是之后提起。

第 227 条　侵权复制件

本法第 116 条不适用于在本法生效之前制作或进口到澳大利亚的物品，但是，尽管有本法第 5 条第（1）款的规定，仍可依照 1911 年英国版权法第 7

条就该物品提起诉讼或继续诉讼,即使诉讼涉及本法生效后对该物品的侵占和留置,也仍可提起或继续诉讼。

第 228 条 版权受独占许可限制的诉讼

第Ⅴ部分第 3 分部不适用于在本法生效之前授予的许可,也不影响根据 1911 年英国版权法提起的任何诉讼,无论该诉讼是在本法生效之前还是之后提起。

第 229 条 罪行及简易程序

第Ⅴ部分第 5 分部第 10 条规定的侵权复制件定义,适用于包括 1911 年英国版权法规定的版权定义在内的任何类似表达。

第 230 条 诉讼时效

本法第 134 条不适用于 1911 年英国版权法规定的版权侵权行为,也不适用于在本法生效之前制作或进口到澳大利亚的物品。

第 231 条 作品印刷本的进口限制

如果:

(a) 在本法生效之日前,已根据 1912 年英国版权法第 10 条或经修正的该法第 10 条就某一作品发出了通知;且

(b) 该通知在本法生效之日前没有撤回,亦没有在其他方面失效;

则自本法生效之日起 6 个月内,该通知具有根据本法第 135 条正式发出所能具有的效力。

第 232 条 就许可方案向法院提出的参考资料及申请

(1) 第Ⅵ部分适用于在本法生效之日或之后制定的许可方案,并以同样的方式适用于该日期之前制定的许可方案,但就该日期之前制定的许可方案中对该部分的适用,该部分中版权的内容包括 1911 年英国版权法规定的版权内容。

(2) 第 157 条中对于拒绝许可、未能授予许可、未能取得许可,或应当授予许可的方案的表述,不包括在本法生效之前已发生的拒绝许可、未能授予许可的情况,以及已制定的方案。

第 235 条　电影的官方版权

（1）本条规定适用于在本法生效以前制作的电影。

（2）第 178 条不适用于电影。

（3）第 176 条、第 177 条和第 180 条适用于：

（a）第 222 条第（1）款规定的电影，如果该电影构成原创戏剧作品（参见第 204 条中的定义）；且

（b）组成电影的画面，此时上述法条以适用于非电影胶片组成部分的画面的同样方式被适用。

第 236 条　国际组织制作或出版的作品

（1）第 187 条第（1）款不适用于在本法生效以前制作的作品。

（2）第 187 条第（2）款不适用于在本法生效以前首次发表的作品。

第 237 条　国际组织制作或出版的除原创作品以外的其他客体

（1）第 188 条第（1）款不适用于在本法生效以前制作的录音或电影胶片。

（2）第 188 条第（2）款不适用于在本法生效以前首次出版的录音或电影胶片。

（3）第 188 条第（3）款不适用于在本法生效以前出版的作品版本。

第 239 条　转让与许可

（1）除本条另有规定外，在依据本法作品存在版权的情形下，任何在本法生效以前制作的文件、发生的事件，能够根据 1911 年英国版权法以任何方式对版权所有权或者关于版权的权益、权利或许可的创设、转让或终止产生影响，或者在该法继续有效的情形下，发生了具有这种影响的文件或事件，对本法规定的作品版权也有同样的影响。

（2）如果前款所述文件的实施曾经有或本来有文件规定的期限，则该文件在本法规定的版权方面不具有任何作用，除非该文件在本法生效后延长该期限。

（3）为使该文件按照本条规定得以实施：

（a）该文件中使用的表达，具有与本法生效不久前各表达已经拥有的相同含义，不论这些表达的含义是否与本法宗旨相违背；且

（b）第197条第（1）款不能适用。

（4）在不损害第（1）款的一般性的情况下，如果在本法生效之前创作的作品的作者是该作品的版权的第一所有人，则：

（a）在1911年英国版权法生效之后和本法生效之前，作者对版权的任何转让或对版权权益的任何许可（遗嘱除外），根据本法第（1）款具有效力，在自作者死亡之日起25年期满之后，不再赋予作品受让人或被许可人对作品版权的任何权利；

（b）在作者死亡时，其版权作为其遗产的一部分，即使有任何相反的协议，但基于权利期限的信赖，版权的期待权仍应转移给其法定代理人；且

（c）作者就该期待权的处理达成的任何协议均不生效或无效力；

但本款规定不得适用于集合作品的版权转让或作为集合作品组成部分的作品或部分作品的出版许可。

（5）在上一款中，第204条所定义的表达具有该条分别赋予这些表达的定义，而不具有第Ⅱ部分分别赋予这些表达的定义（如有的话）。

（6）本条前面各款以适用于作品版权的相同方式适用于本法规定的录音或电影胶片的版权，但在提及1911年英国版权法规定的版权时，应：

（a）在适用与录音有关的条文时，将其解读为含有录音的录制品的版权；

（b）在适用与电影胶片有关的条文时，将其解读为根据该法存在于电影（根据该法构成戏剧作品）或电影组成画面之上的版权。

第240条　遗赠

（1）第198条不适用于本法施行前死亡的遗嘱人的遗嘱中所载的财产。

（2）以下情形：

（a）作者死于本法生效之前；

（b）根据作者遗嘱，他人获得作者作品的原稿的所有权；且

（c）作品：

（i）尚未发表；

（ii）就戏剧作品或音乐作品——尚未公开表演；且

（iii）就演讲——尚未公开演说；

该人对手稿的所有权证明其是该作品的版权人。

（3）在上一款中，第204条所定义的表达具有该条分别赋予这些表达的定义，而不具有第Ⅱ部分分别赋予这些表达的定义（如有的话）。

第242条　毫无根据的诉讼威胁

本法第202条不适用于本法生效后对本法生效前发生的行为所进行的威胁，尽管本法第6条有所规定，但1912—1966年版权法第41A条仍然以与对本法生效前进行的威胁所适用的相同方式适用于任何此类威胁。

第5分部　在1912年7月1日之前创作的作品

第243条　释义

在本分部中，1911年英国版权法赋予的与作品有关的权利，指根据1911年英国版权法第24条赋予的权利，该权利取代了在该法生效前一直存在的权利。

第244条　适用

本分部适用于在1912年7月1日前创作的作品。

第245条　1911年英国版权法赋予的权利

不管第2分部有何规定，本法第32条不适用于本分部适用的作品，除非在本法生效前不久的作品中具有1911年英国版权法赋予的权利。

第246条　表演权利

（1）如果1911年英国版权法对本分部适用的戏剧或音乐作品所赋予的权利不包括公开表演作品的独占权，则根据本法而存在于该作品内的版权，就不包括与作品有关的表演权。

（2）如果1911年英国版权法对本分部适用的戏剧或音乐作品所赋予的权利仅包括公开表演作品的独占权，则根据本法而存在于该作品内的版权，就只包括与作品有关的表演权。

（3）在本条中，与作品有关的表演权包括：

（a）公开表演该作品或该作品的改编版本的专有权；

（b）向公众传播作品或该作品的改编版本的专有权。

第247条　期刊投稿

以下情形中：

（a）本分部适用的作品（本条称为"有关作品"）包括构成评论、杂志或其他类似期刊或作品的一部分并首次在其上发表的文章、散文或项目；且

（b）在本法生效不久前，根据1911年英国版权法附则一的说明，有以特定形式发表有关作品的权利；

根据本法存在于有关作品中的版权，以特定形式发表有关作品的权利为限。

第248条 转让与许可

（1）在不损害本法第239条第（1）款的一般性的情况下，如果：

（a）在1911年英国版权法生效之前，本分部所适用的作品的作者曾作出第24条第（1）款（本条称为"但书"）（a）项所述的转让或许可行为；且

（b）根据本法，作品享有版权；

则本条下述各款具有效力。

（2）根据但书（a）项，如果在本法生效之前发生的事件或发出的通知，具有任何影响1911年英国版权法所赋予的与作品有关的权利的所有权的作用，或者创设、转让或终止与该权利有关的权益、权利或许可的作用，则该事件或通知对本法所规定的作品版权具有类似的作用。

（3）根据但书（a）项，在本法生效后一段时间内，就作品或1911年英国版权法所赋予的权利可行使的任何权利，如果本法没有规定，则可以视情况就作品或就本法规定的作品中存在的版权行使前述权利。

（4）如果根据但书（a）项，1911年英国版权所赋予的权利在该项所述日期归还给作者或其代理人，而该日期发生在本法生效之后，则在该日期：

（a）视情况将本法规定的作品版权归还给作者或其代理人；且

（b）1911年英国版权法生效以前制定的任何文件中所规定的、任何其他人就存续至该日期的版权所享有的利益就此终止。

第XIA部分 表演者的保护

第1分部 序 言

第248A条 释义

（1）在本部分中：

"表演的 20 年保护期",指下述期间:

(a) 始于演出之日;且

(b) 截止于演出当年之后的第 20 个日历年。

"表演的 50 年保护期",指下述期间:

(a) 始于演出之日;且

(b) 截止于演出当年之后的第 50 个日历年。

"诉讼",指当事人之间的民事诉讼,包括反诉。

"授权产品",就表演的录制而言,指经表演者授权而制作的。

"电影胶片",包括一种含有视觉影像并将这些影像作为移动图像显示出来的物品,以及与这些影像相关联的声道。

"导演",就表演的录音或电影胶片而言,指直接以现场表演进行制作的。

"豁免制品",指:

(a) 表演的间接电影胶片,完全为制作者的私人和家庭使用而制作的影片;

(aaa) 表演的间接电影胶片或录音,是具备下列情形的电影或录音:

(i) 是通过广播表演的方式进行制作的;且

(ii) 是在住所制作的;且

(iii) 只供私人及家庭使用,以在比节目播放时间更方便的时间收看或收听节目;或

(aa) 对演出的间接录音是为研究或学习目的而合理使用演出的录音;或

注:参见第(1)款(a)项。

(b) 表演的间接电影胶片,是纯粹为科学研究目的而制作的电影;或

(c) 表演的直接或间接的录音或者电影胶片,如果录音或者电影胶片是按如下条件制作的:

(i) 由管理教育机构的团体或其代表团体制作的;且

(ii) 纯粹为该教育机构或其他教育机构的教育目的而制作的;或

注:参见第 248B 条。

(d) 表演的直接或间接的录音或电影胶片,如该录音或电影是为一名或多名残障人士取得受版权保护的材料而合理使用该表演的;或

(e) 表演的直接或间接的录音或者电影胶片,如果录音或者电影胶片是按如下条件制作的:

(i) 由残障人士救助机构制作或代表该机构制作;且

（ⅱ）只是为了协助一个或多个残障人士以他或他们因残障而需要的格式获取受版权保护的材料（无论该获取是否由该机构或其代表所为，或另一组织或个人所为）；或

（ea）表演的直接或间接的录音或者电影胶片，如录音或电影是由图书馆或档案馆的授权人员制作，而第ⅣA部分第3分部第A次分部仅适用于下列任何一项目的：

（ⅰ）为保存由该馆或其他本条适用的图书馆、档案馆所拥有的馆藏之目的；

（ⅱ）为该馆或其他本条适用的图书馆、档案馆进行研究之目的；

（ⅲ）与管理图书馆或档案馆所拥有的馆藏直接有关的目的；或

（eb）表演的直接或间接的录音或者电影胶片，如录音或电影是由主要文化机构的获授权人员纯粹为保存以下受版权保护的材料而制作的：

（ⅰ）构成主要文化机构藏品的一部分；且

（ⅱ）获授权人员确信该材料对澳大利亚具有历史或文化意义；或

（f）表演的直接或间接摄制的电影胶片：

（ⅰ）为新闻或时事报道的目的，或与之相关的目的而制作；或

（ⅱ）为批评或审查的目的而制作；或

（fa）表演的直接或间接的录音，在以下情形属于对表演的合理使用：

（ⅰ）为批评或审查的目的，无论是针对该演出或另一演出；或

（ⅱ）为在报纸、杂志或类似期刊上报道新闻，或与之相关的目的；或

（ⅲ）为通过广播或电影胶片方式报道新闻，或与之相关的目的；或

（g）表演的直接或间接的录音或电影胶片，是纯粹为司法程序或为法律执业者提供专业意见目的而制作的录音或电影；或

（h）表演的直接或间接的录音或电影胶片，是由表演者授权广播其表演的广播组织纯粹为进行广播的目的所制作的录音或电影；或

（j）表演的直接或间接的录音或电影胶片，是行为人以欺诈或不正当手段引诱而使他人有理由相信其对表演进行录音或电影制作的行为已获得表演者的授权而制作的录音或电影；或

（ja）录音复制件，如果：

（ⅰ）（a）项、（c）项、（d）项、（e）项、（ea）项、（eb）项、（fa）项、（g）项或（j）项适用于录音；且

（ⅱ）该复制件纯粹为上述各项所列的任何目的而制作［（j）项除

外]；或

(k) 电影胶片的复制件，如果：

(i) (a) 项、(b) 项、(c) 项、(d) 项、(e) 项、(ea) 项、(eb) 项、(f) 项、(g) 项、(j) 项适用于电影；且

(ii) 该复制件纯粹为上述各项所述的任何目的而制作 [(j) 项除外]；或

(m) (h) 项所述的录音或电影胶片的复制件，是专为该项所述目的而制作的复制件；或

(n) 表演录音或电影胶片的复制件，如果：

(i) (j) 项适用于录音或电影；且

(ii) 复制件是行为人以欺诈或不正当手段引诱而使他人有理由相信其对复制件的制作已获得表演者的授权而制作；或

(p) 已获授权的表演录制品复制件，但已获授权的，用作声道但并未获得用作声道的授权的录音复制件除外。

"间接录制"，与表演的录音或电影胶片有关，指以表演的广播而制作。

"表演"指：

(a) 戏剧作品或该作品的部分内容的表演（包括即兴表演），包括使用木偶进行的表演；或

(b) 音乐作品或该作品的部分内容的表演（包括即兴表演）；或

(c) 文学作品或该作品的部分内容的阅读、朗诵或发表，或即兴文学作品的朗诵、发表；或

(d) 舞蹈表演；或

(e) 马戏表演、综艺表演或任何类似的演出或表演；或

(f) 民间文学艺术的表演；

"现场表演"指：

(g) 在澳大利亚举行，无论是否有观众在场；或

(h) 由一名或多名适格主体提供（即使同时由一名或多名非适格主体提供），无论是否有观众在场。

"表演者"，就在澳大利亚境外进行的表演而言，不包括在表演时不符合资格的人。

"保护期"，涉及表演时，具有第 248CA 条规定的含义。

"适格主体"，指澳大利亚公民或居住在澳大利亚的人。

"录制品",指录音或电影胶片,但豁免录制品除外。

"录音制品",指包含声音的录音制品。

"未经授权",涉及表演的录制时,指未经表演者授权而制作的表演录制品。

"未经授权的使用",具有第248G条规定的定义。

(1A) 就(aa)项对"豁免制品"的定义而言,在判定录制是否为研究或学习目的而对表演的合理使用时,必须考虑下列事项:

(a) 录制的目的及性质;

(b) 表演的性质;

(c) 在合理时间内以正常交易价格获得表演录制的授权的可能性;

(d) 录制品对表演的获授权录制品的潜在市场或价值的影响;

(e) 如果只录制了部分表演——录制部分在整场表演中所占的比例和实质价值。

(2) 为本部分的目的,下列内容不得视为表演:

(a) 第28条第(1)款所述的表演;

(b) 任何新闻和资讯的阅读、朗诵或发表;

(c) 体育赛事;或

(d) 观众作为成员参与的演出。

(3) 在本部分中:

(a) 所述表演有关的行为,包括与表演的实质部分相关的行为;

(b) 所述经表演者授权而进行的与表演或表演录制有关的行为,在有2名或2名以上表演者的情况下,指每名表演者均授权进行的该种行为;

(c) 所述未经表演者授权而进行的与表演或表演录制有关的行为在有2名或2名以上表演者的情况下,指在至少有1名表演者未授权的情况下所进行的该种行为;

(d) 所述声轨道与构成电影胶片的视觉图像相关的声道。

第248B条 教育目的

在没有限制第248A条第(1)款"豁免制品"定义(c)项中表达的"教育目的"的含义的情况下,表演电影如有下列情形可被认为为教育目的而制作:

(a) 与该机构提供的特定课程有关的使用;或

(b) 收入机构图书馆的藏书内。

第248C条 豁免制品在某些情况下不再是豁免制品

(1) 如果任何表演的录音或电影胶片的复制件,是第248A条第(1)款"豁免制品"定义下(h)项所规定的豁免制品的录音或电影,在其任何复制件首次用以播放表演之日起计的12个月期限届满前未予销毁的,则该录音或电影在该期限届满时不再是豁免制品。

(1A) 录音或录音复制件,具有下列情况,不再是豁免制品:

(a) 该录音或复制件是根据第248A条第(1)款"豁免制品"定义下(aaa)项、(aa)项、(c)项、(d)项、(e)项、(ea)项、(eb)项或(fa)项制作的豁免制品;且

(b) 在未经表演者授权的情况下,用于上述项中未提及的用途。

(2) 电影胶片或电影胶片复制件,在下列情况下不再是豁免制品:

(a) 该电影胶片或电影胶片复制件是根据第248A条第(1)款"豁免制品"定义下(aaa)项、(aa)项、(c)项、(d)项、(e)项、(ea)项、(eb)项或(fa)项制作的豁免制品;且

(b) 在未经表演者授权的情况下,用于上述各项中未提及的用途。

第248CA条 保护期

(1) 除第(3)款另有规定外,演出的保护期指演出当日起至演出当年后第20个日历年结束的期间。

(3) 为了便于适用,本部分关于表演录音的规定列于第(4)款,此时演出的保护期指演出当日起至演出当年后第50个日历年结束的期间。

(4) 第(3)款适用于本部分的下列条款:

(a) 第248G条第(1)款(a)项、第(2)款(a)项、第(2)款(b)项及第(2)款(d)项至(g)项;

(b) 第248PA条;

(c) 第248PB条;

(d) 第248PE条;

(e) 第248PF条;

(f) 第248PG条;

(g) 第248PI条;

(h) 第 248PJ 条；

(i) 第 248PK 条；

(j) 第 248PL 条；

(k) 第 248PM 条。

第 248D 条 私人及家庭使用

就本部分而言，电影如果是为以下目的而制作，则不被视为为制作者的私人和家庭使用而制作：

(a) 出售、出租或为出售或出租以贸易方式提供或公开进行；或

(b) 分发，不论是为了贸易或其他目的；或

(c) 以贸易方式公开展览；或

(d) 播放该电影；或

(e) 使电影在公共场合被看到或听到。

第 248F 条 适用

(1) 本部分适用于 1989 年 10 月 1 日或之后做出的，以及就该日或之后的表演所做的行为，但第 3 分部第 A 次分部、第 B 次分部、第 C 次分部除外。

注 1：1989 年 10 月 1 日是本部分生效之日。

注 2：第 248P 条和第 248QA 条适用于第 3 分部第 A 次分部和第 B 次分部在根据 2006 年澳大利亚版权修正法第 I 部分附表 1 在其开始生效时或之后执行的行为。该分部的第 C 次分部仅仅是这些次分部的补充条款。

(2) 本部分不影响被演出的作品或在演出的录音、电影胶片或广播中存在的任何版权，也不影响在本部分以外产生的任何其他权利或义务。

(3) 在本部分适用于反诉时，第 248J 条中所述的被告应解读为原告。

第 2 分部 表演者行为

第 248G 条 未经授权的使用

(1) 凡行为人在演出保护期内的任何时间未经表演者的授权而以下列方式擅自使用演出：

(a) 直接或间接记录表演；或

(b) 直接向公众播放来自现场表演或未经授权的录制品的演出内容。

注：在某些情况下，教育机构可以未经表演者授权复制和播放演出广播；参见第 ⅣA

部分第4分部。

（2）凡行为人在演出保护期内的任何时间未经表演者的授权而以下列方式擅自使用演出：

（a）行为人知道或应当知道，其制作的表演录制品复制件未获授权；

（b）行为人知道或应当知道，其制作的表演的豁免制品复制件未获授权；

（c）为了在声道中使用而制作经授权的表演录音的复制件，行为人知道或应当知道，制作该录音并未就在该声道或任何其他声道中的使用获得授权；

（d）为了下列目的持有演出的录制品：

（i）出售、出租或以贸易的方式为出售或出租提供或公开；或

（ii）为交易或任何其他目的而分发表演录制品，以至于影响了表演者或表演团体对表演享有的经济利益；

且行为人知道或应当知道，该录制品未获授权；

（e）在公共场所出售、出租或进行贸易展览，或者为出售或出租之目的提供或公开表演录制品，而行为人明知或应当知道该录制品未获授权；

（f）为交易或任何其他目的而分发表演录制品，以至于影响了表演者或表演团体对表演享有的经济利益，且行为人知道或应当知道，该录制品未获授权；

（g）为下列目的将表演录制品进口到澳大利亚：

（i）在公共场所出售、出租或进行贸易展览，或者为出售或出租之目的提供或公开表演录制品；或

（ii）为交易或任何其他目的而分发表演录制品，以至于影响了表演者或表演团体对表演享有的经济利益；

且行为人知道或应当知道，该录制品未获授权；或

（h）导致该表演录制品在公开场合被听到或被看到，且行为人知道或应当知道，该录制品未获授权。

（3）未经表演者授权而向公众传播经授权的表演录制品的人，不得对表演进行此种未经授权的使用。

（4）本条仅适用于在澳大利亚进行的表演。

第248H条　为广播而复制录音

（1）尽管有第248G条第（2）款（c）项规定，为用于声道而对表演录音复制件的制作属于该条规定的对表演的未经授权的使用，但就本款而言，

任何人纯粹为广播的目的而对此种复制件所谓的制作并非对表演的未经授权的使用。

（2）第（1）款不适用于为下列用途以外的目的的复制件：

(a) 制作该复制件的人所做的广播；或

(b) 为该人广播的目的而所做的进一步的复制。

（3）第（1）款不适用于复制件，除非按照该款制作的所有复制件均：

(a) 已销毁；或

(b) 经澳大利亚国家档案馆馆长同意而转让，由澳大利亚国家档案馆（在1983年澳大利亚档案法的意义范围内）保管；

在该等复制件首次根据该款用以广播之日起计的12个月期间届满前，或在复制件制作者与表演者或所有表演者之间商定的其他期间（如有的话）届满前。

（4）澳大利亚国家档案馆馆长不得同意将录音复制件的保管移交给澳大利亚国家档案馆，除非观众证明该录音具有特殊的文件性质。

第248J条　未经授权使用的诉讼

（1）表演者可因其表演受到未经授权的使用而提出诉讼。

（2）法院在未经授权使用演出的诉讼中可给予的救济包括禁令（如果有法院认为适当的条款，则须遵守此类条款）和损害赔偿。

（3）在未经授权使用表演的诉讼中：

(a) 未经授权的使用成立；且

(b) 法院认为，考虑到以下因素，这样做是适当的：

(i) 该使用的恶意程度；

(ii) 被告因该使用而获得的任何利益；且

(iii) 所有其他相关事宜；

法院在评定损害赔偿时，可根据情况作出其认为适当的额外损害赔偿。

（4）如果：

(a) 表演者根据本条提起与表演录制品有关的诉讼；且

(b) 诉讼中给予的救济存在或包含损害赔偿；且

(c) 在根据本法另一条款提起的侵犯其在录制品版权的诉讼中，表演者已经获得了损害赔偿；且

(d) (c) 项所述的行为与 (a) 项所述的行为产生于同一事件或交易；

(b) 项所述的损害赔偿的金额，除本款外，判给表演者的损害赔偿金额应减去（c）项所述的损害赔偿金额。

(5) 如果：

(a) 表演者根据本法的另一条款所提起的诉讼涉及侵犯其在演出录音中的版权；且

(b) 诉讼中给予的救济存在或含有损害赔偿；且

(c) 表演者已在根据本条提起的与表演有关的诉讼中获得损害赔偿；且

(d)（c）项所述的行为与（a）项所述的行为产生于同一事件或交易；

(b) 项所述的损害赔偿金额，除本款外，判给表演者的损害赔偿金额应减去（c）项所述的损害赔偿金额。

第248K条　审判权的行使

领地或各州最高法院对根据第248J条提起的诉讼应由该法院的一名法官独任审理。

第248L条　上诉

(1) 除第（2）款另有规定外，领地或各州的法院（不论其构成如何）在根据第248J条提起的诉讼中所作出的判决，均为终局判决。

(2) 根据第248J条提起的诉讼，可就领地或各州法院的裁决向下列法院提起上诉：

(a) 澳大利亚联邦法院；或

(b) 经高等法院特别许可，向高等法院提出。

第248M条　联邦法院的管辖权

对根据第248J条提起的诉讼，澳大利亚联邦法院具有管辖权。

第248MA条　澳大利亚联邦巡回法院和家庭法院（第2分部）的管辖权

对根据第248J条提起的诉讼，澳大利亚联邦巡回法院和家庭法院（第2分部）具有管辖权。

第248N条　提起诉讼的权利不可转让

表演者根据第248J条提起诉讼的权利不可转让。

第3分部 犯 罪

第A次分部 一般犯罪

第248P条 本次分部的适用范围

（1）本次分部适用于本次分部开始实施时或之后在澳大利亚实施的行为。

注：2006年澳大利亚版权修正法第Ⅰ部分附表1被纳入本法时，本次分部开始生效。

（2）尽管有澳大利亚刑法典第14.1条（标准地域管辖权）的规定，本条仍然有效。

第248PA条 保护期内未经授权直接录制

可公诉罪

（1）任何人如有以下行为即属犯罪：

（a）直接录制表演；且

（b）录制在表演保护期内；且

（c）录制未经表演者授权。

注：根据第248CA条，表演的保护期为：

（a）本条关于表演电影的保护期为20年；且

（b）本条关于表演录音的保护期为50年。

（2）违反第（1）款的犯罪行为，一经定罪，可处以不超过5年监禁或不超过550个罚金单位的罚金，或两者并处。

即决犯罪

（3）任何人如有以下行为即属犯罪：

（a）直接录制表演；且

（b）录制在表演保护期内；且

（c）录制未经表演者授权，且行为人对此具有过失。

处罚：2年监禁或120个罚金单位的罚金，或两者并处。

（4）违反第（3）款的犯罪行为属于即决犯罪，不论1914年澳大利亚刑法典第4G条有何规定。

第248PB条 保护期内未经授权间接录制

可公诉罪

（1）任何人如有以下行为即属犯罪：

（a）间接录制表演；且

（b）录制在表演保护期内；且

（c）录制未经表演者授权。

注：根据第248CA条，表演的保护期为：

（a）本条关于表演电影的保护期为20年；且

（b）本条关于表演录音的保护期为50年。

（2）违反第（1）款的犯罪行为，一经定罪，可处以不超过5年监禁或不超过550个罚金单位的罚金，或两者并处。

注：公司可被处以最高罚金额5倍的罚金［参见1914年澳大利亚刑法典第4B条第（3）款］。

即决犯罪

（3）任何人如有以下行为即属犯罪：

（a）间接录制表演；且

（b）录制在表演保护期内；且

（c）录制未经表演者授权，行为人对此具有过失。

处罚：2年监禁或120个罚金单位的罚金，或两者并处。

（4）违反第（3）款的犯罪行为属于即决犯罪，无论1914年澳大利亚刑法典第4G条有何规定。

严格责任罪

（5）任何人如有以下行为即属犯罪：

（a）间接录制表演；且

（b）录制在表演保护期内；且

（c）录制未经作者授权。

处罚：60个罚金单位的罚金。

（6）第（5）款属于严格责任罪。

注：关于严格责任罪，参见澳大利亚刑法典第6.1条。

抗辩

（7）录制仅供行为人私人和家庭使用的，第（1）款、第（3）款或第（5）款不适用。

注：被告就第（7）款中的事项承担举证责任，参见澳大利亚刑法典第13.3条第（3）款。

第248PC条　20年保护期内未经授权向公众传播

可公诉罪

（1）任何人如有以下行为即属犯罪：

（a）向公众传播表演；且

（b）传播在表演的 20 年保护期内；且

（c）传播未经表演者授权；且

（d）传播直接来自现场表演或来自未经授权的表演录制。

（2）违反第（1）款的犯罪行为，一经定罪，可处以不超过 5 年的监禁或不超过 550 个罚金单位的罚金，或两者并处。

注：公司可被处以最高罚金额 5 倍的罚款，参见 1914 年澳大利亚刑法典第 4B 条第（3）款。

即决犯罪

（3）任何人如有以下行为即属犯罪：

（a）向公众传播表演；且

（b）传播在表演的 20 年保护期内；且

（c）传播未经表演者授权，行为人对此具有过失；且

（d）传播直接来自现场表演或来自未经授权的表演录制。

处罚：2 年监禁或 120 个罚金单位的罚金，或两者并处。

（4）违反第（3）款的犯罪行为属于即决犯罪，无论 1914 年澳大利亚刑法典第 4G 条有何规定。

抗辩

（7）为避免疑义，向公众传播经授权的表演录制的，第（1）款和第（3）款并不适用。

注1：被告就第（7）款中的事项承担举证责任，参见澳大利亚刑法典第 13.3 条第（3）款。

注2：在某些情况下，如不违反本条规定，教育机构亦可复制及播送表演广播，参见第ⅣA 部分第 4 分部。

第 248PD 条　20 年保护期内公开播放未经授权的录制品

可公诉罪

（1）任何人如有以下行为即属犯罪：

（a）该人使表演的录制品在公开场合被听到或看到；且

（b）录制品在表演的 20 年保护期内被听到或看到；且

（c）录制品未获授权。

（2）违反第（1）款的犯罪行为，一经定罪，可处以不超过 5 年监禁或不

超过 550 个罚金单位的罚金，或两者并处。

注：公司可被处以最高罚金额 5 倍的罚金，参见 1914 年澳大利亚刑法典第 4B 条第（3）款。

即决犯罪

（3）任何人如有以下行为即属犯罪：

(a) 该人使表演的录制品在公开场合被听到或看到；且

(b) 录制品在表演的 20 年保护期内被听到或看到；且

(c) 录制品未获授权，行为人对此具有过失。

处罚：2 年监禁或 120 个罚金单位的罚金，或两者并处。

（4）违反第（3）款的犯罪行为属于即决犯罪，无论 1914 年澳大利亚刑法典第 4G 条有何规定。

第 248PE 条　持有制作或复制未经授权的录制品的设备

可公诉罪

（1）任何人如有以下行为即属犯罪：

(a) 该人持有唱片或录制设备，意图将其用于制作：

(i) 未经授权的表演录制品；或

(ii) 未经授权的表演的录制品复制件；且

(b) 此种持有发生在表演的保护期内；

注：根据第 248CA 条，演出的保护期为：

(a) 本条关于表演电影的保护期为 20 年；

(b) 本条关于表演录音的保护期为 50 年。

（2）违反第（1）款的罪行，一经定罪，可处以不超过 5 年监禁或不超过 550 个罚金单位的罚金，或两者并处。

注：公司可被处以最高罚金 5 倍的罚金，参见 1914 年澳大利亚刑法典第 4B 条第（3）款。

即决犯罪

（3）任何人如有以下行为即属犯罪：

(a) 该人持有唱片或录制设备；且

(b) 该唱片或录制设备被用于制作：

(i) 表演录制品；或

(ii) 未获授权的表演录制品复制件；且

(c) 以下二者任一：

（ⅰ）使用唱片或设备进行的录制属于未经授权的表演录制；或

（ⅱ）使用唱片或设备复制的表演录制品未获授权；

并且行为人对该事实有过失；且

（d）该种持有发生在表演的保护期内。

处罚：2年监禁或120个罚金单位的罚金，或两者并处。

（4）为避免疑义，轻率是在唱片或设备用于制造下列物品情形中的过失因素：

（a）表演的录制品；或

（b）未经授权的表演录制品复制件。

（5）违反第（3）款的罪行属于即决犯罪，无论1914年澳大利亚刑法典第4G条有何规定。

无须证明涉及哪些表演或录制品

（8）在检控违反本条的罪行时，无须证明：

（a）使用该设备打算录制或将会录制哪些特定表演；或

（b）使用该设备打算复制或将会复制哪些特定的录制品。

第248PF条　复制未经授权的录制品

可公诉罪

（1）任何人如有以下行为即属犯罪：

（a）该人复制表演的录制品；且

（b）复制在演出保护期内；且

（c）录制品属于未经授权的录制品。

注：根据第248CA条，表演的保护期为：

（a）本条关于表演电影的保护期为20年；且

（b）本条关于表演录音的保护期为50年。

（2）违反第（1）款的犯罪行为，一经定罪，可处以不超过5年监禁或不超过550个罚金单位的罚金，或两者并处。

注：公司可被处以最高罚金额5倍的罚金，参见1914年澳大利亚刑法典第4B条第（3）款。

即决犯罪

（3）任何人如有以下行为即属犯罪：

（a）该人复制表演的录制品；且

(b) 在演出保护期内进行的复制；且

(c) 录制品未经授权，行为人对此具有过失。

处罚：2 年监禁或 120 个罚金单位的罚金，或两者并处。

(4) 违反第（3）款的犯罪行为属于即决犯罪，无论 1914 年澳大利亚刑法典第 4G 条有何规定。

严格责任罪

(5) 任何人如有以下行为即属犯罪：

(a) 该人复制表演的录制品；且

(b) 在演出保护期内进行的复制；且

(c) 录制品未经授权。

处罚：60 个罚金单位的罚金。

(6) 第（5）款属于严格责任罪。

注：关于严格责任罪，参见澳大利亚刑法典第 6.1 条。

第 248PG 条　未经授权复制豁免录制品

可公诉罪

(1) 任何人如有以下行为即属犯罪：

(a) 该人复制表演的录制品；且

(b) 该复制件是在表演的保护期内制作的；且

(c) 该复制件是在没有表演者授权的情况下制作的；且

(d) 该录制品属于豁免制品；且

(e) 该复制件不属于豁免制品。

注：根据第 248CA 条，表演的保护期为：

(a) 本条关于表演电影的保护期为 20 年；且

(b) 本条关于表演录音的保护期为 50 年。

(2) 违反第（1）款的犯罪行为，一经定罪，可处以不超过 5 年监禁或不超过 550 个罚金单位的罚金，或两者并处。

即决犯罪

(3) 任何人如有以下行为即属犯罪：

(a) 该人复制表演的录制品；且

(b) 该复制件是在表演的保护期内制作；且

(c) 该复制件是在没有表演者授权的情况下制作的，行为人对此具有过

失；且

（d）该录制品属于豁免制品；且

（e）该复制件不属于豁免制品，行为人对此具有过失。

处罚：2年监禁或120个罚金单位的罚金，或两者并处。

（4）违反第（3）款的犯罪行为属于即决犯罪，无论1914年澳大利亚刑法典第4G条有何规定。

严格责任罪

（5）任何人如有以下行为即属犯罪：

（a）该人复制表演的录制品；且

（b）该复制件是在表演的保护期内制作；且

（c）该复制件是在没有表演者授权的情况下制作；且

（d）该录制品属于豁免制品；且

（e）该复制件不属于豁免制品。

处罚：60个罚金单位的罚金。

（6）第（5）款属于严格责任罪。

注：关于严格责任罪，参见澳大利亚刑法典第6.1条。

第248PH条　未经授权复制有授权的录音

可公诉罪

（1）任何人如有以下行为即属犯罪：

（a）该人复制表演录音，并意图将该复制件用于声轨；且

（b）复制件是在表演的20年保护期内制作的；且

（c）未经表演者授权而复制；且

（d）录音是获得授权的录音；且

（e）该录音的制作并未获得用作该录音制作或任何其他声轨的授权。

（2）违反第（1）款的犯罪行为，一经定罪，可处以不超过5年的监禁或不超过550个罚金单位的罚金，或两者并处。

注：公司可被处以最高罚金额5倍的罚金，参见1914年澳大利亚刑法典第4B条第（3）款。

即决犯罪

（3）任何人如有以下行为即属犯罪：

（a）该人复制表演录音，并意图将该复制件用于声轨；且

(b) 复制件是在表演的 20 年保护期内制作；且

(c) 未经表演者授权而复制，行为人对此具有过失；且

(d) 该录音是获得授权的录音；且

(e) 该录音的制作并未获得用作该录音制作或任何其他声轨的授权，行为人对此具有过失。

处罚：2 年监禁或 120 个罚金单位的罚金，或两者并处。

(4) 违反第（3）款的犯罪行为属于即决犯罪，无论 1914 年澳大利亚刑法典第 4G 条有何规定。

严格责任罪

(5) 任何人如有以下行为即属犯罪：

(a) 该人复制表演录音，准备将该复制件用于音轨；且

(b) 复制件是在表演的 20 年保护期内制作；且

(c) 未经表演者授权而复制；且

(d) 该录音是获得授权的录音；且

(e) 该录音的制作并未获用作该录音制作或任何其他音轨的授权。

处罚：60 个罚金单位的罚金。

(6) 第（5）款属于严格责任罪。

注：关于严格责任罪，参见澳大利亚刑法典第 6.1 条。

第 248PI 条　对未经授权的录制品的销售等行为

可公诉罪

(1) 任何人如有以下行为即属犯罪：

(a) 该人有下列行为之一：

(i) 出售表演录制品；

(ii) 出租表演录制品；

(iii) 以交易方式为出售或出租提供或者公开表演录制品；且

(b) 该行为是在表演的保护期内完成；且

(c) 该录制品属于未经授权的录制品。

注：根据第 248CA 条，表演的保护期为：

(a) 本条关于表演电影的保护期为 20 年；且

(b) 本条关于表演录音的保护期为 50 年。

(2) 违反第（1）款的犯罪行为，一经定罪，可处以不超过 5 年的监禁或

不超过550个罚金单位的罚金，或两者并处。

即决犯罪

（3）任何人如有以下行为即属犯罪：

（a）该人有下列行为之一：

（i）出售表演录制品；

（ii）出租表演录制品；

（iii）以交易方式为出售或出租提供或者公开表演录制品；且

（b）该行为是在表演的保护期内完成；且

（c）该录制品属于未经授权的录制品，行为人对此具有过失。

处罚：2年监禁或120个罚金单位的罚金，或两者并处。

（4）违反第（3）款的犯罪行为属于即决犯罪，无论1914年澳大利亚刑法典第4G条有何规定。

严格责任罪

（5）任何人如有以下行为即属犯罪：

（a）该人有下列行为之一：

（i）出售表演录制品；

（ii）出租表演录制品；

（iii）为公开出售、出租以交易方式提供或者表演录制品；且

（b）该行为是在表演的保护期内完成；且

（c）该录制品属于未经授权的录制品。

处罚：60个罚金单位的罚金。

（6）第（5）款属于严格责任罪。

注：关于严格责任罪，参见澳大利亚刑法典第6.1条。

第248PJ条　分发未经授权的录制品

可公诉罪

（1）任何人如有以下行为即属犯罪：

（a）该人为交易目的而分发表演的录制品；且

（b）该分发发生在表演的保护期内；且

（c）该录制品属于未经授权的录制品。

注：根据第248CA条，表演的保护期为：

（a）本条关于表演电影的保护期为20年；且

(b) 本条关于表演录音的保护期为 50 年。

（2）任何人如有以下行为即属犯罪：

(a) 该人分发表演的录制品；且

(b) 该分发发生在表演的保护期内；且

(c) 分发会对表演者在演出中的经济利益产生不利影响；且

(d) 该录制品属于未经授权的录制品。

（3）违反第（1）款或第（2）款的犯罪行为，一经定罪，可处以不超过 5 年监禁或不超过 550 个罚金单位的罚金，或两者并处。

注：公司可被处以最高罚金额 5 倍的罚金，参见 1914 年澳大利亚刑法典第 4B 条第 (3) 款。

即决犯罪

（4）任何人如有以下行为即属犯罪：

(a) 该人为交易目的而分发表演的录制品；且

(b) 该分发发生在表演的保护期内；且

(c) 该录制品属于未经授权的录制品，行为人对此具有过失。

处罚：2 年监禁或 120 个罚金单位的罚金，或两者并处。

（5）任何人如有以下行为即属犯罪：

(a) 该人分发表演的录制品；且

(b) 分发发生在表演的保护期内；且

(c) 分发会对表演者在演出中的经济利益产生不利影响；且

(d) 该录制品属于未经授权的录制品，行为人对此具有过失。

处罚：2 年监禁或 120 个罚金单位的罚金，或两者并处。

（6）违反第（3）款或第（5）款的犯罪行为属于即决犯罪，无论 1914 年澳大利亚刑法典第 4G 条有何规定。

严格责任罪

（7）任何人如有以下行为即属犯罪：

(a) 该人为准备交易或在交易过程中分发表演的录制品；且

(b) 该分发发生在表演的保护期内；且

(c) 该录制品属于未经授权的录制品。

处罚：60 个罚金单位的罚金。

（8）第（7）款属于严格责任罪。

注：关于严格责任罪，参见澳大利亚刑法典第 6.1 条。

第248PJ条 分发未经授权的录制品
可公诉罪

（1）任何人如有以下行为，即属犯罪：

（a）该人为交易目的而分发表演的录制品；且

（b）该分发发生在表演的保护期内；且

（c）该录制品属于未经授权的录制品。

注：根据第248CA条，表演的保护期为：

（a）本条关于表演电影的保护期为20年，且

（b）本条关于表演录音的保护期为50年。

（2）任何人如有以下行为，即属犯罪：

（a）该人分发表演的录制品；且

（b）该分发发生在表演的保护期内；且

（c）分发会对表演者在演出中的经济利益产生不利影响；且

（d）该录制品属于未经授权的录制品。

（3）违反第（1）款或第（2）款的犯罪行为，一经定罪，可处以不超过5年的监禁或不超过550个罚金单位的罚金，或两者并处。

注：公司可被处以最高罚金额5倍的罚金，参见1914年澳大利亚刑法典第4B条第（3）款。

即决犯罪

（4）任何人如有以下行为即属犯罪：

（a）该人为交易目的而分发表演的录制品；且

（b）该分发发生在表演的保护期内；且

（c）该录制品属于未经授权的录制品，行为人对此具有过失。

处罚：2年监禁或120个罚金单位的罚金，或两者并处。

（5）任何人如有以下行为即属犯罪：

（a）该人分发表演的录制品；且

（b）分发发生在表演的保护期内；且

（c）分发会对表演者在演出中的经济利益产生不利影响；且

（d）该录制品属于未经授权的录制品，行为人对此具有过失。

处罚：2年监禁或120个罚金单位的罚金，或两者并处。

（6）违反第（3）款或第（5）款的犯罪行为属于即决犯罪，无论1914

年澳大利亚刑法典第 4G 条有何规定。

严格责任罪

（7）任何人如有以下行为即属犯罪：

（a）该人为准备交易或在交易过程中分发表演的录制品；且

（b）该分发发生在表演的保护期内；且

（c）该录制品属于未经授权的录制品。

处罚：60 个罚金单位的罚金。

（9）第（7）款属于严格责任罪。

注：关于严格责任罪，参见 1914 年澳大利亚刑法典第 6.1 条。

第 248PK 条　商业持有或进口未经授权的录制品

可公诉罪

（1）任何人如有以下行为即属犯罪：

（a）该人因下列目的持有表演录制品或将录制品进口到澳大利亚：

（i）出售录制品；

（ii）出租录制品；

（iii）以交易方式提供或公开录制品以供出售或出租；

（iv）为交易目的分发录制品或者该分发行为在某种程度上影响表演者在表演中的经济利益；且

（b）持有或者进口发生在表演保护期间；且

（c）该录制品属于未经授权的录制品。

（2）违反第（1）款的犯罪行为，一经定罪，可处以不超过 5 年的监禁或不超过 550 个罚金单位的罚金，或两者并处。

注：公司可被处以最高罚金额 5 倍的罚金，参见 1914 年澳大利亚刑法典第 4B 条第（3）款。

即决犯罪

（3）任何人如有以下行为即属犯罪：

（a）该人因下列目的持有表演录制品或将录制品进口到澳大利亚：

（i）出售录制品；

（ii）出租录制品；

（iii）以交易方式提供或公开录制品以供出售或出租；

（iv）为交易目的分发录制品或者该分发行为在某种程度上影响表演者在

表演中的经济利益；且

（b）持有或者进口发生在表演保护期间；且

（c）该录制品属于未经授权的录制品，行为人对此具有过失。

处罚：2年监禁或120个罚金单位的罚金，或两者并处。

（4）违反第（3）款的犯罪行为属于即决犯罪，无论1914年澳大利亚刑法典第4G条有何规定。

严格责任罪

（5）任何人如有以下行为即属犯罪：

（a）该人在准备或进行下列任何一项行为时持有表演录制品或将录制品进口到澳大利亚：

（i）出售录制品；

（ii）出租录制品；

（iii）以交易方式提供或公开录制品以供出售或出租；

（iv）为交易目的分发录制品；且

（b）持有或者进口发生在表演保护期间；且

（c）该录制品属于未经授权的录制品。

处罚：60个罚金单位的罚金。

（6）第（5）款属于严格责任罪。

注：关于严格责任罪，参见1914年澳大利亚刑法典第6.1条。

第248PL条　以商业方式公开展览未经授权的录制品

可公诉罪

（1）任何人如有以下行为即属犯罪：

（a）该人以交易的方式公开展览表演录制品；且

（b）展览在表演保护期内举行；且

（c）该录制品属于未经授权的录制品。

注：根据第248CA条，表演的保护期为：

（a）本条关于表演电影的保护期为20年；且

（b）本条关于表演录音的保护期为50年。

（2）违反第（1）款的犯罪行为，一经定罪，可处以不超过5年的监禁或不超过550个罚金单位的罚金，或两者并处。

即决犯罪

(3) 任何人如有以下行为即属犯罪：

(a) 该人以交易的方式公开展览表演录制品；且

(b) 展览在表演保护期内举行；且

(c) 该录制品属于未经授权的录制品，行为人对此具有过失。

处罚：2 年监禁或 120 个罚金单位的罚金，或两者并处。

(4) 违反第（3）款的犯罪行为属于即决犯罪，无论 1914 年澳大利亚刑法典第 4G 条有何规定。

严格责任罪

(5) 任何人如有以下行为即属犯罪：

(a) 该人以交易的方式公开展览表演录制品；且

(b) 展览在表演保护期内举行；且

(c) 该录制品属于未经授权的录制品。

处罚：60 个罚金单位的罚金。

(6) 第（5）款属于严格责任罪。

注：关于严格责任罪，参见 1914 年澳大利亚刑法典第 6.1 条。

第 248PM 条　以贸易方式进口未经授权的录制品作展览用途

可公诉罪

(1) 任何人如有以下行为即属犯罪：

(a) 该人将表演录制品进口到澳大利亚，意图以贸易方式向公众展示录制品；且

(b) 进口发生在表演的保护期内；且

(c) 该录制品属于未经授权的录制品。

注：根据第 248CA 条，表演的保护期为：

(a) 本条关于表演电影的保护期为 20 年；且

(b) 本条关于表演录音的保护期为 50 年。

(2) 违反第（1）款的犯罪行为，一经定罪，可处以不超过 5 年的监禁或不超过 550 个罚金单位的罚金，或两者并处。

注：公司可被处以最高罚金额 5 倍的罚金，参见 1914 年澳大利亚刑法典第 4B 条第（3）款。

即决犯罪

（3）任何人如有以下行为即属犯罪：

（a）该人将表演录制品进口到澳大利亚，意图以贸易方式向公众展示录制品；且

（b）进口发生在表演的保护期内；且

（c）该录制品属于未经授权的录制品，行为人对此具有过失。

处罚：2年监禁或120个罚金单位的罚金，或两者并处。

（4）违反第（3）款的犯罪行为属于即决犯罪，无论1914年澳大利亚刑法典第4G条有何规定。

严格责任罪

（5）任何人如有以下行为即属犯罪：

（a）该人将表演录制品进口到澳大利亚，意图以贸易方式向公众展示录制品；且

（b）进口发生在表演的保护期内；且

（c）该录制品属于未经授权的录制品。

处罚：60个罚金单位的罚金。

（6）第（5）款属于严格责任罪。

注：关于严格责任罪，参见1914年澳大利亚刑法典第6.1条。

第B次分部　与1995年7月1日前所做表演的录音有关的行为

第248QA条　本次分部范围

（1）本次分部适用于在其生效时或之后在澳大利亚做出的，与1995年7月1日前任何时间发生的表演有关的行为。

注1：该日为1994年澳大利亚版权法（世界贸易组织修正案）第Ⅳ部分开始生效之日。

注2：本次分部自2006年澳大利亚版权修正案将其纳入第1部分附表1之日起开始生效。

（2）尽管刑法典第14.1条（标准地域管辖权）有所规定，本次分部仍然有效。

第248QB条　拥有复制未经授权录音的设备

可公诉罪

（1）任何人如有以下行为即属犯罪：

（a）该人持有唱片或录音设备，意图用以制作未获授权的表演录音制品复制件；且

（b）持有发生在演出的 50 年保护期内。

（2）违反第（1）款的罪行，一经定罪，可处以不超过 5 年的监禁或不超过 550 个罚金单位的罚金，或两者并处。

注：公司可被处以最高罚金额 5 倍的罚金，参见 1914 年澳大利亚刑法典第 4B 条第（3）款。

即决犯罪

（3）任何人如有以下行为即属犯罪：

（a）该人持有唱片或录音设备；且

（b）所述唱片或录音设备用以制作未获授权的表演录音制品复制件；且

（c）有关录音制品属于未经授权录音，而行为人对此具有过失；且

（d）持有发生在演出的 50 年保护期内。

处罚：2 年监禁或 120 个罚金单位的罚金，或两者并处。

（4）为避免疑义，在唱片或录音设备用以制作未获授权的表演录音制品的情形下，放任是过失的因素。

（5）违反第（3）款的罪行属于即决犯罪，无论 1914 年澳大利亚刑法典第 4G 条有何规定。

无需证明哪段录音会被复制

（8）在检控违反本条的罪行时，无需证明用该装置打算复制或将复制哪些特定录音。

第 248QC 条　复制未经授权录音

可公诉罪

（1）任何人如有以下行为即属犯罪：

（a）该人复制演出的录音；且

（b）该复制件是在演出的 50 年保护期内复制的；且

（c）录音属于未经授权的录音。

（2）违反第（1）款的犯罪行为，一经定罪，可处以不超过 5 年的监禁或不超过 550 个罚金单位的罚金，或两者并处。

注：公司可被处以最高罚金额 5 倍的罚金，参见 1914 年澳大利亚刑法典第 4B 条第（3）款。

即决犯罪

（3）任何人如有以下行为即属犯罪：

（a）该人复制演出的录音；且

（b）该复制件是在演出的50年保护期内复制的；且

（c）录音属于未经授权的录音，行为人对此具有过失。

处罚：2年监禁或120个罚金单位的罚金，或两者并处。

（4）违反第（3）款的犯罪行为属于即决犯罪，无论1914年澳大利亚刑法典第4G条有何规定。

严格责任罪

（5）任何人如有以下行为即属犯罪：

（a）该人复制演出的录音；且

（b）该复制件是在演出的50年保护期内复制的；且

（c）录音属于未经授权的录音。

处罚：60个罚金单位的罚金。

（6）第（5）款属于严格责任罪。

注：关于严格责任罪，参见1914年澳大利亚刑法典第6.1条。

第248QD条 对未授权录音的销售等行为

可公诉罪

（1）任何人如有以下行为即属犯罪：

（a）该人有下列任一行为：

（i）出售表演的录音；

（ii）出租表演的录音；

（iii）以交易方式为出售、出租提供或公开表演的录音；且

（b）该行为是在表演的50年保护期内作出；且

（c）录音属于未经授权的录音。

（2）违反第（1）款的犯罪行为，一经定罪，可处以不超过5年的监禁或不超过550个罚金单位的罚金，或两者并处。

注：公司可被处以最高罚金额5倍的罚金，参见1914年澳大利亚刑法典第4B条第（3）款。

即决犯罪

（3）任何人如有以下行为即属犯罪：

（a）该人有下列任一行为：

（i）出售表演的录音；

（ii）出租表演的录音；

（iii）以交易方式为出售、出租提供或公开表演的录音；且

（b）该行为是在表演的 50 年保护期内做出的；且

（c）录音属于未经授权的录音，行为人对此具有过失。

处罚：2 年监禁或 120 个罚金单位的罚金，或两者并处。

（4）违反第（3）款的犯罪行为属于即决犯罪，无论 1914 年澳大利亚刑法典第 4G 条有何规定。

严格责任罪

（5）任何人如有以下行为即属犯罪：

（a）该人有下列任一行为：

（i）出售表演的录音；

（ii）租用表演的录音；

（iii）以交易方式为出售、出租提供或公开表演的录音；且

（b）该行为是在表演的 50 年保护期内做出的；且

（c）录音属于未经授权的录音。

处罚：60 个罚金单位的罚金。

（6）第（5）款属于严格责任罪。

注：关于严格责任罪，参见 1914 年澳大利亚刑法典第 6.1 条。

第 248QE 条　分发未经授权的录音

可公诉罪

（1）任何人如有以下行为即属犯罪：

（a）该人为交易目的而分发表演的录音；且

（b）而该分发发生在表演的保护期内；且

（c）录音属于未经授权的录音。

（2）任何人如有以下行为即属犯罪：

（a）该人分发表演的录音；且

（b）而该分发发生在表演的保护期内；且

（c）分发会影响表演者在演出中的经济利益；且

（d）录音属于未经授权的录音。

（3）违反第（1）款或第（2）款的犯罪行为，一经定罪，可处以不超过 5 年的监禁或不超过 550 个罚金单位的罚金，或两者并处。

注：公司可被处以最高罚金额 5 倍的罚金，参见 1914 年澳大利亚刑法典第 4B 条第（3）款。

即决犯罪

（4）任何人如有以下行为即属犯罪：

(a) 该人为交易目的而分发表演的录音；且

(b) 该分发发生在表演的保护期内；且

(c) 录音属于未经授权的录音，行为人对此具有过失。

处罚：2 年监禁或 120 个罚金单位的罚金，或两者并处。

（5）任何人如有以下行为，即属犯罪：

(a) 该人分发表演的录音；且

(b) 该分发发生在表演的保护期内；且

(c) 分发会影响表演者在演出中的经济利益；且

(d) 录音属于未经授权的录音，行为人对此具有过失。

处罚：2 年监禁或 120 个罚金单位的罚金，或两者并处。

（6）违反第（4）款或第（5）款的罪行属于即决犯罪，无论 1914 年澳大利亚刑法典第 4G 条有何规定。

严格责任罪

（7）任何人如有以下行为即属犯罪：

(a) 该人为准备交易或在交易过程中分发表演的录音；且

(b) 该分发发生在表演的保护期内；且

(c) 录音属于未经授权的录音。

处罚：60 个罚金单位的罚金。

（9）第（7）款属于严格责任罪。

注：关于严格责任罪，参见 1914 年澳大利亚刑法典第 6.1 条。

第 248QF 条　商业持有或进口未经批准的录音

可公诉罪

（1）任何人如有以下行为即属犯罪：

(a) 该人因下列目的持有表演录音或将录音进口到澳大利亚：

(i) 出售录音；

(ⅱ) 出租录音；

(ⅲ) 以交易方式提供或公开录音以供出售或出租；

(ⅳ) 为贸易目的分发录音或者在某种程度上影响表演者在表演中的经济利益；且

(b) 持有或者进口发生在表演保护期间；且

(c) 录音属于未经授权的录音。

(2) 违反第（1）款的犯罪行为，一经定罪，可处以不超过5年的监禁或不超过550个罚金单位的罚金，或两者并处。

注：公司可被处以最高罚金额5倍的罚金，参见1914年澳大利亚刑法典第4B条第（3）款。

即决犯罪

(3) 任何人如有以下行为即属犯罪：

(a) 该人因下列目的持有表演录音或将录音进口到澳大利亚：

(ⅰ) 出售录音；

(ⅱ) 出租录音；

(ⅲ) 以交易方式提供或公开录音以供出售或出租；

(ⅳ) 为贸易目的分发录音或者在某种程度上影响表演者在表演中的经济利益；且

(b) 持有或者进口发生在表演保护期间；且

(c) 录音属于未经授权的录音，行为人对此具有过失。

处罚：2年监禁或120个罚金单位的罚金，或两者并处。

(4) 违反第（3）款的犯罪行为属于即决犯罪，无论1914年澳大利亚刑法典第4G条有何规定。

严格责任罪

(5) 任何人如有以下行为即属犯罪：

(a) 该人因下列目的持有表演录音或将录音进口到澳大利亚：

(ⅰ) 出售录音；

(ⅱ) 出租录音；

(ⅲ) 以交易方式提供或公开录音以供出售或出租；

(ⅳ) 为贸易目的分发录音或者在某种程度上影响表演者在表演中的经济利益；且

(b) 持有或者进口发生在表演保护期间；且

（c）录音属于未经授权的录音。

处罚：60个罚金单位的罚金。

（6）第（5）款属于严格责任罪。

注：关于严格责任罪，参见1914年澳大利亚刑法典第6.1条。

第248QG条 以贸易方式公开展览未经授权录音

可公诉罪

（1）任何人如有以下行为即属犯罪：

（a）该人在公开场合以交易的方式展览表演录制品；且

（b）展览在表演保护期内举行；且

（c）录制品属于未经授权的录制品。

（2）违反第（1）款的犯罪行为，一经定罪，可处以不超过5年的监禁或不超过550个罚金单位的罚金，或两者并处。

注：公司可被处以最高罚金额5倍的罚金，参见1914年澳大利亚刑法典第4B条第（3）款。

即决犯罪

（3）任何人如有以下行为即属犯罪：

（a）该人在公开场合以交易的方式展览表演录制品；且

（b）展览在表演保护期内举行；且

（c）录制品属于未经授权的录制品，行为人对此具有过失。

处罚：2年监禁或120个罚金单位的罚金，或两者并处。

（4）违反第（3）款的罪行属于即决犯罪，无论1914年澳大利亚刑法典第4G条有何规定。

严格责任罪

（5）任何人如有以下行为即属犯罪：

（a）该人在公开场合以交易的方式展览表演录制品；且

（b）展览在表演保护期内举行；且

（c）录制品属于未经授权的录制品。

处罚：60个罚金单位的罚金。

（6）第（5）款属于严格责任罪。

注：关于严格责任罪，参见1914年澳大利亚刑法典第6.1条。

第248QH条　经贸易进口未经授权的录制品作展览用途

可公诉罪

(1) 任何人如有以下行为即属犯罪：

(a) 该人将表演录制品进口到澳大利亚，意图以贸易方式向公众展示录制品；且

(b) 进口发生在表演的保护期内；且

(c) 录制品属于未经授权的录制品。

(2) 违反第（1）款的犯罪行为，一经定罪，可处以不超过5年的监禁或不超过550个罚金单位的罚金，或两者并处。

注：公司可被处以最高罚金额5倍的罚金，参见1914年澳大利亚刑法典第4B条第（3）款。

即决犯罪

(3) 任何人如有以下行为即属犯罪：

(a) 该人将表演录制品进口到澳大利亚，意图以贸易方式向公众展示录制品；且

(b) 进口发生在表演的保护期内；且

(c) 录制品属于未经授权的录制品，行为人对此具有过失。

处罚：2年监禁或120个罚金单位的罚金，或两者并处。

(4) 违反第（3）款的犯罪行为属于即决犯罪，无论1914年澳大利亚刑法典第4G条有何规定。

严格责任罪

(5) 任何人如有以下行为即属犯罪：

(a) 该人将表演录制品进口到澳大利亚，意图以贸易方式向公众展示录制品；且

(b) 进口发生在表演的保护期内；且

(c) 录制品属于未经授权的录制品。

处罚：60个罚金单位的罚金。

(6) 第（5）款属于严格责任罪。

注：关于严格责任罪，参见1914年澳大利亚刑法典第6.1条。

第 C 次分部 检控及侵权通知

第 248R 条 可检控罪行的法院
（1）就违反第 A 次分部或第 B 次分部的罪行提出的检控提交澳大利亚联邦法院或任何其他具有管辖权的法院。
（2）但是，澳大利亚联邦法院没有审理或决定起诉可公诉罪的管辖权，无论 1901 年澳大利亚法律解释法第 15C 条有何规定。
（3）澳大利亚联邦法院有权审理及裁定对下列违反第 A 次分部或第 B 次分部的罪行的检控：
（a）即决犯罪；
（b）严格责任罪。

第 248S 条 针对同一行为提起多项诉讼的保护
如果与表演有关的单一行为是违反第 A 次分部或第 B 次分部的罪行，则只可检控其中一项罪行。

第 248SA 条 侵权通知
（1）条例可作出规定，使被指控犯有第 A 次分部或第 B 次分部严格责任罪的人向联邦支付罚款，作为起诉的替代办法。
（2）罚款必须相当于法院就该罪行对该人处以的最高罚款的 1/5。

第 D 次分部 销毁或交付未获授权的录音

第 248T 条 销毁或交付未经授权的录音
在行为人被控违反本次分部罪行之前，无论行为人是否已被定罪，法院均可命令行为人上交下列其所持有的物品：
（a）未经授权的表演录制品，或该等录制品的复制件；或
（b）使用或打算使用的用以制作未经授权的表演录制品或该录制品的复制件的唱片或录制设备；
销毁或交付给有关表演者，或以法庭认为适当的方式处理。

第4分部　向外国扩大保护范围

第248U条　对外国的申请

（1）在不违反本条规定的情况下，条例可以下列任何一种或多种方式，对有相同规定的外国适用条例中的本部分的任何规定：

（a）以便有关规定以适用于在澳大利亚进行的表演的同样方式适用于在外国所进行的表演；

（aa）以便有关规定以适用于在澳大利亚制作的表演录制品的同样方式适用于在外国制作的表演录制品；

（ab）以便有关规定以适用于在澳大利亚制作的表演广播的同样方式适用于在外国制作的表演广播；

（b）以便有关规定以适用于澳大利亚公民的同样方式适用于外国公民或国民；

（c）以便有关规定以适用于居住在澳大利亚的人的同样方式适用于居住在外国的人；

（2）本部分规定的条例适用于外国：

（a）可不作例外或修改或限于此种例外或修改地适用该条例；

（b）可一般适用或就条例所指明的表演类别或其他类别的个案适用本条例。

（3）在总督为第（1）款的目的制定条例，将本部分的规定适用于外国之前：

（a）就本项规定而言，该国必须是为本条例规定指明的国际条约的成员；或

（b）部长必须确信根据该国法律，能够使表演者在表演上的权利获得或将获得充分的保护，则：

（i）受本法保护；且

（ii）达到本部分的规定所涉及的范围。

第248V条　拒绝保护未给予澳大利亚表演足够保护的国家的公民

（2）除第（3）款另有规定外，条例可以一般情形或在条例规定的情况下，规定本部分不适用于在条例规定的日期之后进行的（可以是在条例生效前一日或本部分生效前一日），且在进行表演时表演者是条例规定的外国公民或国民的表演，但居住在澳大利亚的人除外。

(3) 在总督为第（2）款的目的就外国制定条例之前：

(a) 部长必须确信该国法律没有对澳大利亚的表演提供充分的保护（无论这种保护是否涉及第 248U 条第（1）款规定可能适用的所有或任何方式）；且

(b) 部长必须考虑这种缺乏保护的性质和程度。

第Ⅻ部分　条　例

第 249 条　条例

一般条例制定权

（1）总督可制定与本法不抵触的条例，规定本法要求或允许规定的所有事项，或为执行或实施本法的所有必要或方便的事项，特别是规定对违反条例的行为处以不超过 100 美元的罚款。

与技术保护措施有关的条例

（2）在不限制第（1）款的情况下，总督可制定条例，为第 116AN 条第（9）款和第 132APC 条第（9）款的目的，规定某人做出某种行为。

注：关于按类别划分的法令和人员的规定，参见 2003 年澳大利亚立法法第 13 条第（3）款。

（3）然而，总督不得制定规定某人实施某一行为的条例，除非部长建议规定该人实施该行为。

（4）部长只有在下列情况下才能建议规定某人的行为：

(a) 提交文件（无论是在本条生效前还是生效后），以规定该人的行为；且

(b) 该人的行为不会侵犯作品或其他客体的版权；且

(c) 该人的行为与某一特定类别的作品或其他客体事项有关；

(d) 已可信地证明对该人实施该行为所产生的实际或可能的不利影响；且

(e) 如果规定由当事人实施该行为，则第Ⅴ部分第 2A 分部第 A 次分部和第Ⅴ部分第 5 分部第 E 次分部规定的保护的充分性和补救措施的有效性不会受到减损。

注：就（a）项而言，提交文件的人不一定是与所述行为相关的人。

（5）如果提交的文件规定某人作出某一行为，部长必须在收到文件后尽快作出决定，是否建议该人作出该行为的规定，但无论如何，必须在收到文

件后 4 年内作出决定。

（6）总督可以制定更改或撤销根据第（2）款制定的条例。

（7）然而，除非部长建议更改或撤销该条例，否则总督不得制定条例，更改或撤销根据第（2）款制定的条例。

（8）根据第（2）款订立的条例，部长只有在下列情况下才能提出更改或撤销的建议：

（a）提交文件以更改或撤销该规例；且

（b）无法再明确证明受规管的人对行为的实施所产生实际或可能的不利影响；且

（c）如果不更改或撤销条例，则第 V 部分第 2A 分部第 A 次分部和第 V 部分第 5 分部第 E 次分部规定保护的充分性和补救措施的有效性会受到减损。

（9）如果根据第（2）款的规定提交了更改或撤销条例的文件，部长在收到文件后，必须尽快决定是否尽快建议修订或撤销条例，但在任何情况下，须在收到文件后 4 年内作出决定。